MARSABIT – MOYALE – LAKE TURKANA – NAIROBI – NAIROBI – NAKURU –
12.02.09 – 13.02.09 – 20.02.09 – 01.03.09 – 07.02.09 – 08.02.09

JACHENAU

HUANGYAGUAN
CHINA
05 / 2008

BEURON
– DONAUTAL –

NOMIYA

# REISEBUCH

„Die Welt ist ein Buch.
Wer nie reist, sieht nur eine Seite davon.“
Aurelius Augustinus (354–430)

DOMINIK PRANTL
JOCHEN TEMSCH

# REISEBUCH

VON DER KUNST,
UNTERWEGS ZU SEIN

Süddeutsche Zeitung Edition

# INHALT

# VORWORT

Dieses Buch war auch für uns eine Reise. Kaum waren wir losgezogen, hatten wir uns auch schon in Fragen verirrt wie: Warum reisen wir überhaupt? Wohin sollen wir reisen? Wen nehmen wir mit? Und wie viele Strohhalme passen eigentlich in einen Sangría-Eimer? Wir brauchten Wegweiser, Psychologen, Mathematiker. Wir baten Freunde, Kollegen und Reise-Experten wie Roland Berger, Magdalena Neuner oder Ralf Dujmovits um Hilfe. Wir wollten nicht erfahren, wo man am günstigsten übernachten, den besten Kaffee trinken oder den romantischsten Sonnenuntergang erleben kann. Dafür gibt es viele – darunter auch viele gute – Reiseführer. Wir wollten etwas über die Kunst des Unterwegsseins erfahren.

Und weil die Hinweise ausnahmslos inspirierend waren, uns der eine Gesprächspartner in die eine Richtung schickte und der nächste in die andere, wurde der Weg ein Zick-Zack-Kurs und viel länger, als wir das ursprünglich geplant hatten. Wir landeten sogar in abseitigen Themengebieten wie den Kapselhotels von Tokio, dem Revier des Peitschennasen-Anglers und der Toskana des Ostens. Wir erfuhren, warum im Flugzeug alle Tomatensaft trinken, wie ein Stau zu vermeiden ist und was zu einer Rohrratte in den Kochtopf muss.

Eine Reise besteht nicht nur aus buchen, anreisen, Gemütlichkeit. Sie enthält Prüfungen, Rückschläge, totale Glücksmomente. Zu einer Reise gehören Antworten auf praktische Fragen wie beispielsweise nach dem sichersten Sitz im Flugzeug, ob man frisch verliebt verreisen sollte oder welche Schuhe man am Berg trägt. Auch für jene Momente der Muße, in denen man nichts zu tun hat, außer die Gedanken schweifen zu lassen oder die Langeweile zu bekämpfen, enthält dieses Buch Anregungen. Zu einer Reise gehören aber auch die Schattenseiten wie der unvermeidliche Schadstoffausstoß oder die Gefahr, entführt zu werden.

Eine Reise ist ein Aufbruch, zu dem Neugier und ein Rest Ungewissheit gehören. Gelungen ist sie dann, wenn ein einzigartiges, persönliches Erlebnis entsteht, das sich auch in unseren virtuellen Zeiten nicht digital simulieren lässt. Keine Website und kein Buch der Welt kann die Stimmung bei einem Sonnenuntergang in der afrikanischen Savanne vermitteln, den Geruch einer asiatischen Metropole oder das Gefühl, auf einem Gipfel zu sitzen.

Wenn Sie nach der Lektüre dieses Buches zumindest das Verlangen nach einem derartigen Erlebnis spüren, hat sich der Weg gelohnt.

Dominik Prantl und Jochen Temsch

# VOR DER REISE

Freuen Sie sich darüber, dass es so viele schöne Orte auf dieser Welt gibt? Fasziniert Sie der Gedanke, manchen dieser Orte einmal selbst zu sehen? Wenn Sie im Internet surfen – besuchen Sie dann auch die Websites von Städten, Hotels, Ländern, Stränden oder Airlines?

Haben Sie schon einmal einen Reiseführer oder einen Bildband gekauft, ohne zu verreisen, nur, weil Sie in Ruhe zu Hause von entlegenen Orten lesen wollten? Dann müssen Sie sich keine Sorgen machen. Sie sind ganz normal. Sie befinden sich allerdings in einem Zustand, den Psychologen „erhöhte Reisemotivation" nennen. Damit sind Sie nicht allein. Fast jeder Mensch, der in einer wohlhabenden Gesellschaft lebt, kennt diese Gemütslage. Man sagt dazu auch: Fernweh. Das ist allerdings kein wissenschaftlicher Begriff, sondern ein Kunstwort aus der Literatur und Werbung, von dem man nicht genau weiß, wer es erfunden hat. Es ist jedenfalls nichts Krankhaftes am Fernweh, sagen Experten wie der Psychologe und Freizeitforscher H. Jürgen Kagelmann.

Das Fernweh lässt sich in zwei große Tendenzen einteilen: Weg von: die Tendenz, herauszuwollen aus dem alltäglichen Leben, zumindest dem zu entgehen, was man sich als einengend vorstellt. Hin zu: die Anziehungskraft, die ein bestimmter Ort ausübt, die Sehnsucht und Verlockung, diesen Ort zu besuchen.

Viel stärker und wichtiger ist der erste Punkt: das Wegwollen. Denn für die meisten spielt es keine Rolle, wohin die Reise geht, Hauptsache weg von zu Hause. Aus psychologischer Sicht ist das, was wir Fernweh nennen, eine Reaktion auf Stress. Das Fernweh ist ein Zeichen für das Leiden am Alltag und soll wie ein Ventil für Druckausgleich sorgen. Wir stehen unter verschiedenen, als unangenehm wahrgenommenen Einflüssen, sei es im Beruf, in der Schule oder im Privatleben. Diesem Druck versuchen wir durchs Verreisen auszuweichen. Das kann ein in Ruhe geplanter Urlaub sein, aber auch schlicht ein Flüchten. Alles mal hinschmeißen, eine Auszeit nehmen, ein paar Tage verschwinden – das ist ein fast schon gewaltsamer Bruch mit den Verhältnissen, die uns unter Druck setzen.

Dabei geht es immer um etwas Subjektives. Was der eine als Stress empfindet, ist für den anderen ein Klacks. Allen Gestressten gleich ist jedoch der Wunsch nach einer Pause – die klassische Form der Stressbehandlung. Und wer hätte die nicht nötig?

So, wie wir Frühstücks- oder Mittagspausen brauchen, haben wir immer wieder einmal das Gefühl, raus zu müssen aus den Regeln des Alltags. Wie genau diese Auszeit dann aussieht – zwei Wochen im Fünf-Sterne-Golfresort oder Suff am Ballermann auf Mallorca – hängt wiederum von den persönlichen Vorlieben sowie den finanziellen und zeitlichen Möglichkeiten eines Reisenden ab.

Freizeitforscher gehen davon aus, dass die meisten Reisenden keine bestimmten Orte suchen, sondern das, was die Wissenschaftler „imaginäre Räume" nennen. Dabei handelt es sich um oft klischeehafte Vorstellungen, die zusammen ein Gesamtbild von einem Reiseziel ergeben. Träumt zum Beispiel jemand von der Karibik, dann meint er im seltensten Fall eine konkrete Gegend wie etwa den Strand Grand Cul de Sac im Nordosten von Saint-Barthélemy, einer zu Frankreich gehörenden Insel auf den Kleinen Antillen. Wer Karibik sagt, meint in der Regel schlicht: Strand, Palmen, türkisfarbenes Wasser, Piratenvergangenheit, Kokosnüsse, Rum. So lassen sich auch andere beliebte imaginäre Räume gedanklich selber basteln, angefüllt mit Klischees, je nach persönlicher Prägung:

**Alpen** = Berge, Kühe, Gemsen, Holzhütten, Zwiebelturmkirchen **Orient** = Wüste, Zelt, Wasserpfeife, Basar, Bauchtanz, Schleier, Muezzin **Brasilien** = Meer, Samba, Dschungel, Zuckerhut, Caipirinha, nackte Haut **Afrika** = Savanne, Löwen, Elefanten, Hüttendörfer **Italien** = Liegestuhl, Antike, Eis und Spaghetti **USA** = Highways, Canyons, Wolkenkratzer, Hamburger

Diese Klischees haben sich so oder so ähnlich in den Köpfen festgesetzt. Natürlich gibt es auch Urlauber, die ganz genau wissen, was

**Alpen**

**Orient**

**Brasilien**

**Afrika**

**Italien**

**USA**

sie sehen wollen, etwa die Bar La Bodeguita del Medio in Havanna, wo Ernest Hemingway Mojitos trank, die Felsen von Kappadokien oder das Taj Mahal in Agra. Solche zielstrebigen Touristen sind jedoch die Ausnahme.

Die meisten Deutschen suchen auf Reisen einfach das, was sie für die besten Eigenschaften einer Umgebung zum Erholen halten: Sonne, Strand und Meer. Wo genau sich der Strand befindet, ist zweitrangig. Am Meer, so die Annahme, kann man am ehesten frei sein von Pflichten, sich am ungezwungensten bewegen und feiern. Die meisten Reisenden suchen keine abenteuerliche Erfahrung, sondern ein standardisiertes Pauschalangebot, das ihre Vorstellungen zu übersichtlichen Preisen verwirklichen soll.

Haben Sie Lust, eine Reise anzutreten, aber keine Ahnung, wohin es gehen soll und wie Sie's machen wollen? Dann müssen Sie noch ein bisschen an Ihrer Form arbeiten. Am besten zum Auftakt der Reisesaison im Frühjahr. Dann gibt es kein besseres Fitness-Center als das Messegelände in Berlin, wo jedes Jahr Anfang März fünf Tage lang die Internationale Tourismusbörse (ITB) stattfindet, der weltweit größte Branchentreff der Tourismusindustrie. In 26 Hallen präsentieren sich rund 11.000 Aussteller aus 190 Ländern und schließen Geschäfte im Gesamtwert von sechs Milliarden Euro ab.

180.000 Neugierige drängen sich durch die Hallen. An den ersten drei Tagen dürfen nur Fachbesucher wie Geschäftsleute, Journalisten oder Politiker hinein, an den letzten beiden Tagen jeder. Dann können Sie sich dort alle Fähigkeiten antrainieren, die Ihnen auch im Urlaub an exotischen Orten nützlich sind.

**Halten Sie sich an Ihren Trainingsplan!** Ganz wichtig ist es, systematisch und effektiv, das heißt planmäßig ans Workout heranzugehen. Am besten mit dem „ITB-Quickfinder", einer Broschüre, die trotz ihrer 260 Seiten so schmal ist, dass sie in jede Hosentasche passt. Darin steht alles, was der ITB-Besucher wissen muss. Besonders hilfreich sind die Übersichtspläne des Messegeländes und der Index der Aussteller. Man bekommt den Quickfinder an allen Besuchereingängen. Bevor Sie sich dann hineinstürzen und mit dem Training beginnen, setzen Sie sich zehn Minuten lang hin und überlegen, welche Länder oder Firmen Sie besuchen wollen. Markieren Sie Ihre Ziele auf den Übersichtsplänen und prüfen Sie, wie sich die einzelnen Stände und Hallen am idealsten verbinden lassen. Am idealsten heißt jedoch nicht unbedingt am schnellsten, denn der Trainingseffekt erhöht sich mit der Leistung, die Sie auf der ITB erbringen.

Vermeiden Sie: den Irrglauben, Sie könnten irgendeinen anderen Menschen auf der Messe nach dem Weg fragen. Da ist jeder auf sich allein gestellt. Der Grundriss des Geländes ist der Phantasie eines Anarchisten entsprungen, die Anordnung der Hallen folgt der unübersichtlichen Logik eines Maulwurfsbaus mit Scheingängen, Höhlen und Sackgassen. Einige Hallen haben zwei bis drei mit Zahlen markierte Ebenen, außerdem bis zu drei, mit Buchstaben von a bis c gekennzeichnete Nebenhallen, in denen Sie allerdings nicht zwangsläufig auf Aussteller treffen.

Das bringt's: Durchblick an jedem Ort, an dem Sie unbedingt die Orientierung behalten müssen oder möglichst viel in kurzer Zeit sehen möchten. Zum Beispiel: im Prado, in der Altstadt von Marrakesch, auf dem Frankfurter Flughafen. Aber keine Angst. Wer auf der ITB zurechtkommt, schafft es überall.

**Verbessern Sie Ihre Grundausdauer!** Von einer Ecke der ITB zur anderen – von Afrika und dem Indischen Ozean in Halle 20 bis zum Forum für Geschäftsreisen in Halle 7 – sind es rund 850 Meter. Eher noch mehr, weil man nie einfach durchmarschieren kann, sondern ständig im Zickzack um Prospekte verteilende Hostessen, Bühnen für Folkloredarbietungen und Menschentrauben laufen muss. Im Schnitt machen Medienvertreter 11.300 Schritte pro Messetag und legen so sechs Kilometer zurück, wie die Untersuchung einer Presseagentur ergab, die ITB-Reporter mit Schrittzählern ausstattete. So viel sollten Sie locker schaffen. Planen Sie einen hohen Trainingsumfang. Legen Sie Ihre Stationen kreuz und quer durch das Messegelände. Tragen Sie bequeme Schuhe und stecken Sie ein Ersatzdeo ein, vor allem, wenn Sie am Abend noch zu einer der zahlreichen Messe-Partys eingeladen sind.

Vermeiden Sie: die Benutzung der Shuttlebusse, die um die Hallen zirkeln. Die Wartezeiten sind zu lang, Stehen ist Gift für die Beine.

Das bringt's: für jede Urlaubssituation, in der Sie nicht schlappmachen dürfen. Zum Beispiel: Hotelsuche an einem unbekannten Ort nach Sonnenuntergang, Umsteigen am Pariser Flughafen Charles de Gaulle, Visumverlängerung in Nordkorea.

**Sorgen Sie für mehr Muskeln!** Obwohl Websites, CD-Roms und Memory-Sticks inzwischen in sämtlichen 190 auf der ITB vertretenen Ländern bekannt sein dürften, setzen die Aussteller immer noch mit Vorliebe auf das gewichtigste aller Messemedien: den Katalog. Dieser existiert jedoch nicht alleine, sondern stets nur in Symbiose mit dem Prospekt, also der Kurzfassung des Katalogs, dem Flyer, der Kurzfassung des Prospekts, und dem Infoblatt, der Kurzfassung des Flyers. Gut so! Durch die verschiedenen Abstufungen der Informationsfülle lässt sich das herumzuschleppende Papiergewicht perfekt austarieren. Beginnen Sie langsam mit ein paar Infoblättern, legen Sie pro halbe Stunde nicht mehr als 200 Seiten drauf. Die Feinjustierung erfolgt mit ausliegenden Kugelschreibern, Aufklebern, Wasserbällen, Schirmmützen und anderen Gimmicks, mit denen Sie an die Stände gelockt werden sollen. Auf jeden Fall lassen Sie sich Taschen geben. Probieren Sie einfach aus, welche Modelle Ihnen am besten liegen. Empfehlenswert sind die mit verstärkten Böden und breiten Tragekordeln, die gut in der Hand liegen, ohne ins Fleisch zu schneiden. Diesbezüglich lohnt zum Beispiel ein Besuch an den Ständen von Macau und den British Virgin Islands.

Vermeiden Sie: das Infomaterial vorzeitig loszuwerden, schließlich wollen Sie trainieren. Verzichten Sie auf a) die Mülltonnen und b) die Versandstation für Kataloge im Foyer zwischen den Hallen 1.1 und 2.1. Falls Sie ein Fachbesucher sind, verzichten Sie an den öffentlichen Messetagen Samstag und Sonntag gleich ganz auf diese Übung. Man könnte Sie sonst nämlich trotz ihres Ausweises, den Sie an einem auffälligen, roten Band überm Jackett tragen, für einen gewöhnlichen

Messetouristen auf Gimmickjagd halten. Diese stopfen grundsätzlich alles, was nicht festgetackert ist, in ihre mitgebrachten Tüten oder

Beutelratte 1

Beutelratte 2

Rucksäcke. Deshalb heißen sie im Jargon der Fachbesucher „Beutelratten". Die echten ITB-Profis flüchten vom Messegelände, bevor die Beutelratten eingelassen werden.

Das bringt's: für Situationen, in denen Sie anpacken müssen. Zum Beispiel: Ausfälle von Gepäckförderbändern auf Flughäfen, zu weit auseinander stehende Hotelbetten, Konsumwahn des Reisepartners auf einem arabischen Souk.

**Stärken Sie Ihre mentale Kraft!** Von Iran nach Israel sind es nur ein paar Schritte. Beide Länder sind in Halle 23 vertreten. Bei den Iranern zupft ein Mann mit Schnurrbart eine Oud, bei den Israelis stakst ein Stelzenläufer umher, der als Orangenbaum verkleidet ist, in einer Phantasiesprache redet und kleine Kindern anquatscht. Derweil marschieren Salsa-Bands, Sambatrommler und eine einheimische Dudelsack-Kapelle durch die Gänge, deren Dirigent stolz durch ein Mikrofon verkündet, dass seine Musiker als einzige Deutsche in karierten Röcken schon vor Prinz Charles auftreten durften. Was lernt man daraus? Toleranz fängt schon auf der ITB an. Reden Sie mit den Leuten an den Ständen. Fragen Sie, was sie da anhaben, woher sie kommen, wie ihr Land ist.

Vermeiden Sie: den Gedanken, in den Hallen der deutschen Bundesländer gäbe es keinen Trainingsfortschritt. Schauen Sie sich die rheinland-pfälzischen Trachtengruppen an. Erforschen Sie die Bedeutung von Elbsandstein für die Sachsen. Fragen Sie die Dame vom Tourismusverband der Eifel, was daran ein Gebirge sein soll.

Das bringt's: für alle Momente des Unverständnisses. Zum Beispiel: bei der Kopftuchausgabe in einer türkischen Moschee, beim Googeln in China, auf dem Münchner Oktoberfest.

**Richtig atmen!** Ah! Dieser plötzliche Duft nach Zimt und Kardamom. Es gehört zu den bestgehüteten Geheimnissen der Messe, warum die Vertreter Indiens ohne Pause aus kleinen Aluschächtelchen zu essen scheinen und trotzdem so dünn sind. Überall liegen die Warmhalteverpackungen herum und verbreiten ihren verführerischen Geruch. Dagegen hat Deutschland nur seine olfaktorischen Klassiker aufzubieten: Käselaugenstangen-Schwaden und Pizzadunst, die von den Imbiss-Ständen in den Foyers aufsteigen. Was davon nach Nordafrika in Halle 21 oder in den Nahen Osten wabert, vermischt sich dort mit dem Odeur von Räucherstäbchen, verbrannten Kräutern und Weihrauch. Gegen Abend kommen zunehmend Weinfahnen dazu. Aber nichts kann den Grundgeruch überdecken: jene Kopfnote nach ungelüftetem Hasenstall, geschwängert mit dem Aroma von Umkleidekabine in einem öffentlichen Schwimmbad und Schuhschrank, das zwangsläufig nicht ausbleibt, wenn 180.000 Menschen beisammen sind. Vergessen Sie trotzdem nicht, regelmäßig und tief zu atmen. Auch auf Reisen wird nicht alles nach Veilchen riechen.

Vermeiden Sie: die Ausgänge an die frische Luft zu suchen, zum Beispiel zum so genannten Sommergarten in der Mitte des Messegeländes. Sie werden ihn sowieso nur finden, wenn Sie sich gerade zufällig auf dem richtigen Stockwerk – auf Ebene 2! – befinden. Also schonen Sie lieber Ihre Nerven und nehmen Sie ein paar Lungenzüge Messeluft mehr.

Das bringt's: Aushalten von Gestank jeder Provenienz. Zum Beispiel: auf den Straßen einer mexikanischen Millionenstadt, am vietnamesischen Fischmarkt oder in der Berliner U-Bahn.

**Ernähren Sie sich bewusst!** Sie müssen nicht nach jedem ausliegenden Stück Kuchen oder Teller mit Keksen und Nüssen grapschen. Diese Futterköder an den Messeständen dienen nur zum Anlocken ahnungsloser Beutelratten, die dann in Gespräche verwickelt werden sollen. Wenn Sie sich schon nicht beherrschen können, dann gehen Sie an den Stand von Benin in Halle 4, Untergeschoss. Da erleben Sie wenigstens etwas. Der westafrikanische Staat präsentiert sich auf einer Fläche, die in etwa der Größe von drei Badetüchern entspricht. An den Stellwänden hängen gestickte Teppiche. Auf einem Fernseher läuft ein Video, das französische Jugendliche zeigt, die in einem Buschcamp sitzen und Lieder singen. Das Beste sind die Snacks, die auf den Stehtischen in kleinen Holzschalen liegen: getrocknete, kleine Fische. Sie sind äußerst knusprig, schmecken salzig und hinterlassen einen charakteristischen Geruch an den Händen. Das ist interessanter als alle Kekse und Nüsse zusammen.

Vermeiden Sie: die Imbiss-Stände (siehe „Richtig atmen!"). Sie brauchen stattdessen Nahrung, die Ihnen Kraft gibt, gesund ist und gleichzeitig Einblicke gewährt in die Kultur eines Landes. Am besten essen Sie bei den Österreichern. Hinter den hübschen Kulissen der einzelnen Bundesländer gibt es ein Bistro und ein Restaurant, in dem man mehrgängige Menüs genießen kann, Kaiserschmarrn, Apfelstrudel und Almdudler inklusive.

Das bringt's: für alle, die auf Reisen das kulinarische Abenteuer suchen. Zum Beispiel: Vegetarier in Argentinien, Schweinefleischliebhaber im Iran und jeden, der in der chinesischen Provinz gerne mal bestellt, indem er einfach auf die Speisekarte zeigt.

**Und immer lächeln!** Es nützt nichts, wenn Sie sich darüber aufregen, dass in Halle 5 mal wieder nichts vorangeht. Hier, zwischen Australien und den Malediven, Samoa, Tahiti und Vanuatu stockt der Besucherstrom immer. Es ist nun mal so, dass Poster von türkisfarbenen Lagunen und mehlweißen Sandstränden sowie Südseeschönheiten mit Infomaterial die Messebesucher zum Stillstand bringen und sofort träumen lassen. Ähnlich langsam geht es nur noch in Halle 3, Abteilung Karibik, zu. Bleiben Sie locker. Denken Sie daran: Bald sind Sie im Urlaub. Zur Not murmeln Sie einfach halblaut die Namen der Orte vor sich hin, für die hier geworben wird: Antigua und Barbuda, Aruba, Barbados, Guadeloupe, St. Lucia, Trinidad und Tobago. Das ist autogenes Training vom Feinsten, das Sie sofort entspannen wird.

Vermeiden Sie: in der karibischen Halle ein Stockwerk höher zu gehen. Dort finden Sie Albanien, Armenien und Bulgarien – wo Sie viel zu schnell, also ohne Trainingseffekt vorankommen.

Das bringt's: für alle Orte dieser Welt, an denen Sie ein Lächeln und ein freundliches Wort weiter bringt als sich aufzuregen und auf Ihre Rechte zu pochen. Zum Beispiel: so gut wie alle Länder außer Deutschland.

**Suchen Sie Trainingsalternativen!** Einmal im Jahr trainieren ist keinmal. Nach der ITB warten Sie nicht erst ab, bis die nächste Tourismusbörse stattfindet. Besuchen Sie stattdessen ein anderes Fitness-Center, wo sich spezielle Übungsthemen vertiefen lassen:

**Januar:** Urlaubsmesse CMT in Stuttgart **Februar:** Freizeitmesse Free in München **April:** Messe für Glaubens- und Pilgerreisen Pilgus in Mainz **Mai:** Messe für Ferienimmobilien Holiday Home in Berlin **Juli:** Internationale Bustouristikmesse RDA-Workshop in Köln, Outdoor-Messe in Friedrichshafen **September:** Travel

Expo, Fachmesse für Touristik, Geschäftsreisen und Reisetechnologie in Köln, Wander- und Trekkingmesse Tournatur in Düsseldorf, Seatrade für Fähr- und Kreuzschifffahrt in Hamburg **Oktober:** Caravan Salon Austria in Wels / Österreich. **November:** I Viaggiatori, Internationale Schweizer Ferienmesse in Lugano, Fachaustellung für Reisemobile Caravan in Bremen

## 003 KATALOGISCH LESEN FÜR ANFÄNGER

Die Gesetze verlangen, dass Pauschalurlaubern die im Katalog versprochenen Leistungen auch tatsächlich geboten werden. Andernfalls liegt ein Reisemangel vor und der Urlauber kann sich einen Teil des Reisepreises vom Veranstalter zurückerstatten lassen (siehe Kapitel 149, Geld zurückholen). Entsprechend schwammig und schwurbelig formulieren die Hausdichter der Hotels die Vorzüge ihrer Angebote – so kann hinterher kein Urlauber behaupten, man hätte ihn nicht gewarnt.

Im Katalog steht über die Anreise **Direktflug** **Kann heißen:** Es dauert. Sie machen eine Zwischenlandung, bei der Sie im Flieger sitzen bleiben oder in eine andere Maschine mit gleicher Flugnummer umsteigen. **Kurzer Transfer** **Kann heißen:** Hotel in Flughafennähe, es ist höllenlaut in Ihrer Unterkunft.

Im Katalog steht über die Lage des Hotels **Gute Verkehrslage** **Kann heißen:** direkt an einer viel befahrenen Straße. **Zentrale Lage** **Kann heißen:** Schlafen Sie lieber tagsüber, um das Hotel herum geht der Punk ab. **Relativ ruhige Umgebung** **Kann heißen:** Im Vergleich zu einer durchstartenden Boeing 747 ist ein Betonmischer auch relativ ruhig. **Direkt an der breiten Uferpromenade** **Kann heißen:** direkt an der vier- bis sechsspurigen Straße, die das Hotel vom Strand trennt. **In einer aufstrebenden Gegend** **Kann heißen:** mitten in einer Großbaustelle. **Ein Leihwagen wird empfohlen** **Kann heißen:** Hier gibt es nicht einmal öffentliche Verkehrsmittel. Sie wohnen am Busen der Natur. **In ruhiger Lage** **Kann**

**heißen:** fernab vom Schuss. **Direkt am Meer** **Kann heißen:** Das Hotel liegt direkt am Fährhafen oder auf einer hohen Klippe – von einem Zugang zum Meer ist hier keine Rede. **Panoramablick aufs Meer** **Kann heißen:** Willkommen im Hochhaus. **Fünf Minuten bis zum Strand** **Kann heißen:** fünf Minuten im Hubschrauber – zu Fuß dauert es eine halbe Stunde. **In zweiter Reihe zum Meer** **Kann heißen:** In der ersten Reihe, direkt vor Ihrem Balkon, steht ein zehnstöckiger Betonklotz. **Strandnah** **Kann heißen:** ein Kilometer weit weg. **In unberührter Natur** **Kann heißen:** in einer Steinwüste neben dem Elefantenfriedhof, nicht zwangsläufig in einer schönen Umgebung.

## Im Katalog steht über die Ausstattung des Hotels

**Landestypische Bauweise** **Kann heißen:** billig und hellhörig. **Griechische Bauweise** **Kann heißen:** spartanisch. **Weitläufige Anlage** **Kann heißen:** Packen Sie Proviant für den Tagesmarsch zum Frühstückssaal ein. **Zimmer zur Meerseite** **Kann heißen:** Sie schauen aus dem Fenster: Irgendwo Richtung Westen, hinter den anderen Hotels, jenseits der Kläranlage, der Stadtautobahn und des Atomkraftwerks muss es sein – das Meer. **Seitlicher Meerblick** **Kann heißen:** Sie können das Meer sehen – wenn Sie auf dem Balkon sitzen und einen steifen Nacken riskieren. **Zweckmäßige Einrichtung** **Kann heißen:** Auch eine Einzelzelle ist zweckmäßig eingerichtet. **Individuell eingerichtet** **Kann heißen:** eine Gerümpelkammer. **Geschmackvolle Einrichtung** **Kann heißen:** Über Geschmack lässt sich streiten. **Beheizbarer Swimmingpool**

**Kann heißen:** Man könnte ihn heizen, wenn man wollte. Es ist nicht sicher, dass wirklich jemand will. **Neu eröffnet Kann heißen:** Es liegt noch Bauschutt herum. **Unter neuer Leitung Kann heißen:** Die vorherigen Manager sind wegen Unfähigkeit rausgeflogen. **Neu renoviert Kann heißen:** mal wieder gestrichen. **Teilweise renoviert Kann heißen:** Es gibt heruntergekommene und hergerichtete Gebäudeteile – Ihre Chancen stehen 50:50. **Fitnessraum Kann heißen:** ein Ergometer **Fitnessstudio Kann heißen:** ein Ergometer, eine Hantel. **Fitnesscenter Kann heißen:** ein Ergometer, zwei Hanteln, ein Laufband.

Im Katalog steht über die Atmosphäre des Hotels **Familienfreundlich Kann heißen:** Es geht von morgens bis abends zu wie beim Kindergeburtstag. **Internationales Publikum Kann heißen:** Man spricht kein Deutsch, dafür feiert jede Nationalität nach ihrer eigenen Vorstellung dessen, was sich im Urlaub gehört. **Bemühtes Personal Kann heißen:** die totale Gurkentruppe. **Unaufdringlicher Service Kann heißen:** auch eine totale Gurkentruppe – aber die sehen Sie nach der Bestellung nie wieder. **Ursprünglicher Charme Kann heißen:** alt und heruntergekommen. **Junges Publikum Kann heißen:** Ohrenstöpsel nicht vergessen!

Im Katalog steht über den Strand **Naturbelassen Kann heißen:** schmutzig. **Langer Strand Kann heißen:** über die Breite sagt das nichts. **Hoteleigener Strand Kann heißen:** schön für die Hotelgäste – schlecht für Strandspaziergänger. **Korallenstrand Kann heißen:** Im Sand liegen scharfkantige Korallen. **Korallensand Kann heißen:** Der Sand ist so fein und weiß wie Mehl. **Flach abfallender Strand Kann heißen:** Schwimmer müssen weit hinauswaten. **Liegen und Schirme gegen Gebühr Kann heißen:** Das wird teuer.

Im Katalog steht über Speis und Trank **Kontinentales Frühstück Kann heißen:** Brot, Marmelade, Butter, Tee oder Kaffee. **Verstärktes Frühstück Kann heißen:** Brot, Marmelade, Butter, Tee oder Kaffee plus eine Scheibe Wurst. **Auswahl an Getränken / Getränke teilweise** Sie dürfen alles Mögliche trinken – aber die guten Marken müssen Sie extra bezahlen (beim All-inclusive-Urlaub). **Internatio-**

**nale Küche Kann heißen:** Kantinenessen, das es überall auf der Welt gibt: Pommes, Pizza, Burger.

## 004 REISEN WIE DIE MUSTERMÄNNER

Das Reiseverhalten der Deutschen und der Europäer ist ziemlich gut dokumentiert, beispielsweise durch die Reiseanalyse der Forschungsgemeinschaft Urlaub und Reisen oder das von der Europäischen Kommission in Auftrag gegebene Eurobarometer. Mit Hilfe dieser Studien lässt sich ein Bild von den Mustermännern zeichnen. Die Mustermänner gehören zu den etwa drei Vierteln der ziemlich genau 65 Millionen Deutschen ab 14 Jahren, die jährlich mindestens eine Reise mit mindestens fünf Tagen unternehmen und am ehesten am Winterurlaub sparen würden. Anders als noch Anfang der Siebziger, als etwa 80 bis 85 Prozent der Deutschen ihre Tickets und Unterkünfte selbst organisierten, buchen sie inzwischen fast jedes zweite Mal eine Pauschal- oder Bausteinreise. Die Mustermänner treten ihre Haupturlaubsreise wie zwei Drittel aller reisenden Landsleute zwischen Juni und September an – und zwar mit mehr als 80-prozentiger Wahrscheinlichkeit im Flugzeug oder mit dem Auto. Auch wenn Tourismuswissenschaftler von einer „Architektur der Motive" schreiben, weil die Menschen heute in all ihrer Individualität gar nicht mehr so eindeutig sagen können, warum sie reisen, ist die Erholung nach wie vor der wichtigste Grund. Zuvor haben sie sich meist im Internet, bei Freunden und Bekannten informiert und reisen wahrscheinlich innerhalb von Deutschland (etwa 32 Prozent), nach Spanien (13 Prozent), Italien oder die Türkei (je etwa sieben Prozent). Sie lassen sich den Auslandsurlaub so viel kosten wie sonst niemand auf der Welt: Mit 85 Milliarden Dollar geben die Deutschen dabei sogar zehn Milliarden Dollar mehr aus als alle US-Amerikaner.

Wie das bei Statistiken üblich ist, klären all diese Zahlen eine Frage jedoch nicht: Was wollen Sie?

## 005 DAS REISEZIEL BERECHNEN

Beinahe so schwierig und individuell wie die Wahl des Lebenspartners ist die Wahl des Reiseziels. Manchmal weiß man einfach, ob es das richtige ist, oft wird man durch den Rat der Bekannten oder Verwandten bestärkt, dass es wirklich passt, in einigen Fällen spielen Vermittlungsagenturen – in der Tourismusbranche Reisebüros genannt – eine Rolle. Und natürlich wird auch das Internet immer wichtiger, um sich neu zu orientieren. Inwieweit das Ziel wirklich das Versprochene hält, weiß man freilich erst, nachdem man dort war. Da helfen weder Freunde noch Reisebüros oder das Internet. Zwischen all diesen Möglichkeiten gibt es jedoch einige Methoden, die ein wenig aus der Mode gekommen sind.

**Für schlaue Köpfe:** Im Jahre 1967 hat ein gewisser Hans Kiemstedt, Professor für Landschaftspflege und Naturschutz, für das norddeutsche Tiefland ein Verfahren entwickelt, mit dem man die Schönheit einer ganzen Landschaft bewerten kann, ohne dazu vom Tisch aufstehen zu müssen. Er wusste, dass Bilder nur sehr kleine Ausschnitte sind und den wahren Charakter einer Region verfälschen können. Außerdem hatten die Menschen zu jener Zeit sehr viel Spaß am Entwerfen von Modellen und Theorien. Kiemstedt reichten für seine Methode einige Karten mit einem großen Maßstab, auf denen jeder Wald, jeder Berg, jedes Gewässer zu erkennen war. Aus solchen Karten lässt sich der so genannte Vielfältigkeitswert oder V-Wert berechnen. Ermitteln Sie einfach die als besonders attraktiv geltenden Waldränder, Gewässerränder, Höhenunterschiede und die Nutzungsarten der Fläche. Das alles wird entsprechend gewichtet und mit einem Klimafaktor multipliziert und durch 1.000 dividiert. Nehmen wir folgendes Beispiel, das wir Märchenwald nennen: Ein Gebiet von einem Quadratkilometer Größe hat zwei Kilometer Waldrand, 1.000 Meter Uferlinie eines Sees, eine 500 Meter hohe Erhebung, 20 Prozent Wasser, 40 Prozent Wald, etwa je zehn Prozent Acker, Ödland und Moor. Die restlichen zehn Prozent lassen sich nicht genau bestimmen, also streichen wir sie. Wir kämen auf einen V-Wert von 10,02. Ersetzen wie den Wald durch Acker, und der V-Wert liegt nur noch bei 6,996. Legen wir zusätzlich den See trocken, und er liegt bei 2,7, tragen wir auch noch den Berg komplett ab, so sind wir bei 1,26.

**Der Wert wird folgendermaßen ermittelt:** V-Wert = (Waldrandzahl + Gewässerrandzahl + Reliefzahl (= Erhebung) + Nutzungszahl) x Klimafaktor : 1.000. Nun müssen nur noch die entsprechenden Zahlen berechnet werden. Dafür gibt es vorgegebene Formeln:

| Merkmal | Formeln | UB | A | B | C |
|---|---|---|---|---|---|
| Waldrandzahl | Meter pro qkm | 2.000 | – | – | – |
| Gewässerrandzahl | Meter pro qkm x 3 | 3.000 | 3.000 | – | – |
| Reliefzahl | Höhenunterschied 250 - 500 m = 1.200 | 1.200 | 1.200 | 1.200 | – |
| Nutzungszahl | Wasser (in % der Fläche) x 50 | 1.000 | 1.000 | 300 | 300 |
| | Wald (in %) x 19 | + 760 | + 300 | + 630 | + 630 |
| | Acker (in %) x 6 | + 60 | + 60 | + 120 | + 120 |
| | Ödland (in %) x 21 | + 210 | + 210 | = 1.050 | = 1.050 |
| | Moor (in %) x 12 | + 120 | + 120 | | |
| | Grünland (in %) x 15 | = 2.150 | = 1.630 | | |
| Klimafaktor | z.B. Stadtklima 0,65–0,8 | 1,2 | 1,2 | 1,2 | 1,2 |
| | Norddt. Tiefland 0,9–1,1 | | | | |
| | Montane Zone (gebirgig) 1,2–1,4 | | | | |
| | Küste 1,3–1,6 | | | | |
| V-Wert | Geteilt durch 1.000 | 10,02 | 6,996 | 2,7 | 1,26 |

Die Formel wurde für dieses Beispiel leicht gekürzt und vereinfacht. **UB** = Unser Beispiel **A** = ohne Wald **B** = ohne Wald, ohne See **C** = ohne Wald, ohne See, ohne Berg

Sie können Berge, Wälder oder Wasser aufwerten, indem Sie als Wanderer die Reliefzahl doppelt oder dreifach gewichten oder die Gewässerrandzahl streichen. Für ein wissenschaftliches Bewertungsverfahren ist das geradezu lächerlich einfach. Wahrscheinlich ist der viel zu früh verstorbene Kiemstedt genau deshalb in Vergessenheit geraten, obwohl die Methode durch Google Earth und Geographische Informationssysteme heute mit ein paar Mausklicks anzuwenden wäre. Wenn Sie das konsequent durchführen, könnte es übrigens sein, dass Sie sich nach einem Vergleich nicht für das mongolische Changai-Gebirge oder Patagonien in Südamerika entscheiden, sondern am Chiemsee oder im Kleinwalsertal landen.

Der V-Wert ist neutral und lässt sich nicht durch den Wert eines Ziels als Statussymbol oder die Tricks der Werbeeindustrie verwirren. Wie bei vielen Berechnungsmethoden entfällt die psychologische Komponente. Auch lassen sich Phänomene wie Weite oder Ruhe nur schwer messen. Eine Wüste beispielsweise käme in Kiemstedts Verfahren immer schlecht weg.

**Für Strandfreaks:** Seit einigen Jahren existiert auch eine Formel, um den Ort für den idealen Strandurlaub zu ermitteln. Wissenschaftler der Universität Surrey haben sie zusammen mit dem Internet-Reiseportal Opodo zusammengestellt. Demnach ist die beste Strand-Destination die Toskanische Riviera. Die Formel vereinfacht:

$$[(qQ \times wW) + 2(uU \times kK \times aA) + (gG \times sS)] : [rR + pP]$$

**Q** = Qualität des Strandes **W** = Wetter **U** = Unterhaltungsprogramm **K** = Kultur **A** = Aktivitäten **G** = Gastlichkeit **S** = Shopping **R** = Reisezeit **P** = Preis in Prozent des Jahreseinkommens, die kleinen Buchstaben sind von den Urlaubertypen abhängige Koeffizienten von 0,1 bis 1,0

Da diese Formel doch eher kompliziert und nicht immer objektiv ist, darf sie wohl eher als Marketinggag verstanden werden. Ob sie vom italienischen Reiseverband gesponsert wurde, ist nicht bekannt.

Augen zu,
Globus drehen,
Finger drauf oder
Dartpfeil
werfen

**Für Spontane:** Besorgen Sie sich einen Globus und stellen Sie diesen vor sich auf den Tisch. Legen Sie den rechten ausgestreckten Finger sanft auf das verkleinerte Abbild der Erdkugel und schließen Sie nun die Augen. Drehen Sie den Globus mit der linken Hand und warten Sie, bis die Drehbewegung beendet ist. Lassen Sie Ihren Finger liegen! Öffnen Sie anschließend die Augen. Falls Ihr Finger auf das Wasser zeigt, wiederholen Sie die Prozedur noch einmal von vorne und so lange, bis Ihr Finger auf der Landmasse liegt bleibt. Dann haben Sie Ihr nächstes Reiseziel gefunden. Bei Bedarf – kein Globus weit und breit – lässt sich das Verfahren abwandeln, indem Sie einen Dartpfeil mit verbundenen Augen auf eine Weltkarte schleudern.

## 006 REISEWETTER VORAUSSEHEN

Wann war noch mal die Regenzeit in Indien? Wieso ist es an den Polen so verdammt lange dunkel und kalt? Und warum schwanken die Temperaturen in einigen Regionen stärker als anderswo? Es gibt einige einfache Regeln, mit denen sich solche Fragen und damit auch die Reisezeiten für viele Gefilde am Schreibtisch mit einem guten Atlas klären lassen.

**Die Tagesdauer:** Es klingt vielleicht etwas merkwürdig, aber auf jedem beliebigen Ort dieser Erde ist es durchschnittlich ungefähr zwölf Stunden pro Tag hell. Wichtig ist in diesem Zusammenhang das Wort durchschnittlich, denn je weiter Sie sich den Polen nähern, umso stärker sind die jahreszeitlichen Unterschiede. Am Nordpol gibt es beispielsweise mehrere Monate, an denen die Sonne 24 Stunden pro Tag am Horizont steht und eine gewisse Erwärmung erzeugt, während zur gleichen Zeit am Südpol wiederum 24 Stunden Nacht und grimmige Kälte herrschen. Es wird deshalb von Polartag und -nacht gesprochen. Im Winterhalbjahr dreht sich dieses Verhältnis um. Um ganz genau zu sein: Insgesamt erhält die Nordhalbkugel ein paar Tage mehr Sonnenlicht, was mit der Umlaufbahn der Erde um die Sonne zu tun hat.

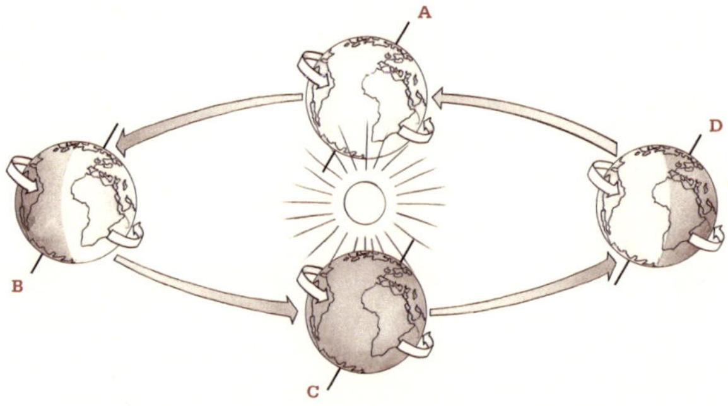


A. 21. März: Tag- und Nachtgleiche > B. 21. Juni: Sommersonnenwende > C. 23. September: Tag- und Nachtgleiche > D. 21. Dezember: Wintersonnenwende

**Wichtig ist:** Solange es die Erde nicht aus der Bahn wirft, dürfen Sie mit ziemlicher Sicherheit darauf vertrauen, dass im hiesigen Sommer die Tage länger werden, je weiter man sich gen Norden bewegt. Dies hängt mit der Schrägstellung der Erdachse zusammen. Sie steht nicht etwa so parallel zur Sonne wie ein Kebabspieß zum Grill, sondern leicht gekippt. Dadurch wird im Sommer der Nordpol besonders ausgiebig angeleuchtet. Ein halbes Jahr später wiederholt sich das Ganze auf der anderen Seite. Je näher man sich also zu den Polen hin bewegt, desto größer sind die Schwankungen zwischen der Dauer von Tag und Nacht. Besonders kompliziert wird die Wahl der Reisezeit unter Tageslänge-Aspekten übrigens am 21. März und 23. September: Dann herrscht auf jedem Punkt der Erde je zwölf Stunden Tag und Nacht. Astronomen bezeichnen das als Äquinoktium.

**Die Sonneneinstrahlung:** Ganz allgemein steigt die durchschnittliche Jahrestemperatur, je weiter man sich dem Äquator und damit den Tropen annähert. Ein weit verbreiteter Irrglaube ist, dass dies etwas mit der geringeren Distanz des Äquators zur Sonne zu tun hätte. Da die Erde in einer leichten Ellipse um die Sonne kreist, und zwar in einer mittleren Entfernung von etwa 150 Millionen Kilometern, ist die Sonne manchmal zweieinhalb Millionen Kilometer näher dran, manchmal zweieinhalb Millionen weiter weg. Bei solch astronomischen Entfernungen fallen die paar tausend Kilometer Ausbuchtung am Äquator wirklich nicht ins Gewicht.

Entscheidend ist vielmehr der Einfallswinkel der Sonnenstrahlen. Auf einen Quadratmeter Afrika treffen übers Jahr gesehen viel mehr Sonnenstrahlen als auf einen Quadratmeter Grönland. Das gleiche Prinzip nutzen übrigens Winzer, wenn Sie Wein an Südhängen anbauen, wo die Sonnenstrahlen im Sommer dann ebenfalls ziemlich steil eintreffen.

**Die Nähe zur See:** Stellen Sie an einem sonnigen Sommertag einmal einen Eimer Wasser und einen Eimer Sand in den Garten. Sie werden feststellen, dass sich der Eimer Sand schneller erhitzt, aber in der Nacht auch wesentlich schneller an Wärme verliert. Das Wasser nimmt die Wärme dagegen langsamer auf und speichert sie dafür länger. Dieses Modell ist ziemlich stark vereinfacht, lässt sich aber auf viele Reiseziele übertragen. Große Wassermassen ändern ihre Temperatur weniger schnell und beeinflussen auch das Klima der angrenzenden Landfläche. Es wird dann von ozeanischem oder maritimem Klima gesprochen.

So schwanken die Temperaturen im meernahen Helsinki weniger stark als im zwar südlicher, aber viel mehr im Landesinneren gelegenen Moskau. Und auf den Kanarischen Inseln ist es im Winter weniger kalt und im Sommer erträglicher als inmitten der inneren Sahara. Besonders bemerkenswert ist allerdings Werchojansk in der riesigen russischen Steppe. In der sibirischen Kleinstadt 150 Kilometer nördlich des Polarkreises – und damit nördlicher als Island gelegen – lag die tiefste jemals gemessene Temperatur bei minus 67,8 Grad Celsius, die höchste Temperatur bei plus 36,6 Grad Celsius. Wärmer wurde es auch in München und Hamburg noch nie.

**Der Monsun:** Die meisten Fernreisenden kennen den Monsun, weil er die Reisezeit in hohem Maße beeinflusst. Aber woher kommt er? Und: Wo geht er hin?

Monsune sind Winde im Bereich der Tropen und Subtropen, die zweimal jährlich die Richtung wechseln: Im Sommer wehen sie vom Meer zu Land, im Winter vom Land zum Meer. Die Winde vom Land zum Meer sind für den Reisenden eher unproblematisch, da sie an Land kaum Feuchtigkeit mitnehmen und keine sonderlichen Niederschläge bewirken. Der Sommermonsun reißt mancher Destination hingegen ein Loch in die wunderbare Jahresbilanz. Ursache ist – wie bei Winden üblich – das Luftdruckgefälle zwischen dem Meer und dem inneren Festland.

Hier spielt wiederum die Sonneneinstrahlung eine Rolle. Sie erwärmt im Sommer das innere Festland. Vor allem der asiatische Kontinent bietet dank seiner Größe besonders viel Angriffsfläche. Warme Luft steigt nach oben – dieses Prinzip gilt weltweit, heben Sie mal den Deckel von einem Topf mit kochendem Wasser –, und das daraus entstehende Tiefdruckgebiet zieht eine Ausgleichströmung vom Meer nach sich. Monsune funktionieren allerdings nicht voll eigenständig. Sie sind in allerlei Strömungen wie die Passatwinde eingebettet und werden durch die Erdkräfte nach Westen oder Osten abgelenkt. Welchen Drall die Winde nun haben, macht nicht so viel Unterschied. Entscheidend ist, dass die feuchten Luftmassen vom Meer jede Menge Niederschlag mitbringen. Gegen derartige Luftzirkulationen hilft dann nur noch buddhistische Gelassenheit – oder Daheimbleiben.

**Innertropische Konvergenz:** In Äquatornähe erwärmt sich die Luft wegen der senkrechten Sonneneinstrahlung besonders stark und steigt nach oben. In Bodennähe entsteht so eine Tiefdruckrinne, die sich um den gesamten Planeten zieht und wiederum Luft aus den äquatornahen Regionen anzieht. Interessant ist, was mit der aufsteigenden Luft derweil passiert. Sie dehnt sich in der Höhe aus, kühlt ab, bildet Wolken, führt zu starken Niederschlägen und sinkt Hunderte Kilometer jenseits der Tiefdruckrinne wieder zu Boden. Die inzwischen nachgesaugte Luft führt diesen Kreislauf fort, steigt also ebenfalls auf, kühlt ab, produziert Starkregen. Entscheidend bei der Wahl der Reisezeit ist: Im Sommer läuft diese Rinne eher nördlich des Äquators über Mittelamerika, südlich der Sahara und Südostasien hinweg, im Winter über Südamerika, das südliche Afrika und Nordaustralien.

**Das Relief:** Berge und Gebirge sind die Lieblingsobjekte der Geographen, Klimatologen und Meteorologen. Sie sind Wetterscheiden und Staumauern für Wolken, verändern Luftströmung und bewirken Fallwinde, weil sie vor allem eines sind: höher als die Umgebung. Karl Gabl, der als Leiter der Zentralanstalt für Meteorologie und Geodynamik in Innsbruck das Wetter der Alpen so gut lesen kann wie kaum ein anderer und auch Höhenbergsteiger im Himalaya mit seinen Wetterprognosen bedient, sagt: „Die Berge gestalten das Wetter selbst mit."

Er hat dabei geholfen, die folgende Liste mit einigen wenigen Daumenregeln zu erstellen, von welchen Faktoren das Wetter in den Bergen beeinflusst wird. Als Beispiel dient das vielfältigste Gebirge der Welt, die Alpen.

Der Kern der Sache: Prinzipiell sind die Alpenränder Stauzonen, weshalb dort im Normalfall mehr Niederschlag und kühlere Temperaturen zu erwarten sind als im Alpeninneren. In den niederen Lagen des Bregenzerwaldes fallen beispielsweise etwa 2.000 Millimeter Niederschlag, was den Wintersport wiederum begünstigt, im zentral gelegenen Vinschgau nur 450 Millimeter.

Die Himmelsrichtungen: Wo liegt das Gebirge und in welche Richtungen erstreckt es sich? Ein weiter Bereich der Alpen wird beispielsweise vom maritimen Klima beeinflusst und ist dadurch eher feucht, wohingegen der Süden an den mediterranen Raum mit sommerlicher Trockenheit und Starkniederschlägen grenzt. Mindestens genauso wichtig ist, an welchem Hang Ihr Urlaubs- oder Ausflugsziel liegt. Zwischen Sonnen- und Schattenseiten gibt es gewaltige Temperaturunterschiede. Südexponierte Hänge bekommen ungleich viel mehr Sonne ab als nach Norden hin ausgerichtete Hänge.

Oben und unten: Dieser Punkt ist vor allem für Ihren ersten Hüttenurlaub wichtig. Aufsteigende Luft kühlt pro hundert Höhenmeter ungefähr um 0,5 bis ein Grad Celsius ab. Sie können also davon ausgehen, dass bei 1.000 Metern Höhenunterschied die Temperatur um sechs bis sieben Grad fällt oder steigt. Im Winter gilt diese Faustregel häufig nicht, weil die Kaltluft dann regelmäßig ins Tal hinabsinkt. In der Höhe fällt übers Jahr gesehen auch mehr Niederschlag als in den Tälern. Dagegen ist die direkte Sonneneinstrahlung aufgrund der geringeren Dichte der Atmosphäre in den Höhenlagen stärker. Auf welcher Höhe die durchschnittliche Juli-Temperatur zehn Grad Celsius beträgt, können Sie in den Alpen übrigens sehr einfach erkennen: an der Baumgrenze.

Ein- und Ausatmen: Dass es in der Nacht kühler ist als am Tag, ist hinlänglich bekannt. Besonders im Gebirge wirken sich diese Temperaturunterschiede auch auf das Windsystem aus. Durch die tägliche Erwärmung der Hänge steigt dort die Luft nach oben. Wieder entsteht ein Unterdruck, worauf Luft aus dem Tal oder dem flacheren Vorland eingeatmet wird. Nachts wird nach der stärkeren Abkühlung der Hänge und Hochflächen wieder ausgeatmet. Nach dem gleichen Prinzip dieser Berg- und Talwinde funktionieren übrigens auch Land- und Seewinde, wobei hier die sich schneller erwärmende Landfläche die Rolle der Hanglagen übernimmt.

**Ein Klimadiagramm lesen:** Gute Reiseführer und Internetportale erwähnen nicht nur die besten Reisezeiten, sondern stellen auch so genannte Klimadiagramme zu Verfügung, an denen Sie ihren geographischen Intellekt wetzen dürfen. Professionelle Interpreten können Klimadiagramme beispielsweise durch gar nicht einmal so komplizierte Ableitungen den entsprechenden Orten oder wenigstens Regionen zuordnen. Als Reisender reicht es, die Kurven einfach nur richtig zu deuten. Denn Klimadiagramme enthalten trotz ihrer Schlichtheit eine Fülle an Informationen. Mit ein wenig Grundwissen lassen sich nicht nur die besten Reisezeiten, sondern sogar die zu erwartende Vegetation und Trockenzeiten ablesen.

Das am häufigsten verwendete hygrothermische Klimadiagramm besteht aus drei Leisten. Unten werden die Monate im Jahresverlauf angegeben, links die Temperatur und rechts der Niederschlag in Millimetern. Dazu kommen noch allgemeine Informationen zu dem Ort wie Höhe und Lage im Koordinatensystem der Erde. Im Diagramm selbst sind die Mittelwerte, Ergebnisse aus mehreren Jahrzehnten aufwändiger Messungen, eingezeichnet. Im Falle Mallorcas lässt sich auf dem folgenden Diagramm beispielsweise erkennen, dass in den Sommermonaten Mai bis August mehr Wasser verdunstet als fällt; Sie können

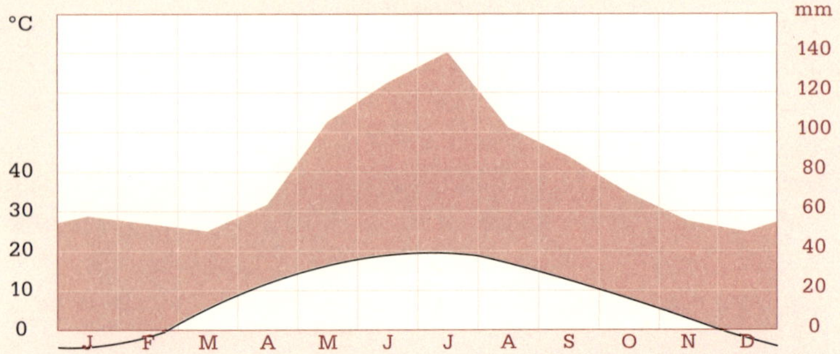


**München-Riem / Deutschland – 40°9'N / 11°42'O – 527 m**

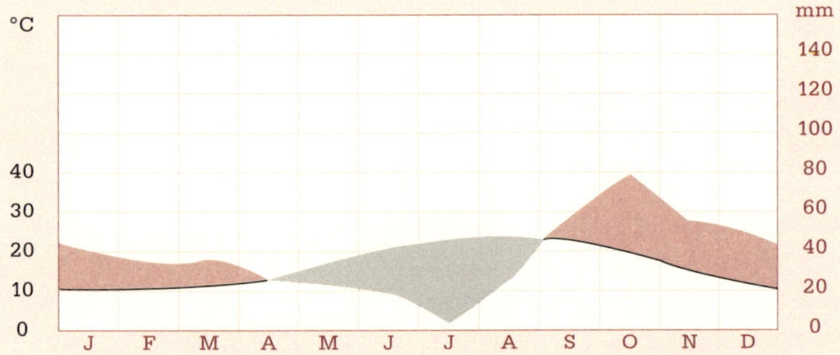


**Palma de Mallorca / Spanien – 39°33'N / 2°39'O – 28 m**

im Normalfall also von Trockenheit und nicht allzu viel Regenfällen ausgehen. Auch die Winter sind mit durchschnittlich zehn Grad ausgesprochen mild. Besonders interessant und aussagekräftig werden Klimadiagramme allerdings vor allem dann, wenn man sie mit dem Diagramm eines bekannten Klimas, wie etwa dem von München, vergleicht und auf einen Blick erkennt, welcher Sommer mehr Sonne und weniger Wolken bringt.

Mitarbeiter von Tourismusverbänden werden immer behaupten, dass ihre Region zu jeder Jahreszeit reizvoll sein kann, wie es im Marketingsprech heißt, und dass sich eine bevorzugte Reisezeit gar nicht definieren lasse. Das ist vielleicht sogar richtig, sofern man Spaß daran findet, bei brütender Hitze auf einem Kamel durch Tunesien zu reiten, sich in Indien vom Monsun einregnen zu lassen oder im schottischen Nebel zu sitzen. Für die meisten Gebiete gibt es aber natürlich eine Zeitspanne, während der sich ein Besuch am ehesten lohnt. Allerdings ist das auch die bevorzugte Reisezeit all der anderen Urlauber. Was die Varianz an Reisezeiten betrifft, ist der eindeutig langweiligste Kontinent von einigen Ausnahmen abgesehen übrigens Europa.

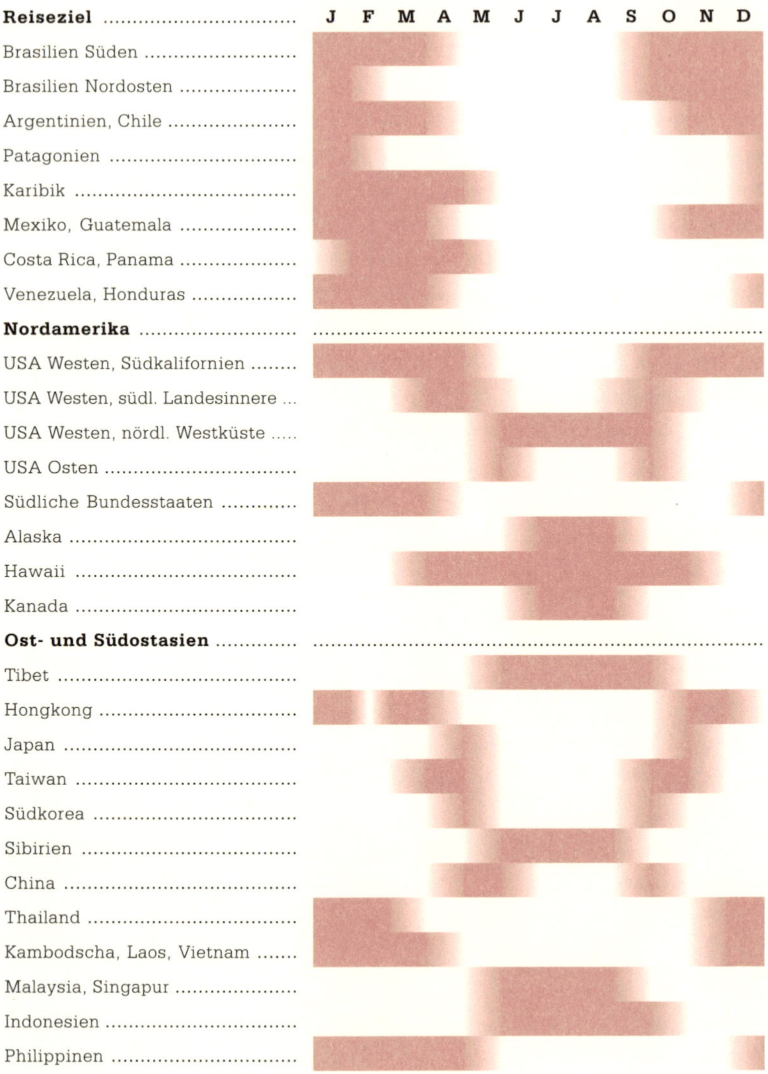
Reiseziel
J F M A M J J A S O N D
Brasilien Süden
Brasilien Nordosten
Argentinien, Chile
Patagonien
Karibik
Mexiko, Guatemala
Costa Rica, Panama
Venezuela, Honduras
Nordamerika
USA Westen, Südkalifornien
USA Westen, südl. Landesinnere
USA Westen, nördl. Westküste
USA Osten
Südliche Bundesstaaten
Alaska
Hawaii
Kanada
Ost- und Südostasien
Tibet
Hongkong
Japan
Taiwan
Südkorea
Sibirien
China
Thailand
Kambodscha, Laos, Vietnam
Malaysia, Singapur
Indonesien
Philippinen

| Reiseziel | J | F | M | A | M | J | J | A | S | O | N | D |
|---|---|---|---|---|---|---|---|---|---|---|---|---|
| **Zentral- und Südasien** | | | | | | | | | | | | |
| Kasachstan, Kirgistan, Afghanistan | | | | ■ | ■ | | | | ■ | ■ | | |
| Bangladesch | ■ | ■ | | | | | | | | ■ | ■ | ■ |
| Bhutan | | | ■ | ■ | | | | | | | | |
| Indien, Bergland | | | | | | ■ | ■ | ■ | ■ | | | |
| Indien, Südwesten | ■ | ■ | | | | | | | | ■ | ■ | ■ |
| Indien, Südosten | ■ | ■ | ■ | ■ | | | | | | | ■ | ■ |
| Sri Lanka, Ostküste | | | | ■ | ■ | ■ | ■ | ■ | ■ | ■ | | |
| Sri Lanka, Westküste | ■ | ■ | ■ | | | | | | | | ■ | ■ |
| Nepal | ■ | ■ | ■ | ■ | | | | | | ■ | ■ | ■ |
| Pakistan (Bergland) | | | | | ■ | ■ | ■ | ■ | ■ | ■ | | |
| Malediven | ■ | ■ | ■ | ■ | | | | | | | | ■ |
| Bahrain | ■ | ■ | ■ | | | | | | | | ■ | ■ |
| Georgien | | | | ■ | ■ | ■ | | | ■ | ■ | | |
| Irak | ■ | ■ | ■ | ■ | | | | | | ■ | ■ | ■ |
| Iran | | | | ■ | ■ | ■ | | | ■ | ■ | | |
| Israel | | | | ■ | ■ | | | | ■ | ■ | | |
| Jordanien | | | | ■ | ■ | | | | ■ | ■ | ■ | |
| Katar | ■ | ■ | ■ | | | | | | | | ■ | ■ |
| Libanon | | | ■ | ■ | ■ | | | | ■ | ■ | | |
| Oman, Vereinigte Arab. Emirate | ■ | ■ | ■ | | | | | | | | ■ | ■ |
| Saudi-Arabien | ■ | ■ | | | | | | | | | ■ | ■ |
| Syrien | | | ■ | ■ | ■ | | | | ■ | ■ | ■ | |
| Türkei (Städte) | | | | ■ | ■ | | | | ■ | ■ | | |
| Türkei (Strand) | | | | | ■ | ■ | ■ | ■ | ■ | | | |
| Zypern | | | ■ | ■ | ■ | | | | ■ | ■ | | |
| **Afrika** | | | | | | | | | | | | |
| Marokko, Tunesien (Küste) | | | | | ■ | ■ | | | ■ | ■ | | |
| Marokko, Tunesien (Inland) | ■ | ■ | ■ | ■ | | | | | | ■ | ■ | ■ |
| Ägypten, Libyen | ■ | ■ | ■ | ■ | | | | | | ■ | ■ | ■ |

| Reiseziel | J | F | M | A | M | J | J | A | S | O | N | D |
|---|---|---|---|---|---|---|---|---|---|---|---|---|
| Sahara und Sahelzone | ● | ● | | | | | | | | | ● | ● |
| Kongo, Norden | ● | ● | | | | | | | | | | ● |
| Kongo, Süden | | | | ● | ● | ● | ● | ● | ● | ● | | |
| Kamerun | ● | ● | ● | ● | | | | | | | | ● |
| Südl.-Westafrika | ● | ● | ● | | | | | | | | ● | ● |
| Äthiopien | ● | ● | ● | ● | ● | | | | | ● | ● | ● |
| Ostafrika | ● | ● | | | | | ● | ● | ● | | | |
| Simbabwe, Sambia, Botsuana | | | | | ● | ● | ● | ● | ● | ● | | |
| Angola | | | | | ● | ● | ● | ● | ● | ● | | |
| Madagaskar | | | | | | | ● | ● | ● | | | |
| Malawi, Mosambik | | | | | ● | ● | ● | ● | ● | | | |
| Namibia | | | | | ● | ● | ● | ● | ● | ● | | |
| Südafrika (Norden) | | | | | | ● | ● | ● | | | | |
| Südafrika (Kapregion) | ● | ● | ● | ● | | | | | | ● | ● | ● |
| **Europa** | | | | | | | | | | | | |
| Mitteleuropa | | | | | ● | ● | ● | ● | ● | | | |
| Alpenraum Süd | | | | | ● | ● | ● | ● | ● | ● | ● | |
| Alpenraum Nord | | | | | | ● | ● | ● | ● | ● | | |
| Russland (europäischer Teil) | | | | | ● | ● | ● | | | | | |
| Baltikum | | | | | ● | ● | ● | ● | ● | | | |
| Britische Inseln | | | | | ● | ● | ● | ● | ● | | | |
| Island | | | | | | ● | ● | ● | | | | |
| Skandinavien | | | | | | ● | ● | ● | | | | |
| Kanarische Inseln | | | ● | ● | ● | | | | | ● | ● | |
| Balearen | | | | ● | ● | ● | ● | ● | ● | ● | | |
| Ungarn | | | | | ● | ● | | | | | | |
| Rumänien | | | | | ● | ● | | | | | | |
| Ukraine | | | | ● | | | | | ● | ● | | |
| Balkan | | | | | ● | ● | ● | ● | ● | | | |
| Südliche Mittelmeerregionen | | | | ● | ● | ● | | | ● | ● | | |

Manche Orte sind zu gewissen Zeiten derart ungemütlich, dass nicht einmal Mitarbeiter von Tourismusverbänden auf ihren ganzjährigen Charme verweisen würden – und schon allein deshalb einen Besuch wert. Über das ganze Jahr bieten sich ausreichend Optionen für all jene Menschen, die ein gewisses Faible für Extreme haben, aus rein wissenschaftlichem Interesse reisen – oder schon aus Prinzip immer alles einfach anders machen wollen.

**Oktober bis Februar:** Longyearbyen, Norwegen **Reisezweck:** wunderbar lange Hochzeitsnacht **Nicht vergessen:** Taschenlampe

Will man Longyearbyen auf dem Globus betrachten, muss man von oben drauf blicken. Denn Lonyearbyen liegt auf Spitzbergen, und Spitzbergen liegt wiederum nicht weit vom Nordpol entfernt, genauer gesagt: zwischen dem 74. und 81. nördlichen Breitengrad. Longyearbyen ist immer eine Reise wert. In einem der nördlichsten Orte der Welt gibt es etwas mehr als 2.000 Einwohner, stillgelegte Minen, eine Kirche, eine Wochenzeitung, Schulen, Kindergärten, eine Universität, Linienflüge, aber keine Landstraße, eine globale Samenbank mit mehreren Millionen Pflanzensorten, das weltweit nördlichste Vier-Sterne-Hotel, einen Campingplatz und wahrscheinlich bald mehr Touristen als Einheimische. Vor allem US-Amerikaner dürften sich hier wohl fühlen. Schließlich wird der Besucher beim Verlassen des Ortes aufgefordert, eine Flinte mitzunehmen, weil sonst möglicherweise ein streunender Eisbär den Spaziergang beendet. Im Sommer kann es mit zweistelligen Plusgraden geradezu lauschig warm werden. Der Wechsel der Jahreszeiten ist hier aber weniger wegen der Temperaturen interessant, sondern vielmehr wegen der Lichtverhältnisse. Es gibt Perioden mit andauernder Finsternis: Im Sommer geht die Sonne vom 20. April bis zum 26. August nicht unter. Dafür zeigt sie sich im Winter vom 26. Oktober bis zum

16. Februar überhaupt nicht. Zwei Monate lang bleibt die Sonne sogar derart weit unter dem Horizont, dass nicht einmal Dämmerung eintritt. Alle jene, die eine besonders lange Liebesnacht als Herausforderung betrachten, finden hier ein optimales Revier. Zur Entspannung sind Nachtwanderungen im Schnee auf der unbewaldeten und felsigen Insel rund um die Uhr möglich. Denken Sie aber bitte an die Eisbären. Anders als bei den Temperaturen ändert übrigens nicht einmal der Klimawandel etwas an der langen Nacht. Wer es im Winter noch ein klein bisschen länger dunkel haben möchte, kann von Longyearbyen mit dem Schiff noch etwa 80 Kilometer weiter nach Norden reisen. Dort liegt mit Ny-Ålesund die nördlichste ständig bewohnte Siedlung der Welt. Mit Hotel.

**März, April:** Mount Washington mit Stopover auf Barrow Island, USA
**Reisezweck:** so 'ne richtig steife Brise erleben **Nicht vergessen:** Bleigürtel

Die Website des Mount-Washington-Observatoriums im US-Bundesstaat New Hampshire ist etwas speziell. Dort heißt es: „Bitterkalt, dichter Nebel, heftiger Schneefall und Rekordwinde – der 6.288 Fuß hohe Mount Washington ist die Heimat des weltweit schlechtesten Wetters." Allein dieser Werbeslogan ist schon einigermaßen witzig, aber noch dazu folgt eine Einladung. Man solle sich diesem Abenteuer doch anschließen und Mitglied des Observatoriums werden. Als solches erhält der geneigte Wetterextremist für einen Jahresbeitrag von 30 Dollar (US-Studententarif) bis 1.000 Dollar (Presidents Club) unter anderem ein Abonnement des vierteljährlichen Magazins Windswept (frei übersetzt: Vom Winde verweht) und kostenlose Touren zur Wetterstation. Auf den 1.917 Meter hohen Berg führt die Mount Washington Cog Railway, die erste Berg-Zahnradbahn der Welt aus dem Jahr 1869.

Abgesehen von der bereits im Herbst vorherrschenden arktischen Kälte, weht hier oben meist mehr als nur ein laues Lüftchen. Das Sturmtief Emma hat einst in Europa mit Windgeschwindigkeiten bis zu

140 Stundenkilometern ein Feld der Verwüstung hinterlassen. Für Mount-Washington-Touristen sind solche Werte beinahe Alltag. An insgesamt etwa 60 bis 80 Tagen pro Jahr, besonders aber im Winter und frühen Frühjahr, pfeift Besuchern der Wind mit mehr als 160 Kilometern pro Stunde um die Ohren. Ab 118 Stundenkilometern werden sich bewegende Luftmassen als Orkan bezeichnet. Am 12. April 1934 wurden 372 Stundenkilometer gemessen, was lange Zeit als die höchste Windgeschwindigkeit außerhalb von Tornados galt. Bis am 10. April 1996 auf Barrow Island im Nordwesten von Australien der Zyklon Olivia gastierte.

Auf der subtropischen Insel war es nicht einmal nötig, einen Berg zu besteigen, um jene unglaublichen 408 Stundenkilometer Windgeschwindigkeit zu messen. Im April hat es dort locker auch einmal 35 Grad Celsius, weshalb sich im Meer Grüne Schildkröten und Seekühe herumtreiben. Der Sommer ist heiß und trocken, also weder bitterkalt noch mit dichtem Nebel oder heftigem Schneefall gesegnet. Ein Observatorium, bei dem man Mitglied werden könnte, gibt es nicht.

Mai, Juni: Ouagadougou, Burkina Faso **Reisezweck:** aufwärmen **Nicht vergessen:** Ventilator

Ein wunderbares Kontrastprogramm zum Mount Washington ist die Hauptstadt von Burkina Faso, Ouagadougou, im Westen Afrikas. Der Harmattan, ein schon ziemlich unerträglicher und staubiger Wind aus der Sahara-Wüste, ist soeben abgeebbt. Dafür wird es nun richtig schön warm. Etwa 33 Grad Celsius hat es im Mai. Im Durchschnitt. Bei Höchstwerten von bis zu 50 Grad Celsius. Nachts kühlt es schon auch einmal auf 25 Grad ab. Zugegeben, im Death Valley hat es im Juli durchschnittlich sogar 39 Grad. Aber erstens kennt das sowieso jeder, zweitens ist man dort innerhalb eines Tages durchgezogen, und drittens liegt in dem Tal keine Millionenstadt, deren Bewohner sich zumeist ohne Klimaanlagen und hitzefreie Tage auf diese Verhältnisse einstellen müssen. Im besten Fall setzt während des Aufenthalts die Regenzeit ein, während der sich manch staubige Piste Burkina Fasos in ein Überschwemmungsgebiet verwandelt. Für richtig schöne Sommerregen ist der nächste Ort allerdings noch viel besser geeignet.

**Juni, Juli:** Cherrapunji, Indien **Reisezweck:** warme Sommerregen **Nicht vergessen:** Gummistiefel

Einer der heißesten Kandidaten für den weltweit feuchtesten Ort ist Cherrapunji im Nordosten Indiens, wo immerhin 10.000 Menschen leben. Pro Jahr fallen hier im Jahresmittel etwas weniger als 12.000 Millimeter Regen. Das entspricht 12.000 Litern. Pro Quadratmeter. Wie in den beiden anderen weltweit führenden Feuchtgebieten Mawsynram – ebenfalls Indien – und dem Berg Waialeale auf Hawaii differieren die Angaben der Regen-Messstationen ein wenig, doch ob es im Durchschnitt nun 11.777 oder 11.430 Millimeter sind, dürfte den Urlauber kaum stören. Schließlich kann man diese Werte in extremen Jahren sowieso komplett vergessen. Zwischen August 1860 und Juli 1861 fielen in Cherrapunji beispielsweise 26.461 Millimeter Regen, allein im Juli waren es 9.300 Millimeter. Am 16. Juni 1995 wurden innerhalb von 24 Stunden 1.563 Millimeter registriert. Das entspricht wiederum etwa zehn Badewannen pro Quadratmeter. Zum Vergleich: Auf die gleiche Fläche fallen in Berlin mit 580 Millimeter etwa dreieinhalb Badewannen. Pro Jahr.

Schuld an dem Schlamassel ist in Cherrapunji der von den Bergen verstärkte Monsun. Die extrem feuchten Luftmassen aus dem Südwesten stoßen auf das Khasi-Gebirge, an dem sie – ähnlich wie am bayerischen Alpenrand – aufsteigen, abkühlen und so noch viel mehr Regen als in anderen Monsungebieten fällt. Natürlich fließen solche Wassermassen nicht einfach spurlos ab, sondern hinterlassen üble Narben auf Straßen und Feldern. Angeblich müssen die Einwohner Cherrapunjis trotz der unglaublichen Regenmassen oft kilometerweit laufen, um Trinkwasser zu holen.

**Bis zu zehn Badewannen voll Wasser pro Quadratmeter: Wer's feucht mag, folgt dem Monsun**

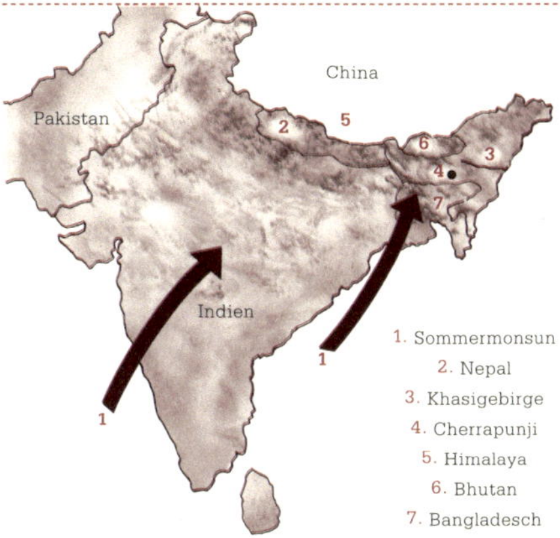


**Juli, August:** Österfärnebo, Schweden **Reisezweck:** Mückenstudie **Nicht vergessen:** Insektenschutzmittel

In Schweden gibt es 47 verschiedene Stechmückenarten. Die meiste Zeit des Jahres ist es ihnen viel zu kalt, doch wenn sie die richtigen Bedingungen finden, beispielsweise in den Seen, den Tümpeln nach der Schneeschmelze und vor allem auch in den Überschwemmungsgebieten, gibt es kein Halten mehr. Im Sommer 2009 erwischte es wie so oft die Ortschaft Österfärnebo am Unterlauf des Flusses Dalälven in Mittelschweden besonders schlimm. Die Überschwemmungsareale wirkten wie riesige Brutkästen, und die Blutsauger lassen sich bei solch paradiesischen Bedingungen nicht zweimal bitten. Weder Menschen noch Tiere wagten sich aus dem Haus, und selbst hartgesottene Camper ergriffen nach wenigen Tagen die Flucht. Seit dem Jahr 2010 darf sich die Region jedoch mit Mückenbekämpfungsmitteln gegen die Plage wehren. Falls Österfärnebo künftig somit nicht mehr als Hauptquartier der schwedischen Mückenarmada dienen sollte, muss der geneigte Entomologe in seinem Wohnmobil nur ein Stück weiterziehen, denn Mittelschweden gilt gemeinhin als äußerst mückenreich. Wegen des Klimawandels und der zu erwartenden Zunahme an starken Regenfällen werden sich die Bedingungen für die Mücken voraussichtlich weiter verbessern.

**September:** die Karibik **Reisezweck:** der letzte Kick **Nicht vergessen:** Tropfen gegen Seekrankheit

Von Juli bis Anfang Oktober ist die Segelschiffdichte in der Karibik etwas geringer als sonst, denn dann herrscht Hochsaison für Hurrikane. Im Atlantik wirbeln sie von der Westküste des nördlichen Afrika über die Ostküste von Mittelamerika bis zum Süden der Vereinigten Staaten in einem Korridor namens „Allee der Hurrikane". Sie sind möglicherweise so etwas wie die tosende Rache der Natur für die Erderwärmung, denn erst das sommerlich warme Wasser von mindestens 26,5 Grad Celsius lässt die tropischen Wirbelstürme über den Ozeanen entstehen. Hurrikane, auch verheerende, gab es zwar schon immer, aber nicht einmal Ex-Präsidenten der USA würden bestreiten, dass sie immer häufiger auftreten. Allein Florida war im ersten Jahrzehnt des neuen Jahrtausends von mehr als 50 Hurrikanen betroffen, beinahe doppelt so vielen wie in den zehn Jahren zuvor.

Eigentlich sind diese rotierenden Sturmsysteme mit ihrer Ausdehnung von mehreren hundert Kilometern ziemlich träge Phänomene und bewegen sich mit nicht mehr als 30 Stundenkilometern vorwärts. Jedes Kreuzfahrtschiff fährt schneller. Aber wehe, wenn der Motor streikt oder die Segel erschlaffen. Bei einem Stabmixer hängt die Zerstörungskraft auch nicht davon ab, wie schnell er durch Obst und Gemüse gezogen wird, sondern davon, wie wild das Messer rotiert. Bei den stärksten Hurrikanen erreicht die Rotationsgeschwindigkeit 300 Stundenkilometer. Es genügen schon schwächere Hurrikane, dass selbst die tapfersten Matrosen schwach werden. Nur im Inneren, direkt im Auge des tropischen Sturms, ist es so ruhig wie sonst wohl nie zwischen Florida und Venezuela.

1. **Oktobersonntag:** Theresienwiese, München **Reisezweck:** sich wundern **Nicht vergessen:** Geld

In München gibt es das Oktoberfest (Mundart: Wiesn), das zwar schon in der zweiten Septemberhälfte beginnt, aber dennoch so heißt. Viele Einheimische meiden das Oktoberfest, obwohl es genau genommen eine hoch interessante Veranstaltung ist. Millionen von Menschen stehen und sitzen in Lederhosen und tief ausgeschnittenen Trachtenkleidern (Mundart: Dirndl) in riesigen Bierzelten, die vor allem an Wochenenden häufig schon um 10 Uhr morgens wegen Überfüllung schließen müssen. Dann stehen die Menschen vor den Zelten und warten darauf, irgendwann eingelassen zu werden. Hat man es hinein geschafft, zahlt man ungefähr acht Euro für einen Liter Bier und noch ein bisschen mehr für ein halbes Hühnchen (Mundart: Hendl). Zu dem Hendl gibt es Petersilie. Meistens jedenfalls. Ist es schon etwas später, haben die Besucher häufig schon etwas mehr getrunken, als ihnen gut tut. Dann erbrechen junge Jugendliche häufig das teure Bier, ältere Jugendliche legen sich mit baumförmigen Türstehern an, und sich jugendlich fühlende Ältere greifen Frauen an die Ausschnittgegend. Dann setzt es eine Ohrfeige (Mundart: Watschn). Manchmal tanzen Frauen aber auch halb nackt auf den Tischen. Das ist verboten, weil nur auf Bänken getanzt werden darf. Wenn das Hendl dann nicht mehr so gut schmeckt, kämpft man sich nach draußen, wo sich Männer an einem Hang erleichtern und gar nicht so selten wegen bierbedingten Gleichgewichtsproblemen ihrem eigenen Urin hinterher rutschen. Wer daran keinen Spaß findet, kann sich für den Preis eines Bieres in einem der Fahrgeschäfte durch die Luft wirbeln lassen. Anschließend kommt man dann aber nicht mehr in das überfüllte Zelt.

Wirklich gewiefte Oktoberfestbesucher gehen deshalb am letzten Sonntag auf die Wiesn, was dann auch wirklich im Oktober ist. Das Bier ist zwar nicht billiger, aber dafür bekommt der Besucher einen Platz, weil die Touristen wieder zu Hause sind. Und die Bedienungen sind derart gut gelaunt, dass sie manchmal selber auf den Bänken tanzen, worauf man gleich noch ein Bier trinken mag.

**Oktober, November:** Alpe d'Huez, Frankreich **Reisezweck:** Bestätigung für Kulturpessimisten **Nicht vergessen:** Antidepressiva

Alpe d'Huez ist eine Trabantenstadt auf 1.860 Metern Höhe in den französischen Alpen mit nur 1.700 Einwohnern, aber 20 Bars, vier Discos, zwei Kinos und insgesamt 32.000 Betten. Auf jeden Einwohner kommen hier also etwa 19 Betten für Fremde. Genau genommen dient das alles einem einzigen Grund: dem Skizirkus im Winter. Okay, manchmal gastiert hier das Radspektakel Tour de France, und auch im Sommer lassen sich einige Menschen ins Hochgebirge locken. Doch sobald der Herbst die letzten Kunden vertreibt und noch nicht genug Schnee zum Skifahren liegt, verwandelt sich der Ort mit seiner üppigen touristischen Infrastruktur in eine Geisterstadt. Der Palais des Sports et des Congrès ist verwaist, die Gaststätten sind geschlossen, und die Gondeln stehen still. Manchmal fühlt sich der Besucher deshalb an einen dieser apokalyptischen Filme erinnert, in denen sich die letzten Überlebenden durch eine bedrückende Stille in den Häuserschluchten den Auswüchsen ihrer Zivilisation bewusst werden.

**November bis 2. Februar:** Viganella, Italien **Reisezweck:** schattiges Plätzchen mit einem einzigartigen Sonnenuntergang **Nicht vergessen:** Sonnenbrille

Viganella liegt in den Alpen, die anders als Longyearbyen zu jeder Jahreszeit mindestens acht Stunden Licht abbekommen. Allerdings liegt Viganella in einem Tal zwischen hohen Gipfeln. Über diese wirft die Sonne pünktlich zu St. Martin am 11. November einen letzten Blick auf Viganella – und lässt das Dorfvolk dann bis zum 2. Februar im Schatten sitzen. Allerdings hat die Sonne ihre Rechnung ohne Pierfranco Midali gemacht. Der hatte als Bürgermeister von Viganella wie

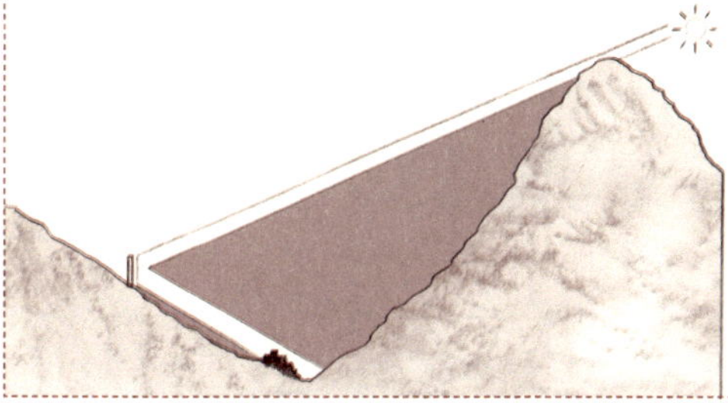

**Spieglein, Spieglein an der Wand**

seine 200 Untertanen genug von der düsteren, depressiven Stimmung, vor der die Menschen in den vergangenen hundert Jahren in Scharen flüchteten. Die meisten der wenigen Einwohner Viganellas sind deshalb auch nicht mehr ganz so jung. Midali organisierte im Jahr 2006 Spiegel mit einer Fläche von insgesamt 40 Quadratmetern und 22 Zentnern Gewicht, die mit Hilfe von Hubschraubern und Technikern an einer der Felswände montiert wurden. Von dort wird seitdem das Sonnenlicht auch während der 83 Schattentage zumindest auf den Dorfplatz umgeleitet. Am 17. Dezember 2006 brachte ein junges Mädchen mit dem Namen Alba (Morgendämmerung) jenen Computer zum Laufen, der die Spiegel je nach Sonnenstand entsprechend ausrichtet – und das sonnige Italien war um eine Attraktion reicher. Angeblich soll im Sommer demnächst der Mond, der sich ebenfalls drei Monate nicht blicken lässt, mittels der Spiegel zurückkehren. Das Fest am 2. Februar, wenn die Sonne zu Maria Lichtmess unreflektiert das Dorf erhellt und erwärmt, wird es aber auch in Zukunft geben.

**Weihnachten:** Funtensee, Bayern **Reisezweck:** eiskaltes Fest **Nicht vergessen:** warme Socken

Der Funtensee ist ein kleiner, ellipsenförmiger See im südöstlichsten Zipfel Deutschlands inmitten des Steinernen Meeres im Berchtesgadener Land. Er ist nur etwa 230 Meter lang, nicht mehr als ein paar

Meter tief, also eigentlich ein Tümpel, und nur zu Fuß erreichbar. Das reduziert die Zahl der Besucher selbst im Sommer schon einmal erheblich. Wenige Meter oberhalb des Sees bietet das Kärlinger Haus des Deutschen Alpenvereins mehr als 200 Schlafplätze und sogar einen Winterraum, der aber an gewissen Tagen einem Gefrierfach gleicht. Denn der Funtensee ist der Kältepol Deutschlands mit einem hochinteressanten Mikroklima. Der private Wetterdienst Meteomedia von Jörg Kachelmann hat hier eine Wetterstation eingerichtet und am 24. Dezember 2001 mit minus 45,9 Grad Celsius die tiefste jemals in Deutschland gemessene Bodentemperatur registriert. Sogar im heißen Juli 2006 hatte es Nachtfrost bei minus 0,5 Grad. Erklärbar ist dies auch damit, dass Meteomedia die Wetterstation extrem geschickt eingerichtet hat, vor allem aber durch die besondere Lage des Sees in einer Senke. Wegen der ringsum aufragenden, 2.500 Meter hohen Berge schaffen auch die Sonnenstrahlen an einigen Wintertagen keine Erwärmung; in klaren Nächten kühlt schließlich die bodennahe Luft weiter ab. Im Funtenseekessel sammelt sich diese kalte Luft, für die es wegen ihres höheren Gewichts vor allem bei Windstille dann keinen Ausweg gibt. Hundert Meter weiter oben kann es schon wieder mehr als 20 Grad wärmer sein. Widersprüchliche Meinungen gibt es über die fehlende Uferbewaldung, weshalb hier von einer doppelten Baumgrenze gesprochen wird. Während manche Quellen diese mit den extremen, vegetationsfeindlichen Temperaturen begründen, führen es andere schlicht auf die bis in die 1960er vorherrschende Almwirtschaft zurück. Uneingeschränkt glücklich sind die Menschen im Berchtesgadener Land mit ihrem Rekordsee übrigens nicht. Der Berchtesgadener Bergführer Michael Grassl sagt: „Wenn du bei Skitouren in den Kessel reinläufst, dann zieht's dir vor Kälte das Fell vom Ski." Und eine Pensionsbesitzerin aus der Region meint: „Wenn der Funtensee ständig auf den Wetterkarten auftaucht, dann denken doch alle, bei uns wäre es hier überall so kalt."

Die Deutschen geben viel Geld für den Urlaub aus. Ziemlich oft kommen die Wissenschaftler bei ihren Studien auf durchschnittlich etwa 800 bis 900 Euro pro Person und Reise, was täglichen Ausgaben von etwa 70 Euro entspricht. Im Grunde kann Ihnen aber sowieso völlig egal sein, was der Durchschnitt macht. Denn ob Sie nun weit über diesem Durchschnitt liegen oder darunter, ist allen ein Bestreben gleich: diese Kosten zu senken. Um günstiger Urlaub zu machen, können Sie Kataloge wälzen, tagelang Preise im Internet vergleichen und auf Frühbucherrabatte spekulieren. Nur können selbst die gewieften Marktforschungsinstitute häufig nicht genau sagen, ob es sich im Internet per se billiger buchen lässt als im Reisebüro oder ob sich der Buchungszeitpunkt auszahlt. Einfacher ist es da, sich nach Alternativen zu Ihrem Reiseziel umzublicken. Senken Sie ganz einfach die Ausgaben, indem Sie die Anreise verkürzen. Das lohnt sich meist schon ab zwei Personen. Acht Anregungen zum Sparen:

**Berlin-Kreuzberg statt Istanbul:** Istanbul, bevölkerungsreichste türkische Stadt mit europäischen Elementen und klaren Sympathien für Deutschland. Hieß mal Byzantion, dann Konstantinopel. Zweigeteilt durch den Bosporus, bildet die Schnittstelle zwischen Europa und Kleinasien sowie Christentum und Islam. Tolles Nachtleben, ungewöhnliche Gestalten. Ähnlich weltoffen ist Berlin-Kreuzberg. Geschichtsreiches Viertel der bevölkerungsreichsten deutschen Stadt mit kleinasiatischen Elementen und klaren Sympathien für Türkiye, ehemals zweigeteilt durch die Mauer, einst Schnittstelle zwischen Ost und West sowie Kommunismus und Demokratie. Tolles Nachtleben, ungewöhnliche Gestalten. Leider etwas kälter als Istanbul. Tipp: Döner statt Kebab Strecke ab Frankfurt: 542 statt 1.870 Kilometer Preisbeispiel für zwei Personen und zwei Nächte im Doppelzimmer: 440 statt 716 Euro

**Donautal statt Amazonasbecken:** der Amazonas, mit fast 6.500 Kilometern Länge der wasserreichste Fluss der Welt. Fluss und Umgebung sind Heimat von Jaguar, Piranha, Papagei sowie exotisch wirkenden Bewohnern, die aber sehr nett sein können, wenn man sich mit ihnen einlässt. Eine Befahrung des Amazonas wird durch die Gezeitenwelle Pororoca eingeschränkt. Weder einen indianischen Führer noch ein Überlebenstraining benötigt der Kanufahrer im Naturpark Obere Donau in Baden-Württemberg auf dem längsten Fluss Europas. Fluss und Umgebung sind Heimat von Luchs, Hecht, Eisvogel sowie exotisch wirkenden Bewohnern, die aber sehr nett sein können, wenn man ihnen die Chance gibt. Eine Befahrung wird durch die Regeln des Naturparks beschränkt. Nicht ganz so feucht wie der Dschungel des Amazonasbeckens. Tipp: Schlehenlikör statt Caipirinha Strecke ab Frankfurt: 298 statt 7.888 Kilometer Preisbeispiel für zwei Personen und sechs Nächte im Doppelzimmer: 690 statt 2.860 Euro

**Höllentalklamm statt Grand Canyon:** der Grand Canyon, sehr imposante, aber mit 450 Kilometern viel zu lang geratene Schlucht, die mehr an ein Gebirge erinnert und den Besucher völlig überfordert. Geformt durch die zerstörerische Kraft eines Flusses, der selten zu sehen, geschweige denn zu hören oder zu spüren ist. Aussichtpunkte an der Abbruchkante können mit dem Auto angefahren werden. Dort besteht naturgemäß eine hohe Dichte an europäischen Touristen. Mindestens ebenso eindrucksvoll, aber mit einem Kilometer Länge einfach zu durchwandern, ist die Höllentalklamm nahe Garmisch-Partenkirchen im Süden Bayerns. Enge Felsen, tosendes Wasser, Gischt auf der Haut. Amerikaner-Dichte hält sich in Grenzen. Reisetipp: Hohe Brücke statt Skywalk Strecke ab Frankfurt: 472 statt 8.875 Kilometer Preisbeispiel (inkl. Eintritt in Höllentalklamm oder Skywalk und Parkgebühr) für zwei Personen und sieben Nächte im Doppelzimmer: 786 statt 2.110 Euro

**Karwendel statt Kanada:** Kanada, großes Land nördlich der USA mit sehr hohen Bergen, aus denen der Mount Logan mit 5.959 Metern herausragt. Beliebt bei Naturfreaks wegen herrlicher Tiefschneefahrten, langer Wanderungen, Alpinklettern und der Ruhe in Hütten abseits der Zivilisation. Abends schmeckt dort sogar der nordamerikanische Bier-

**Kaiserschmarrn**

**Pancake**

Verschnitt. Fremdsprachenkenntnisse hilfreich. Weniger hoch, aber dafür auch unterschätzt ist das Karwendel in den nördlichen Kalkalpen zwischen Inntal und Isarwinkel. Schroffe Kletterfelsen, lange Täler, steinige Pfade, herrliche Tiefschneeabfahrten, dafür nicht ganz so viel Ruhe auf den Hütten, wo dafür aber echtes Weißbier serviert wird. Fremdsprachenkenntnisse hilfreich (Bairisch). Tipp: Kaiserschmarrn statt Pancake Strecke ab Frankfurt: 491 statt 7.746 Kilometer Preisbeispiel für zwei Personen und sechs Nächte im Doppelzimmer einer einfachen Unterkunft: 590 statt 3.330 Euro

**Mecklenburgische Seenplatte statt Okavango-Delta:** das Okavango-Delta, gewaltiges Feuchtgebiet mit jeder Menge Elefanten und einer insgesamt artenreichen Tierwelt. Liegt im Nordwesten Botsuanas, dessen Bewohner als die Preußen des afrikanischen Kontinents gelten. Zählt im globalen Vergleich dennoch zu den weniger gut entwickelten Regionen. Manche Orte sind nur auf dem Wasserweg oder über die Luft zu erreichen. Ähnlich wasser- und artenreich ist die

Mecklenburgische Seenplatte: gewaltiges Seengebiet im Nordosten Deutschlands, dessen Bewohner seit jeher von den Preußen nahezu unbehelligt blieben. Zählt im nationalen Vergleich dennoch zu den weniger gut entwickelten Regionen. Manche Orte sind schneller auf dem Wasser- als dem Landweg zu erreichen. Tipp: Rothirsch statt Kudu Strecke

**Rothirsch**

**Kudu**

ab Frankfurt: 671 statt 7.845 Kilometer Preisbeispiel für zwei Personen und sieben Nächte im Doppelzimmer eines Hotels: 754 statt 3.634 Euro

**Mainhattan statt Manhattan:** Manhattan, Zentrum von New York, gegründet 1624, Bevölkerungsdichte etwa 27.000 Einwohner pro Quadratkilometer. Wasser macht einen Bogen drum herum, Schauplatz des schlimmsten terroristischen Anschlags, Sitz der Freiheitsstatue, höchstes Gebäude: 449 Meter (Empire State Building mit Antenne). Diesem überfüllten, überdimensionierten, neuzeitlichen Moloch steht das ruhige, geschichtsträchtige Mainhattan gegenüber: Zentrum von Frankfurt am Main, gegründet 1333, Bevölkerungsdichte etwa 2.700 Einwohner pro Quadratkilometer, Fluss geht mittendurch, Sitz des ersten frei gewählten deutschen Parlaments, höchstes Gebäude: 300 Meter (Commerzbank Tower mit Antenne). Tipp: Museum für Moderne Kunst (MMK) statt Museum of Modern Art (MoMA) Anfahrt von Frankfurt: 0 statt 7.590 Kilometer Preisbeispiel für zwei Personen und zwei Nächte im Doppelzimmer eines Hotels: 248 statt 1.624 Euro

**Neuschwanstein statt Taj Mahal:** das Taj Mahal, Mausoleum in der indischen Stadt Agra, dessen Bau zwischen 1631 und 1648 insgesamt 20.000 Handwerker beschäftigte. Heute das beeindruckende Vermächtnis des wohl leicht größenwahnsinnigen Großmoguls Shah Jahan. An manchen Tagen furchtbar überlaufen. Eines der am meisten abgebildeten touristischen Motive überhaupt, weshalb der Besucher, wenn er dann leibhaftig davor steht, ob des Anblicks in den seltensten Fällen wirklich überrascht ist. Diesen Effekt, etwas hundertmal Gesehenes doch neu entdecken zu wollen, können Sie auch einfacher haben. Fahren Sie nach Füssen im Allgäu. Dort steht das Schloss Neuschwanstein, erbaut von 1869 bis 1886, das furchtbar überlaufene Vermächtnis des wohl leicht größenwahnsinnigen bayerischen Großmoguls (vulgo: König) Ludwig II. Tipp: Pferdekutsche statt Rikscha Strecke ab Frankfurt: 427 statt 6.290 Kilometer Preisbeispiel (inkl. Eintritt) für zwei Personen und zwei Nächte im Doppelzimmer: 475 statt 1.732 Euro

**Walchen- statt Südsee:** die Südsee, notorisch verklärter Schauplatz der „Meuterei auf der Bounty" auf der anderen Seite des Planeten, mal türkis, mal azur. Bezeichnung für eine Ansammlung von Inselgruppen, die von dermaßen viel Wasser umgeben sind, dass man gar nichts anderes machen kann als in der Hängematte zu faulenzen, zu tauchen oder Bötchen zu fahren. Dagegen der Walchensee: notorisch ignoriertes Kleinod, Drehort des Spielfilms „Wickie und die starken Männer", mal türkis, mal azur, immer großartig. Ist von den nördlichsten Bergen der Alpen in Bayern umgeben, weshalb man auch etwas anderes machen kann als zu tauchen, zu surfen und zu angeln. Die Strände kleidet Kies und nicht dieser lästige, in alle Ritzen kriechende Sand. Nur die Wassertemperatur ist mit 17 statt 27 Grad Celsius im Sommer etwas gewöhnungsbedürftig. Tipp: Ruderboot statt Auslegerkanu Strecke ab Frankfurt: 473 statt 15.802 Kilometer Preisbeispiel für zwei Personen und sieben Nächte im Doppelzimmer: 645 statt 14.365 Euro

Die schönste Zeit des Urlaubs darf ruhig etwas kosten, wobei manche in ihrem Drang nach Erlebnissen das Preis-Leistungs-Verhältnis vergessen und wie teuer eine Stunde Urlaub tatsächlich werden kann. Kleiner Tipp am Rande: Lesen Sie mal wieder ein Buch.

**Erlebnis: Fallschirmsprung Ort** Odenwald **Dauer gesamt** 6 Minuten **Kosten in Euro** 199 **Kosten pro Stunde in Euro** 1.990 ........................................................

**Erlebnis: Bungee-Jump Ort** Donauturm Wien **Dauer gesamt** 10 Sekunden **Kosten in Euro** 124 **Kosten pro Stunde in Euro** 44.640 ...................................................

**Erlebnis: Tauchgang Ort** Great Barrier Reef, Australien **Dauer gesamt** 40 Minuten **Kosten in Euro** 80 **Kosten pro Stunde in Euro** 120 ..............................................

**Erlebnis: Titanic-Tauchgang bis zum Wrack in 3.803 Meter Tiefe Ort** Neufundland, der Ozean **Dauer gesamt** 13 Tage **Kosten in Euro** 40.000 **Kosten pro Stunde in Euro** 128 ..........................................................................................................

**Erlebnis: Titanic-Taucher begleiten bis 3.803 Meter oberhalb des Wracks Ort** Neufundland, der Ozean **Dauer gesamt** 13 Tage **Kosten in Euro** 4.000 **Kosten pro Stunde in Euro** 12,80 ...........................................................................................

**Erlebnis: Jodelseminar Ort** Weimar **Dauer gesamt** 8 Stunden **Kosten in Euro** 42 **Kosten pro Stunde in Euro** 5,25 ...............................................................................

**Erlebnis: geführte Klettertour mit Bergführer (zwei Personen) Ort** Österreich **Dauer gesamt** 10 Stunden **Kosten in Euro** 250 **Kosten pro Stunde in Euro** 25 ......

**Erlebnis: den Mount Everest besteigen ohne Flug nach Kathmandu Ort** Tibet **Dauer gesamt** 61 Tage **Kosten in Euro** 25.680 **Kosten pro Stunde in Euro** 17,54

**Erlebnis: Drahtseilrutsche (Flying Fox) Ort** Österreich **Dauer gesamt** 30 Sekunden **Kosten in Euro** 22 **Kosten pro Stunde in Euro** 2.640 .........................................

**Erlebnis: Pistenskifahren ohne Anreise, mit Mittagessen und Skiverleih Ort** St. Anton **Dauer gesamt** 5 Stunden **Kosten in Euro** 80 **Kosten pro Stunde in Euro** 16

**Erlebnis: Golfen – Shadow Creek Golf Course (ohne Jahresbeitrag) Ort** Las Vegas **Dauer gesamt** 6 Stunden **Kosten in Euro** 410 **Kosten pro Stunde in Euro** 68,33 .......

**Erlebnis: Reisebuch lesen Ort** nicht ortsgebunden **Dauer gesamt** 19 Stunden, 54 Minuten **Kosten in Euro** 19,90 **Kosten pro Stunde in Euro** 1 ..........................

**Erlebnis: Reisebuch lesen in der Palace Grand Suite des Emirates Hotel Abu Dhabi Ort** Abu Dhabi **Dauer gesamt** 19 Stunden, 54 Minuten **Kosten in Euro** 8.519,90 **Kosten pro Stunde in Euro** 428 ..........................

**Erlebnis: Wrestling-Training Ort** Hamburg **Dauer gesamt** 2 Stunden **Kosten in Euro** 60 **Kosten pro Stunde in Euro** 30 ..........................

**Erlebnis: Baggern mit 80-Tonnen-Bagger Ort** Ebing bei Bamberg **Dauer gesamt** 1 Stunde **Kosten in Euro** 182 **Kosten pro Stunde in Euro** 182 ..........................

**Erlebnis: beim Baggern mit 80-Tonnen-Bagger zusehen Ort** Ebing bei Bamberg **Dauer gesamt** 7 Stunden **Kosten in Euro** 2 **Kosten pro Stunde in Euro** 0,30 ........

**Erlebnis: ein Museum besuchen Ort** St. Petersburg, Eremitage **Dauer gesamt** 6 Stunden **Kosten in Euro** 14,50 **Kosten pro Stunde in Euro** 2,42 ..................

**Erlebnis: auf ein Hochhaus fahren Ort** Empire State Building **Dauer gesamt** 2 Stunden **Kosten in Euro** 15 **Kosten pro Stunde in Euro** 7,50 ..........................

**Erlebnis: Schokoladen-Massage Ort** Frankfurt **Dauer gesamt** 1 Stunde **Kosten in Euro** 69 **Kosten pro Stunde in Euro** 69 ..........................

**Erlebnis: Tasse Cappuccino Ort** Markusplatz, Venedig **Dauer gesamt** 23 Minuten **Kosten in Euro** 6 **Kosten pro Stunde in Euro** 16 ..........................

**Erlebnis: Maß Bier Ort** Oktoberfest München **Dauer gesamt** 8 bis 180 Minuten **Kosten in Euro** 9 **Kosten pro Stunde in Euro** 3 bis 67,50 ..........................

**Erlebnis: Achterbahn fahren (Olympia Looping) Ort** Oktoberfest München **Dauer gesamt** 2 Minuten, 20 Sekunden **Kosten in Euro** 8 **Kosten pro Stunde in Euro** 206

**Erlebnis: Weltraumflug mit Virgin Galactic, inkl. Vorbereitung Ort** New Mexiko **Dauer gesamt** 3 Tage **Kosten in Euro** 162.000 **Kosten pro Stunde in Euro** 2.250

**Erlebnis: Flug München – Berlin (Economy Class, falls Rückflug gebucht) Ort** über den Wolken **Dauer gesamt** 1 Stunde **Kosten in Euro** 50 **Kosten pro Stunde in Euro** 50

**Erlebnis: Autofahrt München – Berlin Ort** auf der Straße **Dauer gesamt** 5,5 Stunden **Kosten in Euro** 165 **Kosten pro Stunde in Euro** 30 ..........................

**Erlebnis: Zugfahrt München – Berlin (ohne Bahncard) Ort** auf der Schiene **Dauer gesamt** 6 Stunden **Kosten in Euro** 120 **Kosten pro Stunde in Euro** 20 .......

**Erlebnis: Husky-Schlitten fahren Ort** Kiefersfelden **Dauer gesamt** 4 Stunden **Kosten in Euro** 95 **Kosten pro Stunde in Euro** 23,75 ..........................................

**Erlebnis: Bob fahren Ort** St. Moritz **Dauer gesamt** 75 Sekunden **Kosten in Euro** 175 **Kosten pro Stunde in Euro** 8.400 ..........................................

**Erlebnis: eine Übernachtung im DZ eines Fünf-Sterne-Hotels mit Innenhof-Blick und Dusche / WC / Frühstück / ohne W-LAN Ort** Berchtesgaden **Dauer gesamt** 20 Stunden **Kosten in Euro** 100 **Kosten pro Stunde in Euro** 5 ..............................

**Erlebnis: eine Übernachtung im DZ einer Pension mit Watzmann-Blick und Dusche / WC / Frühstück / ohne W-Lan Ort** Berchtesgaden **Dauer gesamt** 20 Stunden **Kosten in Euro** 20 **Kosten pro Stunde in Euro** 1 ..........................................

**Erlebnis: eine Übernachtung auf Campingplatz im Doppelzelt mit Auto und Gemeinschaftsdusche, ohne Frühstück / mit W-Lan Ort** Berchtesgaden **Dauer gesamt** 20 Stunden **Kosten in Euro** 17 **Kosten pro Stunde in Euro** 0,85 ......................

**Erlebnis: 15 Freunde für ein Wochenende auf eine Privatinsel einladen Ort** Necker Island **Dauer gesamt** etwa 42 Stunden **Kosten in Euro** 30.000 **Kosten pro Stunde in Euro** 714 ..........................................

**Erlebnis: Mit dem Privatzug und 900 Freunden von München nach Berlin fahren Ort** auf der Schiene **Dauer gesamt** etwa sechs Stunden **Kosten in Euro** 40.000 **Kosten pro Stunde in Euro** 6.667..........................................

**Erlebnis: einen Rolls Royce Phantom für ein Wochenende an der Cote d'Azur mieten Ort** Cannes **Dauer gesamt** 36 Stunden **Kosten in Euro** 9.000 inkl. 250 km plus 9 Euro pro Extrakilometer **Kosten pro Stunde in Euro** 250 ..........................

## 011 DAS GELD RICHTIG AUSGEBEN

Wie überall auf der Welt sind Touristen auch in Entwicklungsländern immer Einnahmequellen. Täuschen Sie sich nicht! Die Freundlichkeit Ihrer Gastgeber hat in vielen Fällen die gleiche Ursache wie die Freundlichkeit Ihres Bankberaters. Doch ist bei Reisen in Entwicklungsländer gar nicht einmal entscheidend, wie viel Geld für die Reise ausgegeben wird, sondern wie viel davon tatsächlich im Land bleibt. Das ist ein gewaltiger Unterschied. Nehmen wir als Beispiel Tansania, ein Land im Osten Afrikas, wo viele Menschen pro Jahr weniger verdienen als eine Gruppe Studenten während eines Abendessens in einer Lodge ausgibt. Je nach Reiseverhalten gehen zwischen 35 und 60 Prozent Ihrer Ausgaben nicht an die Menschen im Land.

Von 4.000 gezahlten Euro für eine 20-Tage-Reise bleiben 1.500 Euro, also etwas weniger als 40 Prozent, im Land, wenn Sie:

möglichst alles in der Heimat buchen, weil man sich in Deutschland schon zuverlässig drum kümmern wird, dass ein ordentlicher Mengenrabatt rausspringt > in den großen Hotels multinationaler Konzerne nächtigen, die Ihr Geld zurück in die Heimat transferieren > das Safariunternehmen, mit dem Sie in die Nationalparks reisen, den Sitz keineswegs in Afrika hat > sich am Buffet mit exotischen Gerichten wie französischen Austern, Schrobenhausener Spargel, australischem Rotwein und argentinischem Steak bedienen > Ihren einzigen Einkauf in dem Supermarkt machen, dessen Markenschild Sie auch von zu Hause kennen > die Drinks nur im feinsten Restaurant einnehmen und ja kein Trinkgeld geben, ist schon teuer genug

Von 2.500 gezahlten Euro bleiben für eine 20 Tage-Reise etwa 1.500 Euro, also 60 Prozent, im Land, wenn Sie:

vor Ort buchen, damit zwar auf den Mengenrabatt des deutschen Großabnehmers verzichten, aber auch nicht den Lohn des deutschen Produktmanagers finanzieren > auf lokalen Campingplätzen nächtigen, wo dafür kein englischer Chef in Krawatte steht > das Safariunternehmen, mit dem Sie in die Nationalparke reisen, den Sitz im Land hat > abends mal das lokale Bier und Chipsi Mayai, Kartoffeln mit Eiern, testen > die Einkäufe auf einem Markt erledigen, wo es zwar dreckiger, aber auch lustiger zugeht als im Supermarkt > die Drinks am Straßenrand kaufen und dafür hin und wieder ein Fünferl mehr zahlen

Wenn Sie selbst die einzelnen Bausteine Ihrer Reise prüfen oder sich diese von dem Veranstalter Ihrer Wahl erklären lassen, ist das vielleicht anstrengender und wahrscheinlich nicht einmal billiger. Aber zumindest können Sie entscheiden, wohin Ihr Geld genau geht.

Athen! Wiege der abendländischen Kultur. Und erst die Schweiz, Venedig, die Südsee! Diese Orte sind Marken, so stark, dass Touristiker für ihre Lockversuche nur zu gerne Plagiate entwerfen. Längst gibt es Venedig in Russland, das Matterhorn in Südamerika, und falls Sie nicht aufpassen, landen Sie auf der Suche nach der Südsee im Ruhrgebiet.

**Toskana:** Region in Mittelitalien. Knapp vier Millionen Einwohner. Hügelige Landschaft, geprägt von Pinien, Zypressen und Olivenbäumen sowie von Wald- und Weinanbaugebieten. Gilt als historisch bedeutender Kulturraum und beliebter Rückzugsort linksliberaler deutscher Intellektueller (Toskanafraktion). Die wichtigsten Städte sind Florenz, Siena, Pisa und San Gimignano. Größter Wirtschaftsfaktor ist der Tourismus.

Nachahmer: Pyrenäen südlich von Toulouse (Französische Toskana), die Gegend zwischen Weichsel und Hohe Tatra (Polnische Toskana), Steiermark (die Toskana Österreichs), Istrien (die Toskana Kroatiens), Region im Nordosten Thüringens und Südwesten Sachsen-Anhalts (Toskana des Ostens), Weinregion Saale-Unstrut (Toskana des Nordens), Uckermark in Brandenburg und Mecklenburg-Vorpommern (Toskana des Nordens), Teutoburger Wald (Toskana des Nordens), Tessin (Toskana der Schweiz), Apulien (Toskana des Südens).

**Florenz:** Hauptstadt und touristisches Hauptziel der Toskana. 400.000 Einwohner. Liegt am Fluss Arno, eingebettet zwischen dem toskanisch-emilianischen Apennin im Norden und den sanften Hügeln des Chianti im Süden. Wird aufgrund seiner herausragenden kulturellen Bedeutung auch als italienisches Athen bezeichnet.

Nachahmer: Dresden (Elbflorenz und Florenz des Nordens), Krakau (Florenz Polens und Florenz des Nordens), Wilna (Florenz des Nordens), Jaroslawl an der Wolga (Florenz Russlands), Valencia (Florenz Spaniens).

**Athen:** Hauptstadt Griechenlands. Drei Millionen Einwohner. Liegt auf einer Ebene in der Landschaft Attika. Gilt aufgrund seiner langen Siedlungsgeschichte als eine der ältesten Städte der Welt. Wird als Wiege der Zivilisation betrachtet – wegen seiner historischen Bedeutung, weniger wegen seiner Umwelt- und Finanzprobleme.

Nachahmer: Florenz (Italienisches Athen), München (Isar-Athen), Dubrovnik (Kroatisches Athen), Edinburgh (Athen des Nordens), Nashville in Tennessee, USA (Athen des Südens), Berlin (Spree-Athen), Boston (Athen Nordamerikas), Catania (Athen Siziliens), Madurai in Indien (Athen des Ostens), Matanzas (Athen Kubas), Alexandria (Athen Ägyptens), Krnov (Tschechisches Athen), Jyväskylä (Athen Finnlands), Nuoro (Athen Sardiniens), DeLand (Athen Floridas), Tomsk (Sibirisches Athen), Granada (Athen Nicaraguas), Berkeley (Athen des Westens), São Luís (Brasilianisches Athen), Pietrasanta in der Toskana (Klein-Athen), Novi Sad (Serbisches Athen).

**Schweiz:** außenpolitisch neutraler Alpenstaat. Acht Millionen Einwohner. Liegt in der Mitte Europas. Für Bergfreunde und Steuerhinterzieher besonders attraktiv. Vier offizielle Amtssprachen: Deutsch, Französisch, Italienisch und Rätoromanisch. Gemäßigtes bis mediterranes Klima. In den südlichen Kantonen Wallis und Tessin wachsen Palmen. Anzahl der Berge mit einer Höhe von über 4.000 Metern: 48. Im Wallis liegt auch der größte Gletscher Europas: der Aletsch-Gletscher, der sich auf einer Länge von 23 Kilometern erstreckt. Höchster Berg ist die Dufourspitze, 4.634 Meter hoch, an der Grenze zischen der Schweiz und Italien im Monte-Rosa-Massiv im Wallis. Der bekannteste Berg ist das Matterhorn im Wallis.

Nachahmer: Pakistan (Schweiz Asiens), Neuseeland (Schweiz der Südsee), Patagonien (Schweiz Südamerikas), Costa Rica (Schweiz Südamerikas), Singapur (Schweiz Asiens), Kambodscha (Schweiz Asiens), Elbsandsteingebirge in Sachsen (Sächsische Schweiz), Region in

Franken (Fränkische Schweiz), Botsuana (Schweiz Afrikas), Ruanda (Schweiz Afrikas), Simbabwe (Schweiz Afrikas), Nordtunesien (die kleine Schweiz Afrikas), Burundi (Schweiz Afrikas), Swasiland (Schweiz Afrikas), Ghana (Schweiz Afrikas), Lesotho (Schweiz Afrikas), Slowenien (Schweiz des Balkans), Montenegro (Schweiz des Balkans), Rumänien (Schweiz des Ostens), Libanon (Schweiz des Nahen Ostens).

**Matterhorn**

**Matterhorn der Anden**

**Matterhorn:** 4.478 Meter hoher Berg im Wallis in den Schweizer Alpen. Charakteristische Pyramidenform. Schicksalshafte Besteigungsgeschichte. Formgeber für Toblerone-Schokolade. Wahrzeichen der Schweiz. Meistfotografierte Touristenattraktion des Landes. Einer der bekanntesten Berge der Welt. Nächstgelegener Ort: Zermatt. In der Sprache der Einheimischen heißt das Matterhorn „ds Hore" – das Horn.

Nachahmer: Ama Dablam (Matterhorn Asiens), Machapuchare (Matterhorn Asiens), Mount Kenia in Kenia (Matterhorn Afrikas), Spitzkoppe in Namibia (Matterhorn Arfikas), Alpamayo in Peru (Matterhorn der Anden), Hualca Hualca in Peru (Matterhorn der Anden), Mount Assiniboine (Matterhorn der Rocky Mountains), Pic du Midi d'Ossau (Matterhorn der Pyrenäen), Trettachspitze (Allgäuer Matterhorn), Hochvogel (Allgäuer Matterhorn), Geiselstein (Allgäuer Matterhorn), Höfats (Allgäuer Matterhorn).

**Venedig:** Stadt im Nordosten Italiens. 300.000 Einwohner. An einer Lagune an der Adriaküste gelegen, wasserreich, von Kanälen durchzogen. Repräsentative Palastbauten zeugen von der einstigen politischen und wirtschaftlichen Macht. Das historische Zentrum verteilt sich auf etwa 100 Inseln. Permanente Bedrohung durch Überschwemmungen – durch das Meer und Touristen, insbesondere auch durch Kreuzfahrer.

**Ruderboot**

**Rudelboot**

Beliebt bei Hochzeitsreisenden. Sie sehen in Venedig trotz des Massenauflaufs einen Ort der Romantik.

Nachahmer: Stockholm (Venedig des Nordens), Amsterdam (Venedig des Nordens), Birmingham (Venedig des Nordens), Bornholm in Dänemark (Venedig des Nordens), Brügge (Venedig des Nordens), Haapsalu in Estland (Venedig des Nordens), Sankt Petersburg (Venedig des Nordens), Annecy (Venedig der Alpen), Glasgow (Venedig des Westens), Nantes (Venedig des Westens), Suzhou (Venedig des Ostens), Bangkok (Venedig des Ostens), Fort Lauderdale (Venedig der USA), Basra (Venedig des Nahen Ostens).

**Paris:** Hauptstadt Frankreichs. 2,2 Millionen Einwohner im Zentrum, acht Millionen weitere in der städtischen Siedlungszone. Mittelpunkt des zentralistischen Landes. Überragende politische, kulturelle und wirtschaftliche Bedeutung. Wahrzeichen ist der Eiffelturm. Aufgrund anhaltender Verklärung in Chansons und Filmen konkurriert Paris mit Venedig um den Titel „Stadt der Liebe".

Nachahmer: Ouagadougou (Paris Afrikas), Marrakesch (Paris Afrikas), Beirut (Paris des Nahen Ostens), Shanghai (Paris des Ostens), Budapest (Paris des Ostens), Bukarest (Paris des Ostens), Riga (Paris des Ostens), Warschau (Paris des Ostens), Prag (Paris des Ostens), Leipzig (Klein-Paris des Ostens), Hanoi (Paris des Ostens), Ho-Chi-Minh-Stadt (Paris des Ostens), Tromsø (Paris des Nordens), Buenos Aires (Paris des Südens), New Orleans (Paris des Südens).

**Südsee:** Meeresregion im Südpazifik. Tausende Inseln. Teil des Polynesischen Dreiecks, das begrenzt wird von den Osterinseln im Osten, Neuseeland im Süden und Hawaii im Norden. Hawaii wird oft fälschlicherweise zur Südsee gezählt, obwohl es am anderen Ende des Pazifiks liegt. Die Abgelegenheit der Südsee erklärt die Unkenntnis über die dortigen Lebensumstände und beflügelt verklärte Vorstellungen. Bekannteste Inselstaaten der Südsee: Französisch-Polynesien (Tahiti), Tonga, Samoa, und Fidschi.

Nachahmer: Meeresregion südlich des Kleinen Belts in der Ostsee (Dänische Südsee), Hawaii des Ostens (die Insel Hainan in China), Nordwestjütland (Hawaii des Nordens), Schären (Südsee Norwegens), Naherholungsgebiet im Ruhrgebiet (Xantener Südsee), Campingplatz in der Lüneburger Heide (Südsee-Camp in Wietzendorf).

**Sterzing:** die nördlichste Stadt Italiens. Italienisch Vipiteno. 6.000 Einwohner. Liegt in Südtirol, Wipptal.

Nachahmer: Triest (die nördlichste Stadt Italiens), München (die nördlichste Stadt Italiens), Augsburg (die nördlichste Stadt Italiens), Regensburg (die nördlichste Stadt Italiens), Bonn (die nördlichste Stadt Italiens), Köln (die nördlichste Stadt Italiens).

## 013 EINE FERNBEZIEHUNG FÜHREN

Es gibt kaum etwas, das eine Beziehung so sehr auf die Probe stellen kann, wie eine gemeinsame Reise. Unterwegs müssen zig Entscheidungen gefällt und Situationen gemeistert werden, die schon zu Hause eine Herausforderung wären. Enttäuschte Erwartungen und Probleme im Allgemeinen, speziell schlechtes Wetter, mieses Essen, kaputte Mietwagen, Sprachschwierigkeiten, unverständliche Fahrpläne, hässliche Unterkünfte, betrügerische Taxifahrer, Diebe und korrupte Ordnungshüter verlangen den Reisenden all ihre Fähigkeiten ab. Da kann man dem anderen durch sein Verhalten ganz schnell ganz schön auf die Nerven gehen. Wenn einer stets andere Lösungsvorschläge als der Partner hat und überdies noch gelassener oder hysterischer auf die Probleme reagiert, ist Streit unausweichlich. Andererseits können Reisepartner neue Seiten an sich entdecken, sich in den Augen des anderen beweisen und bewähren. Deshalb spricht grundsätzlich überhaupt nichts dagegen, gemeinsam auf Tour zu gehen – vorausgesetzt, man macht sich ein paar Dinge vorher klar, die die Entscheidung über pro und contra Fernbeziehung erleichtern (siehe Entscheidungsbaum auf der nächsten Doppelseite).

Eine gemeinsame Reise ist immer zu etwas gut, und wenn es nur das Beenden einer nicht so glücklichen Beziehung ist. Mark Twain meinte: „Es gibt kein sichereres Mittel festzustellen, ob man einen Menschen mag oder nicht, als mit ihm auf Reisen zu gehen." Auch im Fall der frisch, also total Verliebten ist vom Reisen nicht generell abzuraten. Es bringt den Beneidenswerten nur nicht so viel, weil es überall gleich toll für sie ist. Deshalb können sie auch gleich zu Hause bleiben. Frei nach einem Urteil des Reiseschriftstellers Helge Timmerberg: „Wenn Frischverliebte zusammen Urlaub machen, wird's immer nur ein Trip von schön zu schön, weil sie ohnehin nur ineinander reisen." Und miteinander Sex haben, meint Timmerberg, sei daheim einfach billiger.

Sind Sie frisch verliebt?
Ja
Haben Sie einen Lebenspartner?
Ja
So richtig dermaßen, dass Sie keine Minute ohne den anderen aushalten?
Nein
Ja
Verreisen Sie gemeinsam. Es wird überall toll sein. Aber Sie können genauso gut zu Hause im Bett bleiben. Das kommt billiger.
Also schon länger zusammen. Und noch glücklich?
Ja
Suchen Sie eine Begleitung für Ihre nächste Reise?
Ja
Nein
Nicht sicher
Verreisen Sie alleine. Sie wollen es ja so.
Das heißt, Sie haben ein Problem. Wollen Sie es lösen?
Echt jetzt?
Also, schon zu 99%
Ja
Nicht sicher
Jaha!
Was heißt schon glücklich?
Verreisen Sie gemeinsam. Hinterher werden Sie mehr über Ihre Beziehung wissen. Oder keine mehr haben.
Verreisen Sie gemeinsam. Es wird nicht alles toll sein. Aber gemeinsam finden Sie alles besser als alleine.

Nein

Wollen Sie diesen Zustand auf der nächsten Reise ändern?

Nö, nicht zwingend

Unbedingt

Auch gut. Haben Sie Freunde?

Nein

Ja

Wollen Sie neue Menschen kennen lernen?

Gute Freunde?

Gibt es da einen Menschen, mit dem Sie gerne verreisen würden?

Nein

Ja

Nein

Ja

Nein

Ja

Haben Sie die Ausgangsfrage überhaupt mitbekommen, Sie bockiger Nein-Sager?

Nein

Verreisen Sie gemeinsam. Hinterher werden Sie wissen, wie gut die Freundschaft wirklich ist.

Rufen Sie an und fragen Sie, ob er / sie mitkommen möchte. Jetzt sofort!

Okay

Und? Hat er / sie ja gesagt?

Nein

Ja

Buchen Sie eine Gruppenreise. Sie werden feststellen, dass es Ihnen im Vergleich zu anderen gar nicht so schlecht geht.

Es gibt vertrauenswürdige Single-Reise-veranstalter. Informieren Sie sich.

Verreisen Sie gemeinsam und schauen Sie, was passiert.

**Auf das Urlaubsrecht pochen:** Sie haben ein Recht auf Urlaub. Am 1. Januar 1963 trat das Mindesturlaubsgesetz für Arbeitnehmer – kurz: Bundesurlaubsgesetz (BUrlG) – in Kraft. Bis auf wenige Ausnahmen wie Beamte, Seemänner und Soldaten ist dort für Arbeitnehmer der Anspruch auf Erholung festgeschrieben. Rein gesetzlich beträgt der Urlaub mindestens 24 Tage, wobei der Gesetzgeber den Samstag als Werktag rechnet, also von einer Sechs-Tage-Woche ausgeht. Bei einer Fünf-Tage-Woche sind es nur noch 20 Tage Urlaub, bei einer Vier-Tage-Woche 16, und so weiter. Als Daumenregel können Sie sich merken, dass Ihnen gesetzlich vier Wochen Urlaub zustehen.

Tatsächlich sind es in Deutschland durchschnittlich allerdings noch viel mehr, nämlich etwa 30 Tage, oder eben sechs Wochen. Tarifverträge, Arbeitsverträge und Betriebsvereinbarungen enthalten weitere Regelungen, die in beinahe allen Fällen zu Gunsten der Arbeitnehmer ausfallen. Hinzu kommen jährlich etwa zehn Feiertage. Damit liegen die Deutschen im internationalen Vergleich gemeinsam mit den Skandinaviern an der Spitze, während die US-Amerikaner und Japaner bei nicht einmal der Hälfte an Urlaub kaum genug Zeit haben, einmal über die eigenen Landesgrenzen zu blicken.

Es steht noch weit mehr im Bundesurlaubsgesetz als nur die Urlaubsdauer. Ein Blick in die 16 Paragraphen lohnt sich jedenfalls. So ist darin ziemlich genau geklärt, nach wie viel Monaten Betriebszugehörigkeit Sie vollen Anspruch auf den gesamten Jahresurlaub erhalten, was Sie in Ihrem Urlaub nicht tun dürfen, und ob Ihnen Krankheitstage im Urlaub gutgeschrieben werden. Der Gesetzgeber hat es nicht unbedingt schlecht mit dem Arbeitnehmer gemeint, wie folgende Auszüge zeigen:

**Der volle Urlaubsanspruch wird erstmalig nach sechsmonatigem Bestehen des Arbeitsverhältnisses erworben > Ansonsten hat der Arbeitnehmer zumindest einen**

**Anspruch auf Teilurlaub > Bruchteile von Arbeitstagen, die mindestens einen halben Tag ergeben, sind auf volle Urlaubstage aufzurunden > Während des Urlaubs darf der Arbeitnehmer keine dem Urlaubszweck, also der Erholung, widersprechende Erwerbstätigkeit leisten > Erkrankt der Arbeitnehmer während des Urlaubs, so werden die durch ärztliches Zeugnis nachgewiesenen Tage auf den Jahresurlaub angerechnet**

Sie müssen Ihrem Arbeitgeber also nicht für die Selbstlosigkeit dankbar sein, wenn er Ihnen Urlaub gewährt. Allerdings wird Urlaub nur auf Antrag gewährt. Wenn Sie diesen Antrag nicht stellen, kann Ihr Chef den Zeitraum bestimmen. Lassen Sie es nicht so weit kommen! Reichen Sie Ihren Antrag frühzeitig ein. Die Rechtsabteilung der Dienstleistungsgewerkschaft Verdi rät zudem, dies schriftlich zu tun und eine Bestätigung einzufordern. Der Arbeitgeber kann den Antrag nur dann ablehnen, wenn „wichtige betriebliche Belange" vorliegen. Wenn dem Antrag einmal stattgegeben wurde, muss schon die Existenz des Betriebs auf dem Spiel stehen, um die Genehmigung zurückzuziehen. Außerdem hat der Arbeitgeber dann mögliche Stornokosten zu tragen. So schwammig Umschreibungen wie „wichtige betriebliche Belange" klingen: Bislang gingen Urlaubsstreitfälle selten über die erste Instanz hinaus. Das Urlaubnehmen klappt also ganz gut.

Eines sollten Sie allerdings niemals tun: den Urlaub ohne Genehmigung antreten. Damit geben Sie Ihre guten Karten aus der Hand. Und sollten Sie selbstständig sein, gibt es ohnehin nur einen Menschen, der Ihrer Reise im Wege steht: Sie selbst.

**Sich Zeit nehmen:** Früher wurden die Menschen weniger alt und hatten offenbar mehr Zeit. Jules Verne schickte seine Helden beispielsweise ziemlich individuell in 80 Tagen um die Welt oder gleich zwei Jahre in Ferien, Johann Wolfgang von Goethe nahm sich allein für Italien 21 Monate frei und Robinson Crusoe für eine Insel gleich 28 Jahre. Heute verreisen die Menschen häufiger, aber dafür kürzer. Nach der Reiseanalyse der Forschungsgemeinschaft Urlaub und Reisen fiel die durchschnittliche Reisedauer allein von 1998 bis 2008 von 13,9 auf 12,5 Tage – bei sinkender Arbeitszeit. Die Menschen tendieren zum Kurzurlaub – zu einer Art Reise-Fastfood. Fastfood hat zwar den Vorteil, dass es relativ schnell sättigt, den Geldbeutel nicht zu sehr belastet und auf den Massengeschmack abgestimmt ist. Auf Dauer werden die schnellen Pauschalmahlzeiten jedoch ungesund, schlagen auf die Linie und sind sowas von uninspirierend, dass jeder vernünftige Mensch dem Industriefraß immer wieder einmal bewusst widerstehen sollte. Mit der Dauer der Reise wächst jedoch auch die Vorbereitungszeit in der Heimat.

**Wohnung vermieten:** Eine Immobilie während einer längeren Reise leer stehen zu lassen, ist aus finanzieller Sicht nicht ratsam. Schließlich liegt entweder Kapital brach oder es entstehen – falls Sie Mieter sind – unnötige Kosten durch die fortlaufenden Zahlungen. Am einfachsten ist es, wenn Sie selbst Wohnungs- oder Hauseigentümer sind. Dann können Sie Ihre Immobilie problemlos vermieten. Etwas komplizierter ist der Sachverhalt, wenn Sie in einem Mietverhältnis stehen, also nicht Eigentümer der bewohnten Immobilie sind. Aber auch dann können Sie die Wohnung untervermieten. Die Zeit spielt keine Rolle; es ist völlig irrelevant, ob Sie einen einmonatigen oder mehrjährigen Auslandsaufenthalt planen. Entscheidend ist aus rechtlicher Sicht nur, ob Sie die komplette Wohnung oder Teile davon an einen Dritten abtreten. Sobald Sie die komplette Wohnung untervermieten möchten, kann Ihr Vermieter entscheiden, ob ihm das passt oder nicht. Wollen Sie jedoch nur einen Teil Ihrer Wohnung untervermieten, muss das der Vermieter genehmigen, sofern ein triftiger Grund vorliegt. Einen triftigen Grund zu finden, ist nicht schwer. Geld ist immer ein triftiger Grund. Erzählen Sie einfach, dass Sie auf die Einnahmen aus der Untervermietung angewiesen sind. Oder dass die Wohnung während Ihrer Abwesenheit betreut werden muss. Viele Vermieter sind ohnehin froh darüber, wenn eine Wohnung nicht leer steht, weil sie sonst vor allem im Winter unnötig auskühlt. Der Deutsche Mieterbund empfiehlt eine Vorlaufzeit von drei Monaten, um einem potentiellen Untermieter die Chance zu geben, möglicherweise ein eigenes Mietverhältnis zu kündigen. Inserieren lassen sich Wohnungen zur Untermiete auf allen großen Immobilienportalen oder in Zeitungen.

**Haustier unterbringen:** Ein Haustier auf Reisen mitzunehmen, ist sowohl für das Tier als auch für den Halter mit Stress verbunden. Tierschutzvereine bezeichnen es als „bedingt empfehlenswert" mit Tieren auf Reisen zu gehen. Gerade Katzen sind sensibel, was Veränderungen der Umgebung betrifft. Als Reisebegleiter kommen eigentlich nur Hunde in Frage, mit denen eine relativ kurze Anreise im Auto innerhalb des eigenen Landes oder ins nahe Ausland meist problemlos möglich ist. Laut einer Forsa-Umfrage nehmen sogar 42 Prozent der Hundebesitzer ihren Vierbeiner grundsätzlich mit auf Reisen. In vielen Fällen ist es allerdings einfacher, einen Auslandsurlaub für eine Großfamilie zu planen als für einen einzigen Hund. Vielleicht finden Sie sogar Spaß daran, sich um die länderspezifischen Einreisegenehmigungen, Impfungen, EU-Heimtierpässe, Bluttests und einen Chip im Ohr zu kümmern. Hinzu kommen natürlich Reiserücktritt-, Reiseabbruch- und Reise-Krankenversicherungen, die mittlerweile für Hunde angeboten werden. Die aufwändigen Behördengänge und Arztbesuche bedeuten allerdings noch nicht, dass die Betreiber Ihres Lieblingshotels zwangsläufig ein ebenso großes Herz für Tiere haben wie Sie und Haustiere mit offenen Armen empfangen. Im Flugzeug wird das Tier zudem nur in Ausnahmefällen neben Ihnen Platz nehmen dürfen, sondern in der Regel in einer Box im Frachtraum landen, wo sich der Spaß in Grenzen hält (siehe Kapitel 046, Viren und Elefanten einchecken). Lassen Sie das Tier also am besten in der Heimat. Es gibt drei Optionen:

Das Haustier allein daheim: Dies ist nur eine Option, falls Sie für eine Nacht verreisen, und auch nur dann, wenn das Tier kein Hund ist und ausreichend Wasser und Trockenfutter zu Verfügung steht. Selbst augenscheinlich anspruchslose Tiere wie die Schildkröte benötigen nach einer gewissen Zeit neben dem Fressen auch Freigang. Ärgerlicherweise halten ausgerechnet die unerwünschten Haustiere wie Kakerlaken und Silberfischchen besonders lange ohne Betreuung durch.

Hausbesuche: Das Haustier darf in der vertrauten Umgebung bleiben, was Experten für ideal halten. Zu dem Idealfall gehört allerdings, dass es regelmäßige Hausbesuche von einer kompetenten, vertrauenswürdigen Person erhält. Handelt es sich bei dem Tier um einen Hund, sollte dieser sogar beim Betreuer wohnen, weil Hunde ziemlich schnell an einem Aufmerksamkeitsdefizit leiden. Der Betreuer wiederum sollte nicht nur entsprechend eingewiesen sein, sondern auch Zugang zu den relevanten Papieren besitzen, falls ein Arztbesuch notwendig wird. Der Idealfall des Idealfalls liegt vor, wenn der Betreuer das Tier bereits kennt. Falls Sie also einen vertrauenswürdigen Bekannten haben, laden Sie ihn doch wenige Wochen vor der Abreise zu einem netten Umtrunk ein und fragen Ihn dabei vorsichtig, ob er drei Wochen nach Ihrem Tier sehen möchte. Weisen Sie in diesem Zusammenhang gleich darauf hin, dass die Zimmerpflanzen regelmäßig Wasser benötigen und Sie noch einen Fahrdienst zum Flughafen suchen. Falls Sie keinen derart altruistischen Bekannten haben, so gibt es kommerzielle Dienste, die für etwa fünf bis zwölf Euro täglich den gleichen Job erledigen. Weil die Qualität von Tierbetreuern so unterschiedlich ist wie die von Hundefutter, informieren Sie sich am besten vorab.

Heimbesuche: Sie bringen das Haustier in eine Tierpension. Es ist damit ebenfalls zu einem Ortwechsel gezwungen, allerdings zu einem weniger stressigen. Manche Hunde freuen sich richtig auf die Abwechslung, andere jammern und heulen. Verschaffen Sie sich auch hier vorab einen Eindruck von der Unterkunft. Oft geben Halter ihr Haustier erst wenige Stunden vor der Abreise ab und haben während des Urlaubs dann ein ziemlich mieses Gefühl, weil die Tierpension mehr den Eindruck eines Schlachthofes hinterließ. Zudem ist darauf zu achten, ob in der Tierpension auch eine tierärztliche Betreuung vorhanden ist.

Übrigens vermissen die meisten Tiere ihre Halter. Generell sollten Sie deshalb nicht länger als drei Wochen von Ihrem Haustier getrennt sein. Sollten Sie länger verreisen, wird anschließend eine Angewöhnungszeit angeraten. Nicht nötig ist dies jedoch bei Fischen, da diese nur eine geringe emotionale Bindung zu den Menschen besitzen.

**Zimmerpflanzen durchbringen:** Anders als beim Haustier kommen wohl die wenigsten Menschen auf die Idee, ihre Zimmerpflanze mit in den Urlaub zu nehmen. Die meisten Zimmerpflanzen halten nicht länger als vier bis sechs Tage ohne Wasser durch. Als äußerst wertvoll erweist sich ein netter Nachbar oder jener selbstlose Bekannte, der bereits auf Ihren Hund aufpasst. Ebenfalls hilfreich sind Pflanzen in Speichersystemen wie Hydrokultur oder Erdkulturwasserspeicher, die sich im Grunde für alle Pflanzen von der Orchidee bis zur Palme eignen. Darin erhöht sich die Lebensdauer ohne regelmäßiges Gießen auf zwei bis vier Wochen, je nach Größe des Pflanzengefäßes.

Wer solche Systeme und zudem noch einen netten Nachbarn besitzt, sollte Letzteren einige Tage im Voraus exakt instruieren. Nachbarn tendieren bei solchen Aufgaben übrigens eher zu Übereifer als Vergesslichkeit. Gärtnermeister wissen, dass Pflanzen unter der Obhut von Aushilfen häufiger ertrinken als vertrocknen. Statt mit vagen Umschreibungen wie „etwas mehr“ oder „etwas weniger“ Wasser sollte vielleicht sogar mit einem Messbecher gearbeitet werden.

Für Vielreisende gibt es einige Zimmerpflanzen, die sich besonders gut eignen. Kakteen halten drei Wochen ohne Wasser durch, Elefantenfüße (Beaucarnea) zwei Wochen, Yuccapalmen und Dracaena-

**Gelegenheitstrinker: Kaktus und Elefantenfuß**

Arten je zehn Tage. Hilfreich kann zudem sein, die Zimmerpflanzen nicht am sonnenexponierten Südfenster, sondern eher an nach Norden hin ausgerichteten Fenstern zu platzieren, wo die Verdunstung geringer ist. Auch Topfpflanzen, die im Freien stehen, sollten in einer schattigen Ecke zusammengestellt werden. Der Erhalt von Pflanzenbeeten gestaltet sich in den gemäßigten Breiten zumeist weniger problematisch, wobei aber auch hier mal wieder der nette Nachbar die Lebensversicherung für die Rosenzucht sein kann.

**Haushüter engagieren:** Falls Sie mit Ihrem Nachbarn auf Kriegsfuß stehen oder diesen nicht ständig drangsalieren möchten, Sie weder Ihren Bekannten noch der Haushaltshilfe vertrauen und Ihre Wohnung auch nicht vermieten wollen, können Sie stattdessen einen so genannten Haushüter engagieren. Als zuverlässige Anlaufstelle dient zwei Wochen vor der Abreise der Verband Deutscher Haushüter-Agenturen.

Der Haushüter oder house sitter ist meist ein Rentner. Er bewohnt Ihr Zuhause oder Anwesen, versorgt die Haustiere, nimmt Telefonanrufe entgegen, notiert sie oder leitet sie weiter, kümmert sich gegebenenfalls auch um die Daheimgebliebenen – Pflegefälle ausgenommen –, leert den Briefkasten, gießt die Blumen, pflegt den Garten und schützt gegen Einbrecher. Das ist nicht zu unterschätzen. Das Institut für Kriminologie und Kriminalpolitik der Ruhr-Universität Bochum stellte fest, dass etwa 90 Prozent der Einbrüche stattfinden, wenn sich die Bewohner nicht in der Wohnung aufhalten. Allerdings ist der Dienst mit Kosten ab 50 Euro täglich auch etwas teurer als Nachbarn und Bekannte. Da Haushüten als haushaltnahe Dienstleistung gilt, können Sie aber immerhin 20 Prozent der Kosten und maximal 600 Euro im Jahr von der Steuerschuld abziehen.

## 015 AN GRENZEN GEHEN

Deutsche, aber auch Schweizer und Österreicher, ach was, EU-Bürger allgemein, sind ziemlich privilegierte Menschen. Sie haben sehr gute Chancen, in jedes Land der Erde ohne größere bürokratische Hürden einreisen zu dürfen. Voraussetzungen sind – je nach Land – allerdings gültige Dokumente wie Personalausweis, Reisepass und teilweise zusätzlich ein entsprechendes Visum. Hüten Sie diese wie Heiligtümer. Machen Sie am besten bereits vor der Reise Kopien Ihrer wichtigsten Reisedokumente (Pass, Flugticket, Impfausweis, Kreditkarten) und verstauen Sie diese separat. Falls Sie einen Ausweis auf Auslandsreise verlieren, erleichtern solche Kopien die Arbeit der Botschaften, Generalkonsulate oder Honorarkonsuln, die Ihnen dann ein Ersatzdokument ausstellen. Falls Sie mit Begleiter reisen, klären Sie unbedingt bereits vorab, wer die Verantwortung für die Reisedokumente übernimmt. Am besten trägt jeder die eigene, dann müssen Sie sich nicht schon am Abflughafen von Ihrem Partner anschnauzen lassen, falls etwas verloren geht.

**Der Personalausweis:** Jedes Land hat seine eigenen Einreisebestimmungen. Diese sind allerdings kein Staatsgeheimnis, da die meisten

Länder großes Interesse an Touristen haben. Sie sollten sich nur rechtzeitig vor jeder Auslandsreise informieren, welche Dokumente Sie zur Einreise brauchen und wie lange diese gegebenenfalls gültig sein müssen. Die beste Anlaufstelle hierfür ist das Auswärtige Amt in Berlin. Einige einfache Regeln sollte man dennoch kennen:

Als Mitglied der Europäischen Union reicht Ihnen für alle anderen EU-Länder ein einfacher Personalausweis, den Sie als guter und gesetzestreuer Bürger sowieso immer bei sich tragen sollten, um sich auszuweisen. Zudem gibt es das seit 1985 sukzessive erweiterte Schengener Abkommen über den schrittweisen Abbau der Personenkontrollen an den Binnengrenzen. Das Abkommen trägt ebenfalls zu einer neuen Reisefreiheit bei. Denn die Angehörigen der meisten Schengen-Länder können die Binnengrenzen der Anwenderstaaten an jeder Stelle und kontrollfrei überschreiten. Zum Schengenraum zählen auch Nicht-EU-Staaten wie Island, Norwegen und die Schweiz. Auch in vielen Ländern, die weder der EU noch dem Schengen-Abkommen angehören, reicht deutschen Staatsbürgern der Personalausweis als Reisedokument. Das sind beispielsweise Andorra, Bosnien und Herzegowina, Kroatien, Mazedonien, Tunesien, Türkei oder Äygpten. Oft empfiehlt es sich dennoch, den in der Dokumenten-Hierarchie höher angesiedelten Reisepass in Nicht-EU-Länder mitzunehmen. Das erleichtert manchmal Behördengänge und die Geldbeschaffung.

**Der Reisepass:** Der Reisepass – im Behördendeutsch auch Europapass genannt – ist mehr als nur ein bordeauxrotes Dokument. Mit einer Vielzahl an Stempeln und Visa ist er auch Trophäe und Souvenir, Statussymbol und Zugangsberechtigung an der Grenze, ein Nachweis für den gesammelten Erfahrungsschatz und neuerdings sogar mit Mikroprozessoren in der Passdecke ausgestattet. Seit 2005 wird in Deutschland der elektronische Reisepass oder ePass mit einem Speicher von 64 oder 72 Kilobyte ausgegeben. Der Arbeitsspeicher eines alten Gameboys beträgt acht Kilobyte. Auf diesem Mikroprozessor werden biometrische Daten wie ein digitales Foto und Fingerabdrücke gespeichert. Die einen nennen das Höchstgrad an Fälschungssicherheit und eine verbesserte Identitätsüberprüfung von Reisenden. Für andere klingt das eher nach der Realisierung eines Überwachungsszenarios aus einem alten Science-Fiction-Film. Und weil der Reisepass neuerdings ein Wunderwerk der Technik darstellt, wurde am 1. November 2005 die Grundgebühr angehoben.

Alte Reisepässe sind zwar weiterhin gültig, stehen aber kurz vor dem Aussterben, denn die Laufzeit eines Reisepasses ist beschränkt. Vor Vollendung des 24. Lebensjahres gilt er sechs Jahre und ist dafür ein wenig günstiger, ab Vollendung des 24. Lebensjahres gilt er zehn Jahre. Er hat grundsätzlich 32 Seiten, wird gegen eine zusätzliche Gebühr aber auch mit 48 Seiten ausgestellt. Das ist vor allem für Vielreisende interessant. Falls die Seiten voll sind, dürfen Sie sich freuen, dass Sie so viel herumgekommen sind oder sollten einmal mit Ihrem Arbeitgeber über die Anzahl Ihrer Dienstreisen reden. Außerdem müssen Sie einen neuen Pass beantragen.

Eine Verlängerung ist – außer bem Kinderreisepass, der nur für Kinder bis zum zwölften Lebensjahr beantragt werden kann – nicht möglich. Nach Ablauf der Gültigkeit muss ein neuer Reisepass her. Darum müssen Sie sich selbst kümmern, und zwar rechtzeitig. Die Bearbeitungsdauer beträgt etwa drei bis sechs Wochen. Achten Sie sehr genau auf die Laufzeit, denn selbst so stark frequentierte Reiseländer wie USA, Brasilien oder Malaysia verlangen – jedenfalls offiziell – einen Reisepass, der zum Zeitpunkt der Einreise oder sogar über die Reise hinaus noch sechs Monate gültig sein muss. Sollten Sie sich vor Ihrer Reise zu spät für einen Antrag entscheiden, gibt es drei Möglichkeiten:

Beten, dass der Reisepass doch rechtzeitig eintrifft: Dafür braucht es allerdings einiges an Gottvertrauen und noch mehr an guten Nerven. Wäre ja schade, wenn der Urlaub an einem Stück Papier scheitert.

Das Expressverfahren: Sofern Ihr Antrag bis 12 Uhr bei der Bundesdruckerei eingeht, erfolgt die Anlieferung der Expresspässe in der jeweiligen Behörde – also beispielsweise Ihrer Gemeindeverwaltung – innerhalb von zwei Arbeitstagen. Heißt es zumindest seitens der Bundesdruckerei. Für das Expressverfahren zahlen Sie allerdings einen saftigen Aufschlag. Erst wenn es der Reisepass auch im Expressverfahren nicht rechtzeitig zu Ihnen schafft, sollten Sie sich für die dritte Variante entscheiden.

Der vorläufige Reisepass: Diesen erhalten Sie bei der Beantragung und können ihn sofort mitnehmen. Er ist dafür nicht so schön bordeauxrot, sondern grün und ähnelt einem Reisepass aus Zeiten des Kalten Krieges. Er kostet zwar nur die Hälfte eines Europapasses, wird von den Passbehörden aber auch mit maximal einjähriger Gültigkeit ausgestellt. Zudem wird der vorläufige Reisepass von wenigen Ländern nicht oder nur eingeschränkt als Einreisedokument anerkannt. So berechtigt er seit dem 1. Mai 2006 beispielsweise nicht mehr zur visumfreien Einreise in die USA. Er ist nur eine Übergangslösung.

**Das Geschäft mit dem Visum:** Visa sind etwas ziemlich Nerviges. Ein Visum ist definiert als ein amtlicher Sichtvermerk, der für den Grenzübertritt benötigt wird. Visa sind meistens mit Zusatzkosten verbunden. Manche werden einfach an der Grenze ausgestellt, andere wiederum müssen vor der Reise beantragt werden. Viele Länder unterscheiden nicht nur zwischen Visa für touristische und berufliche Zwecke, sondern auch zwischen Einreise-, Mehrfacheinreise-, Ausreise-, Durchreise- und Eintagesvisum. Die Anforderungen sind manchmal etwas merkwürdig und der Aufwand ärgerlicher als der Preis. Zum Beispiel kostet ein Visum nach Äthiopien, durchaus ein gefragtes Land in Afrika, 17 Euro. Das ist vergleichsweise günstig. Allerdings sind vorab laut des äthiopischen Generalkonsulats in Frankfurt für ein Touristenvisum einzureichen:

Reisepass, der bei Reiseantritt noch mindestens sechs Monate gültig ist > zwei farbige Passbilder neuesten Datums > ein komplett ausgefülltes und vom Antragsteller unterschriebenes Visumantragsformular > Nachweis über die Entrichtung der Gebühren für das Visum > ein frankierter Rückumschlag bei postalischer Einreichung > eine Kopie der Flugbuchung

Weil sich das viele vor dem Urlaub nicht antun wollen, gibt es Visadienste, die sich um die Beschaffung Ihres Visums kümmern – und dabei natürlich einen gewissen Aufschlag in Rechnung stellen. Ob und wann Sie für Ihr Reiseland ein Visum benötigen, hängt allein vom Recht des Einreisestaates ab. Es besteht kein allgemeiner Grundsatz, der eine Visumpflicht regelt. Bei Fragen hilft auch hier das Auswärtige Amt weiter. Wie breit das Spektrum gefächert ist, zeigen die folgenden Beispiele:

Französisch-Guayana: Tatsächlich reicht ein gültiger Personalausweis, um nach Südamerika, in die Karibik oder die Südsee zu reisen. Denn die ehemalige Kolonialmacht Frankreich hält sich noch Überseegebiete, die zum französischen Staatsgebiet und damit zur EU gehören. In die Überseedépartements Martinique, Guadeloupe, Französisch-Guayana und La Réunion sowie die Überseeterritorien Französisch-Polynesien, Saint-Pierre-et-Miquelon, Wallis-et-Futuna, Mayotte, Saint-Martin, Saint-Barthélemy und Neu-Kaledonien können deutsche Staatsangehörige daher mit einem gültigen Reisepass oder Personalausweis visumfrei einreisen.

Tristan da Cunha: Etwas schwieriger ist eine Einreise auf die zum britischen Überseegebiet St. Helena & Dependencies gehörende Insel Tristan da Cunha zwischen Afrika und Südamerika. Nach Osten sind es 2.770 Kilometer bis zum Kap der Guten Hoffnung, nach Westen 3.340 Kilometer bis nach Rio de Janeiro. Trotzdem wollen viele Touristen die Insel mit den nur 300 Einwohnern besuchen. Für einen Aufenthalt ist nicht nur ein Visum, ein Weiter- oder Rückflugticket und eine Krankenversicherung nötig, sondern auch eine Bewerbung. Über diese entscheidet dann der Inselrat. Sie können sich dadurch zumindest sicher sein, dass Sie willkommen sind – sofern Sie genügend Bargeld mitbringen.

United States of America: die USA, Verfechter der wahren Demokratie, Inbegriff der Freiheit. Nur ist es inzwischen genauso kompliziert, in die USA einzureisen, wie in so manches von den USA als Schurkenstaat apostrophiertes Land. Mit den Bestimmungen zur Einreise ließe sich wohl ein gesamtes Buch füllen. Da sich die USA als den Himmel auf Erden betrachten, haben ihre Auflagen mit Sicherheit natürlich ihre Berechtigung. Zur visumfreien Einreise in die USA im Rahmen des so genannten Visa-Waiver-Programms, was frei übersetzt so viel heißt wie „vom Visum befreit", berechtigen ausschließlich alle regulären, bordeauxroten deutschen Reisepässe. Mit dem vorläufigen Reisepass benötigen Sie ein Visum, beim Kinderreisepass gelten Sonderregelungen. Seit dem 12. Januar 2009 müssen außerdem alle Reisenden, die im Rahmen des Visa-Waiver-Programms in die USA reisen, vor der beabsichtigten Einreise zwingend eine elektronische Einreiseerlaubnis durch das Electronic System for Travel Authorization (ESTA) einholen. Das kostet Zeit und ist nervig. Den Antrag dürfen auch Dritte, wie beispielsweise Reisebüros, stellen. Die einmal erteilte Einreiseerlaubnis hat jedoch einen Pferdefuß. Sie gilt zwar als Nachweis, dass Sie für visumfreies Reisen in die Vereinigten Staaten berechtigt sind, was jedoch nicht zwingend heißt, dass Ihnen die Einreise in die Vereinigten Staaten unbedingt auch bewilligt wird.

Israel: Deutsche Staatsangehörige, die nach dem 1. Januar 1928 geboren sind, benötigen bis zu einem Aufenthalt von drei Monaten kein Visum. Das hat den Grund, dass diese Menschen mit ziemlicher Sicherheit keine entscheidende Rolle mehr im Naziregime spielen konnten. Ihnen reicht ein Reisepass oder vorläufiger Reisepass, der sechs Monate über die Reise hinaus gültig ist. Sind in Ihrem Reisepass die Besuche arabischer Staaten dokumentiert, so ist in der Regel vor der Einreise mit einer sehr strengen und längeren Befragung durch israelische Sicherheitskräfte zu rechnen. Wollen Sie nach einem Israel-Aufenthalt wieder in ein arabisches Land, geht der Spaß erst richtig los: Die Existenz eines israelischen Stempels im Pass führt zur Einreiseverweigerung in einigen arabischen Staaten wie Kuwait, Libanon, Libyen, Syrien, Saudi-Arabien, Jemen und Iran. Nur Jordanien und Ägypten bilden rühmliche Ausnahmen, da sie diplomatische Beziehungen zu Israel pflegen. Sie können den israelischen Beamten zwar bitten, den Einreisestempel auf einem separaten Papierstück zu platzieren. Da solche Zettel leicht verloren gehen, ist es dennoch besser, zwei Reisepässe zu besitzen. Als Grund können Sie bei den deutschen Behörden die Einreise nach Israel und nach Marokko angeben.

Nordkorea: Nordkorea ist wahrscheinlich das einzige Land, das in puncto Sicherheitsauflagen mit den USA mithalten kann. Deutsche Staatsangehörige benötigen für die Einreise nach Korea ein Visum, das in der Regel von der Botschaft in Berlin ausgestellt wird. Die Bearbeitungszeit beträgt im Allgemeinen mindestens vier Wochen. Im Regelfall ist eine Einladung von koreanischer Seite erforderlich. Zur Visa-Erteilung selbst dürfen Sie dann, wie bei einer Bewerbung üblich, vorsprechen.

Irgendwo in Afrika: Oftmals werden Sie erst vor Ort erkennen, dass auch die akribischste Vorbereitung nichts genutzt hat – oder Sie zumindest etwas übersehen haben. Dafür noch einmal zurück nach Äthiopien. Am Turkana-See im spärlich bewohnten und noch spärlicher befahrenen Grenzgebiet von Äthiopien und Kenia gibt es auf äthiopischer Seite zwar einen Grenzposten, auf kenianischer Seite jedoch nicht. Sie können zwar nach Kenia einreisen, sind offiziell aber dennoch nicht drin. Ein paar Tage später wird Sie bei der Ausreise am Flughafen von Nairobi dann möglicherweise ein Zollbeamter mustern, als hätten Sie gerade seine Frau verführt, und sagen: „Ah, Sie wollen mir also sagen, dass Sie illegal im Land sind." In solchen Momenten hilft weniger das Auswärtige Amt als eines: Spontanität.

Normalerweise ist dies das Kapitel, in dem Reiseführer vor der Kehrseite exotischer Zielgebiete warnen und die schlimmsten Reisekrankheiten aufzählen. Dann geht es um Skorpionstiche, Schlangenbisse und Moskitos (siehe Kapitel 124, Wilden Tieren aus dem Weg gehen) um Malaria, Lassafieber, Amöbenruhr, Cholera, Lepra und Ebola. Dabei sind die wirklichen Gefahren weit weniger exotisch.

Es gibt schrecklichen Krankheiten in vielen Gegenden dieser Welt. Falls Sie vorhaben, eine davon zu besuchen, informieren Sie sich vorher beim Arzt oder beim Tropeninstitut, lassen Sie sich impfen und packen Sie Malaria-Prophylaxe-Tabletten ein. Es ist Ihre Entscheidung. Aber bedenken Sie, wie und wie lange Sie reisen.

Sie sollten Ihren Impfpass zumindest darauf prüfen lassen, ob Sie ausreichend gegen Tetanus, Kinderlähmung und Hepatitis A geschützt sind. In manchen asiatischen, afrikanischen und lateinamerikanischen Ländern ist der Nachweis einer Gelbfieber-Impfung Voraussetzung für die Einreise. Für alles, was über diese Basis-Impfungen hinausgeht, wechseln die Empfehlungen schneller als die Diktatoren in Afrika. Brauchen Sie zum Beispiel auch eine vorbeugende Spritze gegen Hepatitis B, das nicht wie Hepatitis A über Wasser und Lebensmittel, sondern über Blut und andere Körperflüssigkeiten übertragen wird? Kommen Sie in China oder Indonesien wirklich in Gegenden und Situationen, in denen Sie von einem tollwütigen Hund gebissen werden könnten? Dann sollten Sie auch dafür eine Impfung in Betracht ziehen.

Wer Brasilien vor allem von der Terrasse seines Fünf-Sterne-Hotels an der Copacabana aus besichtigt, braucht nicht die gleiche Vorsorge wie ein Backpacker auf dreiwöchiger Amazonas-Fahrt. Ein Weltreisender auf einem Kreuzfahrtschiff ist nicht so gefährdet wie ein Wanderer in Pakistan. Der Urlaub der meisten Deutschen sieht sowieso ganz anders, viel unspektakulärer aus. Tropenkrankheiten spielen eine mini-

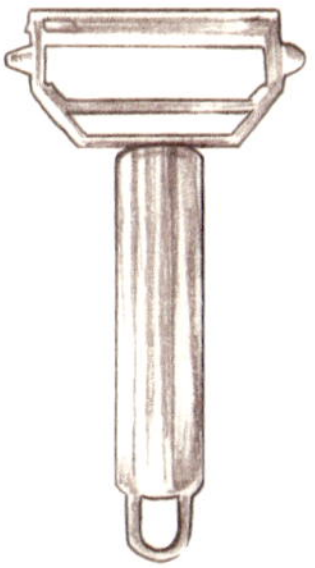

**Schäl es!**

**Koch es!**

**Grill es!**

**… oder vergiss es!**

male Rolle, vergleicht man sie mit dem, was sich Touristen tatsächlich auf Reisen einfangen.

**Durchfall:** Die Krankheit, die Touristen am häufigsten plagt, ist Montezumas Rache, der Magen-Darm-Infekt, im medizinischen Fachjargon Gastroenteritis genannt, sprich: der gemeine Durchfall. In Ägypten und Indien erwischt es 60 bis 70 Prozent aller Reisenden. In Spanien immerhin noch jeden dritten.

Häufigste Ursache sind nicht etwa unhygienische Zustände oder mutierte Salmonellen, sondern schlicht die ungewohnten Speisen: fremde Zutaten, Zubereitungsarten und Gewürze überfordern den deutschen Magen.

Vorbeugung: Hände waschen, Wasser nur aus versiegelten Flaschen oder abgekocht trinken, den englischen Spruch „peel it, boil it, grill it or forget it!“ merken („schäl es, koch es, grill es oder vergiss es!“). Außerdem: langsam an die einheimische Küche heranprobieren, an

Straßenständen besonders auf die Hygiene achten, im Zweifel auf Fleischgerichte verzichten. Keine Mayonnaise essen, die schon länger offen auf dem Restauranttisch steht. Keine eisgekühlten Getränke trinken – nicht nur wegen schlechten Wassers in den Eiswürfeln, sondern weil durch die Kälte der Mageninhalt zu schnell in den Darm entlassen wird, wo die Darmflora von Bakterien überfordert ist. Die Einheimischen in heißen Regionen wie arabischen Wüsten oder Indien machen es vor – sie trinken am liebsten Tee!

Behandlung: Nach zwei bis vier Tagen ist der Durchfall in der Regel wieder weg. Zur Heilung ist nicht zwangsläufig ein Antibiotikum nötig und schon gar kein stationärer Aufenthalt, wie er in Touristenkliniken gerne aus kommerziellen Gründen verordnet wird. Stattdessen hilft es, viel zu trinken, Diät zu halten, Reis zu essen.

**Infekt der oberen Atemwege:** Die zweithäufigste Gruppe von Reisekrankheiten holt man sich meistens am windigen Strand, beim Tauchen, Schnorcheln oder in Räumen mit Klimaanlage: Bronchitis, Schnupfen, Mittelohrentzündung und Nasennebenhöhlenentzündung.

Vorbeugung: Windschutz, Kopfbedeckung, Schal tragen, nach dem Schwimmen gut abtrocknen. In den USA, aber auch in tropischen Ländern immer einen Pullover mit in Restaurants, Kinos und öffentliche Verkehrsmittel nehmen, denn oft wird die Klimaanlage auf arktische Temperaturen heruntergedreht, während draußen das Thermometer schmilzt.

Behandlung: Mittel aus der Haus-, beziehungsweise Reiseapotheke. Entzündungshemmende, abschwellende Tropfen, Schleimlöser, viel trinken.

**Unfälle:** Man nehme einen Urlauber, der einmal im Jahr so richtig etwas erleben will, der Spaß haben und sich keine Gedanken machen möchte. Man führe ihn an seltsame Gefährte heran, die weder er noch ein TÜV-Mitarbeiter jemals zuvor gesehen hat, zum Beispiel Mopeds, Jetskis, Quads, Tuk-Tuks oder Bananaboats. Man gebe drittens ein paar Liter Alkohol und viel pralle Sonne dazu. Was wird wohl passieren?

Vorbeugung: Verstand einschalten, Selbsteinschätzung kritisch hinterfragen, Alkohol in Maßen genießen, Sonnenschutz.

**Verschlepptes:** Viele schlimme Reisekrankheiten sind im Grunde gar keine Reisekrankheiten, sondern entsprechen in ihrer Häufigkeitsverteilung dem, was auch zu Hause passiert. Herz-Kreislauf-Erkrankungen sind die häufigste Todesursache in Deutschland. Die Wahrscheinlichkeit, im Spanienurlaub einen Herzinfarkt oder einen Schlaganfall zu erleiden, ist für einen 60-Jährigen sogar eher noch etwas höher, weil es dort wärmer ist und viele ältere Urlauber zum Austrocknen neigen, also zu wenig trinken, was zu einer gefährlichen Verdickung des Blutes führen kann.

Vorbeugung: Machen Sie sich Gedanken über Ihre Reise – vor der Reise. Wenn Sie 85 Jahre alt sind und im Sommer nach Ägypten wollen, müssen Sie sich im Klaren darüber sein, dass es dort 45 Grad Celsius hat. Wenn Sie Herzprobleme haben und gestresst darauf reagieren, wenn Sie auf der Straße von fremden Menschen angesprochen werden, ist Indien nicht das richtige Urlaubsland für Sie, auch wenn Sie alle derzeit verfügbaren Impfungen haben.

Auch, wenn Sie nur nach Mallorca fliegen und regelmäßig Medikamente einnehmen müssen: Denken Sie an einen Vorrat, der zur Not auch noch ausreicht, wenn Ihr Rückflug nach Deutschland zwei, drei Tage Verspätung hat – oder eine ganze Woche lang ausfällt, weil zum Beispiel mal wieder ein isländischer Vulkan ausbricht und die Aschewolke den Flugverkehr lahm legt. Bewahren Sie Ihre Medikamente so auf, dass sie vor Hitze und Feuchtigkeit geschützt sind. Bekommen Sie Ihr wichtiges Medikament auch in einer Apotheke am Urlaubsort? Fragen Sie Ihren Arzt. Merken Sie sich den Wirkstoff, falls es ihn nur in

Tabletten gibt, die am Urlaubsort anders heißen als Ihre. Und: Können Sie überhaupt vier, fünf Stunden in der engen Economy-Klasse sitzen, ohne geschwollene Beine oder Rückenprobleme zu kriegen?

**Vergessen Sie nicht:** Sie fliegen 13 Stunden lang, werden von einem deutschsprachigen Reiseleiter am Flughafen abgeholt und in ein luxuriöses Resort gebracht, in dem sogar Ihr Handy funktioniert. Das, was für Sie inszeniert wird, hat nichts mit dem Leben in diesem Land zu tun! Finden Sie das nicht erst heraus, wenn Sie in einem heruntergekommenen Krankenhaus landen, in dem Sie mit niemandem mehr reden können. Im Übrigen müssen Sie für diese Erfahrung nicht einmal so weit fliegen. Der Besuch einer griechischen Insel reicht unter Umständen schon aus.

## 017 VERSICHERUNGEN VERSTEHEN

Sind Sie ein 19-jähriger Rucksackreisender und bekommen bei der Vorstellung, einfach mal vier Wochen drauflos durch Indien zu ziehen, ein angenehmes Kribbeln im Bauch? Oder sind Sie ein gesundheitlich angeschlagener Rentner mit Ekel vor Spinnen, der jetzt endlich mal etwas von Zentralafrika sehen will? Einer von Ihnen wird wohl eher eine Versicherung nötig haben.

Versicherungen bieten einen finanziellen Schutz im Notfall und sind ein Geschäft mit der Angst. Wenn Sie befürchten, dass Ihnen auf Reisen etwas passieren könnte, schließen Sie eine Auslandskrankenversicherung oder eine Reiseversicherung ab. Unterscheiden Sie gut zwischen diesen beiden Möglichkeiten. Die jeweiligen Leistungen fallen völlig anders aus.

**Auslandskrankenversicherung:** Eine Krankheit im Ausland, das heißt Behandlungskosten, ein Klinikaufenthalt, eventuell ein Rücktransport nach Hause – das, und nur das, bezahlt die Auslandskrankenversicherung. Aber Vorsicht bei der Klausel zum Rücktransport. Heißt es zum Beispiel, die Versicherung übernimmt „medizinisch notwendige" Rücktransporte, bedeutet das im Fall, dass Sie sich in Vietnam beim Mopedfahren das Bein brechen: elfstündiger Rückflug in der engen Economy Class. Denn wegen eines Gipsbeins ist es nicht notwendig, dass Sie komfortabler reisen, auch wenn es sinnvoll wäre. Nur wenn in der Police etwas von „medizinisch sinnvollen" Rücktransporten steht, fliegen Sie eventuell in der Business Class und können Ihr Bein ausstrecken.

**Reiseversicherung:** Die klassische Reiseversicherung, die Sie in jedem Reisebüro bekommen können, schließt die Auslandskrankenversicherung mit ein, bietet darüber hinaus aber noch mehr. Man kauft die Reiseversicherung als Paket, das heißt je nach Bedarf mit mehr oder weniger beinhalteten Leistungen, etwa mit Versicherungen bei Reiserücktritt, Reiseabbruch oder Gepäckverlust oder mit einer speziellen Unfall- oder Haftpflichtversicherung. Je mehr Leistungen in diesem Paket beinhaltet sind, desto teurer wird die Reiseversicherung. Der Phantasie sind dabei kaum Grenzen gesetzt. Es gibt sogar eine Versicherung gegen schlechtes Wetter – eine pauschale Erstattung für jeden Urlaubstag, an dem die Niederschlagsmenge am Zielort ein bestimmtes Maß überschreitet.

**Reiserücktrittsversicherung:** Reiserücktritt bedeutet, dass Sie die Reise erst gar nicht wie geplant antreten können oder wollen, zum Beispiel, weil Sie krank werden. Dann müssen Sie Stornokosten bis hin zum vollen Reisepreis bezahlen, wofür die Versicherung einspringt. Stornokosten kann der Reiseveranstalter immer verlangen, es sei denn, Sie berufen sich bei Ihrem Rücktritt auf höhere Gewalt. In diesem Fall ist nicht einmal eine Reiserücktrittsversicherung nötig. Höhere Gewalt bedeutet: ungewöhnliche und unvorhersehbare Ereignisse, auf die Sie keinen Einfluss haben – zum Beispiel Kriege und Naturkatastrophen wie Vulkanausbrüche, Erdbeben, Überschwemmungen. Sie können aber nur dann tatsächlich kostenlos zurücktreten, wenn die Reise durch die Ereignisse vermutlich erheblich erschwert oder beeinträchtigt oder zu einem unzumutbaren Sicherheitsrisiko für Sie werden würde. Im Streitfall müssen Gerichte klären, ob es sich um höhere Gewalt handelt oder nicht. Von Reisen nach New York kurz nach dem 11. September 2001 konnte man kostenlos zurücktreten. Die latent vorhandene Gefahr einzelner Terroranschläge dagegen gehört zu dem, was im Juristenjargon allgemeines Lebensrisiko heißt. Dieses ist kein Grund für einen kostenlosen Reiserücktritt. Richter gehen immer dann von höherer Gewalt aus, wenn das Auswärtige Amt davor warnt, in ein bestimmtes Land zu reisen. Aber auch hier müssen Sie die Begriffe aufmerksam unterscheiden: Außer den – verhältnismäßig seltenen – Reisewarnungen veröffentlicht das Auswärtige Amt auch laufend Sicherheitshinweise zur Lage in bestimmten Ländern. Diese sind kein Grund für einen kostenlosen Reiserücktritt.

**Reiseabbruchversicherung:** Reiseabbruch heißt: Sie können Ihre Rückreise nicht wie geplant antreten, sondern müssen früher oder später aus dem Urlaub zurück – wegen einer eigenen Erkrankung oder weil es Ihren Reisepartner erwischt, weil es dem alten Vater zu Hause plötzlich schlecht geht oder ein Wasserrohr in der Wohnung geplatzt ist. Dann entstehen Zusatzkosten für Übernachtungen und Flüge, die die Versicherung bezahlt.

**Kosten:** Eine Auslandskrankenversicherung kostet sechs bis zehn Euro und gilt meistens für ein Jahr. Eine Reiseversicherung kostet, je nach beinhalteten Leistungen, 40 bis 60 Euro und gilt nur für ein paar Wochen. Dafür bietet sie neben den „medizinisch sinnvollen" Rücktransporten auch so genannte Beistandsleistungen. Das heißt, dass Sie am Urlaubsort telefonisch oder von einem anreisenden Arzt der Versicherung betreut werden und den behandelnden Ärzten keine Kosten vorschießen müssen.

Die meisten Ärzte und Kliniken im Ausland arbeiten nur gegen Sofortkasse. Bei den horrenden Summen, die sie von den scheinbar wohlhabenden Touristen verlangen, können Sie schnell an Ihre finanziellen Grenzen kommen. Wenn Sie nur eine billige Auslandskrankenversicherung haben, müssen Sie Arzt und Krankenhaus erst einmal selbst bezahlen und die Belege nach Ihrer Rückkehr bei Ihrer Versicherung einreichen. Wenn Sie eine Reiseversicherung mit Beistandsleistungen haben, bezahlt die Versicherung für Sie direkt ans Krankenhaus – und Sie schonen Ihr Reisebudget.

## 018 ELF GRÜNDE FÜR EINE REISEVERSICHERUNG

Das Gute an den Gefahren auf Reisen ist: Mit gesundem Menschenverstand lassen sich die meisten vermeiden. Das Schlechte ist: Wenn es den Reisenden doch einmal fern der Heimat erwischt, kann es heikel werden. Das international größte Unternehmen, das versicherten Reisenden in Schwierigkeiten Hilfe anbietet, heißt Mondial Assistance. Von den 10.000 Fällen, die die deutsche Niederlassung des Unternehmens insgesamt jährlich betreut, sind 8.500 leichtere Vorkommnisse, die eine ambulante oder eine stationäre Betreuung von bis zu drei Tagen Krankenhausaufenthalt notwendig machen. 1.500 Fälle sind komplexer, davon ist bei 750 Fällen ein Rücktransport aus aller Welt notwendig. Unter diesen Fällen sind Beispiele, die selbst die sorglosesten Traveller über den Erwerb einer Reiseversicherung nachdenken lassen.

**1 / Ärzte:** Es gab einmal Häuser, in denen jeder Reisende kostenlos Obdach, Verpflegung und ärztliche Versorgung fand, das Hospiz auf dem Großen St. Bernhard in der Schweiz zum Beispiel. Aber das ist lange her – 900 Jahre.

Heute sieht es so aus: Überall, wo der Tourismus blüht, gedeihen auch Privatkliniken, die auf eine besondere Anwendung spezialisiert sind – das Schröpfen von Urlaubern. Vor allem in Ägypten laufen die Geschäfte gut, aber genauso in der Türkei, in Spanien, Bulgarien, Griechenland, der Dominikanischen Republik, auf Zypern und Malta sowie in Mexiko, Moskau und St. Petersburg. Die sanatoriumsartigen Krankenhäuser sind oft komfortabler als die dortigen Ferienhotels. Die Kliniken sehen hübsch aus, sind sehr sauber, bieten zuvorkommendes, meist deutsch sprechendes Personal, Meerblick, Flachbildfernseher und auch sonst einigen Luxus, und wer in ihnen landet, wird ausführlich behandelt.

Zum Service gehört, dass Kindern mit Bauchweh auffällig oft der Blinddarm entfernt wird. Dass das unnötig war, lässt sich hinterher schwer beweisen. Einen Blinddarm stellt man durch Tasten fest. Mit Röntgenbildern oder Laborwerten kann man ihn nicht dokumentieren, bevor man ihn herausnimmt. Außerdem gleichen seine Symptome denen eines Durchfalls. Urlauber mit Ohrenentzündungen bekommen in den Touristenkliniken schnell eine Kernspintomographie des Kopfes verordnet. Magenverstimmungen erfordern die sofortige stationäre Behandlung. Der wahre Grund für die aufwändigen Maßnahmen: Sie bringen Geld.

Einem Arzt widerspricht man nicht so leicht, schon gar nicht, wenn es einem schlecht geht oder wenn man Vater oder Mutter eines kranken Kindes ist. Manchen Patienten gefällt es sogar in den Kliniken, denn so viel Freundlichkeit sind sie aus Deutschland nicht gewohnt. Wer erst einmal stationär behandelt, also in ein Krankenbett gesteckt wird, kommt nicht so schnell wieder heraus. Fluchtreflexe behandeln die abkassierenden Ärzte, indem sie ihren Patienten an einen Tropf hängen. Oder sie behalten „zur Sicherheit“ den Reisepass ein.

In vielen Feriengebieten macht es kaum einen Unterschied, ob Sie auf dem Basar einen Teppich kaufen oder krank werden: Sie werden wahrscheinlich übers Ohr gehauen. Nur, dass Sie auf dem Basar von vornherein davon ausgehen. Wenn Sie krank werden, nehmen Sie dagegen an, dass alle ehrlich zu Ihnen sind. Aber eine ganze Industrie profitiert von Ihnen. Teils stecken die Reiseleiter und Hotelärzte mit den Kliniken unter einer Decke. Sie erhalten Provisionen, wenn sie den Häusern Patienten zuführen und den Urlaubern gut zureden, sich ja lange behandeln zu lassen.

Vor den Betrügereien schützt Sie natürlich keine Reiseversicherung. Aber Sie bleiben hinterher zumindest nicht auf den Kosten sitzen. Außerdem können Sie rund um die Uhr eine Hotline anrufen, an der Ihnen ein medizinischer Fachmann mit Ratschlägen zur Seite steht. Zur Not schickt er einen Mitarbeiter zu Ihnen. Reiseversicherungen haben das gleiche Interesse wie Sie: unnötige Behandlungen zu vermeiden.

Auch die Ärzte in den USA langen besonders kräftig zu. Hier rechtfertigt man die medizinischen Mondpreise mit dem Hinweis auf die freie Marktwirtschaft.

**Tagessatz für eine stationäre Behandlung in der Türkei:** 500 bis 700 Euro **Tagessatz für eine stationäre Behandlung auf Mallorca:** 800 Euro **Kreuzbandriss, zum Beispiel beim Skifahren in Österreich (in einer Privatklinik):** 10.000 Euro **Blinddarmentfernung in den USA:** 60.000 Euro **Blinddarmentfernung in der Türkei:** 6.000 Euro **Blinddarmentfernung in Polen:** 600 Euro **Stationäre Behandlung von Durchfall in Ägypten:** 900 bis 2.000 Euro **Hirnblutung in Kalifornien:** 400.000 Euro **Zwillings-Frühgeburt in Kalifornien:** eine Million Euro **Sprunggelenkverletzung in Spanien:** 10.000 Euro **Sprunggelenkverletzung in der Türkei:** 10.000 Euro **Sprunggelenkverletzung in den USA:** 94.000 Euro

Es gibt auch Länder, in denen kranke Urlauber besser aufgehoben sind. Vor allem aus Asien und Südamerika kommen kaum Berichte über ausgenommene Patienten. Wobei das viel besuchte Mexiko eine Ausnahme macht: Dort ist nur außerhalb der Touristengebiete eine nicht vor allem von Geldgier geleitete Behandlung relativ sicher. Faire Behandlungen gibt es insbesondere in Thailand, Vietnam, Malaysia, Indien, China, Australien, Neuseeland, Japan, Brasilien, Argentinien und Chile.

**2 / Rücktransporte:** In manchen Ländern ist die medizinische Versorgung so schlecht, dass es ratsam ist, so schnell wie möglich nach Hause zurückzukehren. Wenn Sie dafür nicht versichert sind, kommen Sie schnell in finanzielle Bereiche, in denen Sie über die Aufnahme einer Hypothek nachdenken müssen.

Wenn Sie versichert sind, entscheidet das Kleingedruckte über das Rückflugticket, das Ihnen zur Verfügung steht. „Medizinisch notwendige" Transporte sind nicht gleich „medizinisch sinnvoll". Wenn Sie sich die Bandscheiben beim Kamelreiten ruinieren, kann es durchaus nicht notwendig sein, im Liegen zu fliegen, obwohl es sinnvoll wäre.

Beim Rückflug gibt es drei Möglichkeiten: den Ambulanzflug, den so genannten Stretcher und den Linienflug. Beim Ambulanzflug schwebt extra ein kleiner Learjet für sie ein, der vielleicht noch Zwischenstopps für weitere Patienten macht. Ein Stretcher-Flug heißt so, weil Sie sich dabei auf einer Bahre ausstrecken können, die in einer gewöhnlichen Linienmaschine installiert wird. Dafür muss die Fluggesellschaft drei, vier Sitzreihen ausbauen – und wird den Verlust der entsprechenden Einnahmen zusätzlich in Rechnung stellen. Beim Linienflug sitzen Sie in einer normalen Maschine, und zwar in der Economy, der Business oder First Class – je nachdem, was für sie „notwendig" und „sinnvoll" erscheint. Am billigsten ist der Linienflug, sogar wenn Sie in der Business oder First Class sitzen, wie der Vergleich mit den anderen Möglichkeiten zeigt:

**Von den Kanaren oder der Türkei nach Deutschland:** Ambulanzflug: 20.000 bis 25.000 Euro > Stretcher-Flug: 8.000 Euro > Linienflug Business Class: 800 Euro
**Von der Ostküste der USA oder aus der Karibik nach Deutschland:** Ambulanzflug: 60.000 bis 70.000 Euro > Stretcher-Flug: 25.000 Euro > Linienflug First Class:

8.000 Euro **Von Thailand nach Deutschland:** Ambulanzflug: 65.000 Euro > Stretcher-Flug: 35.000 Euro > Linienflug First Class: 5.000 Euro

Eine günstige Alternative ist der Transport im Krankenwagen. Der kostet von Florenz nach Hannover 2.000 bis 2.500 Euro – und ist komfortabler, als man denkt. Der Patient liegt auf einem luftgefederten Lager und muss nicht mehrfach umgebettet werden.

**3 / Tiere:** Viel billiger als ein Rücktransport kommt ein Ritt auf einem Kamel. Gesund ist das leider nicht. Das Geschaukel auf den Höckertieren in Tunesien oder auf Lanzarote ist äußerst problematisch für den Rücken – entsprechend häufig passiert etwas dabei.

Generell gehören interessante Begegnungen mit anderen Lebewesen zu einer Reise dazu. Manche sind unvorhersehbar, andere dagegen könnte man sich bei klarem Verstand bereits vorher ausmalen – wenn der Erlebnisdrang nur nicht so stark wäre.

Zu den aktenkundig gewordenen Abenteuern unter Tieren gehört zum Beispiel ein Kanuausflug in Botsuana, den ein belästigtes Nilpferdweibchen beendete. Es stieß die Urlauber aus dem Kahn und versenkte seine handbreiten Hauer im Oberschenkel eines Mannes. Gerade noch glimpflich verlief auch eine Wanderung durch die Hohe Tatra, inklusive näherem Kennenlernen eines der dort noch lebenden Bären: Der Urlauber stellte sich tot und kam mit einem Prankenhieb ins Gesicht davon.

Weniger spektakulär aber zahlreich sind die Standardverletzungen nach dem Zusammentreffen von Urlaubern und Frutti di Mare im noch lebendigen Zustand: etwa Stachelrochen in Mexiko, Seeigel und Quallen weltweit (siehe Kapitel 125, Den Reisebegleiter heilen). Doch selbst die Wanderung in Österreich kann tödlich enden – einem Allergiker genügt der Stich einer Biene.

**4 / Easy Rider:** In Deutschland würden die meisten Menschen ohne Helm und Lederjacke nicht einmal auf ein Mofa steigen. In Thailand tun es selbst auf schweren Motorrädern Flip-Flops, Sonnenbrille und Piratenkopftuch. In den USA muss es ein Harley-Davidson-Chopper sein, der dann schon an der ersten Ampel nach der Verleihstation mitsamt dem Easy Rider auf Urlaub umfällt. Der Mann war 82 Jahre alt.

Das grundsätzliche Problem ist die Selbstüberschätzung, die einhergeht mit dem dringenden Bedürfnis, Urlaubsträume auszuleben. Nach diesem Verhaltensmuster tun auch immer mehr rüstige Senioren im Ausland Dinge, die sie zu Hause niemals anstellen würden. Sie leihen sich Gefährte, die sie noch nie zuvor gefahren haben: rasen mit Quads gegen Bäume, schlafen am Steuer eines Campingmobils ein, überfahren ihre Frau beim rückwärts Einparken, schießen auf Mallorca mit dem Rennrad Abhänge hinunter, verlieren auf steinigen griechischen Inseln die Kontrolle über das Moped. Oder sie fallen in Bangkok betrunken aus dem Tuk-Tuk – einem Mann passierte das drei Urlaube hintereinander in Folge.

Zur Serie „Dinge, die man zu Hause niemals tun würde" gehört auch die Nutzung von so genannten Spaßgeräten am Strand: Wasserskis, Jetskis und Bananaboats. Letztere sind schwimmende Untersätze, die aussehen wie Bananen. Gleich mehrere Urlauber nehmen rittlings darauf Platz und lassen sich von einem Motorboot ziehen. Wie alle anderen Spaßgeräte erfüllen die Riesenbananen vor allem einen Zweck: Sie führen den Touristen schmerzhaft vor Augen, wie betonhart Wasser sein kann, wenn man mit hoher Geschwindigkeit hineinknallt. Das enorme Verkehrsaufkommen von Jetskis und Motorbooten in Strandnähe führt wiederum zu Schnorchelunfällen, die sogar abgetrennte Gliedmaßen zur Folge haben können.

**5 / Letzte Reisen:** Zwei spezielle Arten von leichtfertig Reisenden sind bei den Versicherungen bekannt: die schwer Kranken und die Schwangeren. Erstere wollen noch eine letzte Reise unternehmen, bevor sie sterben. Die Zweiten möchten noch einmal mit leichtem Gepäck ins

Bananaboat des Grauens

Ausland fliegen, bevor das Baby ihr Leben verändert. Es gibt viele Airlines, die Schwangere auch noch im siebten, achten Monat mitnehmen – im Zweifelsfall verlangen sie nur eine Bestätigung vom Arzt, dass die Geburt nicht unmittelbar bevorsteht. Den Rest muss eine werdende Mutter mit sich selbst ausmachen. Der Urlaubswunsch siegt dabei oft über die Vorsicht.

Beide Arten von letzten Reisen enden manchmal tragisch: mit langwierigen, teuren und schlechten Behandlungen am Urlaubsort, teils auch schlimmer. Kommt es bei Schwangeren zu Komplikationen, gilt als oberste Regel in fast allen Fällen: hinlegen und ruhen. Das bedeutet aber auch: Ein Rücktransport ist nicht möglich.

**6 / Sand im Schuh:** Der erste Anruf bei der Versicherung klang noch harmlos: Ein Dauerradler auf Tour durch Südostasien hatte sich in Vietnam den Knöchel an seinem Pedal angehauen. Er fragte nach dem nächsten Arzt. Zwei Wochen später wollten sie ihm das Bein abnehmen – er hatte eine Sepsis, eine Blutvergiftung. In der schwülen Hitze der Tropen vermehren sich Krankheitserreger rasend schnell. Kleinste Verletzungen können schrecklich ausgehen. In Australien hatte ein Teilnehmer einer organisierten Rundreise Sand im Schuh. Er holte sich eine Blase. Die entzündete sich. Der Mann starb an einer Sepsis.

Auch hier zeigt sich die Tendenz vieler Reisender, ihren Urlaub auf Teufel komm raus durchzuziehen. Ein Mann Mitte 20 erfuhr in Neuseeland, dass er Hodenkrebs hatte. Er weigerte sich, nach Deutschland zurückzukehren und setzte seine Rundtour so lange fort, bis er vor Schmerzen nicht mehr konnte.

**7 / Speis und Trank:** Eine unterschätzte Gefahr sind Fischgerichte und Steaks. Im Extremfall kann das Verschlucken von Gräten oder eines allzu großen Bissens Fleisch zum Tod durch Ersticken führen. Manche Urlauber bleiben nach Erstickungsanfällen Pflegefälle, weil die Sauerstoffversorgung des Gehirns zu lange unterbrochen war („hypoxischer Hirnschaden"). Das weitaus größte Problem von Urlaubern ist jedoch der profane Durchfall, hervorgerufen durch das ungewohnte Essen (siehe Kapitel 016, Den schlimmsten Reisekrankheiten vorbeugen).

Wieder andere erwischen Darmparasiten. Ein Urlauber in der Dominikanischen Republik klagte zwei Wochen lang über Schmerzen, kein Arzt konnte zunächst die Ursache feststellen. Schließlich stellte sich heraus, dass der Mann einen Schweinebandwurm in sich trug – allerdings schon seit Jahren. Er hatte auf einer anderen Reise Fleisch verzehrt, das mit Bandwurmlarven verseucht war.

Weniger verwundert, dass Alkohol ein Riesenthema bei Versicherern ist. Feiern gehört für die meisten Touristen zum Urlaub wie der Strandkorb ans Meer. Allerdings geht es dabei nicht nur um die Folgen von zu viel, sondern auch um zu wenig Alkohol. Ein Klassiker in der Ferienhochsaison: Abhängige, die ihre Sucht verheimlichen. Sie verreisen mit ihrer nichts ahnenden Familie und kommen nicht mehr dazu, über den Tag verteilt so viel Alkohol zu trinken, dass sie ihren gewohnten Pegel halten können. In der Folge fallen sie ins Delirium tremens. Das ist eine lebensbedrohliche Entzugserscheinung, deren Symptome einem epileptischen Anfall gleichen: verdrehte Augen, Schaum vor dem Mund.

Wer offen zum Alkohol greift, schädigt sich nicht weniger. Eine Frau auf All-inclusive-Urlaub in Antalya bediente sich selbst an der Bar und war dabei nicht wählerisch. Unter den bunten Schnaps- und Likörflaschen stand auch Putzmittel, das sie prompt in sich hineinschüttete. Sie verklagte das Hotel.

Es gibt viele Varianten des Themas Maßlosigkeit. Zum Beispiel: ein 18-Jähriger auf Sauftour mit seinen Kumpels in Bulgarien, der durch eine geschlossene Glastür springt und verblutet. Oder Messerstechereien unter Jugendlichen in Lloret de Mar. Fragt man Reiseversicherer, wo es für Urlauber am gefährlichsten ist, nennen sie nicht etwa Südafrika, den Jemen oder Irak, sondern alle Orte, an denen Touristen auf viele andere Touristen treffen.

**8 / Das Albtraumschiff:** Ein paar Monate auf See können sehr schön sein für einen wohlhabenden älteren Menschen, der die Welt sehen und dabei viel Komfort genießen möchte. Aber wehe, es wird ernst.

Wer krank wird und vom Bordarzt nicht mehr ausreichend versorgt werden kann, wird im nächsten Hafen ausgeschifft. Auch wenn der nächste Hafen Papeete auf Tahiti ist. So geschehen mit einem alten Ehepaar, 90 und 93 Jahre alt. Sie war an Bord gestürzt und hatte sich den Oberschenkelhals gebrochen. Er war geistig verwirrt und saß hilflos im Rollstuhl. Eine Operation für die Frau war in Papeete nicht möglich, also wurden die beiden in einem Stretcher im Linienflugzeug nach Hause transportiert. Das dauerte 40 Stunden und kostete 50.000 Euro. Die Versicherung bezahlte.

Tragisch endete die Bronchitis einer alten Kreuzfahrerin, die in Papua-Neuguinea von Bord gehen und auf einen Arzt aus Deutschland warten musste, der sie nach Hause begleiten sollte. Der Arzt wurde kurz nach der Ankunft überfallen und ausgeraubt. Erst als Geld aus Deutschland angewiesen worden war, konnten die beiden ausfliegen. Bei einem Stopp in Singapur starb die Frau auf der Flughafentoilette.

**9 / Intimitäten:** Auch in sexueller Hinsicht neigen Urlauber zur Selbstüberschätzung. Männer fallen auf den Kanaren in Ohnmacht, weil sie den Einsatz der Penispumpe durch ihre Ehefrau nicht verkraften. Sie bekommen einen Herzanfall wegen zu viel Viagras in Südostasien. Sie erleiden Penisbrüche in Kuba und brauchen Medikamente gegen Geschlechtskrankheiten und zur Sofort-Prävention von HIV, nachdem in Kenia ihr Kondom gerissen ist. Aber auch Frauen leiden unter den Folgen missglückter Intimkontakte: etwa, wenn sie in Montego Bay auf Jamaika einen jungen Liebhaber aufgabeln, der sie ausraubt – kein seltener Fall für eine Gepäckversicherung.

**10 / Ein Koffer voller Elefanten:** Psychische Störungen machen keinen Urlaub. Veränderungen und Ausnahmesituationen – die ungewohnte Umgebung, das Klima, Flugverspätungen oder Streit mit dem Partner – können bestehende schizoaffektive Psychosen rasch verstärken oder sie erstmals auftreten lassen.

So predigen Touristen nachts vom Balkon ihrer Ferienanlage, weil sie sich plötzlich für Jesus oder sonst wie erleuchtet halten. Sie ziehen sich am Check-in in Colombo nackt aus und denken, sie seien auf den Malediven. Sie weigern sich, in Kenia ins Flugzeug zu steigen, weil sie vorher noch unbedingt hölzerne Souvenirelefanten kaufen wollen – haben aber bereits den ganzen Koffer voll mit diesen Dingern. Andere machen Pauschalurlaub auf Ibiza und fühlen sich vom israelischen Geheimdienst Mossad verfolgt. Aber auch auf der anderen Seite des Tourismusgeschäfts kann es zu Stimmungstrübungen kommen. Animateure in Ferienclubs, die berufsbedingt stets gut gelaunt sein müssen, fallen hin und wieder in Sinnkrisen und Depressionen. Auch für sie gibt es spezielle Auslandskrankenversicherungen.

**11 / Immer Ärger mit Hugo:** Hugo ist ein Akronym und steht für „Heute unerwartet gestorbenes Objekt": einen Toten. Reiseleiter verwenden dieses Wort, wenn sie miteinander über einen Trauerfall reden, aber die anderen Gäste nicht erschrecken wollen. So hat sich Hugo in der gesamten Reisebranche als Codewort verbreitet. Es heißt dann: „Wir haben einen Hugo." Oder: „Hugo kann nicht sitzend fliegen."

Die Überführung eines Toten ist teuer. Für einen Transport aus dem Mittelmeerraum muss man mit ungefähr 5.000 Euro rechnen. In schwer zugänglichen Gegenden, in denen zudem nur Monopolisten ihre Transportdienste anbieten, ist man schnell beim doppelten Preis.

Manche Angehörigen werden erfinderisch, wenn es darum geht, die Überführung kostengünstiger zu organisieren. In Liverpool schoben zwei Frauen einen alten Mann im Rollstuhl an den Check-in-Schalter. Der Mann trug eine Sonnenbrille und schien zu schlafen: Er war tot. Die beiden Frauen, die Witwe und die Stieftochter des Mannes, wollten die Leiche des 91-Jährigen in einen Flug nach Berlin einchecken. Das Ticket kostete 50 Euro.

## 019 DIE BESTEN REISEBERICHTE LESEN

Jeder hat eigene Vorlieben, wenn es um die Reiselektüre geht. Die einen meinen: Vor allem leicht sollen die Bücher sein, im Koffer und beim Lesen in der Hitze am Hotelpool. Alle anderen liegen dagegen bei folgenden Titeln richtig. Es sind keine Romane, weil wir authentische Berichte wagemutiger Menschen dem Erfundenen an dieser Stelle als Inspiration vorziehen. Hier geht es um Erzählungen von Abenteurern, die tatsächlich unterwegs waren – und nicht wie etwa Karl May oder Jules Verne nur in ihrer Phantasie. Außerdem handeln gute Romane sowieso fast immer auch von einer Reise (siehe Kapitel 080, Helden folgen).

**Ibn Battuta: „Rihla"** Darum geht es: Im 14. Jahrhundert reist der marokkanische Berber Abu Abdullah Muhammad Ibn Battuta im Alter von

21 Jahren nach Mekka. Von dort verschlägt es ihn weiter – bis die Reise nach fast 30 Jahren und geschätzten 120.000 Kilometern zu Ende geht. Ibn Battuta befährt die afrikanische Küste, durchquert Ägypten, Syrien und Mesopotamien, gelangt über Konstantinopel und die Seidenstraße nach Delhi, weiter über die Malediven bis nach China und zurück. „Rihla", „Reise", diktiert er nach seiner Rückkehr dem Dichter Mohammed Ibn Dschuzaj. Worum geht es wirklich? Die umfassendste Beschreibung der damals bekannten Welt – und darüber hinaus. Außerdem geht es um das uralte Phänomen, dass manche Menschen die entlegensten Flecken auf dem Globus besser kennen als die Heimat. Von Marokko hat Ibn Battuta so gut wie nichts gesehen. Stellenweise ist allerdings unklar, ob er Tatsachen oder Märchen erzählt.

**Wolfgang Büscher: „Berlin – Moskau: Eine Reise zu Fuß"** Darum geht es: Der Autor wandert im Jahr 2002 drei Monate lang von Berlin nach Moskau. In seinem Bericht beschreibt er die Menschen, die ihm begegnen, und die schicksalshaften Orte, die er besucht: unter anderem Katyn und Tschernobyl. Worum geht es wirklich? Um die Schrecken der Vergangenheit und die Versöhnung in der Gegenwart.

**Santo Cilauro, Tom Gleisner, Rob Sitch: „Molwanîen. Land des schadhaften Lächelns"** Darum geht es: Reiseführer über einen fiktiven, postkommunistischen, osteuropäischen Staat. Worum geht es wirklich? Um Pointen. Und um sämtliche negativen Klischees über Länder des ehemaligen Ostblocks und alle schlechten Reiseerfahrungen in Europa, die die australischen Autoren schon immer einmal loswerden wollten.

**Bruce Chatwin: „In Patagonien"** Darum geht es: Reise durch den Süden Chiles und Argentiniens im Winter 1974 / 75. Angeregt durch ein Stück angebliche Dinosaurier-Haut, die ein Verwandter seiner Großmutter aus Patagonien mitgebracht hat, macht sich der Autor auf bis nach Feuerland und Punta Arenas, die südlichste Großstadt der Welt. Chatwin begibt sich auf Spurensuche nach den beiden Gesetzlosen Butch Cassidy und Sundance Kid und besucht Orte, an denen sich Auswanderer aus Europa niedergelassen haben. Worum geht es wirklich? Die Suche nach Freiheit, die Chatwin selbst angeblich mit der Kündigung seines Jobs per Telegramm gestartet hat. Er soll an die Redaktion der Sunday Times geschrieben haben: „Für vier Monate fort nach Patagonien." Sein Bericht gilt als stilbildend für das Genre der Reiseliteratur, weil er auf einzigartige Weise persönliche Beobachtungen und historische Fakten vermengt.

**Alexandra David-Néel: „Wanderer mit dem Wind"** Darum geht es: Briefe, die die französische Orientalistin und Indologin zwischen 1911 und 1917 während einer Reise durch meist unbekannte Gebiete Zentralasiens an ihren Ehemann geschrieben hat. Insgesamt war sie 14 Jahre lang unterwegs. David-Néel überquerte den Himalaya und gelangte, als Bettelnonne verkleidet, vermutlich als erste Europäerin nach Lhasa in Tibet. Dort ließ sie sich in die Geheimnisse des Buddhismus einweihen. Ein junger Tibeter, den sie später adoptierte, wurde ihr treuer Begleiter. Worum geht es wirklich? Ein herausragendes, ungewöhnliches Leben, dem Verständnis fremder Kulturen gewidmet.

**MFK Fisher: „Köstliche Jahre"** Darum geht es: Erinnerungen der amerikanischen Essayistin Mary Frances Kennedy Fisher an ihren dreijährigen Aufenthalt in Frankreich. 1929 folgt sie als 21-Jährige ihrem ersten Mann von Kalifornien nach Dijon im Burgund. Beide sprechen nicht einmal französisch. Er promoviert, sie hat zunächst kein Ziel. Schließlich entdeckt sie die Raffinesse der französischen Küche, die ihre kulinarische Leidenschaft befeuert, von der sie zeitlebens als Autorin zehrt. Doch erst bei späteren Aufenthalten nach dem Zweiten

Weltkrieg, als vieles von damals verloren ist, kann MFK Fisher ermessen, wie köstlich ihre ersten Jahre in Frankreich tatsächlich gewesen sind. Worum geht es wirklich? Die Reminiszenz an eine Zeit, als es noch ausschließlich regionale Küchen gab. Die Prägung, die ein Reisender in der Ferne erfährt. Die Wehmut. Die Verklärung der Vergangenheit.

**Georg Forster: „Reise um die Welt"** Darum geht es: Bericht des Naturforschers und Völkerkundlers Georg Forster von der zweiten Weltumsegelung Captain James Cooks in den Jahren 1772 bis 1775. Forster ging als 17-jähriger Zeichner in Begleitung seines Vaters an Bord und lieferte detailreiche Schilderungen vom mitunter recht freizügigen Leben auf den Inseln der Südsee. Unter anderem war Forster in Neuseeland und Neukaledonien, auf Tahiti, Tonga, den Marquesas und der Osterinsel. Worum geht es wirklich? Aufrichtiges Interesse am Leben der Anderen. Die einfühlsame Betrachtung von Menschen fremder Kulturen, ohne Hochmut oder Verklärung oder christlichen Missionierungseifer – dafür mit viel Verständnis für ihre Lebensumstände und gesellschaftlichen Verhältnisse.

**Emily Hahn: „China to me"** Darum geht es: Memoiren der amerikanischen Journalistin und Schriftstellerin, die die 1930er Jahre in Shanghai und Hongkong verbringt und Geschichten für das Magazin The New Yorker schreibt. Emily Hahn widmet sich weniger den politischen Geschehnissen als dem Alltag der Einheimischen und Ausländer. Sie berichtet über Prostituierte genauso wie über europäische Kaufleute – aber am spannendsten ist ihr eigenes Leben. Nach einem Ingenieursstudium reist sie als Mann verkleidet nach New Mexico, dann in den Belgischen Kongo, wo sie für das Rote Kreuz arbeitet und bei Pygmäen lebt. Dann durchwandert sie Afrika. Worum geht es wirklich? Eine außergewöhnliche Frau, die sich über alle gesellschaftlichen Schranken hinwegsetzt, in der intellektuellen Upper Class verkehrt, Opium raucht, einen zahmen Affen und diverse Liebhaber hält, sich mit den japanischen Invasoren Hongkongs anlegt und mit ihren 52 Büchern und unzähligen Berichten zum Verständnis fremder Kulturen beiträgt.

**Heinrich Harrer: „Sieben Jahre in Tibet"** Darum geht es: Bericht des österreichischen Bergsteigers von seiner Zeit am Hof des Dalai Lama in Lhasa, der Hauptstadt des damals noch unabhängigen Tibet. Nach dem Ausbruch des Zweiten Weltkriegs wird Harrer als Mitglied einer deutschen Expedition zum Nanga Parbat von den Briten in Indien interniert. Im April 1944 gelingt ihm die Flucht. Zu Fuß durchquert er fast zwei Jahre lang den Himalaya und das tibetische Hochland. In Lhasa wird er am Hof des Dalai Lama angestellt. Er arbeitet als Berater und Lehrer des geistigen Oberhaupts, wird schließlich sein Freund und erlebt den Einmarsch der chinesischen Volksarmee im Jahr 1950. Worum geht es wirklich? Die letzten Tage der traditionellen tibetischen Gesellschaft vor der Unterdrückung durch die Chinesen – allerdings vor allem aus dem privilegierten Blickwinkel des höfischen Lebens, also der Herrscher des Landes. Harrers Bericht ist ein wichtiger Beitrag zum Verständnis des Buddhismus. Er weckte weltweit das Interesse am Schicksal Tibets. Kritiker werfen dem Autor allerdings vor, seine eigene Vergangenheit nicht ausreichend öffentlich aufgearbeitet zu haben. Als einer der Erstbesteiger der Eiger-Nordwand 1938 wurde Harrer von den Nazis verehrt und ideologisch instrumentalisiert. Er war NSDAP- und SS-Mitglied.

**Ernest Hemingway: „Die grünen Hügel Afrikas"** Darum geht es: Bericht von der ersten Afrika-Safari Hemingways im Februar 1934. Zusammen mit seiner Frau, einem reichen Freund und einem professionellen Jäger unternimmt der Autor Jeepausflüge im Gebiet des heutigen Lake Manyara National Park in Tansania. Sein Ziel sind die

Kudus, Antilopen. Hemingway ist vor allem auf die Geweihe der Böcke als Trophäen aus, schießt aber auch sonst auf alles, was ihm vor den Lauf kommt. Dabei hebt er ganz gerne mal einen. Worum geht es wirklich? Klassisches Männerprogramm, der große Schriftsteller im Blut- und Whiskyrausch.

**Jack London: „Abenteurer des Schienenstranges"** Darum geht es: Bericht aus der Zeit, als der Autor sich noch als Hobo, als Wanderarbeiter, verdingen musste und mit anderen Landstreichern auf Güterzüge sprang, um herumzukommen – ein Phänomen, das in den USA in wirtschaftlichen Krisenzeiten weit verbreitet war. So bereist Jack London Mitte der 1890er-Jahre weite Teile der USA und Kanadas, wird verfolgt, verjagt und schließlich eingesperrt. Worum geht es wirklich? Phantasie und Neugier auf fremde Orte, die das bittere Leben erträglich machen.

**Erika und Klaus Mann: „Das Buch von der Riviera oder was nicht im Baedeker steht"** Darum geht es: Die Geschwister Mann kurven 1930 im Cabriolet die Cote d'Azur entlang und beschreiben, wie und wo man dort für wenig Geld möglichst glamourös leben kann. Nebenbei plaudern sie über befreundete Künstler und andere Intellektuelle. Worum geht es wirklich? Das süße Leben in der Boheme und die Erfahrung, dass Geld nicht unglücklich macht. Erika und Klaus Mann waren zuvor schon gemeinsam auf Weltreise, für die am Ende Vater Thomas Mann aufkommen musste.

**Mungo Park: „Reisen ins innerste Afrika"** Darum geht es: Die Aufzeichnungen des schottischen Arztes Mungo Park, der sich 1795 als 23-Jähriger nach Afrika aufmacht, um den Verlauf des Niger und dessen Ursprung zu erforschen. Er dringt tief in den damals völlig unbekannten Kontinent vor, überlebt auf abenteuerliche Weise Krankheiten, zahlreiche Kämpfe und die Gefangenschaft bei arabischen Sklavenhändlern. Auf einer zweiten Expedition im Jahr 1805 verschwindet Mungo Park spurlos. Nur seine Notizen bleiben der Nachwelt erhalten. Worum geht es wirklich? Eine detailreiche, fesselnde Sicht auf Afrika, die auch Aufschluss gibt über die Lebensumstände und die Weltanschauungen in den Anfangsjahren des Kolonialismus.

**Érik Orsenna: „Lob des Golfstroms"** Darum geht es: Eine Reise entlang der Küsten des Nordatlantiks in Europa und den USA, um das Wesen des Golfstroms zu ergründen. Der Autor lässt einfache Fischer und Meeresbiologen zu Wort kommen, zitiert aus Admiralslogbüchern und erklärt, was Wissenschaftler und Schriftsteller wie Benjamin Franklin, Jules Verne, George Orwell oder Edgar Allen Poe am Golfstrom fasziniert hat. Worum geht es wirklich? Die Liebeserklärung an ein Naturphänomen, von dem das Leben auf der Erde abhängt.

**George Sand: „Winter auf Mallorca"** Darum geht es: Im November 1838 zieht die Schriftstellerin George Sand mit ihren Kindern und ihrem an Tuberkulose leidenden Liebhaber Frédéric Chopin für drei Monate ins Bergdorf Valldemossa auf Mallorca. Das Paar will in mildem Klima überwintern. Doch der Gesundheitszustand des Komponisten verschlechtert sich in den klammen Räumen des ehemaligen Klosters, das sie bewohnen. Überdies machen die scheinheiligen Einwohner des Ortes dem unverheirateten Paar das Leben schwer. Worum geht es wirklich? Die Unmöglichkeit, sich selbst und gesellschaftlichen Zusammenhängen zu entkommen, egal, wie weit man reist.

**Johann Gottfried Seume: „Spaziergang nach Syrakus"** Darum geht es: Eine neunmonatige Wanderung von Grimma bei Leipzig nach Syrakus auf Sizilien im Jahr 1802. Der Autor zieht los, um seine Stubenhockerei als Lektor zu beenden, eine unglückliche Liebe zu vergessen und seinen Hunger nach den Kulturschätzen der Antike zu stillen. Nach vielen üblen Erfahrungen mit der Obrigkeit kehrt er als zorniger Kritiker Napoleons und der sich ihm unterwerfenden deutschen Fürsten sowie als Verfechter der Menschenrechtserklärung der Französischen Revolution in seine Heimat zurück. Worum geht es wirklich? Goethes „Italienische Reise" als sympathische Low-Budget-Version ohne Kutsche oder sonstigen Komfort und ohne notorische Bildungshuberei.

**Patrick Leigh Fermor: „Die Zeit der Gaben" und „Zwischen Wäldern und Wasser"** Darum geht es: Eine Wanderung, die den 18-jährigen Autor wenige Jahre vor dem Zweiten Weltkrieg zwischen 1933 und 1935 von Holland nach Istanbul führt, von wo aus er weitere zwei Jahre durch Griechenland reist. Worum geht es wirklich? Einen jungen, Autoritäten verabscheuenden Mann in einer alten Welt, die dem Untergang geweiht ist.

**Paul Theroux: „Die glücklichen Inseln Ozeaniens"** Darum geht es: Paddeltouren im Kanu um die Inseln Polynesiens, von Neuseeland über die Salomonen, Fidschi und Tahiti zur Osterinsel und Hawaii Anfang der 1990er Jahre – wobei der Autor seine oft negativen Erlebnisse mit bissigen Worten beschreibt und schon den Titel seines Berichts sarkastisch meint. Worum geht es wirklich? Die Vernichtung der Südseeromantik. Aber auch um die Projektion des eigenen düsteren Seelenzustands auf die Außenwelt: Der Reise ging das Scheitern von Theroux' 20-jähriger Ehe voraus. Außerdem hatte er ein Melanom am Arm, von dem er zum Zeitpunkt der Reise nicht wusste, ob es bösartig ist.

**… noch einen Reisebericht hören: Andreas Ammer und Console: „Spaceman '85"** Darum geht es: Hörspiel mit den originalen Tonaufzeichnungen des deutschen Astronauten Reinhard Furrer, der 1985 an Bord der Raumfähre Challenger seine Eindrücke vom achttägigen Weltraumflug unmittelbar auf Band spricht. Nüchterne technische Beschreibungen, unverhohlene Euphorie und überwältigtes Staunen über die Schönheit der Schöpfung formen Ammer und Console zu einem poetischen, psychedelischen Bewusstseinsstrom. Worum geht es wirklich? Das einzige menschliche Zeugnis aus dem All. Eine Reise an den Ursprung der menschlichen Existenz.

## 020 REISEFÜHRER FINDEN

Natürlich können Sie sich auch einfach treiben lassen. Aber dann schlendern Sie zum Beispiel durch das Gotische Viertel in Barcelona und merken gar nicht, was Sie dabei versäumen: den Brunnen der versteckten Plaza de San Felipe Neri, an dem der Architekt Antoni Gaudí abends gerne gesessen hat, die Straße Carrer d'Avinyó, in der Picasso die Prostituierten malte, oder die kleine Konditorei in der Carrer Petritxol, wo die spätere Operndiva Montserrat Caballé Süßigkeiten gekauft hat, als sie hier noch als Taschentuchschneiderin arbeitete. Für solche Details müssen Sie schon einen Reiseführer lesen. Die Frage ist nur, welchen?

1. Sie stehen in Barcelona vor der Sagrada Família. Was fragen Sie sich? **Wie komme ich hier umsonst rein?** 3 Punkte > **Besteht die Apsis jetzt schnell nochmal aus fünf oder sieben Seitenkapellen?** 1 Punkt > **Vor was für 'ner Filiale soll ich da stehen?** 5 Punkte > **Inwiefern drückt dieses Bauwerk heutzutage eigentlich noch die Sehnsucht der Katalanen nach kultureller Eigenständigkeit aus?** 2 Punkte > **Baubeginn? Architekt? Höchster Turm?** 4 Punkte

2. Sie sind gerade in Marrakesch angekommen. Auf der Straße hält Ihnen ein junger Mann eine Orange hin und sagt: „This is a present." Was denken Sie? **Nennt man das, was der anhat, Kaftan, Jabador oder Jelaba?** 1 Punkt > **Cool, der will mir jetzt Haschisch verkaufen.** 3 Punkte > **In arabischen**

Ländern bestimmt die Gesellschaft über Ansehen und Ehre von Gastgeber und Gast. Ich muss die großzügige Geste des freundlichen jungen Mannes erwidern – was schenke ich ihm bloß zurück? 2 Punkte > Ich nehme das Zeug, wird schon nicht vergiftet sein. 5 Punkte > Ich weiß, ich muss grundsätzlich vorsichtig sein, wenn ich angesprochen werde. 4 Punkte

3. Sie planen eine Wanderung über die Hardangervidda in Norwegen, Europas größtes Hochplateau, eine unbewohnte Wildnis. Was wollen Sie wissen? Nichts. Ob es regnet oder schneit, steht ja wohl sowieso in keinem Reiseführer. 5 Punkte > Wachsen dort die gleichen Zwergstrauchheiden, die man auch in anderen Fjell-Landschaften Skandinaviens findet? 1 Punkt > Wie viele Quadratkilometer misst das Plateau? 4 Punkte > Kann man da Kitesurfen? 3 Punkte > Kann ich dort irgendwo Angehörige des Volkes der Samen treffen? Ich würde wahnsinnig gerne ihren Joik-Gesang erlernen. 2 Punkte

4. Sie reisen an die türkische Riviera. Was wollen Sie dort? Was für eine Frage! Natürlich fahre ich die Lykische Küste im Mietwagen entlang. Ich will die byzantinischen Ruinen von Phaselis sehen, die Felsgräber von Myra und den versandeten Hafen von Patara. 1 Punkt > Was für eine Frage! Ich wohne in den Baumhäusern von Olympos und abends steige ich diesen Berg hoch, aus dem die Gasflammen kommen. Da trinke ich dann Rotwein aus der Flasche mit den anderen entspannten Leuten, die sich dort versammeln. 3 Punkte > Da will ich nicht hin. Außer Sonne gibt es dort doch nichts. 5 Punkte > Ich möchte mir von den alten Frauen auf den Dörfern erklären lassen, wie man die besten Gözleme macht. 2 Punkte > Ich buche all-inclusive in einem Hotel am Strand und mache einen Tagesausflug mit dem Bus nach Antalya. 4 Punkte

5. Sie wollen in Rom ausgehen. Wohin? Mal sehen. Da gibt es ja an jeder Ecke was. Ich geh jetzt erst mal los. 5 Punkte > Erst Starbucks wegen Facebook, dann in den besten Hangout der Stadt. 3 Punkte > In eine typische kleine, untouristische Trattoria in der Nähe der Kirche Santa Maria in Trastevere, deren Apsis-Mosaiken aus dem frühen 12. Jahrhundert ich sowieso noch unbedingt sehen muss. 1 Punkt > Es gibt für jedes Budget drei, vier Restaurants. Eins davon nehme ich. 4 Punkte > Ich kaufe mir was im Supermarkt und esse am Brunnen

auf der Piazza Navona. So komme ich am ehesten mit den Sinti und Roma ins Gespräch, die dort Akkordeon spielen. 2 Punkte

**Auswertung**: Mehr als 20 Punkte: Kirchen, Denkmäler, Paläste – das finden sie ja schön und gut. Aber nach ein, zwei Stunden reicht es Ihnen dann auch schon wieder. Im Urlaub wollen Sie sich erholen und nicht andauernd irgendetwas lesen müssen oder sich sonst wie übermenschlich anstrengen. Das gilt auch für den Kontakt mit den Einheimischen, aus dem sie keine Wissenschaft machen. Ihnen reicht es völlig, da zu sein und alles auf sich zukommen zu lassen. Und was nicht auf sie zukommt, das sehen sie eben nicht, aber das kann dann ja auch nicht so umwerfend interessant sein. Was Sie brauchen: Stadtplan, Sonnenbrille, iPod – alles, nur keinen Reiseführer.

16 bis 20 Punkte: Glückwunsch, Sie haben etwas mit dem Kunstturner Fabian Hambüchen gemeinsam. Zu einer Werbekampagne der Bild-Zeitung hat er den kurzen Spruch beigesteuert: „Lange Texte sind nicht mein Ding." Ihres auch nicht, was Reiseführer angeht. Wer sagt eigentlich, dass die Geschichte der Türkei von Byzanz über Atatürk bis heute nicht auf zwei Doppelseiten geht? Es genügt Ihnen, wenn Sie die wichtigsten Fakten und Hintergründe, die zentralen Sehenswürdigkeiten sowie ein paar Möglichkeiten zum Einkaufen oder Ausgehen kurz und knapp beschrieben bekommen. So knapp, dass man sie locker im Gehen oder beim kurzen Stopp überfliegen kann. Sie müssen nicht unbedingt in einem Straßencafé sitzen und Ihrer Begleitung ganze Romane aus dem Reiseführer vorlesen. Schließlich haben Sie ja nicht ewig Zeit. Außerdem sind die Gesäßtaschen ihrer Bermuda-Shorts nicht dazu geeignet, Ziegelsteine darin zu transportieren. Was Sie brauchen: Die Essenz eines Abrisses einer Kurzfassung von einem Reiseziel. Prototypen: Polyglott, Marco Polo, Merian.

11 bis 15 Punkte: Egal, wohin Sie reisen, Sie werden überall Bananenpfannkuchen zum Frühstück essen können. Denn eins haben die

Betreiber von Bambushütten, billigen Hotels und Internetcafés in aller Welt inzwischen verstanden: So individuell sind so genannte Individualreisende meist jüngeren Alters nun auch wieder nicht. Und das fängt eben schon bei ihrer gemeinsamen Vorliebe für Bananenpfannkuchen an, die im internationalen Rucksacktourismus – sprich Backpacker-Slang – Banana Pancakes heißen. Dementsprechend flächendeckend werden die klebrigen Fladen zwischen Anchorage und Shanghai rund um den Globus angeboten. Daran finden Sie überhaupt nichts Schlechtes. Außerdem schätzen Sie auf Reisen WLAN-Anschlüsse für Ihren Laptop, Waschsalons, Vollmondpartys und gute Chancen auf Flirts mit Gleichgesinnten. Kein Problem. An welchem unberührten Flecken Erde auch immer ein unrasierter Weltenbummler seinen Rucksack abstellt – ein paar Jahre später trifft man dort Hunderte seiner Art. Und Starbucks baut eine Filiale, gleich neben dem McDonald's. Was Sie brauchen: ein Verzeichnis der kostengünstigsten Adressen ihres Reiseziels. Deren Besuch sehen Sie als Ausdruck von Individualität, was Ihnen doch nur einen Platz in der Herde sichert. Prototypen: Lonely Planet, Moon Books, Rough Guides.

6 bis 10 Punkte: Selbstverständlich lehnen Sie Kategorisierungen wie diese ab. Zumal sie auch noch im Rahmen eines so oberflächlich daherkommenden Selbsttests vorgenommen werden. Schließlich passen Sie in keine Schublade, und Sie kämen auch nie auf die Idee, andere Menschen in Schubladen zu stecken. Ihre Vorurteile haben Sie auf zahlreichen, ausgedehnten Reisen in exotische Länder überwunden. Darunter Orte, bei denen weniger weltoffene Menschen reflexartig an Piraterie, Terrorismus, Witwenverbrennung, Genitalverstümmelung, Drogenkrieg oder Entführung denken. Ihnen fällt dagegen ein: Religion und Kultur, Gastfreundschaft, Armut und Aufrichtigkeit. Wenn Sie eine Frau sind und eine Moschee betreten wollen, murren Sie nicht über das schon von zig anderen Frauen getragene Kopftuch, das Ihnen am Eingang aufgezwungen wird. Wenn Ihnen ein Bayer eine Schnupfta-

bakdose hinhält, ziehen Sie eine Prise durch und verkneifen Sie sich die Tränen. Sie tun das schließlich nicht nur zum Vergnügen, sondern als Zeichen der Völkerverständigung. Sie glauben daran. Was Sie brauchen: Einen Reiseführer, der weniger die Sehenswürdigkeiten als die Menschen und deren Alltagsgepflogenheiten eines Landes erklärt und Ihnen das sichere Gefühl gibt, ein Freund zu sein, nicht nur ein Tourist. Prototyp: Reise Know-Hows „Kulturschock"-Reihe, Iwanowski's „Reisegast in…"

5 Punkte: Sie wollen es ganz genau wissen. Und damit meinen Sie nicht etwa den Unterschied zwischen dorischen, korinthischen oder ionischen Säulen, zwischen Voluten und Akanthusblättern. Das haben Sie doch alles schon im Gymnasium gelernt, im Studium vertieft – und bis heute behalten! Was Sie brauchen, sind spezifische, dezidierte Informationen. Geographie, Archäologie, Religion, Architektur, Kunst- und Kulturgeschichte – Disziplinen, die an Universitäten gelehrt werden, liefern Ihnen auch im Urlaub halbwegs befriedigende Antworten. Denn nur was Sie geistig durchdringen, können Sie auch genießen. Was Sie brauchen: ein Vademecum mit Gehalt und Tiefgang. Prototypen: Baedeker, Dumont-Kunstreiseführer, Dehios „Handbuch der deutschen Kunstdenkmäler".

## 021 DEN RICHTIGEN KOFFER PACKEN

Die Ursprünge des Worts „Koffer" liegen im arabischen „quffa", im lateinischen „cophinus" sowie dem griechischen „kophinos". Das bedeutet: Flechtkorb. Da hat sich im Verlauf der Jahrtausende dann doch einiges getan in Sachen Transportbehältnisse.

**Grundausstattung:** Bei der Wahl des richtigen Koffers müssen Sie sich zunächst einmal fragen, wie die Reise aussieht und wie lange sie dauert. Dabei wägen Sie Größe, Gewicht und Stabilität der verschiedenen Modelle gegeneinander ab. Das Gewicht ist nicht nur interessant, weil Sie sich mit einem leichteren Koffer weniger abmühen, sondern weil Sie beim Fliegen Gepäck nur bis zu einem bestimmten Gewicht einchecken dürfen: Je geringer das Eigengewicht des Koffers, desto mehr können Sie für die Reise packen.

Im Urlaub brauchen Sie einen anderen Koffer als auf Geschäftsreise. Wenn Sie geschäftlich und ohne zu übernachten im Flugzeug unterwegs sind und nach dem Landen nicht am Gepäckband anstehen wollen, entscheiden Sie sich für einen handlichen Bordkoffer. Wenn Sie einen Laptop oder Geschäftsunterlagen mitnehmen müssen, ist ein Business-Trolley mit Vortasche sinnvoll. Für Urlauber, die nur übers Wochenende wegfliegen, sind Schalenkoffer in Bordgröße gut geeignet. Ein Badeurlauber, der mit dem Auto fährt, kann eine Reisetasche, einen Nylonkoffer oder Schalenkoffer packen. Für empfindliche Geräte wie Fotoausrüstungen gibt es spezielle, gegen Feuchtigkeit und Stöße geschützte Behälter in Fachgeschäften. Wenn Sie hauptsächlich mit dem Flugzeug reisen und Gepäck einchecken, bleibt der Inhalt eines Schalenkoffers am ehesten heil.

Das Schloss: Wenn Sie ein großes Sicherheitsbedürfnis haben, sollten Sie immer einen Koffer mit Schloss wählen. Zwar bietet das nur bedingt Schutz vor Diebstählen, es verhindert aber zumindest einen direkten Zugriff, was sowohl unterwegs als auch im Hotelzimmer notwendig sein kann. Wenn Sie in die USA reisen, sollten Sie einen Koffer mit TSA-Schloss wählen, das die Beamten der US-amerikanischen Behörde für Flugsicherheit Transportation Security Administration mit einem Generalschlüssel öffnen und wieder schließen können. Verschlossene Koffer ohne TSA-Schloss werden bei einer Gepäckkontrolle unter Umständen von den Beamten aufgebrochen und dabei kaputtgemacht.

Das Zugsystem: Das beste Zugsystem hat das Trolley-Gestell: einen herausziehbaren Bügel. Früher wurden Koffer über die schmale Seite

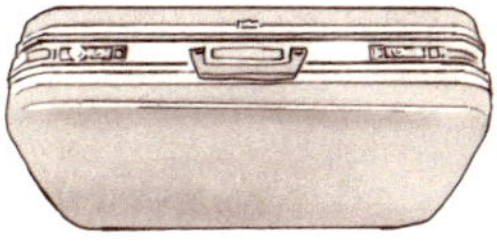

Schalenkoffer

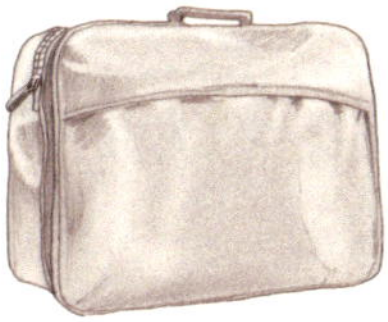

Nylonkoffer

gezogen, mittlerweile zieht man sie über die breite Seite, das ist stabiler. Schlaufen als Zugsystem werden nur noch bei den weniger hochwertigen und billigen Gepäckstücken verwendet. Je größer die Rollen eines Gepäckstücks sind, desto höher ist der Fahrkomfort. Immer mehr Hersteller setzen auf das so genannte Multiwheel-System: Dabei wird das Gepäckstück hochkant auf vier Rollen gezogen. Trolleys mit zwei Rollen verlagern beim Transport einen Teil des Gesamtgewichts in die Hand – beim Multiwheel-System haben Sie kein Gewicht mehr in der Hand.

**Schalenkoffer:** Das Äußere dieses Koffers ist fest. Früher war der Schalenkoffer, zum Beispiel der Aluminiumkoffer, komplett starr und unbeweglich. Inzwischen kombinieren die Hersteller die Vorteile von Schalen- und Nylonkoffer in Kunststoffmodellen und bauen Reißverschlüsse ein. So ist der Schalenkoffer heute flexibler, strapazierfähiger und leichter. Er wird mit oder ohne Rahmen angeboten. Mit Rahmen ist er robuster, aber auch schwerer. Ein Hartschalenkoffer gilt als relativ diebstahlsicher. Zumindest kann man ihn nicht mit einem Messer aufschlitzen.

**Nylonkoffer:** Flexibler Koffer, den Sie richtig vollstopfen können, weil er bauchig wird. Außerdem ist er leicht. Auch beim Verstauen im Kofferraum oder in der Gepäckablage im Zug gibt er praktischer-

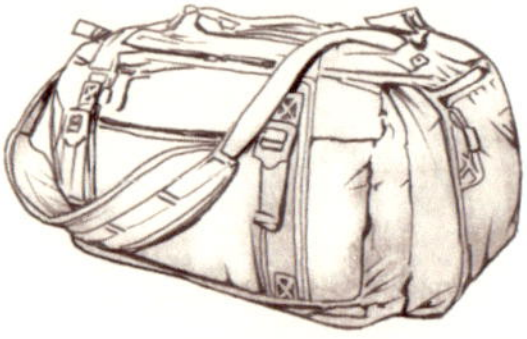

**Reisetasche**

**Trolley**

weise nach. Allerdings ist sein Inhalt nicht besonders gut geschützt. Er kann leicht aufgeschlitzt werden, zum Beispiel von scharfen Kanten am Gepäckband.

**Bordcase:** Ein Bordcase darf aufgrund seiner Maße mit an Bord des Flugzeuges. Die international genormte Größe beträgt 55 cm x 40 cm x 20 cm bei einem Gewicht bis maximal acht Kilogramm. Die zugelassene Größe variiert allerdings bei den verschiedenen Fluggesellschaften, das heißt, Sie sollten sich beim jeweiligen Fluganbieter erkundigen, welche Maße zugelassen sind.

**Reisetasche:** Die Reisetasche gibt es mit oder ohne Rollen. Sie lässt sich leicht verstauen, bietet jedoch keine Möglichkeit, die Kleidung so geordnet zu packen wie in einen Koffer. Die Reisetasche kann nur von oben gepackt werden und ist ideal für Sportler oder Sportreisende. In leerem Zustand fällt sie in sich zusammen.

**Trolley:** Ein Trolley ist ein Koffer mit zwei Rollen an der Unterseite der breiten Seite und einem Bügel, an dem Sie ihn hinter sich herziehen. Man unterscheidet Hartschalen- und Nylon-Trolleys.

**Lederkoffer:** Der Lederkoffer war früher der Koffer schlechthin, einzigartig durch seine Robustheit. Es gab ihn zum Beispiel aus glattem

Lederkoffer

Rucksack

Rindsleder oder Wasserbüffel-Leder. Heutzutage ist er nicht mehr gängig, da er für Flugreisen ungeeignet ist: Er ist zu empfindlich, hat keine Rollen und ein zu hohes Eigengewicht. Dafür sind Reisetaschen aus Leder für Wochenend-Ausflüge, die so genannten Weekender, in Mode gekommen.

**Rucksack:** Der Rucksack ist ein Gepäckstück, das auf dem Rücken getragen wird. Da Sie in ihm so schlecht Ordnung halten können wie in der Reisetasche, kommt er meist nur im Alltag zum Einsatz, in der Schule, im Sport oder auf Wanderungen. Außer Sie reisen eben als Rucksacktourist durch die Welt – dann ist das Ding praktischer als alle Trolleys und tragbaren Hartschalenschränke zusammen.

## 022 DEN KOFFER RICHTIG PACKEN

Alles reinstopfen, Deckel zu, draufsetzen – können Sie machen, wenn Sie einen Koffer packen. Oder Sie halten sich an die Regeln, die die Kammerdiener am Buckingham Palace lernen.

**Wählen Sie den richtigen Koffer:** Nehmen Sie einen Hartschalenkoffer mit elastischen Gurten, sie halten die Kleidung am Platz. Vor dem Packen legen Sie die Gurte aus dem Koffer, damit Sie sie hinterher nicht aus der Kleidung herauswursteln müssen.

**Seien Sie streng mit sich:** Betrachten Sie den Urlaub als Abfolge von Ereignissen: Frühstück, Strand, Mittagessen, Sightseeing, Abendessen. Was Sie dafür brauchen, kommt in den Koffer. Aber wirklich nur das! Keine Extra-T-Shirts. Nichts „für alle Fälle". Es sei denn, Sie wollen nach Ihrer Rückkehr unbedingt die zerknitterten, ungetragenen Sachen aufbügeln.

**Benutzen Sie Listen:** Schreiben Sie sich auf, was Sie einpacken wollen und gehen Sie diese Listen in Ruhe durch. So vergessen Sie nichts

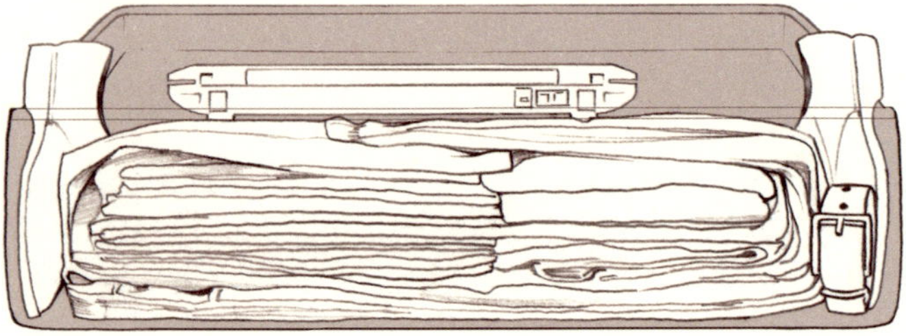

**Koffer, perfekt gepackt**

und vermeiden Notkäufe in überteuerten Flughafen- und Hotelshops. Verstauen Sie die Listen im Koffer, gehen Sie sie vor der Heimreise erneut durch, dann lassen Sie Ihr Lieblings-Shirt garantiert nicht über der Hotelbadewanne hängen.

**Hosen zuerst:** Mit den Hosen geht das Packen los. Legen Sie sie quer hinein, so, dass der Bund an der einen Kofferinnenseite anliegt und die Hosenbeine über die andere Seite des Koffers hinaushängen. Das nächste Paar drapieren Sie andersherum, so, dass diesmal die Hosenbeine auf der anderen Seite heraushängen. Und so weiter. So vermeiden Sie, dass der Stapel schief wird.

**T-Shirts und Hemden:** Auf die Hosen, deren Beine immer noch aus dem Koffer hängen, legen Sie die Oberteile: gefaltete Pullover und T-Shirts. Hemden und Blusen knicken Sie niemals in der Mitte ab. Nutzen Sie die gesamte Länge des Koffers aus und falten Sie die Teile ausschließlich an den sowieso vorhandenen Kanten, etwa an den Schultern oder Ellenbogen. Zwischen die einzelnen Kleidungsstücke legen Sie Seidenpapier oder Papiertaschentücher, die es auch im Hotelbadezimmer gibt. Falls Sie nicht so pingelig sind wie die Butler der Queen, lassen Sie das Papierzeugs einfach weg.

**Beine rein, Röcke fallen lassen:** Erst jetzt falten Sie die Hosenbeine über die Oberteile ins Kofferinnere. Der Laptop kommt obendrauf, so ist er am sichersten, abgedeckt von den nächsten Schichten: Röcke, Kleider, Jacken. Röcke und Kleider halten Sie am Bund fest, dann lassen Sie sie langsam in den Koffer gleiten, so, dass sie sich wie von selbst nach vorne und hinten falten. Zwischen die einzelnen Teile können Sie wieder Papiertaschentücher legen. Stopfen Sie damit auch die Jackenärmel aus, wenn diese unbedingt rund bleiben und nicht zerknautscht werden sollen. Sakkos legen Sie längsseitig in den Koffer, die Ärmel kreuzen Sie auf der Vorderseite. Falls mehrere Jacketts mit müssen, falten Sie sie der Knopfleiste entlang noch einmal auf die Hälfte, damit sie alle hineinpassen.

**Krawatten, Kabel, Schuhe:** Krawatten legen Sie flach und der Länge nach in den Koffer. Gürtel kommen zusammengerollt und hochkant an die Seite. Ebenso Kabel und Adapter. Auch die Schuhe legen Sie an eine Seite, wie alle anderen schweren Sachen am besten an die untere, an der auch die Rollen des Koffer angebracht sind. So können Sie den Koffer leichter ziehen. Die Schuhe verpacken Sie einzeln in Schuhbeutel oder Plastiktüten. Lassen Sie die Schuhspanner drin. Wenn Sie Gewicht sparen wollen, stopfen Sie Socken in die Schuhe, auch das wahrt die Form.

**Fixieren:** Zum Schluss geben Sie die Unterwäsche, bei der Rückreise auch die Schmutzwäsche in einem Plastikbeutel obendrauf. Den Kulturbeutel legen Sie wegen seines Gewichts an die untere Kofferseite. Überprüfen Sie vorher, ob alle Tuben und Fläschchen gut verschlossen sind, damit nichts ausläuft. Zur Sicherheit geben Sie den Kulturbeutel noch in eine Plastiktüte. Dann schließen Sie die Gurte und Fixieren den Inhalt des Koffers.

**Grundsätzlich gilt:** Stopfen Sie den Koffer nicht so voll, das schont ihre Sachen und lässt Platz für Ihre Urlaubseinkäufe. Wenn Sie sich ganz schlecht zurückhalten können und sehr viele Souvenirs kaufen, quetschen Sie nicht alles in einen Koffer, sondern kaufen sich lieber noch einen für den Heimtransport.

## 023 EINE APOTHEKE EINPACKEN

Jetzt eine Kopfschmerztablette! Sie müssen gar nicht ins australische Outback reisen, um Schwierigkeiten zu haben, eine Apotheke zu finden – ein Besuch abgelegener Regionen in Spanien oder im Bayerischen Wald reicht dazu völlig aus. Besser also, Sie haben alles dabei, was Sie im Notfall brauchen könnten.

Je nach Art der Reise sind zum Beispiel Tabletten gegen Reiseübelkeit hilfreich. Wer taucht, braucht vielleicht Ohrentropfen. Wer in die Wildnis oder in arme Länder reist, nimmt Wasserdesinfektionsmittel, Verbandsmaterial und steril verpackte Einmalspritzen und Kanülen verschiedener Größe mit, weil es die vor Ort vielleicht nicht einmal in den Krankenhäusern gibt – wenn überhaupt Krankenhäuser in der Nähe sind. Dazu kommen verschreibungspflichtige Medikamente, etwa zur Malariaprophylaxe, über die man mit dem Hausarzt reden muss. An einer Beratung über diese speziellen, auf das individuelle Reiseziel abgestimmten Medikamente führt kein Weg vorbei. Nicht

**Ausrüstung für alle Notfälle**

einmal der Bundesvereinigung Deutscher Apothekerverbände (ABDA) fällt es deshalb leicht, eine verbindliche, allgemeine Checkliste für eine ultimative Reiseapotheke zusammenzustellen. Die Spitzenvertretung aller Apotheker rät zu einer Grundausstattung, die ihrer Meinung nach auch in jeden Haushalt gehört. Alles Spezielle kommt dann noch zusätzlich mit in die Notfall-Ausrüstung. In den Medizinschrank auf Reisen gehört laut ABDA, die branchenbedingt lieber mal ein Pflaster mehr als zu wenig einpackt, mindestens Folgendes:

Schmerz- und Fiebermittel > Medikamente gegen Erkältung, Halsschmerzen, Husten und Schnupfen, Allergien, Insektenstiche, Sonnenbrand oder Juckreiz, Erkrankungen der Mundschleimhaut, Verdauungsbeschwerden wie Sodbrennen oder Blähungen, Verstopfung oder Durchfall, Sportverletzungen, Lippenherpes > Desinfektionsmittel > Wund- und Heilsalbe > Augentropfen gegen trockene Augen > Schlaf- und Beruhigungsmittel > Kühlkompressen > Fieberthermometer > persönliche Medikamente **Bei Kleinkindern empfohlene Grundausstattung:** Medikamente gegen Zahnungsbeschwerden > Cremes / Salben gegen Wundsein > Kleinkinder-Nasentropfen > Zäpfchen gegen Fieber > Notfallmedikation bei Vergiftungen: Aktivkohle und Entschäumer > persönliche Medikamente **Empfohlenes Verbandsmaterial:** (steriler) Verbandmull, Mullbinden, Verbandpäckchen > elastische Binden > Heftpflaster, Wundschnellverbände, Blasenpflaster > Brandwunden-Verbandpäckchen > Schere, (Zecken-)Pinzette, Sicherheitsnadeln, Einmalhandschuhe > Dreiecktuch

Auch die Profis unter den Vielreisenden fragen sich, was sie mit auf die Reise nehmen sollen. Sie haben uns ihre Packlisten geschickt.

**Für die Sportreise, Magdalena Neuner:** Magdalena Neuner ist eine der bekanntesten und beliebtesten deutschen Sportlerinnen. Die Biathletin aus dem kleinen bayerischen Ort Wallgau wurde bereits im Alter von 20 Jahren zur Sportlerin des Jahres gewählt und hat ihrem ohnehin populären Sport weitere Aufmerksamkeit in der Öffentlichkeit verschafft. Sie gilt als die unkomplizierte Strahlefrau der Szene – für die außer den unverzichtbaren Sportgeräten auch ganz andere Dinge ins Gepäck gehören:

**25 Paar Langlaufski – davon 2 Paar für klassische Technik > 1 Stockrohr mit 5 bis 6 Paar Langlaufstöcken > 3 bis 4 Paar Langlaufschuhe – davon ein Paar für Klassik > Gewehr!! – wäre natürlich schlecht, wenn ich das vergessen würde > Reinigungsmaterial, Waffenbesitzkarte – sonst gibt es Probleme am Zoll > Laptop mit integrierter Kamera, um abends skypen zu können > MP3-Player > Digital-Kamera > immer dabei: ein gutes Buch – meistens gleich mehrere > Süßigkeiten! – muss nach einem harten Trainings- oder Wettkampftag schon mal sein > 3 bis 4 Sonnenbrillen mit Wechselgläsern – für ganze helle oder dunkle Bedingungen > Sonnencreme > Handschuhe: warme und dünne > Wasserkocher – um auch im Hotel Tee kochen zu können > Energieriegel > jede Menge Sportbekleidung – aber auch Freizeitkleider, um auch mal unerkannt shoppen gehen zu können**

**Für die Kulturreise, Christian Thielemann:** Christian Thielemann ist einer der international bedeutendsten Dirigenten. Er arbeitet an den wichtigsten Opernhäusern der Welt. Konzerte und Tourneen führen ihn regelmäßig in die Länder Europas, nach Japan und die USA. Sein Motto, was das Gepäck angeht: „wenig, praktisch, gepflegt". Und alles muss in ein Bordcase passen:

Frack mit Frackhose > weiße Konzerthemden > Fliege > Kummerbund > Stofftaschentuch > schwarze Socken > Lackschuhe > Taktstocketui > so wenig Kleidung wie möglich > abgezählte Medikamente, soweit erforderlich > Lektüre (genau abgemessen für den Zeitraum der Reise)

**Für die Abenteuerreise, Rüdiger Nehberg:** „Weg von den Torten, hin zu den Torturen“, so beschreibt der 75-jährige, ehemalige Konditor sein aufregendes Leben. Nehberg wurde nach zahlreichen lebensgefährlichen Reisen, auf denen er sich mit Würmern und Wurzeln selbst versorgte, als „Sir Vival“ berühmt. Unter anderem befuhr er Anfang der siebziger Jahre als Erster den Blauen Nil. Dabei wurde einer seiner Begleiter von Räubern erschossen. Nehberg durchwanderte Wüsten, überquerte den Atlantik im Tretboot, mit einem Bambusfloß und auf einem Baumstamm. Er ließ sich per Hubschrauber ohne Ausrüstung im brasilianischen Regenwald aussetzen, galt als verschollen und fand nach drei Wochen wieder heraus. Nehberg kämpft für die Yanomami-Indianer, gründete die Menschenrechtsorganisation Target und erhielt das Bundesverdienstkreuz für seinen Einsatz gegen die Genitalverstümmelung von Frauen. Seinen Überlebensgürtel hatte er auf jeder Reise anders bespickt, je nach Dschungel oder Wüste. Auf dem Blauen Nil hingen an seiner Hüfte:

Messer > Revolver > Wasserflasche > Gürteltasche. Darin, lose oder in einem wasserdichten Plastikgefäß: Feuerzeug > Angelhaken mit Stahlvorfach und Sehne > Pfefferspray > 20 m Reepschnur > wasserdichte Taschenlampe > Teelicht > 100 Dollar > Pass > Alufolie gegen Hitze / Kälte (und zum Signalisieren) > Fotoapparat > Mundharmonika für einsame Stunden und zur freundschaftlichen Annäherung an Menschen

Heute würde er wohl auch ein GPS-Gerät und das Handy mitnehmen. Eine Abenteuer-Packliste ergibt sich von selbst, wenn man alle denkbaren Gefahren und Probleme analysiert und jeweils ein Hilfsmittelchen dagegen überlegt, so Nehberg. Zum Beispiel: ein Stück

Eisensäge, ein Aufputschmittel, ein Bleistift und ein Stück Papier, Leuchtsignale, Nadel und Zwirn, Mullverband, Pflaster …

Rüdiger Nehbergs Maxime zum Thema Packen: „Jedes Teil mehr reduziert die Gefahren. Aber macht ein Reisen ohne Gefahren denn noch Spaß? Gebt dem Risiko eine Chance!"

**Für die Geschäftsreise, Roland Berger:** Roland Berger ist einer der bekanntesten Unternehmer Deutschlands. Er ist der Gründer des international agierenden Beratungsunternehmens Roland Berger Strategy Consultants sowie der Roland Berger Stiftung. Bereits 1968, ein Jahr nach Gründung seines Unternehmens, machte Roland Berger mit einem Riesenerfolg auf sich aufmerksam: Er prognostizierte die Zunahme von Charterflügen und empfahl den Zusammenschluss mehrerer mittelgroßer Touristikunternehmen zur TUI, die heute zu den größten Reiseanbietern der Welt zählt. Mit seiner Stiftung setzt sich Roland Berger für die Menschenwürde und sozial benachteiligte Jugendliche ein. Auf eine Geschäftsreise, egal ob von kurzer oder langer Dauer, nimmt er auf jeden Fall mit:

**Im leichten Carbon-Aktenkoffer:** elektronische Fußfesseln: Laptop, Blackberry, Mobiltelefone > Diktiergerät > Reisepass und Visa > Vielflieger-, Kredit-, Hotel- und Visitenkarten > aktualisierte Arbeitsunterlagen > Fotos meiner Enkel > Ingwerbonbons gegen das Kratzen im Hals vom vielen Sprechen > immer auch ein Taschenbuch, Galerie-Führer und Ausstellungskalender **Ins Bordcase kommen bei Übernachtungen:** abgezählte Hemden > Krawatten > Wäsche > Necessaire > gegebenenfalls Medikamente > und stets ein zweiter Anzug und ein Paar Schuhe

Roland Bergers Motto in Bezug auf seine Packliste: „Wer viel plant, den trifft der Zufall umso härter!"

**Für die Extrembergtour, Stefan Glowacz:** Stefan Glowacz ist einer der bekanntesten Extremkletterer der Welt. Er begann als erfolgreicher Wettkampfkletterer. Seit Mitte der neunziger Jahre widmet er sich den höchsten Wänden dieser Erde und bestieg unter anderem Massive in den abgelegensten Gegenden von Patagonien, Brasilien, Kenia oder Venezuela. Die folgende, stark gekürzte Packliste stammt von einer Fünf-Mann-Expedition zu einer fast 1.000 Meter hohen Felswand auf Baffin Island im Nordosten Kanadas.

**Seile:** 2 mal 60 Meter > 10,5 Millimeter Kletterseil > 500 Meter Statikseil 11 Millimeter > 10 mal Fixseilschutz > 30 Meter Bandschlinge am Stück > 20 Meter Reepschnur 4 Millimeter **Felshaken:** insgesamt 70 Stück > Messerhaken (kurz, mittel lang) > Profilhaken (kurz, lang, dick) > Lost Arrows > Biwaksäcke > 15 Pecker > 3 Cliffs groß > 4 Cliffs normal > 4 Badhook-Cliffs > 2 Sätze Mikrokeile > 30 Copperheads > 2 Bandleitern > Bohrhaken M8 Handbohrsystem Petzl 70 Stück **Klemmgeräte:** Friends 3 Sätze komplett > 2 Sätze Zeros > 4 Sätze Rocks > Materialgurt Bigwall > 2 Kletterhämmer **Karabiner und weitere Ausrüstung:** 50 lose Karabiner > 50 Schraubkarabiner > 16 Quickdraws komplett mit Karabiner > Abseilachter > Grigri mit Schrauber > 2 Wall Hauler > 2 Helme > 2 Sätze Jumars > Klettergurte > 2 Eisgeräte > Steigeisen > 8 Eisschrauben > Gletscherset T-Blocks > Kletterschuhe > Nahtversiegler > Reperaturset > Dampfsperrklebeband aus Baumarkt für Reparaturset > 2 Rollen Duct Tape > 5 Paar Skier > 5 Paar Stöcke > 5 Paar Skifelle > 5 Paar Skitourenschuhe **Für die Übernachtung:** 2 Portaledge > Einmannportaledge > Drei-Mann-Zelt > Zwei-Mann-Zelt > Expeditionszelt > Plastiksäcke zum Verankern (5 Liter) > 3 Millimeter geflochtene Nylonschnur 200 Meter > 5 Daunenmatten > 5 normale Schaummatten > 2 Schneeschaufeln > Schneesäge > Müllsäcke > Schlafsäcke bis minus 30 Grad **Kochen:** 4 Gaskocher > 3 Benzinkocher > Kochunterlage > Kochgeschirr 4 Töpfe mit Deckel > 3 Wärmemanschetten > 20 mal 500 Milliliter Gaskartuschen (für 1 Woche). **Technisches, Navigation:** GPS-Geräte > Windrad > Solaranlage > Telefon > Laptop > 2 Karten > Navigationsmaterial / Daten > Satellitenbilder > Uhr > Höhenmesser > Wecker > Weltempfänger. **Abwehr:** 2 Schrotflinten > 2 Eisbärenalarmanlagen mit genügend Patronen > Signalpistolen mit Munition **Apotheke:** genügend Blasenpflaster > Medikamentenset in wasserdichtem Beutel **Transportbehälter:** 4 Haulbags > 4 Tonnen > diverse Packsäcke > Haul System für Wasser > große 120-Liter-Tonnen > Piselflasche

# HINKOMMEN

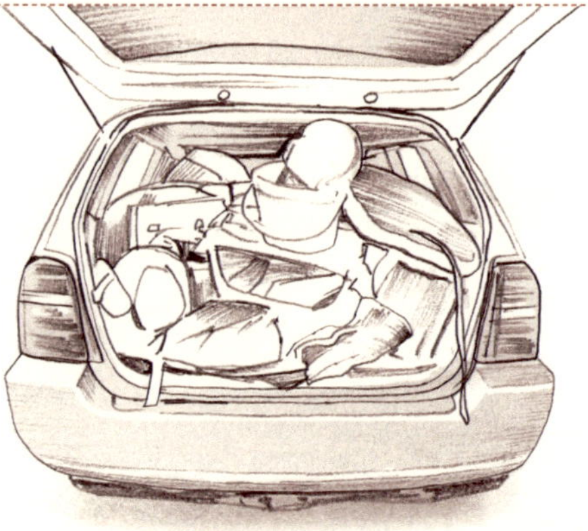

**Stauraum**

Jeder hat seine eigene Technik, Gepäck in das Auto zu schichten. Vor allem Familien ist dabei der Stauraum im Auto wichtig. Zwar schluckt ein PKW pro 100 Kilogramm 0,2 bis 0,6 Liter mehr Kraftstoff auf 100 Kilometer. Doch wer mit Dachboxen oder Fahrradständern auf Reisen geht, ist je nach Fahrzeugmodell schnell bei einem Mehrverbrauch von zehn bis 25 Prozent. Bepacken Sie also lieber den Kofferraum.

TÜV-Experten haben für die Zeitschrift Autobild einmal ermittelt, wie viel wirklich in den Kofferraum geht und 20 verschiedene PKW-Modelle in einem Test mit Styroporquadern beladen. Dabei erfüllte kein einziger Proband das Versprechen des Herstellers.

Das in der Tabelle dargestellte Volumen bezieht sich auf den Stauraum bis zur Hutablage. Höher sollte das Gepäck auch bei Kombis und Vans nicht gestapelt werden, da sich schon einzelne Flaschen bei Vollbremsungen zu Geschossen entwickeln können. Wie in der Industrie üblich, wurden bei dem Test auch sonstige Stauräume wie Reserveradmulde und Seitenfächer addiert. Interessant: der Ford C-Max.

| Fahrzeug | Volumen in Litern | |
|---|---|---|
| | TÜV-Kofferraumtest | Angabe des Herstellers |
| Audi A6 Avant | 470 | 565 |
| Audi Q 7 | 541 | 775 |
| BMW 3er Touring | 370 | 460 |
| Fiat Grande Punto | 266 | 275 |
| Ford Focus C-Max | 461 | 460 |
| Ford Mondeo | 523 | 550 |
| Hyundai i30 | 308 | 340 |
| Mercedes-Benz B-Klasse | 441 | 458 |
| Mercedes-Benz C-Klasse | 464 | 475 |
| Mini | 150 | 160 |
| Opel Tigra Twin Top | 372 | 440 |
| Opel Corsa | 238 | 285 |
| Opel Antara | 353 | 370 |
| Peugeot 207 | 247 | 270 |
| Smart ForTwo | 134 | 220 |
| Toyota Yaris | 178 | 275 |
| VW Golf Plus | 306 | 393 |
| VW Golf Variant | 500 | 505 |
| VW Passat Variant | 508 | 603 |
| VW Touran | 561 | 695 |

## 026 MIT DEM TAXI NACH TEHERAN

Theoretisch fährt Sie ein Taxi überall hin – wenn Sie sich das leisten wollen. Gerade während des Frühjahrs 2010, als die Aschewolke des isländischen Vulkans Eyjafjallajökull den Flugverkehr lahm legte, leisteten sich einige Reisende ein Taxi von München nach Wien, Kopenhagen oder auch Madrid. Sie sollten den Taxifahrer bei gewissen Destinationen jedoch einige Tage zuvor informieren, damit er seinen Angehörigen erklären kann, warum er nicht zum Abendessen erscheinen wird. Sie können auch in der Taxizentrale anrufen, wo möglicherweise ein auskunftsfreudiger Herr ans Telefon geht und sagt: „Ja, prinzipiell ist auch Teheran möglich. Ich schicke Ihnen gleich die Angebote."

Sofern es sich nicht um ein Großraumtaxi handelt, ist der Preis dabei nicht vom Fahrzeug abhängig. Es gibt das so genannte Pflichtfahrgebiet. In diesem Gebiet, das von der Landesregierung oder Genehmigungsbehörde festgelegt wird, muss der Taxifahrer den Kunden befördern und den von der Taxitarifordnung vorgegebenen Preis berechnen. Das heißt, er muss mit Taxameter fahren. Außerhalb des Pflichtfahrgebiets aber kann der Fahrpreis frei vereinbart werden. Vom Münchner Marienplatz müssen Sie laut Auskunft der Taxizentrale etwa folgende Kosten einkalkulieren:

**Flughafen München:** 38 km > circa 53 Euro **Garmisch-Partenkirchen:** 90 km > 120 Euro **Frankfurt:** 392 km > 510 Euro **Verona:** 430 km > 560 Euro **Wien:** 436 km > 570 Euro **Paris:** 843 km > 1.100 Euro **London:** 1.144 km > 1.500 Euro **Kopenhagen:** 1.190 km > 1.550 Euro **Bukarest:** 1.513 km > 1.970 Euro **Madrid:** 1.966 km > 2.660 Euro **Moskau:** 2.250 km > 2.950 Euro **Teheran:** 4.990 km > 6.490 Euro

Die berechneten Preise sind nur die reinen, gerundeten Fahrpreise. Hinzu kommen jeweils noch Autobahngebühren, Fähre, Shuttle, Spesen und Übernachtungskosten für den Fahrer, die je nach Dauer der Reise variieren können. Im Falle von Teheran und Moskau sollten Sie sich zudem rechtzeitig um die nötigen Visa kümmern.

## 027 MIT DEM BUS NACH SHANGHAI

Es heißt: Bei einem Flug kommt die Seele erst ein paar Tage nach dem Körper an. Diese Zerrissenheit können Sie vermeiden, indem Sie über Land reisen. Es gibt Bus-Unternehmen, die in 13 Wochen von London nach Sydney oder von Hamburg nach Shanghai fahren. Wenn Sie diese 17.000 Kilometer in 74 Tagen durch Deutschland, Italien, Griechenland, die Türkei, Iran, Turkmenistan, Usbekistan, Kirgistan, Kasachstan und China selbst fahren wollen – auch kein Problem. Planen Sie vernünftig, erkundigen Sie sich über die aktuelle Sicherheitslage in den Ländern. Überlegen Sie Alternativrouten und denken Sie an Folgendes:

**Dokumente:** Führerschein, internationaler Führerschein, Reisepass, Visa, Nachweis einer Auslandskrankenversicherung. In manchen Ländern, etwa den Iran, brauchen Sie außerdem ein Dokument für die vorübergehende, zollfreie Einfuhr von Fahrzeugen – das Carnet de Passage. Damit soll sichergestellt werden, dass Sie Ihr Fahrzeug wieder ausführen. Wenn Sie einen Unfall bauen oder Ihr Fahrzeug gestohlen wird, müssen Sie auf den Schrotthaufen nachträglich auch noch Zoll und Einfuhr-Umsatzsteuer bezahlen. Das Carnet de Passage bekommen Sie beim ADAC gegen eine Gebühr von 160 bis 260 Euro und die Hinterlegung einer Bürgschaft. Diese beträgt zehn Prozent vom Zeitwert Ihres Fahrzeugs.

**Maut:** In Italien für einen Bus etwa 60 Euro, dann erst wieder in China fällig. Ungefähr zehn Euro pro 100 Kilometer, macht bei den 6.100 Kilometern von der kasachischen Grenze bis Shanghai mit einem lohnenden Umweg über Sichuan und den Jangtse etwa 610 Euro.

**Gebühren:** In machen Ländern werden Ein- und Ausreisegebühren fällig. Für deutsche Staatsbürger zum Beispiel in Turkmenistan zwölf Dollar und in Usbekistan 20 Dollar. Fürs Parken in China müssen Sie insgesamt mit etwa 50 Euro rechnen.

**Bestechungsgelder:** unberechenbar, hängt von Ihrem Verhandlungsgeschick ab. Je diktatorischer der Staat, den Sie bereisen, desto eher werden Sie nach Vorschrift behandelt.

## 028 EINEN STAU VERMEIDEN

Der passionierte Autofahrer hat einige Feinde: den Vordermann, die Ampel, das Stoppschild, die Geschwindigkeitsbegrenzung, die Grünen, das Schlagloch. Aber der größte Feind des Autofahrers ist zweifelsohne der Stau. Kein Mensch steht gerne im Stau, außer vielleicht die Stauforscher oder ein frischverliebter Führerscheinneuling, der die Angehimmelte heimfahren darf. Der Stau tritt besonders gerne zur Ferienzeit auf, also dann, wenn man es besonders eilig hat, weil weder Chef noch Zahnarzt warten, sondern Sonne und Meer. Verkehrsexperten registrieren allein an den zwölf Ferienwochenenden im Sommer regelmäßig zwischen 700 und 1.000 Staus von mehr als zehn Kilometern Länge und Blechkolonnen von einer Länge zwischen etwa 10.000 und 15.000 Kilometern auf den deutschen Autobahnen.

Verkehrsplaner sprechen dann von einem Stau, wenn die Fahrzeuggeschwindigkeit stark reduziert werden muss und länger als eine Minute unter zehn Stundenkilometern liegt. Stau kann verschiedene Gründe haben. Laut einer Studie des Instituts für Verkehrswesen entstehen Staus nur zu einem Viertel durch Unfälle, zu 30 Prozent durch Baustellen, und satte 40 Prozent sind auf erhöhtes Verkehrsaufkommen zurückzuführen. Stau kann aus dem Nichts entstehen. Es braucht also weder Hindernisse noch Fahrbahnverengungen, sondern nur zu viele Fahrzeuge auf der Straße. In Japan ließen Forscher der Universität Nagoya beispielsweise 22 Testfahrer antreten. Der Auftrag war einfach: Sie sollten alle mit 30 Stundenkilometern hintereinander in einem Kreis mit 230 Metern Umfang fahren und dabei einen Abstand von etwa fünf Metern halten. Obwohl keiner einen offensichtlichen Fehler beging, kam der Verkehr nach nicht einmal einer Minute sichtlich ins Stocken.

Schuld an einem solchem Stau aus dem Nichts, auch Phantomstau genannt, ist schlicht die Unzulänglichkeit und Unvorsichtigkeit des Menschen. Bremst ein Fahrer seinen Wagen ab, weil er mit zu hoher

Geschwindigkeit auf ein vor ihm rollendes Vehikel auffährt, steigt der Hintermann meist mit noch mehr Verve in die Bremsen – oft heftiger, als dies nötig wäre. Diese Kettenreaktion setzt sich bei entsprechender Verkehrsdichte fort, bis der Verkehr zum Erliegen kommt. Anstiege, schwierige Witterungsbedingungen wie Schnee, Eis, Regen oder Nebel und Fahrbahngabelungen – kurz: alles, was den Fahrfluss beeinträchtigt – verschärfen solche Situationen zusätzlich. Der Verursacher jedoch, der mit seiner ungestümen Fahrweise und dem Bremsmanöver den Dominosteineffekt ins Rollen und den Verkehr ins Stocken brachte, bemerkt dies gar nicht und hat so keinen Grund, seine Fahrweise zu ändern. Auch Sie haben möglicherweise schon ein mal einen Stau verursacht, von dem Sie erst eine halbe Stunde später im Radio erfuhren.

Das Wochenende meiden: Gegen Unfälle sind Sie machtlos, aber Sie können sich informieren, wo sich Baustellen befinden, und die Stoßzeiten vermeiden. Wenn Sie abends und in der Nacht losfahren, ist die Staugefahr geringer als morgens. Statistisch sind während der Reisezeit außerdem Dienstag und Mittwoch Tage, an denen der Verkehr am besten läuft. Am längsten brauchen Sie freitags und samstags. Bei der Rückreise sollten Sie außerdem Montag und Sonntag meiden. Im Internet informieren beispielsweise diverse Routenplaner, SMS-Dienste und so genannte Staukalender.

Die richtige Route wählen: Es ist auch aus stautheoretischer Sicht schlecht, ohne vernünftige Routenplanung drauflos zu fahren. Mehr als zwei Drittel aller Blechkolonnen von mindestens zehn Kilometern Länge verteilen sich in Deutschland auf fünf Routen:

**A8:** Karlsruhe > Stuttgart > Augsburg > München > Salzburg **A9:** Berlin > Nürnberg > München **A3:** Oberhausen > Frankfurt > Nürnberg > Passau **A7:** Flensburg > Hamburg > Hannover > Würzburg > Kempten **A1:** Lübeck > Hamburg > Bremen > Köln

In den Nachbarländern besteht auf folgenden Strecken eine hohe Wahrscheinlichkeit, im Stau zu stehen:

**Österreich A1:** Westautobahn Wien > Salzburg **A4:** Ost-Autobahn Wien > Budapest **A10:** Tauernautobahn **A12:** Inntalautobahn Rosenheim > Kufstein > Innsbruck **A13:** Brennerautobahn Innsbruck > Brenner **A14:** Rheintal-Autobahn Lindau > Bregenz > Arlberg **S16:** Arlberg-Schnellstraße Innsbruck > Arlberg > Bludenz und **B179:** Fernpass-Route Füssen > Reutte > Nassereith **Schweiz A1:** St. Gallen > Zürich > Bern **A2:** Gotthardroute vor dem Gotthardtunnel **A3:** Basel > Zürich > Chur **Italien A4:** Brescia > Verona > Venedig > Triest und weiter über den slowenischen Küstenstreifen bis zur kroatischen Grenze **A22:** Brennerautobahn Brenner > Modena **A23:** Villach > Udine **A7:** Mailand > Genua **A9:** Chiasso > Mailand **Frankreich A6:** im Lyoner Stadttunnel **A8:** Monaco > Aix-en-Provence **A9:** Orange > Nimes > Montpellier > spanische Grenze **A36 / A39 / A7:** Mühlhausen > Dole > Lyon > Orange

Laut ADAC versprechen die Fahrten von Kroatien nach Serbien über Bajakovo, von Ungarn nach Serbien über Horgos, von Slowenien nach Kroatien und zurück sowie die Einreise von Bulgarien in die Türkei „ein unvergessliches Stauerlebnis“.

Der Technik misstrauen: Vertrauen Sie nicht blind Ihrem Navigationsgerät, auch wenn dieses einen Stau dank der Fütterung mit Daten sich bewegender Mobiltelefone immer genauer berechnen kann. Etwa 45 Prozent der Deutschen verlassen bei einem Stau die Autobahn und suchen in der Landstraßen-Prärie ihr Glück, doch bringen solche Ausritte außer bei einer Vollsperrung statistisch gesehen kaum etwas. Stauwarnungen im Rundfunk erreichen Sie teilweise rechtzeitig, häufig aber erst mit einer Verzögerung von bis zu einer Dreiviertelstunde. Da hat sich mancher Stau schon fast wieder aufgelöst.

Mithelfen: Sie können nicht immer vermeiden, im Stau zu stehen, aber zumindest, dass einer entsteht. Fahren Sie vorausschauend. Halten Sie Abstand und bremsen Sie langsam ab. Schließen Sie auch nicht in aller Hektik auf, meistens müssen Sie ohnehin nach kurzer Zeit wieder bremsen. Auch haben Sie zumindest irgendwann in der Fahrschule etwas von einem Reißverschlussverfahren gehört. Denken Sie daran, einfädelnden Verkehrsteilnehmern den Vortritt zu lassen. Falls Sie selbst einfädeln müssen, tun Sie das am besten erst kurz vor dem Hindernis, auch wenn Sie dann als Rüpel gelten. Widerstehen Sie der Verlockung des Gaffens, wenn auf der Gegenseite der Autobahn ein Unfall passiert ist. Sie können mit dem bloßen Auge ohnehin nicht helfen. Wenn Sie im Stau oder stockenden Verkehr stehen, bleiben Sie in Ihrer Spur. Beim Spurwechsel zwingen Sie nur den Hintermann zum bremsen und kommen doch nicht schneller voran. Falls der Verkehr komplett still steht, schalten Sie den Motor ab.

Von Ameisen lernen: Forscher haben herausgefunden, dass Ameisen nie im Stau stehen, obwohl das Verkehrsaufkommen einer Ameisenstraße dem der Brennerautobahn an einem Augustsamstag gleicht. Die Insekten haben nicht den Ehrgeiz, riskante Überholmanöver auf ihrem Highway zu starten und passen die Geschwindigkeit brav den Vorderameisen an. Allerdings wollen Ameisen auch nicht in den Urlaub, sondern müssen Nahrung für die Kolonie beschaffen. Dennoch hinken die Menschen den sozialen und so uneitlen Ameisen diesbezüglich eindeutig hinterher.

**Slalom fahren:** Selbst wenn der Verkehr rollt und kein Stau weit und breit in Sicht ist, sollten Sie dennoch vorausschauend fahren. Sie wissen nie, was auf der Straße liegt. Bei manch einer Meldung im Verkehrsfunk lohnt es sich, genau zuzuhören. Unter anderem wurden bereits gesichtet:

eine Tischtennisplatte auf der A 93, Hof Richtung Weiden > zwei Grillspieße mit Hähnchen auf der L236 Waldlaubersheim Richtung Norheim > ein Känguru, etwa einen Meter groß, auf der A61 Speyer-Koblenz, zwischen Kreuz Mutterstadt und Kreuz Frankenthal, in beiden Richtungen!!! > ein Dudelsack samt Gartentisch auf der A1 Köln Richtung Münster > ein Hausschwein und dessen Verfolger auf der A66 Frankfurt-Fulda in beiden Richtungen zwischen Hanau-Nord und Erlensee > Verkehrsbehinderung durch defekten LKW auf der A7 Füssen /

Reutte Richtung Kassel zwischen Raststätte Illertal (bei Memmingen) und Malsfeld (bei Kassel). (Von Memmingen nach Kassel sind es mehr als 400 Kilometer) > Ältere Dame mit Rollator auf der B8 Aschaffenburg-Hanau in beiden Richtungen zwischen Aschaffenburg-West und Kleinostheim > Ein Blaulicht auf der A485 Osttangente Gießen, Gießener Nordkreuz Richtung Langgöns > Geldscheine auf der A2 Hannover-Dortmund in beiden Richtungen zwischen Dreieck Hannover-West und Hannover-Herrenhausen, gesperrt, zwei Kilometer Stau > Ein gar garstiger Besen auf der A3 Frankfurt Richtung Köln zwischen Diez und Montabaur

**Wutstau vermeiden:** Besonders unangenehm sind lange Autofahrten und das Im-Stau-Stehen für Kinder. Sie können die Kinder natürlich an der Autobahnraststätte aussetzen, wobei Ihnen das spätestens an der nächsten Raststätte Leid tun wird. Sollten Sie sich dennoch für diese Alternative entscheiden, so nehmen Sie sich hierfür wenigstens den ADAC-Ratgeber über die schönsten Autobahnraststätten zu Herzen. Als familienfreundlich gelten beispielsweise Augsburg Ost und Göttingen West. Auch Valium, Baldrian oder andere Schlafmittel sind auf Dauer keine Lösung. Fünf Tipps, die Ihnen und Ihren Kindern weiterhelfen.

Nachts fahren: Dieser Tipp wird in zahlreichen Foren immer wieder genannt, weil kaum ein Kind die gesamte Nacht wach bleibt. Zugleich ist das Verkehrsaufkommen niedriger und damit auch die Chance, in einen Stau zu geraten. Vorteil: Sie haben Ihre Ruhe. Nachteil: Auch für Ihren Körper ist eigentlich Schlafenszeit. Am Ankunftsort sind Sie deshalb hundemüde, die Kinder topfit.

Bücher und Spielkonsolen: Hier müssen Sie abwägen. Wie bei Erwachsenen ruft auch bei vielen Kindern das konzentrierte Starren auf Bücher, Karten, und Konsolen im fahrenden Auto leicht Übelkeit hervor. Andere lesen während der Fahrt problemlos einen kompletten Harry Potter. Vorteil: Sie haben Ihre Ruhe. Nachteil: Wenn dem jungen Leser schlecht wird, geht der Spaß erst richtig los.

Hörspiel: Fast jedes Kinderbuch gibt es mittlerweile auch als Hörspiel. Außerdem verstehen die meisten Kinder den CD-Player oder den daran angeschlossenen iPod im Auto besser als Sie selbst. Vorteil: Sie können sich zurücklehnen. Und nach einigen Urlaubsfahrten brauchen Sie keine technischen Geräte mehr, weil alle Familienmitglieder sämtliche Folgen von Harry Potter über Benjamin Blümchen bis zu den „Drei Fragezeichen“ auswendig beherrschen Nachteil: Nach ein paar weiteren Urlaubsfahrten können Sie es nicht mehr hören.

Spielbeispiel 1: Koffer packen. Es gibt mittlerweile ganze Bücher mit Spielen für lange Autoreisen. Beim Klassiker fangen Sie mit dem Satz an „Ich packe meinen Koffer und nehme mit...“ Dann nennen Sie einen Gegenstand. Der nächste Spieler wiederholt diesen und fügt einen weiteren Gegenstand hinzu, der nächste einen dritten, und so weiter. Richtig kompliziert wird das Spiel, wenn gewiefte Kinder beispielsweise die „Zahnpasta in der 75 Milliliter-Tube mit dem Dreifachschutz gegen Karies, Zahnstein und Parodontose“ einpacken. Vorteil: Es wirkt gegen quengelnde Kinder. Nachteil: Sie sind gefordert. Schon mal einem Kind beim Kofferpacken zugesehen?

Spielbeispiel 2: Bus und Bussard, Pizzeria und Palmen, Kombi und Kühe. Sie sind fein raus, wenn Sie mehrere Kinder haben, die einfach unterschiedliche Gegenstände zählen. Die ältere Tochter zählt beispielsweise alle Kombis, der Sohn alle Kühe. Vorteil: Es wirkt, und Sie sind fein raus. Nachteil: Einer wird verlieren. Manchmal sogar ziemlich hoch. Dann ist Ihr Gespür gefragt.

## 029 BILLIGER TANKEN

Im Frühjahr 2010 hat der ADAC einen Vergleich durchgeführt und getestet, wie weit 241 verschiedene Automodelle mit Treibstoff für 30 Euro kommen. Es gewann ein kleiner, nicht sonderlich anmutig gebauter Italiener. Der erdgasbetriebene Fiat Panda schaffte es 724 Kilometer weit, von Frankfurt bis an die Nordsee. Zweiter wurde ein VW Passat, ebenfalls erdgasbetrieben. Der BMW Active Hybrid X6 blieb für das gleiche Geld bei 171 Kilometern stehen und hätte Sprit für 127 Euro tanken müssen, um es so weit wie der Panda zu schaffen. Das hängt zum einen mit der Sparsamkeit des Fiat zusammen, zum anderen mit dem günstig zu tankenden Kraftstoff Erdgas.

Der Liter Benzin ist seit 2003 mit einer Mineralölsteuer von 65,4 Cent belegt; beim Diesel sind es 47 Cent. Darin ist auch die Ökosteuer enthalten. Noch 1986 hatte die Steuer für Benzin umgerechnet bei 23,52 Cent und für Diesel bei 23 Cent gelegen. Hinzu kommt eine Mehrwertsteuer von 19 Prozent. Bei einem Benzinpreis von 1,40 Euro gehen somit etwa 88 Cent an den Staat. Aber keine Angst: Der Rest reicht den Unternehmen schon aus, um den Ölfluss von der Quelle bis zur Zapfsäule zu decken und einen vernünftigen Gewinn einzustreichen.

Dagegen ist Erdgas, obwohl ebenfalls ein fossiler Brennstoff, nur mit 18 Cent besteuert. Und zwar pro Kilogramm. Ein Kilogramm Erdgas entspricht dem Energiewert von 1,3 Litern Diesel oder 1,5 Litern Benzin. Um also ganz genau zu sein: Eine Kilowattstunde Erdgas wird mit 1,39 Cent besteuert, eine Kilowattstunde Diesel mit 4,7 Cent und Benzin mit 7,3 Cent. Kurz: Benzin bringt dem Fiskus ungefähr fünfmal so viel wie Erdgas.

Sparsame Autos haben übrigens auch den Vorteil, dass Sie weniger oft tanken müssen. Denn rein statistisch kommen Sie heute weit seltener an einer Tankstelle vorbei als noch vor 40 Jahren. Laut einer Studie des Energieinformationsdienstes hat die Anzahl der Tankstellen rapide abgenommen, von 45.849 im Jahr 1970 über 18.271 im Jahr 1990 auf 14.410 im Jahr 2010. Übrigens lohnt sich ein Umweg zu einer günstigeren Tankstelle kaum. Selbst wenn Benzin wie in Österreich immerhin mit 20 Cent weniger besteuert wird, wäre nach einer Rechnung des TÜV Süd der Preisvorteil wegen der tatsächlichen Kosten eines gefahrenen Kilometers nach 27,5 Kilometern dahin.

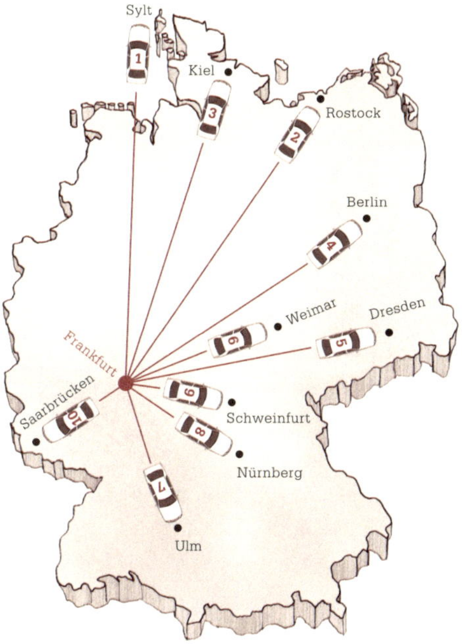


**Weiter kommen**

1. **Fiat Panda** > 1.2 8V Natural Power > 724 km – bester gesamt (Erdgas) 2. **VW Passat Variant** > 1.4 TSI EcoFuel Highline DSG (7-Gang) (Erdgas) > 658 km – bester im Eco-Test-Ranking 3. **VW Golf 1.6** > TDI Blue Motion Trendline (DPF) > 610 km – bester Diesel 4. **Ford Fiesta 1.4** > LPG Titanium (Autogasbetrieb) > 568 km – bester Flüssiggas 5. **Toyota Prius** > 1.8 Hybrid Executive > 467 km – bester Benziner 6. **Chevrolet (EU)** > Matiz 1.0 SX > 325 km – kleinster Hubraum 7. **Saab 9-3 SportCombi** > 2.0t Biopower Vector (Ethanol-Betrieb) > 279 km – Bioethanol 8. **Land Rover Discovery 3.0** > TDV6 SE Automatik (DPF) > 239 km – schlechtester Diesel 9. **Corvette** > C6 Coupé > 181 km – größter Hubraum 10. **BMW** > ActiveHybrid X6 > 171 km – schlechtester gesamt (Super) / Quelle: ADAC

**An der Tankstelle:** Unter einer Tankstelle sind große Tanks mit einem Fassungsvermögen bis zu 100 Kubikmetern, also 100.000 Litern, eingelassen. Für Sie ist auf einer Reise entscheidend, dass der darin enthaltene Kraftstoff möglichst reibungslos in Ihren Wagen läuft. Das erledigt eine Pumpe, die den Kraftstoff aus dem Tank in ein Messsystem und weiter über den Schlauch in das Zapfventil befördert. Wichtig ist nur, dass Sie zur richtigen Zapfpistole greifen, da falscher Sprit in Ihrem Tank dem Motor schadet. Das passiert sogar relativ häufig. Wenn Sie Normal statt Super tanken oder Super statt Normal ist das noch unproblematisch. Sobald Sie es trotz unterschiedlich großer Zapfventilgrößen jedoch meistern, Benzin statt Diesel zu tanken oder sogar Diesel statt Benzin, haben Sie ein Problem. Allerdings ist es kaum möglich, aufgrund von Sprachdefiziten falsch zu tanken: Diesel heißt fast in allen Ländern der Welt Diesel.

Erst indem der Autofahrer das Zapfventil – vulgo: Zapfpistole oder Tankstutzen – aus der Zapfventiltasche hebt, wird ein technischer Impuls ausgelöst und die Anlage eingeschaltet. Nun gibt es zwei Möglichkeiten. Sie können Ihren Kindern imponieren und auf den Cent genau tanken. Oder Sie tanken einfach voll, indem Sie den Schalthebel einrasten lassen. In vielen Ländern ist dieses Arretieren aus Sicherheitsgründen verboten, weshalb der Kunde den Hebel stets gedrückt halten muss. Sowohl bei einer arretierten als auch bei der durchgedrückt gehaltenen Zapfpistole, schaltet das System jedoch immer rechtzeitig ab, wenn der Tank voll ist.

Genau unterhalb des Zapfventildeckels, der neben der Kraftstoffbezeichnung häufig einen Werbeaufdruck enthält, sitzt der eichtechnische Abgrenzungspunkt. Alles, was bis zu dieser Position im Schlauch ist, gehört der Tankstelle, alles darüber hinaus dem Kunden. An dieser Position sitzt zudem ein Mechanismus mit einer kleinen Membran, die

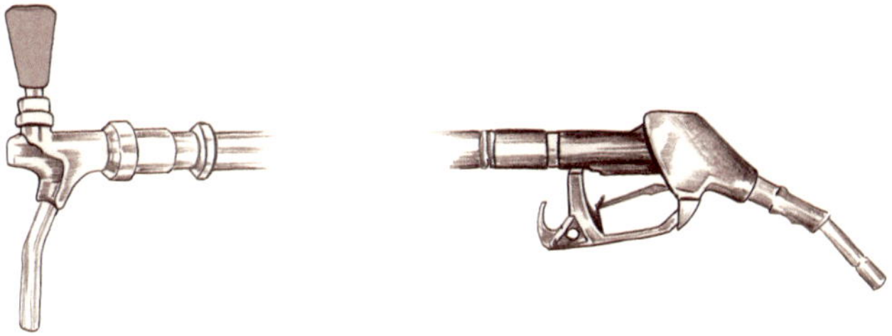

**Zwei Hähne, die sich nicht vertragen**

klar erkennt, wann der Tank voll ist. Denn immer dann, wenn Kraftstoff durch das Auslaufrohr in den Tank fließt, entsteht im Zapfventil ein Unterdruck. Dieser wird so lange ausgeglichen, wie Luft durch eine zweite Röhre im Auslaufrohr, die Fühlerleitung, in das Zapfventil angesaugt werden kann. Sobald zu viel Flüssigkeit den Rückweg der Gase in das Zapfventil versperrt, entsteht dort ein Vakuum, das zur Verformung der Membran führt und das Ventil schließt. Das Zapfventil bekommt gewissermaßen einfach keine Luft mehr.

Je weiter Sie nach Süden kommen, desto eher nehmen Ihnen Angestellte übrigens das Tanken ab. Lassen Sie diese Menschen Ihren Job machen und bedanken Sie sich hin und wieder mit einem Trinkgeld dafür.

**In der Kneipe:** Das Zapfventil ist nicht zu verwechseln mit dem Zapfhahn. Auch wenn diese Zapfvorrichtungen vom Prinzip her ähnlich funktionieren wie die Tankstelle: Lassen Sie während der Fahrt die Hände davon! Erst wenn Sie an Ihrem Zielort der Reise angekommen sind oder als Fahrer abgelöst werden, dürfen Sie sich diesem Kapitel widmen.

Unter einer Kneipe sind gewaltige Tanks mit einem Fassungsvermögen von zehn bis 100 Litern, also 20 bis 200 Halben oder 50 bis 500

Kölsch, eingelassen. Sie heißen Fässer. Sobald Sie angekommen sind, ist es wichtig, dass der darin enthaltene Kraftstoff möglichst reibungslos in die Gläser läuft. Das erledigt der Zapfdruck. Er wird über eine Kohlensäure-Flasche erzeugt und befördert das Bier möglichst gut gekühlt über eine Kunststoffleitung zum Schankhahn. Hier wird es interessant.

Es gibt zwei Möglichkeiten. Entweder Sie bestellen das Bier einfach beim Wirt oder Sie wollen Ihren Reisebegleitern imponieren und selbst zapfen. Ein Bier zu zapfen ist für Ungeübte wesentlich schwieriger als auf den Cent genau zu tanken. Es gibt verschiedene Schankhähne wie etwa den Schwenkhahn, den Kolbenschankhahn, den Kugelschankhahn oder den Kompensatorschankhahn, bei dem Sie rechts eine Schaumtaste finden.

Anders als an der Tankstelle ist hier nicht ausschlaggebend, dass Gase in die Zapfvorrichtung zurückströmen, sondern dass die Kohlensäure im Bier bleibt. Das Glas sollte deshalb möglichst gekühlt sein und ist beim Einschenken etwa im 45-Grad-Winkel zu halten, damit das Bier am Glasrand entlang hineinlaufen kann. Tauchen Sie den Zapfhahn nicht in den Kraftstoff, denn das löst zwar keinen Abschaltmechanismus aus, tut dem Getränk aber dennoch nicht gut. Schenken Sie nicht zu hastig aber auch nicht zu langsam ein. Je nachdem, ob Sie Helles oder Pils zapfen, sollten Sie das Glas zwischenzeitlich kurz abstellen – und es nicht mehr aus den Augen lassen, falls Ihre Reisebegleiter ebenfalls sehr durstig sind.

## 031 KLASSE SITZEN IM BUS

Wenn die Fahrt mal wieder etwas länger dauert, kann Komfort nicht schaden. In Deutschland gibt es ein Sterne-System für die Ausstattung von Bussen. Die jeweils höhere Klasse schließt die Merkmale der niedrigeren Klassen mit ein.

★ Standard Class: mindestens 65 Zentimeter Sitzabstand. Heizung, Lüftung, Nachtbeleuchtung, Abfalleimer, eine Musikanlage mit Tonträgern und ein Mikrofon für die Reiseleitung garantieren ein Minimum an Komfort. Für kurze Strecken geeignet.

★★ Tourist Class: mindestens 65 Zentimeter Sitzabstand. Sonnenschutz wie Vorhänge oder Jalousien an den Seitenfenstern, Stauraum von mindestens 15 Litern für jeden Gast. Für kleinere Ausflüge.

★★★ Komfort-Class: Sitzabstand mindestens 68 Zentimeter, verstellbare Rückenlehnen, mindestens drei Zentimeter Stärke, Doppelverglasung, Klapptische, Leselampe, Toilette mit Waschbecken, Klimaanlage, Miniküche für Kaffee und Imbisse. Für bequeme Touren.

★★★★ First Class: Sitzabstand mindestens 74 Zentimeter, Rückenlehne mindestens vier Zentimeter stark, Fußstützen, im Heck nur vier Sitze für mehr Platz. Für lange Reisen.

★★★★★ Luxus-Class: mindestens 81 Zentimeter Sitzabstand, Stärke der Rückenlehne mindestens fünf Zentimeter, Maximum an Freiraum. Für die Weltumrundung mit höchsten Ansprüchen.

## 032 VERSUCHEN, DIE NIEDERLÄNDER ZU VERSTEHEN

Würde man heute einen Durchschnittsdeutschen das Klischeebild des Niederländers zeichnen lassen, so käme wahrscheinlich Rudi Carrell heraus, der in seinem tulpenförmigen Wohnwagen erfolglos Fußball spielt. Carrell konnte man wegzappen und erfolglose niederländische Fußballer waren den Deutschen schon immer die liebsten Adressaten für Hohn und Spott. Die niederländischen Wohnwagen aber, die während der Sommerzeit sämtliche Straßen Mitteleuropas überschwemmen, sind so unvermeidlich wie unerklärlich. Nicht einmal ein Experte aus dem Haus der Niederlande in Münster kann das Phänomen erklären. „Sämtliche Vermutungen darüber, warum der Wohnwagen in den Niederlanden beliebt ist, entbehren jeglicher Grundlage. Man kann sicher viel spekulieren und auf die Geschichte mit den Niederländern als Entdeckervolk oder ihre Sparsamkeit verweisen. Belegen lässt sich dies aber alles nicht."

Belegen lässt sich statistisch allerdings, dass die Niederlande gar nicht das Volk mit der größten Wohnwagendichte ist. Einer Studie des Caravaning Industrie Verbandes Deutschland (CIVD) zufolge haben die Schweden pro Kopf die meisten bewohnbaren Anhänger. Bei der Dichte an Wohnmobilen liegen die Niederländer sogar noch hinter Italien und der Schweiz auf Rang sieben in Europa. Absolut besitzen die fast 16 Millionen Niederländer weit mehr Wohnwagen als die 9,3 Millionen Schweden. Letztere kommen außerdem seltener nach Deutschland, Österreich oder Italien, da sie selbst in einem schönen Land wohnen, in dem Wohnwagen fahren Spaß macht.

**Wohnwagen und Wohnmobile pro 10.000 Einwohner (nach CIVD)**

| Land | Wohnwagendichte | Wohnmobildichte |
|---|---|---|
| Schweden | 291 | 47 |
| Niederlande | 284 | 33 |
| Dänemark | 261 | 13 |
| Norwegen | 165 | 12 |
| Frankreich | 131 | 31 |
| Belgien | 125 | 74 |
| Finnland | 123 | 76 |
| Deutschland | 115 | 53 |
| Großbritannien | 81 | 26 |
| Spanien | 72 | 7 |
| Österreich | 45 | 31 |
| Schweiz | 45 | 41 |
| Italien | 28 | 38 |
| Portugal | 16 | 3 |
| Slowenien | 2 | 2 |

## 033 SICH IM RIESENWOHNMOBIL ORIENTIEREN

Die Firma Neoplan fabrizierte einst einen Doppeldecker-Gelenkzug, der 1975 unter dem Namen „Jumbocruiser“ der Öffentlichkeit präsentiert wurde und bis zu 144 Personen befördern konnte. Mit 18 Metern Länge, 2,5 Metern Breite und einer Höhe von vier Metern war er der größte straßentaugliche Serienomnibus der Welt. Allerdings wurden nur elf Exemplare dieser Baureihe hergestellt. Eine kleine Privatfirma baute eines dieser Ungetüme in dreijähriger Bauzeit zu einem Wohnmobil um, das es 1997 als größtes Luxusmobil der Welt ins Guinnessbuch der Rekorde schaffte. In kleinen südländischen Gassen und auf heimeligen, terrassierten Campingplätzen dürfte das Vehikel mit einem Gesamtgewicht von 28 Tonnen und einem Wendekreis von 24 Metern gewisse Probleme bereiten. Zudem reicht der normale PKW-Führerschein nicht.

**Die Daten (gekürzt):** Motor: Typ Daimler Benz OM 404, 12 Zylinder V-Motor, Dieseleinspritzung, Leistung 440 PS, Hubraum 20.910 ccm, Tankvolumen 400 Liter, Verbrauch 46 Liter / 100 Kilometer Getriebe: Allison HAT 750 CR, Automatik Heizung: 1. Standheizungsanlage, Leistung 12 KWh, 2. zusätzliche elektrische Heizgeräte, 3. Abwärme des Generators, Leistung 12 KWh Beleuchtung: 60 Niedervolt Halogenlampen, Gesamtleistung: 0,6 KW, dimmbar im Konferenz-, Wohn-, Schlaf- und Gästeraum Wasserversorgung: 1. Frischwassertanks, Inhalt 230 Liter im Zugwagen, 440 Liter im Nachläufer, 2. Warmwasserboiler mit Wärmetauscher und Elektroanschluss, Volumen 50 Liter, 3. Abwassertanks, Inhalt 120 Liter für Dusche, 120 Liter für Küche und Bar, 120 Liter für Fäkalien Zusätzliche Accessoires: Dachterrasse 17 m x 1,7 m, Außenbeleuchtungsanlage 8 x 500 Watt, Vorzelt 11 x 18 m, Videoleinwand 9 x 5 m, Projektionsanlage 1.000 Ansi Lumen, 980.000 Pixel Video und Computertisch für alle gängigen Systeme

**Oberdeck**

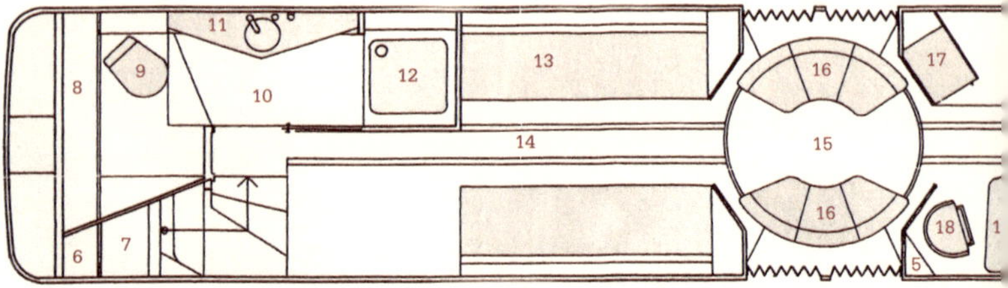


1. B & O Stereoanlage 2. Lüftungsklappe Klimaanlage
3. Heizung 4. Geschirrspüler 5. Ausdehnungsgefäß Heizung & Generator
6. Pumpe Frischwasserversorgung 7. Stauraum & Reinigungsöffnung Wassertank
8. Ablage 9. WC 10. Bad 11. Waschtisch Treppe 12. Dusche
13. Sitzbank & Klapptisch 14. Gästekojen 15. Drehkranz 16. Sitzbank 17. Kühlschrank
18. Stuhl 19. Tisch 20. Küche / Essen 21. Spüle 22. Sitzplatz 23. Wohnraum 24. Couch
25. Kleiderschrank 26. Schlafraum 27. Versorgungsklappen

**Unterdeck**

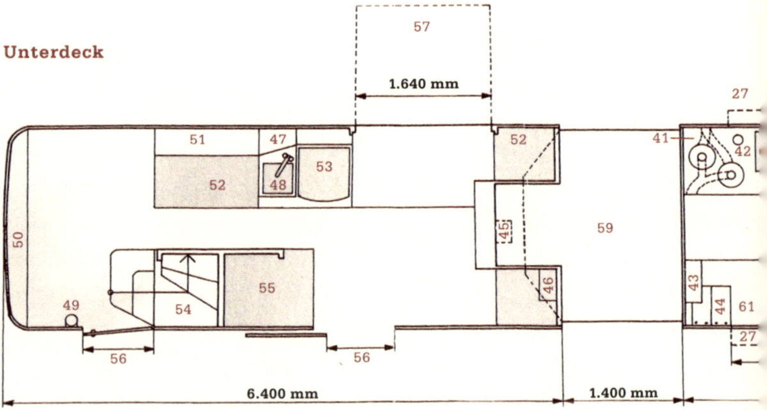

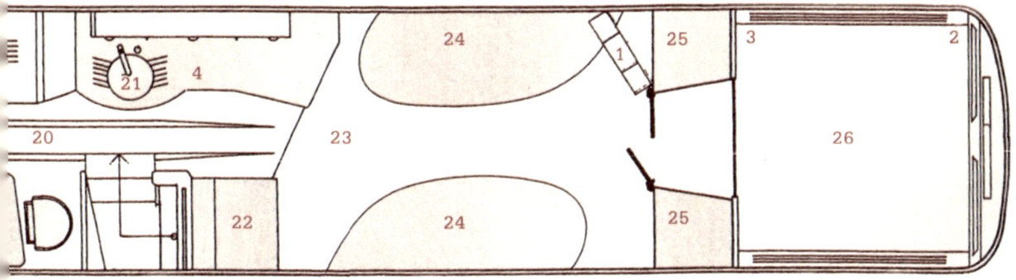


28. Fahrzeugelektrik Hauptverteilung 29. Rückfahrkamera 30. Handschuhfach
31. Musikanlage 32. PC 33. Alarmzentrale 34. Pumpe Frischwasserversorgung
35. Elektrischer Außenanschluss mit KWh-Zähler 36. Verteilung Versorgungselektrik 24V und 220V
37. Steuerung Energieversorgung 38. Wechselrichter – Ladekombination
39. Sinuskonstanter 40. Verteilung Energieversorgung 41. Luftfilter Fahrzeugmotor
42. Heizungspumpe 43. Fahrzeugelektrik Nebenverteilung 44. Fahrzeugbatterien
45. Fahrzeugelektrik Nachläuferverteilung 46. Versorgungselektrik Verteilung Nachläufer 220V
47. Heizungsverteilung, Warmwasserverteilung 48. Waschtisch 49. Feuerlöscher
50. Stauraum / 3,5 m Höhe 51. Boiler 52. Ablage 53. Kühlschrank 54. Treppe 55. Werkbank
56. Einstieg 57. Einfahrrampe 58. Empfang / Büro 59. Motor 60. Generator 61. Versorgungsraum
62. Treppe 63. Video & PC Leinwand 64. Waschtisch 65. Bar 66. Couch 67. Fahrgastraum
68. Sitzplätze 69. Versorgungsbatterien

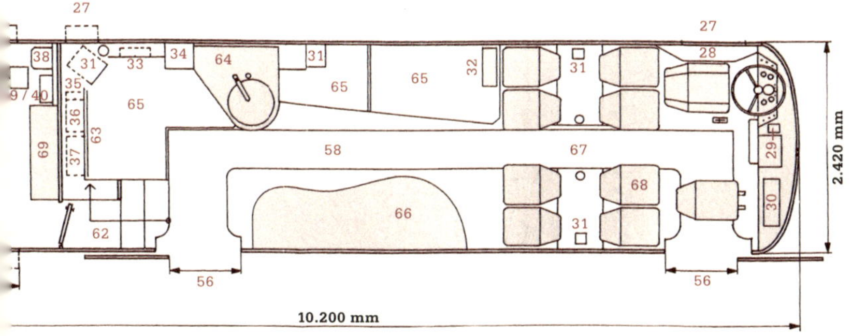

| Land | A | B | C | D | E |
|---|---|---|---|---|---|
| Belgien | 0,5 | ab 140 € | ab 100 € | ab 150 € | ab 100 € |
| Bulgarien | 0,5 | ab 100 € | ab 30 € | ab 30 € | ab 25 € |
| Dänemark | 0,5 | bis 1 MV | 65–270 € | ab 135–200 € | 65 € |
| Deutschland | 0,5 | ab 500 € | bis 35 € | 90–320 € | 40 € |
| Finnland | 0,5 | ab 15 TS | ab 70 € | ab 10 TS | bis 115 € |
| Frankreich | 0,5 | ab 135 € | ab 135 € | ab 135 € | ab 35 € |
| Griechenland | 0,5 | ab 100 € | ab 50 € | ab 350 € | ab 100 € |
| Großbritannien | 0,8 | bis 5.820 € | ab 75 € | ab 70 € | ab 75 € |
| Italien | 0,5 | ab 160 € | ab 160 € | ab 160 € | ab 150 € |
| Kroatien | 0,5 | ab 130 € | ab 65 € | ab 270 € | ab 65 € |
| Niederlande | 0,5 | ab 290 € | ab 115 € | 180 € | 180 € |
| Norwegen | 0,2 | ab 770 € | ab 465 € | 670 € | 165 € |
| Österreich | 0,5 | ab 300 € | ab 20 € | ab 70 € | ab 50 € |
| Polen | 0,2 | ab 145 € | ab 25 € | ab 75 € | ab 50 € |
| Portugal | 0,5 | ab 250 € | ab 60 € | ab 120 € | ab 120 € |
| Rumänien | 0,0 | ab 130 € | ab 85 € | ab 60 € | ab 60 € |
| Schweden | 0,2 | ab 40 TS | ab 270 € | ab 310 € | kein Verbot |
| Schweiz | 0,5 | ab 465 € | ab 140 € | 190 € | 75 € |
| Slowenien | 0,5 | ab 180 € | ab 50 € | 250 € | 120 € |
| Spanien | 0,5 | ab 300 € | ab 100 € | ab 200 € | ab 200 € |
| Tschechien | 0,0 | ab 400 € | ab 60 € | ab 100 € | ab 60 € |
| Ungarn | 0,0 | ab 370 € | bis 110 € | bis 370 € | bis 75 € |

Stand: März 2011

**A** = Promillegrenze **B** = Alkohol am Steuer **C** = 20 km / h zu schnell **D** = Rotlichtverstoß **E** = Handy am Steuer, Beträge gerundet **MV** = Nettomonatsverdienst **TS** = Tagessatz (Strafberechnung nach Monatsverdienst), Angaben ohne Gewähr, ähnliche Strafen wie für Alkohol werden in vielen Ländern für „Drogen am Steuer" verhängt. In schweren Fällen sind Freiheitsstrafen möglich. Quelle: ÖAMTC / ADAC

Es ist ungerecht. Seit Jahren profitiert die Autoindustrie davon, dass der normale Menschenverstand beim Thema Kraftfahrzeug einfach aussetzt und viele in den Erhalt des eigenen Wagens mehr investieren als in die Ausbildung der Kinder. Bei Flügen ist es wiederum selbstverständlich, dass Preise wegen des marktwirtschaftlichen Prinzips von Angebot und Nachfrage naturgemäß täglich schwanken. An die Bahn jedoch wird stets der Anspruch der Preistransparenz gestellt. Dabei gibt die Bahn wirklich alles: Sie konstruiert ein neues Preissystem, das sie wenig später wieder verwirft, und sie erstellt so lange Angebote für konfuse Kunden, bis laut Stiftung Warentest nicht einmal die Bahn-Mitarbeiter zwischen Ländertickets und Sondertarifen die preisgünstigste Verbindung finden.

Ständig über die komplizierte Preis- und Produktpolitik der Bahnbetriebe zu maulen, sollte auch Ihnen zu einfach sein. Erweitern Sie mit dem folgenden Reisequiz „Wer weiß es ungefähr?“ Ihren Horizont bezüglich der Spezialpreise der Bahn im In- und Ausland. Gleichzeitig werden Sie an Ihrer Einstellung zum Bahnfahren arbeiten. Das Spiel funktioniert wie die Quizshow „Wer wird Millionär?“

Am besten spielen Sie es während einer Bahnfahrt mit Ihrem sicherlich sympathischen Gegenüber. Einer von Ihnen darf die Rolle des Moderators übernehmen. Die richtigen Lösungen stehen auf der nächsten Doppelseite rechts unten. Natürlich gibt es auch hier drei Joker:

1. Der Abteil-Joker: Er entspricht dem Publikumsjoker. Dabei springen Sie einfach auf und befragen laut Ihr Abteil.

2. Der Fifty-Fifty-Joker: Dabei streicht der Moderator zwei mögliche falsche Antworten.

3. Der Zugbegleiter-Joker: Er entspricht dem Telefonjoker. Auch der Zugbegleiter hat nur 30 Sekunden Zeit für eine Antwort.

50 Euro: Wenn etwas besonderen Gefallen findet, so genießt man … **A.** auf bequemen Sitzen **B.** in leeren Waggons **C.** in vollen Zügen **D.** mit hoher Geschwindigkeit

100 Euro: Gemäß eines bekannten Werbespots der Deutsche Bahn, macht diese … **A.** debil **B.** persil **C.** fertil **D.** mobil

200 Euro: Personen, die etwas nicht begreifen, sagen, dass … **A.** sie Züge im Kopf haben **B.** sie nur Bahnhof verstehen **C.** die Gedanken entgleisen **D.** die Weichen falsch gestellt sind

300 Euro: Die am 1. August 2003 eingeführte, kostenpflichtige Rabattkarte der Deutschen Bahn heißt …? **A.** Payback Karte **B.** Bahncard **C.** Railpass **D.** Surf & Rail

500 Euro: Vor Beginn der Weltmeisterschaft 2006 bot die Deutsche Bahn eine vergünstigte Bahncard an. Wie hieß diese? **A.** KlinsCard **B.** Weltmeister-Bahncard 25 **C.** Bahncard 11 Freunde **D.** Bahncard Olé

**Sicherheitsstufe 1:** Schon wären Sie bei 500 Euro. Damit können Sie einmal mit der Bahn quer durch Deutschland und zurück reisen. So einfach wird es aber nicht bleiben. Kurz durchschnaufen. Weiter.

1.000 Euro: Welches Ticket berechtigt ausländische Gäste zum Reisen auf dem Schienennetz der Schweiz? **A.** Hopp Schwiiz **B.** Schweizerfreuden **C.** SwissPass **D.** ScanRail

2.000 Euro: Welche Fahrkarte eignet sich für junge Menschen, um ganz Europa in vollen Zügen zu genießen? **A.** Schengenschiene **B.** Interrail-Ticket **C.** NoBorder-Pass **D.** Europacard

4.000 Euro: In die Produktklasse A werden im Preissystem der deutschen Bahn unter anderem folgende Züge eingeordnet **A.** City Nightline, Sonderzüge, Autozüge **B.** ICE, ICE Sprinter, TGV **C.** IRE, RE, RB, S **D.** IC, EC, D

8.000 Euro: Das Schönes-Wochenende-Ticket darf nicht in folgendem Zug benutzt werden **A.** S-Bahn **B.** Nord-Ostsee-Bahn **C.** InterRegio-Express **D.** Interconnex

16.000 Euro: Im Produktsortiment der Bahn gab es bis Sommer 2011 nur eines der folgenden Speziale noch nicht, und zwar das … **A.** Fußball-Spezial **B.** Europa-Spezial **C.** Oster-Spezial **D.** Sommer-Spezial

**Sicherheitsstufe 2:** Sie sind bei 16.000 Euro. Die Bahncard 50 ist Ihnen auf mehrere Jahrzehnte hinaus gesichert. Jetzt wird es schwer.

32.000 Euro: Welcher Bahnvorsitzende plante 2008 einen so genannten Bedienzuschlag? **A.** Heinz Dürr **B.** Johannes Ludewig **C.** Hartmut Mehdorn **D.** Rüdiger Grube

64.000 Euro: Im Dezember 2002 wurde für wenige Monate ein Frühbucher-Programm eingeführt mit dem Namen … **A.** Buch & Bahn **B.** Run & Rail **C.** Rent & Rail **D.** Plan & Spar

125.000 Euro: Welcher Fußballklub hatte im Sommer 2007 eine eigene Bahncard mit erfolgsabhängiger Gültigkeitsdauer? **A.** Bayern München **B.** VfL Wolfsburg **C.** Hertha BSC Berlin **D.** Eintracht Frankfurt

500.000 Euro: Welches dauerhafte Angebot berechtigt für beliebig viele Fahrten von mehreren Personen in österreichischen Nahverkehrszügen? **A.** Einfach-raus-Ticket **B.** Austria-Experience **C.** Quer-durchs-Land-Ticket **D.** Rundum-sorglos-Paket

1 Million: Welches ist die günstigste Ticketvariante von München Haupbahnhof nach Würzburg? **A.** Das Dauer-Spezial **B.** Das Bayern-Ticket Single **C.** Schönes-Wochende-Ticket **D.** ICE-Ticket mit Bahncard 50

**Gewonnen:** Schon sind Sie Millionär. Das reicht für lebenslanges Bahnfahren mit der Mobility Bahncard 100. Erster Klasse!

**Lösungen: 50 € = C > 100 € = D > 200 € = B > 300 € = B > 500 € = B > 1.000 € = C > 2.000 € = B > 4.000 € = B > 8.000 € = D > 16.000 € = A > 32.000 € = C > 64.000 € = D > 125.000 € = C > 500.000 € = A > 1.000.000 € = A** bei rechtzeitiger Buchung (29 €) **B** für eine Person ohne Zeitdruck wochentags (20 €) **C** ab zwei Personen ohne Zeitdruck am Wochenende (28 €) **D** falls A, B oder C nicht zutreffen (32 €)

# 036 ZÜGIG VORANKOMMEN

**Anfahrzeiten von Frankfurt nach:**

A: Mainz (Rheinland-Pfalz) 0:33 > B: Köln 1:03 > C: Bad Sooden-Allendorf (Hessen) 2:26 > D: München (Südbayern) 3:12 > E: Bayreuth (Nordbayern) 3:32 > F: Hamburg 3:36 > G: Bitburg (Pfalz) 3:49 > H: Paris 3:52 > I: Zürich 3:55 > J: Beuron im Donautal 3:56 > K: Amsterdam 3:56 > L: Berlin 4:08 > M: Wernigerode im Harz 4:25 > N: Prag 5:56 > O: Bodenmais im Bayerischen Wald 6:01 > P: London 6:04 > Q: Berchtesgaden (Bayern) 6:07 > R: Zugspitze 6:36 > S: Karow (Mecklenburg Vorpommern) 6:46 > T: Davos Dorf 6:55 > U: Lyon 6:56 > V: Bad St. Peter-Ording 7:30 > W: Karlshagen auf Usedom 8:06 > X: Marseille 8:20 > Y: Kopenhagen 9:13 > Z: Moskau 30:22

Entfernungen zu den mit ● gekennzeichneten Orten nicht maßstabsgetreu.

Die Eisenbahn gilt als die Postkutsche des 21. Jahrhunderts. Aber wenn es um die Verbindung zwischen Metropolen geht, lässt die Bahn das Pferdegespann weit hinter sich. Nur führt eine Reise häufig in etwas abgelegene Regionen, weil diese zumeist die landschaftlich reizvollen sind. Dafür können Sie statt der Bahn tatsächlich fast die Droschke nehmen.

Der Frankfurter Bahnhof zum Beispiel gilt mit einem täglichen Aufkommen von 350.000 Passagieren als einer der wichtigsten Bahnhöfe in Deutschland. Er liegt ziemlich zentral unweit der Mitte Deutschlands in Hessen. Wer von Frankfurt in die angrenzenden Bundesländer wie Bayern oder Rheinland-Pfalz fährt, stellt schnell fest, dass räumliche und zeitliche Distanz bei der Bahn zwei völlig unterschiedliche Dinge sind. Für die nebenstehende Karte, in der die Anfahrtszeiten vom Frankfurter Bahnhof dargestellt sind, wurden die schnellsten und bequemsten Verbindungen mit möglichst wenigen Umstiegen gewählt. Die ausgewählten Orte haben übrigens alle einen Bahnhof. Es muss nicht einmal der Bus benutzt werden.

## 037 AUF GIPFEL GLEITEN

Gerade durch die schönsten Regionen der Welt führen häufig keine Straßen, sondern vor allem Bahnstrecken. Die durch das riesige russische Reich angelegte Transsibirische Eisenbahn, der Pride of Africa durch Teile Afrikas oder der Rocky Mountaineer durch den wilden Westen Kanadas zählen zu den beliebtesten Reiserouten und sind heute vor allem durch die touristische Nutzung bekannt. Doch während sie im Ausbeutungsstreben der Industrialisierung und des Imperialismus' entstanden, waren Schienen auf Berge schon seit jeher rein für den Fremdenverkehr angelegt; sie sind eine wahre Machtdemonstration des Tourismus. Vor allem gegen Ende des 19. Jahrhunderts entstanden einige Gipfelbahnen, die heute wohl kaum ein Mensch mehr bauen würde. Viele wurden bereits in der ersten Hälfte des 20. Jahrhunderts wieder eingestellt, andere haben bis heute als Transportmittel für einen Ausflug in die Höhe überlebt.

**Am Anfang. Mount Washington Cog Railway:** Als 1869 die erste Gipfelbahn der Welt eröffnet wird, führt sie nicht etwa auf einen Berg in der Schweiz, im Deutschen Reich oder in Österreich-Ungarn. Sie erschließt den Mount Washington, einen klimatisch sehr interessanten Berg im Nordosten der USA. Das Schienensystem dient von Beginn an allein touristischen Zwecken. Der Bauherr Sylvester Marsh, dem der Gedanken einer Zahnradbahn bei einer Besteigung des Mount Washington 1857 kommt, gilt wie so viele Visionäre erst einmal als vollkommen verrückt. Manch einer findet, er könne gleich eine Bahn zum Mond bauen. Marsh findet dennoch Investoren und steuert selbst ein ordentliches Sümmchen bei, um schließlich auf einer 4,8 Kilometer langen Trasse 1.200 Höhenmeter zu überwinden. Für den Ritt sind etwa 900 Kilogramm Kohle und 3.800 Liter Wasser nötig. Dafür erreichen die Loks einen Affenzahn von 4,5 Stundenkilometern bergauf und 7,4 Stundenkilometern bergab. Aufwärts benötigt der Gipfelstürmer höchstens 65 Minuten, und etwa 40 Minuten, um wieder ins Tal zu kommen. Heutzutage kann der Fahrgast sogar zwischen Dampf- und Biodieselloks wählen.

**Kurz. Die Drachenfelsbahn:** Zwei Jahre nach den US-Amerikanern folgen die Schweizer mit den heute noch betriebenen Rigi-Bahnen, im Jahr 1883 schließlich die Deutschen mit ihrer ersten Bergbahn auf den Drachenfels im Siebengebirge. Der ist mit 321 Metern eher ein Hügel als ein Berg, aber von Königswinter auf 69 Metern Meereshöhe sind es immerhin 220 Höhenmeter bis zur Bergstation. Die 1,52 Kilometer lange Strecke wird im Juli eingeweiht, und weil die Burgruine Drachenfels und Schloss Drachenburg damit urplötzlich auch für fußlahme Spaziergänger zu erreichen sind, haben nur vier Monate später 62.480 Passagiere die Aufstiegshilfe benutzt. Die örtlichen Touristiker werben gar mit dem „meistbestiegenen Berg" der Welt. Heute ist es sogar möglich, sich in der Bahn trauen zu lassen. Dass 1958 bei einem Zugunglück mehrere Menschen ums Leben kommen, wird in der Chronik der Betreiber-Webseite allerdings geflissentlich verschwiegen.

**Steil. Die Pilatusbahn:** Das Bergland Schweiz hat heute einige herrliche Zahnradbahnen wie die Jungfraubahn, die direkt hinein fährt in das Dreigestirn der Berge Jungfrau, Mönch und Eiger und erst auf 3.454 Metern an der Endstation Jungfraujoch wieder kehrt macht. Doch 20 Jahre nach der Mount Washington Cog Railway setzt die Schweiz erst einmal mit der Pilatusbahn eine Marke. Die Distanz von der Ortschaft Alpnachstad bei Luzern bis zum Hotel Bellevue auf 2.132 Metern ist mit nur 4.618 Metern nicht wirklich rekordverdächtig, doch überwindet sie dabei die unglaubliche Höhendifferenz von 1.635 Metern und gilt mit Steigungen bis zu 48 Prozent und durchschnittlich 38 Prozent noch heute als steilste ihrer Art. Natürlich fragen sich einige Zeitgenossen auch bei den Plänen von Ingenieur Eduard Locher mal wieder, ob bei dem Herren möglicherweise zwischen den Ohren etwas nicht recht stimmt. Doch Locher unterbietet den sehr eng gesteckten Zeitplan sogar um elf Tage und schließt das Meisterstück damaliger Schienenbaukunst im Juni 1889 ab. Gerade rechtzeitig, damit die Konstruktion anlässlich der Weltausstellung in Paris präsentiert wird. Anfangs kriecht die Bahn mit 32 Passagieren pro Triebwagen im Schneckentempo von 3,6 Stundenkilometern bergauf, doch den Gästen ist das völlig egal. Bereits im ersten Halbjahr werden die Erwartungen von 15.000 Kunden pro Jahr weit übertroffen. Exakt 36.892 Bergtouristen nutzen die Bahn 1889 – trotz geradezu astronomischer Preise. Eine Fahrt kostet 100 Mal so viel wie eine Stadtfahrt in Luzern. 1906 kommen mehr als 50.000, 1971 dank neuer Elektrotriebwagen mehr als 300.000 Menschen.

2010 schließlich wird der Hotelkomplex am Zielbahnhof generalsaniert und quasi wegen Erfolg vorübergehend geschlossen.

**Exotisch. Der Penang Hill Railway:** Nicht nur die Berge der Alpen üben auf die Briten im 19. und 20. Jahrhundert einen großen Reiz aus. Auch in ihren feuchtheißen Kolonien Asiens und Afrikas suchen sie das Bergland, wobei sie dort weniger der Eroberungsgedanke als die klimatischen Vorzüge hochtreibt. In der Stadt George Town auf der westmalaysischen Insel Penang zum Beispiel stehen buddhistische Tempel, hinduistische Tempel, alte britische Kolonialgebäude, moderne Hochhäuser. Aber die Krönung dieses Kulturenkonglomerats ist eine Zahnradbahn auf den Penang Hill, eine 830 Meter hohe und von tropischer Vegetation überwucherte Erhebung, nur wenige Kilometer vom Meer und der Hauptstadt George Town entfernt. Mit Hilfe Schweizer Technik stellen die Briten 1923 eine rund zwei Kilometer lange Eisenbahnstrecke fertig, und in keinem Vermerk fehlt der Hinweis, dass es auf dem Hügel durch die etwa vier Grad kühleren Temperaturen so unendlich viel angenehmer sei als unten in der Stadt. Das New Zealand Railways Magazine resümiert 1934 ehrfürchtig, dass die Strecke von Penang ein „größeres Ding ist, als alles was bislang versucht wurde". Großartig sei der Trip zur Spitze, wenn sich das Panorama von Land und der See vor einem öffne. Das Fundament musste wegen der vielen Niederschläge und der daraus folgenden Erosion mit Zement gestärkt werden.

**Am Ende. Die Zugspitzbahn:** Die Zugspitze heißt schon lange so, bevor dort 1930 der erste Zug ankommt. Die Deutschen sind mit der Erschließung ihres mit 2.962 Metern höchsten Berges vergleichsweise spät dran, obwohl bereits 1899 erste Pläne vorliegen. Doch erst stellt sich Prinzregent Luitpold von Bayern mit der durchaus richtigen Begründung „keinerlei Verkehrsbedürfnis" quer, dann kommt dem Vorhaben der Erste Weltkrieg dazwischen. Ende der 1920er muss wiederum alles ganz schnell gehen. Mit Hilfe von 197 Tonnen Sprengstoff schlagen Arbeiter von beiden Seiten des Massivs 85.000 Kubikmeter Erde und 160.000 Kubikmeter Fels für den 4.466 Meter langen Zugspitztunnel aus dem Berg. Die Chronisten zählen zehn tödliche Unfälle beim Bau. Hauptsache, die Bahn wird rechtzeitig zu den Passionsspielen in Oberammergau fertig. Am 8. Juli 1930 gondeln die ersten Passagiere zum 2.588 Meter hoch gelegenen unterirdischen Endbahnhof am Zugspitzplatt. Rund eine halbe Million Passagiere legen heute pro Jahr die etwa 19 Kilometer von Garmisch-Partenkirchen (705 Meter über NN) zurück.

## 038 SICH VERSPÄTEN

Jeder schimpft gerne auf die Bahn. Glauben Sie aber nicht, dass dies ein neues Phänomen ist, denn Tiraden gegen den Schienenverkehr haben eine inzwischen Jahrhunderte währende Tradition. Schon kurz nach Inbetriebnahme der ersten Strecke in den 1830er Jahren mahnte angeblich ein Bayerisches Obermedizinalkollegium angesichts einer gespenstischen Geschwindigkeit von 35 Stundenkilometern, mit der die Züge durch die Lande preschten: „Die schnelle Bewegung muss bei den Reisenden unfehlbar eine Gehirnkrankheit erzeugen." Auch Zaungästen prophezeiten die Experten beim Anblick des rauchenden Ungeheuers eine besondere Art des Delirium furiosum. Eine Schranke von sechs Fuß Höhe müsste deshalb auf beiden Seiten errichtet werden. Diese Behauptungen sind nach neueren Kenntnissen jedoch nie geäußert worden. Heute gilt die Bahn jedenfalls als zu langsam und bereitet aus anderen Gründen Kopfzerbrechen.

**Der Test:** Im Herbst 2007 überprüfte die Stiftung Warentest fünf Wochen lang täglich zwischen sechs und 24 Uhr die Ankunftszeiten der Deutschen Bahn. Insgesamt wurden 94.136 Züge getestet, Streiktage ausgeschlossen. Es war dennoch kein schmeichelhaftes Ergebnis.

38 Prozent der Fernverkehrszüge wie ICE, IC, und EC und City Nightline hatten eine Verspätung von vier Minuten oder mehr. Euro-Citys (48 Prozent) und Nachtzüge (41 Prozent) lagen dabei deutlich vor ICE (38 Prozent) und IC (34 Prozent). Jeder siebte Fernverkehrszug war sogar elf oder mehr Minuten zu spät dran. Besser schnitten die Nahverkehrszüge ab, von denen 76 Prozent pünktlich oder nur mit geringfügiger Verspätung von bis zu drei Minuten eintrafen.

In acht von zehn untersuchten Hauptbahnhöfen fuhr mindestens jeder vierte Zug mit einer Verspätung von vier oder mehr Minuten ein, am unpünktlichsten erwiesen sich die Züge in Dresden, Hamburg, Köln und Frankfurt mit Quoten zwischen 34 bis 36 Prozent längst überfälliger Züge. Die Verspätungen nehmen nachmittags und abends im Berufsverkehr zu, ebenso an den Hauptreisetagen Freitag und Sonntag.

Die Deutsche Bahn erklärte wiederum, im Personenverkehr seien neun von zehn Zügen pünktlich, und wies die Untersuchung damals als nicht repräsentativ zurück.

**Die Konkurrenz:** Allen jedoch, die nun unkten, sie hätten es schon immer gewusst, dass man sich lieber auf die Straße als die Schiene begeben sollte, sei eine Schätzung des Duisburger Physikprofessors und Stauforschers Michael Schreckenberger empfohlen. Der Mann hat ermittelt, dass jeder Deutsche mit dem Auto jährlich etwa 2,4 Tage im Stau steht. Das sind 3.456 Minuten, also etwa zehn Minuten täglich. Da müssten Sie schon sehr regelmäßig Fernzug fahren und richtig viel Pech haben, um auf einen derartigen Wert zu kommen.

Wer nun gleich wieder das Flugzeug als Nonplusultra verteidigt, darf sich wiederum mit einer Statistik der Association of European Airlines beschäftigen. Die besagt, dass über die vergangenen zehn

Jahre etwa jeder fünfte Flieger verspätet zu innereuropäischen Flügen abhob. Ein Flugzeug gilt, anders als die Bahn, erst ab einer Viertelstunde als verspätet. Als wahrhaft miserabel gelten übrigens die Flughäfen London Heathrow und Frankfurt, die sowohl bei Landungen als auch Abflügen jeden deutschen Bahnhof in den Schatten stellen. In Frankfurt gab es bereits Quartale, in denen jedes dritte Flugzeug im Durchschnitt eine Dreiviertelstunde nach Zeitplan landete.

**Sich beschweren:** Eine Verspätung lässt sich nicht immer vermeiden, selbst wenn Sie all die guten Tipps beherzigen: Hauptreisezeit vermeiden, Direktverbindungen wählen, mehr Zeit beim Umsteigen einplanen, den Zugbegleiter um Rat bitten. Einen direkten Schuldigen gibt es bei Verspätungen zwar nicht, aber Sie können im ersten Affekt Ihre Wut herausbrüllen. Erstens wirkt das befreiend, zweitens könnte es der Bahn auf Dauer ziemlich unangenehm werden, wenn die Mehrheit der verärgerten Gäste einen derartigen Frustabbau betreibt. Wenn Ihr erster Ärger verraucht ist, sollten Sie von Ihrem Recht Gebrauch machen. Seit 2009 gelten EU-weit einheitliche Fahrgastrechte, unter anderem folgende:

Umsteigen vor dem Einsteigen: Bei einer zu erwartenden Verspätung von mindestens 20 Minuten dürfen Sie auf einen teureren Zug umsteigen, ohne den Aufpreis zahlen zu müssen. Mit deutlich ermäßigten Fahrscheinen wie Wochenend-Tickets haben Sie bei dieser Regelung allerdings schlechte Karten. Ausgenommen sind zudem Züge mit Reservierungspflicht. Verzögert sich die Abfahrt um mehr als eine Stunde, können Sie auf den Zug verzichten und sich den Fahrpreis erstatten lassen. Viel weiter sind Sie ihrem Reiseziel dann aber nicht gekommen.

Sich entschädigen lassen: Beträgt die Verspätung am Ziel 60 Minuten, erhalten Sie 25 Prozent des bezahlten Fahrpreises als Entschädigung, bei 120 Minuten sind es sogar 50 Prozent. Einen Anspruch auf

Erstattung haben Sie erst bei Beträgen ab vier Euro. Bei einer zu erwartenden Verspätung am Zielort von mindestens 60 Minuten und einer planmäßigen Ankunftszeit zwischen 0 und fünf Uhr hat der Fahrgast das Recht, ein anderes Verkehrsmittel, zum Beispiel Bus oder Taxi, zu nutzen. Die Kosten hierfür werden bis maximal 80 Euro erstattet. Für die Mobility Bahncard 100 gelten besondere Regeln. Nutzen Sie einen ICE-Sprinter, wird bei einer 30-minütigen Verspätung der Aufpreis erstattet. Von Sprinten kann dann auch nicht mehr die Rede sein.

Übernachten: Wird aufgrund eines Zugausfalls oder einer Verspätung eine Übernachtung erforderlich und ist die Fortsetzung der Fahrt am selben Tag nicht zumutbar, werden Ihnen angemessene Übernachtungskosten erstattet. Dazu sollten Sie unbedingt das Original der Hotelrechnung aufheben, das Sie später vorlegen müssen.

Generell sollten Sie sich die Verspätung bestätigen lassen. Denn um zu Ihrem Fahrgastrecht zu kommen, müssen Sie ein Fahrgastrechte-Formular einreichen. Die Bahn muss Ihnen die Entschädigung innerhalb eines Monats zahlen. Tut Sie das nicht, weil die Bahn beispielsweise darauf verweist, dass besondere Umstände außerhalb des Bahnbetriebs die Ursache für Ihren Ärger sind, können Sie sich, wie auch Kunden im Bahn-, Bus- und Schiffsbereich, an die unabhängige Schlichtungsstelle für den öffentlichen Personenverkehr in Berlin wenden.

**Weiterschimpfen:** Über die Missstände bei der Bahn wurden schon ganze Bücher verfasst, weil neben Verspätungen auch ein schier unmöglicher Ticketkauf, unerträgliches Essen und unverschämtes Personal die Bürger – vom Manager bis zur Putzfrau – in ihrer Wut eint. Obwohl merkwürdigerweise viele Reisende ans Ziel kommen und trotz eingehender Recherchen noch kein Fall eines verhungerten Fahrgasts aktenkundig wurde, wird die Bahn künftig möglicherweise auch die Schuld für Jobverlust und missratene Kinder tragen. Keine Scheu: Die Bahn ist es seit fast 200 Jahren gewohnt, den Prügelknaben zu spielen.

## 039 SELBST DIE VERSPÄTUNG BESTIMMEN

Um mit dem eigenen Zug zu fahren, können Sie natürlich einfach Zugschaffner werden. Dann haben Sie jedoch zumeist einen Vorgesetzten im Nacken sitzen, der Ihnen sagt, mit welchem Zug Sie wann und wo anhalten müssen. Sie können auch eine Draisine mieten. Das sind diese

**Zug für zwei**

Bollerwagen ähnelnden Vehikel, wie Sie in alten Western und bei Lucky Luke auftauchen. Doch dann benötigen Sie Muskelkraft und dürfen nur auf kleinen Teilstrecken unterwegs sein, vor allem in Nord- und Ostdeutschland. Um wirklich selbst den Zeitplan mitzugestalten, gibt es zwei bessere Möglichkeiten.

**Ein Eisenbahnverkehrsunternehmen gründen:** Wenn Sie Ihr eigenes Eisenbahnverkehrsunternehmen (EVU) gründen, sollten Sie nicht gleich in einen fremden Staat investieren und der Transsibirischen Eisenbahn Konkurrenz machen. Fangen Sie im schönen Mitteleuropa vor der Haustüre an. In Deutschland werden vor allem in landschaftlich besonders reizvollen Gegenden eine ganze Menge deutscher Regionalbahnen nicht von der Deutschen Bahn betrieben, sondern von nichtbundeseigenen Eisenbahnen – so der Fachterminus. In vielen Fällen machen die Betreiber das auch ziemlich gut. Es gibt jedoch klare Richtlinien seitens des Eisenbahn-Bundesamtes, um den eigenen Zug auf die Lieblingsstrecke zu bringen. Als Eisenbahner in spe sollten Sie auf jeden Fall einige Dinge mitbringen.

Einen Juristen, besser mehrere: Nachdem Sie einen Unternehmenssitz gewählt haben, entscheiden Sie wie bei jeder Unternehmensgründung für eine Rechtsform der Gesellschaft und schließen einen Gesellschaftsvertrag. Dafür brauchen Sie einen Notar, müssen sich beim zuständigen Gewerbeamt anmelden und das Stammkapital hinterlegen. Im Handelsregister muss das Erbringen von Eisenbahnverkehrsleistungen als Zweck des Unternehmens eingetragen sein.

Geduld: Sie können nicht einfach einen Zug kaufen, auf die Schienen stellen und mit ein bisschen Personal darin losheizen. Das funktioniert nicht, selbst wenn dieses Gleis stillgelegt und nicht mit anderen Zügen zu rechnen ist. Erstens wollen Sie sicherlich Ihre Fahrpläne mit anderen Anbietern abstimmen, sofern Sie auch ein bisschen Geld damit verdienen wollen. Zweitens gehören die Schienen und Bahnhöfe dem Bund, der die DB Netz AG mit der Instandhaltung und Modernisierung beauftragt hat. Um Zugfahrten auf ihrer Lieblingsstrecke zu betreiben, müssen Sie eine öffentliche Ausschreibung abwarten und sich dann bewerben. Außerdem benötigen Sie eine Genehmigung, die Ihnen die Genehmigungsbehörde erteilt. Im Normalfall ist das Bundesland zuständig, in dem Sie Ihren Sitz haben. In Baden-Württemberg wenden Sie sich beispielsweise an das Ministerium für Umwelt, Naturschutz und Verkehr, in Berlin an die Senatsverwaltung für Stadtentwicklung. Um alle Voraussetzungen für eine Genehmigung zu erfüllen, reicht Geduld alleine aber auch nicht.

Zuverlässigkeit: Sie als Unternehmer wie auch Ihre Geschäftsführer sollten zuverlässig sein, das heißt, Sie sollten nichts auf dem Kerbholz haben. Als Nachweis, dass Sie ein gesetzestreuer, verantwortungsvoller Mensch sind, reicht ein polizeiliches Führungszeugnis.

Fachkunde: Hier setzt es bei vielen aus, denn wirklich fachkundig sind die wenigsten. Sehen Sie sich am besten rechtzeitig nach einem Eisenbahnbetriebsleiter um oder studieren Sie selbst Ingenieurswissenschaften, um die Prüfung zum Eisenbahnbetriebsleiter abzulegen. Ein Eisenbahnbetriebsleiter hilft Ihnen dabei, das vom Eisenbahn-Bundesamt geforderte Sicherheitsmanagement zu installieren. Falls Sie auch überregional am öffentlichen Eisenbahnbetrieb teilnehmen, benötigen Sie außerdem eine Sicherheitsbescheinigung. Den „Leitfaden zur Erteilung von Sicherheitsbescheinigungen" erhalten Sie auf der Webseite des Eisenbahn-Bundesamtes. Weil in dem Leitfaden sehr viele Vorschriften und Paragraphen enthalten sind, kann sich zugleich der Jurist nützlich machen.

Eine Haftpflichtversicherung: Stellen Sie sich vor, Ihr vollbesetzter Zug rauscht über den Bahnsteig hinaus und direkt in den Juwelierladen mit dem angrenzenden Kunstmuseum hinein. Da kommt selbst ein Millionär ins Schwitzen. Die Haftpflichtversicherung Ihres EVU muss in Deutschland deshalb mindestens eine Deckungssumme von 10,225 Millionen Euro je Schadensfall aufweisen. In der Schweiz sind es mit 100 Millionen Schweizer Franken noch viel mehr.

Geld: Auch ohne einen Zug, der in Juwelierläden und angrenzende Museen rauscht, ist so ein Eisenbahnbetrieb kein Klacks. Sie müssen mit einer Vermögensübersicht oder dem Jahresabschluss nachweisen, dass Sie gut bei Kasse sind und sich all die Triebwagen, Schaffner und Kontrolleure auch leisten können. Sie konkurrieren übrigens gerade in Stadtnähe häufig mit öffentlichen Geldgebern oder anderen Investoren, die sich in dem Eisenbahn-Geschäft richtig gut auskennen. In jedem Fall lohnt ein Blick in die Eisenbahnunternehmer-Berufszugangsverordnung (EBZugV). Und sollten Sie von der Behörde tatsächlich die Genehmigung erhalten, haben Sie das Projekt und die damit verbundenen Ausgaben etwas länger an der Backe: Die Geltungsdauer einer Genehmigung beträgt normalerweise 15 Jahre.

**Einen Zug chartern:** Wenn Ihnen ein eigenes Unternehmen zu teuer ist, haben Sie die Möglichkeit, einen Zug bei der Deutschen Bahn oder einem anderen Unternehmen zu mieten. Sie können als Hamburger dann beispielsweise mit all Ihren Freunden und deren Freunden zu einem Auswärtsspiel des Hamburger SV in München fahren, denn in Ihren Charterzug passen bis zu 950 Personen. Da Sie dafür bei der Deutschen Bahn ohne Catering etwa 40.000 Euro zahlen, lohnt sich ein solches Gefährt erst ab einer kritischen Masse von etwa 500 Mitfahrern. Vielleicht wollen Sie Ihre Tochter ja auch auf den Gleisen zum nächsten Tokio-Hotel-Konzert chauffieren. Wenn Sie es schaffen, dass Tokio Hotel bereits im Zug auftritt, haben Sie mit Sicherheit kein Problem, den Zug zu füllen. Dann hat Ihre Tochter nämlich sehr viele Freunde. Um den Auftritt von Tokio Hotel werden Sie sich selbst kümmern müssen, den Zug dazu bekommen Sie relativ problemlos bei einem der Sonderzug-Anbieter.

Es gibt für jeden Anlass einen Zug: Tanzzüge, Schülerzüge, Partyzüge, Pilgerzüge. Es lassen sich Schlafwagen, Gesellschaftswagen und Güterwagen anmieten. Die Obergrenze bei Personenzügen liegt bei elf Wagen. Sie dürfen entscheiden, wann Ihre Fahrt beginnt und an welchem Bahnhof Sie einen Zwischenstopp einlegen wollen. Sie können mit Ihrem eigenen Zug beispielsweise problemlos von Frankfurt nach Istanbul reisen, allerdings muss das Netz mehrstromfähig sein. Alle bahnspezifischen Fragen klärt im Normalfall der Anbieter, wofür er je nach Strecke zwischen drei Wochen und mehreren Monaten Vorlauf benötigt.

## 040 DIE NOTBREMSE ZIEHEN

Sie haben die Möglichkeit, einen Zug außerplanmäßig anzuhalten. Denn die deutsche Eisenbahn-Bau- und Betriebsordnung enthält in §23 folgenden Absatz 3: „Fahrzeuge, in denen Personen befördert werden, müssen leicht sichtbare und erreichbare Notbremsgriffe haben, durch die eine Notbremsung eingeleitet werden kann." Die Notbremse heißt jedoch nicht zufälligerweise so. Es muss schon ein wirklich triftiger Grund – ein Notfall – vorliegen, wenn Sie den Zug anhalten wollen, und dazu zählt nicht etwa, dass Sie etwas am Bahnhof vergessen oder den falschen Zug genommen haben. Nur eine wirklich bedrohliche Situation, beispielsweise eine starke Rauchentwicklung im Zug, berechtigt zum Ziehen der Notbremse. Ansonsten drohen strafrechtliche Konsequenzen. Vorsätzliches und nicht erforderliches Notbremsen ist nach Paragraph 145 des Strafgesetzbuches ein „Missbrauch von Notrufen und Beeinträchtigung von Unfallverhütungs- und Nothilfemitteln". 200 Euro kostet Sie Ihr dummer Spaß auf jeden Fall, dazu entstehen möglicherweise enorme Kosten wegen des blockierten Schienenverkehrs, möglichen Verspätungen und verpassten Anschlusszügen. Zudem kann der abrupte Halt Verletzung von Mitreisenden und entsprechende Klagen nach sich ziehen. In vielen Fällen lohnt es sich, den Zugbegleiter zu fragen, bevor Sie selbst überhastet agieren.

Falls tatsächlich kein anderer Ausweg bleibt, ziehen Sie fest an einem der Notbremshebel. Diese sind in jedem Wagen oder Abteil eines Zuges deutlich markiert. Durch das Ziehen lösen Sie im Grunde nur den Überdruck in der Druckluft-Bremsleitung des Zuges. Bei einem normalen Bremsvorgang wird dieser von fünf auf bis zu 3,5 Bar abgesenkt. Durch die Notbremse wird die Hauptluftleitung jedoch einfach unterbrochen – und die Bremswirkung so entsprechend erhöht. Reisezüge benötigen aus einer Geschwindigkeit von 160 Stundenkilometern knapp 1.000 Meter bis zum Stillstand. Zudem werden Sie, mit der Hand an der Notbremse, sehr bald Gesellschaft von einem Zugbegleiter erhalten, der entweder elektronisch oder vom Triebfahrzeugführer informiert wird. Paragraph 3 der Eisenbahn-Bau- und Betriebsordnung enthält aber auch den Satz: „Die Notbremseinrichtung darf so beschaffen sein, dass eine eingeleitete Notbremsung aufgehoben werden kann."

Auf schwer zugänglichen und klar gekennzeichneten Streckenabschnitten wie Tunneln und langen Brücken steht dem Triebfahrzeugführer die Notbremsüberbrückung (NBÜ) zur Verfügung. Mit dieser kann er die eingeleitete Notbremsung verzögern, bis der prekäre Streckenabschnitt – im Eisenbahnerdeutsch NBÜ-Abschnitt – verlassen wurde. Wenn der Zug steht, dann richtig. Denn um ihn wieder in Bewegung zu setzen, müssen in jedem Fall erst einmal die Techniker ran, bevor Sie weiterreisen können.

## 041 FLUGANGST BEKÄMPFEN

Laut Studien des Deutschen Flugangst-Zentrums (DFAZ) fliegt jeder dritte Passagier mit einem unguten Gefühl. Jeder fünfte leidet an massiver Angst und Panikattacken – unter Aviophobie, wie es im Fachjargon heißt. Die Gründe sind Angst vor dem Absturz, vor dem Ausgeliefertsein, vor Kontrollverlust und Turbulenzen. Die Betroffenen tragen noch andere Lebensängste mit sich herum. Die meisten halten ihre Flugangst für unbegründet. Sie zweifeln also nicht am Fliegen, sondern an sich selbst. Das Deutschen Flugangst-Zentrum gibt verständliche Ratschläge:

1. Nutzen Sie den Vorabend-Check-in oder den Check-in im Internet. Drucken Sie sich die Bordkarte selbst aus. Dann können Sie am nächsten Tag entspannt zum Flughafen fahren.

2. Wählen Sie einen Gangplatz. Der engt Sie am wenigsten ein, ermöglicht Ihnen, einfach mal kurz aufzustehen und gibt Ihnen das Gefühl, sich frei bewegen zu können.

3. Wenn Sie insbesondere Angst vor Turbulenzen haben, wählen Sie einen Platz im vorderen Bereich des Flugzeugs, etwa bis zum Ende der Tragflächen. Hier fliegt die Maschine ruhiger.

4. Wenn Sie selten fliegen, fahren Sie ein paar Tage oder eine Woche vor dem Start schon mal zum Flughafen und machen sich damit

vertraut. Schließen Sie Ihre Erkundungstour mit einem entspannten Besuch auf der Aussichtsterrasse oder im Flughafenrestaurant ab.

5. Stellen Sie sich beim Einsteigen der Crew vor und fragen Sie, ob Zeit ist, vor dem Start kurz den Piloten kennen zu lernen.

6. Nutzen Sie auf dem Flug Hörbücher. Das lenkt Sie akustisch und gedanklich ab, blendet also gleich zwei Sinnesreize aus.

7. Informieren Sie sich darüber, wie sicher Flugzeuge sind. Lesen Sie zum Beispiel „Warum sie oben bleiben" von Jürgen Heermann und „So kommen Sie rauf und wieder runter" von David Blatner.

8. Nehmen Sie keine Medikamente zur Bewältigung von Flugangst. Die Arzneimittel, die im Wesentlichen Benzodiazepine enthalten, sollen beruhigend wirken und eine veränderte Wahrnehmung vermitteln. Die verschreibungspflichtigen Medikamente dieser Gruppe werden in Psychotherapien nur unter ärztlicher Kontrolle eingenommen – die im Flugzeug nicht gegeben ist. Außerdem wirken diese Medikamente laut DFAZ unter den Niederdruckbedingungen des Fluges nicht oder können das Angstempfinden sogar verstärken.

9. Besuchen Sie eine Einzelberatung oder ein Seminar gegen Flugangst. Solche Angebote gibt es in allen deutschen Flughafen-Städten. Dabei geht es um technische Hintergründe des Fliegens und um die Psychologie der Angst. Zum Abschluss des Seminars fliegen Sie und die anderen Teilnehmer gemeinsam mit dem Psychologen in einer Passagiermaschine.

## 042 EINEN TODSICHEREN FLUG WÄHLEN

Willkommen an Bord der unsichersten Fluglinien der Welt! Sie stehen auf der „gemeinschaftlichen Liste", sprich der schwarzen Liste der Europäischen Union. In Europa dürfen sie nicht fliegen. Überall sonst auf der Welt schon. Alle Luftfahrtunternehmen folgender Länder müssen draußen bleiben:

Äquatorialguinea > Angola (ausgenommen TAAG Angola Airlines) > Benin > Dschibuti > Gabunische Republik (ausgenommen Gabon Airlines, Afrijet und Nouvelle Air Affaires Gabon) > Indonesien (ausgenommen Garuda Indonesia, Airfast Indonesia, Mandala Airlines und Ekspres Transportasi Antarbenua) > Kasachstan (ausgenommen Air Astana) > Kirgisische Republik > Demokratische Republik Kongo > Republik Kongo > Liberia > Philippinen > Sambia > São Tomé und Príncipe > Sierra Leone > Sudan > Swasiland **Sowie folgende Fluglinien:** Ariana Afghan Airlines (Afghanistan) > Siem Reap Airways International (Kambodscha) > Silverback Cargo Freighters (Republik Ruanda)

## 043 DEN BEQUEMSTEN PLATZ RESERVIEREN

Wenn Sie online buchen oder online einchecken, wählen Sie selbst Ihren Wunschsitz aus. Das heißt nicht unbedingt, dass Sie diesen dann auch wirklich bekommen. Die Airline kann zum Beispiel ein anderes Flugzeug einsetzen. Aber einen Versuch ist es wert.

Vorne, hinten, in der Mitte: Vorne, bis etwa zu den Tragflächen, fliegen Sie am ruhigsten, was die Akustik angeht. Da sind Sie am weitesten von den Turbinen entfernt. Außerdem kommen Sie nach der Landung schneller raus. Allerdings kann es hier etwas ziehen, da sich der Temperaturunterschied zur noch weiter vorne gelegenen Business Class bemerkbar macht. Weil dort weniger Passagiere sitzen und Wärme abstrahlen, wird mehr geheizt als in der Economy. Über den Tragflächen sind die besten Plätze für Passagiere, denen leicht schlecht wird, hier fühlt sich der Flug am angenehmsten an. Hinten ist es lauter und unruhiger bei Turbulenzen. Dafür haben Sie meistens mehr Platz, weil dort weniger Passagiere sitzen wollen. In welcher Reihe die Wahrscheinlichkeit höher liegt, dass Ihr gewünschtes Essen noch verfügbar ist, wenn die Flugbegleiterin bei Ihnen vorbeikommt, lässt sich schwer sagen. Bei manchen Airlines werden die Tabletts von hinten nach vorne verteilt, bei anderen von vorne oder von der Mitte aus.

Fenster, Mitte, Gang: Am Fenster werden Sie am wenigsten gestört. Wenn Ihre Sitznachbarn raus wollen, müssen Sie nicht aufstehen. Außerdem können Sie sich beim Schlafen zur Seite lehnen. Wenn Sie raus wollen, müssen Sie jedoch die anderen bitten, sich zu erheben. In der Mitte sitzen Sie am schlechtesten. Eingekeilt wird es eng für Beine und Ellenbogen. Nicht jeder Mitreisende ist so höflich, Ihnen dann wenigstens die Armlehne zu überlassen. Am Gang haben Sie die größte Bein- und Bewegungsfreiheit. Sie stehen auf, wann Sie wollen. Aber auch, wenn Ihre Sitznachbarn wollen. Außerdem müssen Sie die Gliedmaßen einziehen, wenn Passagiere den Gang entlanggehen und Flugbegleiterinnen Ihre Wagen durchschieben. Dafür ist Ihr Thrombose-Risiko viermal geringer als auf einem Fensterplatz.

Notausgang: sehr beliebt wegen der Beinfreiheit, aber auch mit einigen Nachteilen verbunden. Sie dürfen kein Handgepäck zu Ihren Füßen verstauen. Bis Sie von der Flugbegleiterin darauf hingewiesen werden, können die Staufächer über Ihnen bereits voll sein – dann wird Ihr Gepäckstück außerhalb Ihrer Reichweite deponiert. Der Platz vor Ihrem Sitz zieht andere Passagiere an, die sich die Beine vertreten und ein Schwätzchen halten wollen. Außerdem sind Notausgänge Kältebrücken, ihre Oberflächentemperatur ist kälter als die Kabinenwand. Bildschirm und Klapptisch sind nicht am Sitz Ihres Vordermanns, sondern in Ihrer Armlehne untergebracht, was beim Essen und Filmeschauen zu lästiger Akrobatik führen kann.

Trennwände: Hinter den Trennwänden fliegen bevorzugt Familien mit kleinen Kindern, in der Hoffnung auf mehr Privatsphäre und Beinfreiheit. Es ist dort entsprechend laut. Sie haben keinen Vordermann. Das Gute daran: Niemand stellt seine Rückenlehne zurück. Der Nachteil: Sie können Ihre Beine nicht unter den Sitz strecken. Alles in allem sind Sie eingeengter als in einer normalen Reihe. Was Klapptische und Bildschirme angeht, haben Sie es hier wie an den Notausgängen etwas unbequemer als auf anderen Sitzen.

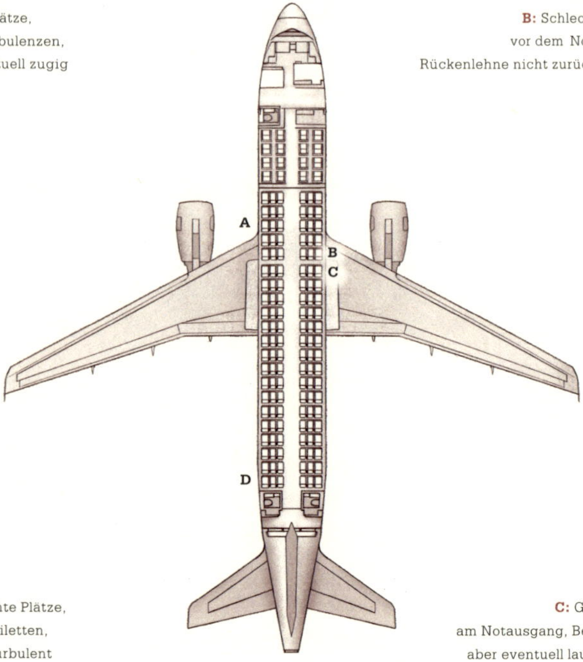


**A:** Gute Plätze,
wenig Turbulenzen,
aber eventuell zugig

**B:** Schlechte Plätze,
vor dem Notausgang,
Rückenlehne nicht zurückklappbar

**D:** Schlechte Plätze,
vor den Toiletten,
laut und turbulent

**C:** Gute Plätze,
am Notausgang, Beinfreiheit,
aber eventuell laut und kühl

Toiletten und Galleys: In der Nähe der Toiletten riecht es nicht besonders gut und es ist laut, weil dauernd die Spülung geht und Türen zugeschlagen werden. Passagiere stehen Schlange und unterhalten sich. Die Bordküchen sind ebenfalls laut und stark frequentiert.

Sitzabstände: Airlines tendieren dazu, die Abstände in der Economy eher noch zu verringern, weil dann noch mehr Sitze ins Flugzeug passen. Gemessen wird von Rückenlehne zu Rückenlehne. Die Abstände variieren je nach Einsatzgebiet, auf Langstrecken sind sie größer als auf Inlandsflügen. Zum Beispiel Lufthansa: 76,2 bis 89 cm,

Ryanair: 76,2 cm, Qantas: 78,7 bis 81,3 cm, Emirates: 79 bis 86 cm. Sitzpläne (Seat Maps) finden Sie auf den Webseiten aller Fluglinien nach Lang-, Mittel- und Kurzstrecken sowie nach Flugzeugtyp aufgeschlüsselt.

## 044 SCHNELLER EINCHECKEN

Vielflieger haben Angst vor Warteschlangen, und die werden dank internetfähiger Handys immer kleiner. Schon einen Tag vor Abflug können Sie per Handy einchecken, einen Sitz reservieren und Ihre Bordkarte per E-Mail oder SMS-Link auf dem Handy empfangen. Sie erhalten gleichzeitig einen Klartext mit Informationen übermittelt, die auch als zweidimensionaler Barcode (2D-Code) dargestellt sind, also als quadratisches Schwarzweißmuster, vergleichbar mit dem Strichcode auf den Produkten im Supermarkt. Damit gehen Sie direkt zur Sicherheitskontrolle, wo Sie die Klartext-Informationen auf Ihrem Display vorzeigen. Am Gate halten Sie Ihr Display mit dem 2D-Code auf den Scanner beim Ausgang und gehen durch.

Eine weitere, in Planung befindeliche Einstiegshilfe, die noch vor wenigen Jahren als Science-Fiction galt, ist ein Navigator fürs Handy. Dieser berechnet dem Passagier die beste Zeit zum Aufstehen, eine staufreie Fahrtroute zum Flughafen und den kürzesten Weg zum Gate. Dazu wird der Aufenthaltsort des Passagiers per GPS überwacht. Auch Koffer ließen sich nach Meinung von Beschleunigungs-Anhängern besser verfolgen, wenn man Chips in die Gepäckaufkleber einbauen würde. Vollends James-Bond-artig sind Iris-Scanner, die das Muster des Auges wie einen Fingerabdruck lesen. Passagiere, die sich zum Beispiel am Frankfurter Flughafen für dieses Verfahren registrieren lassen und ihre Passdaten bei der Polizei hinterlegen, begeben sich in eine Schleuse, die sich nach dem Augen-Abgleich automatisch öffnet. Der Vielflieger freut sich, der Datenschützer nicht.

**Großer Beutel mit kleinen Flaschen = kein Ärger**

In der Komödie „Up In The Air“ spielt George Clooney den abgebrühten Vielflieger Ryan Bingham, der im Jahr 350.000 Meilen zurücklegt. Seiner jungen Kollegin gibt er Tipps, wie sie schneller durch die Sicherheitskontrolle kommt: niemals hinter alten Leuten, Familien mit Kindern oder Arabern anstellen. Denn, so Bingham, in den Körpern der Alten sind zu viele Metallteile, und sie trödeln zu sehr. Familien mit Kindern sind unorganisiert, Araber sehen zu verdächtig aus. Sich hinter Asiaten anzustellen, sei dagegen in Ordnung: Sie packen wenig ein, reisen effizient und tragen fast immer Slipper, meint Bingham. Es gibt noch weitere, weniger sarkastische Ratschläge fürs schnelle Vorankommen an einem europäischen Flughafen:

Kleines Gepäck: Je weniger Sie an Bord nehmen, desto schneller kommen Sie durch die Kontrolle. Einzelne Flüssigkeitsbehälter dürfen nicht mehr als 100 ml Inhalt fassen. Sie müssen in einem durchsichtigen, verschließbaren Plastikbeutel mit maximal einem Liter Volumen verpackt sein – zum Beispiel in einem Gefrierbeutel mit Zipp-Verschluss. Pro Person ist nur ein solcher Beutel erlaubt. Legen Sie Ihn extra aufs Förderband. Medikamente – zum Beispiel Augentropfen, nicht aber Kontaktlinsenmittel – sowie Diätnahrung und Babynahrung dürfen Sie außerhalb des Plastikbeutels und in größeren Mengen transportieren.

Laptop und Kameras raus: Akkus und Kabel und die ganze Elektronik übereinander in der Tasche des tragbaren Computers – das sieht auf dem Röntgenmonitor unübersichtlich aus. Deshalb muss der Rechner einzeln aufs Band. Bei Stichproben müssen Sie den Computer außerdem hochfahren oder ein Foto mit Ihrer Kamera machen – das ist die so genannte Funktionsprüfung, die zeigen soll, ob etwas in die Geräte eingebaut wurde.

Jacken und Gürtel ausziehen: Andernfalls kann es sein, dass Sie länger an der Torsonde aufgehalten und manuell kontrolliert werden. Keine Angst bei Intimpiercings. Die sind in der Regel nicht massiv genug, dass Sie den Metalldetektor zum Piepsen bringen.

Feuerzeug: darf nicht nur in Ihrer Hosentasche mit in die Kabine, es muss sogar. Sie dürfen es nicht im Koffer einchecken. Aber nur ein Feuerzeug pro Person ist erlaubt, und nur, wenn es mit komplett absorbiertem Flüssiggas gefüllt ist. Zippo-Feuerzeuge sowie andere nachfüllbare Feuerzeuge, Feuerzeugbenzin und Nachfüllpatronen dürfen überhaupt nicht ins Flugzeug, weder in die Kabine noch in den Frachtraum.

Taschenmesser: darf auf deutschen Flughäfen mit, wenn es eine Klingenlänge bis zu maximal sechs Zentimetern hat. Es zählt wie das Feuerzeug oder auch der Einmalrasierer und die Nagelschere zu den Dingen des täglichen Gebrauchs. In anderen EU-Ländern kann das jedoch anders geregelt sein. Besser also, Sie lassen Ihr Pediküre- und Schnitz-Set gleich im Koffer.

Wenn die Torsonde trotz allem anschlägt: Auch wenn Sie kein Metall am Körper tragen, kann es sein, dass der Metalldetektor piepst. Das liegt an einer Zufallsprogrammierung des Geräts, mit der manuelle Stichproben ausgelöst werden.

Duty-Free-Ware: Alkoholika oder Parfüms, die Sie im Duty-Free-Laden an einem Flughafen der Europäischen Union oder an Bord eines in der EU registrierten Flugzeuges gekauft haben, dürfen Sie, auch beim Umsteigen, bei sich tragen, wenn die Ware von der Verkaufsstelle in einer transparenten Plastiktüte versiegelt worden ist und Sie einen Kaufbeleg vorzeigen können, der nicht älter als 36 Stunden ist. Es gibt keine Mengenbegrenzung von 100 ml. Duty-Free-Ware von einem Flughafen außerhalb der EU dürfen Sie nur bei einem Direktflug mit in die Kabine nehmen. Zum Beispiel Whisky aus den USA wird Ihnen bei der Sicherheitskontrolle abgenommen, wenn Sie innerhalb der EU umsteigen. Geben Sie Duty-Free-Flüssigkeiten von außerhalb der EU beim Umsteigen im Check-in-Gepäck auf. In Handtücher verpackt und in die Mitte eines Koffers gelegt, ist das überhaupt keine Gefahr für eine Flasche.

Aus dem Handgepäck der Anderen: Vergangenes Jahr haben Sicherheitsleute an deutschen Flughäfen rund 155 Millionen Passagiere kontrolliert. Dabei haben sie 406.000 verbotene Gegenstände beschlagnahmt. Darunter:

**9.200 Waffen (Gewehre, Pistolen, Elektroschocker und Armbrüste) > 151.800 stumpfe, spitze oder scharfe Objekte (Nagelscheren, Eispickel, Äxte) > 232.000-mal brennbare Stoffe (Alkohol, Munition, Sprengkapseln und Gaskartuschen) > 12.700-mal chemische und toxische Stoffe (inklusive Abwehr- und Betäubungssprays) > Außerdem: Golf-, Baseballschläger und Harpunen von Sportlern sowie das Bolzenschussgerät eines Metzgers**

## 046 VIREN UND ELEFANTEN EINCHECKEN

Ebola-Erreger und Elefanten haben eines gemeinsam: Sie dürfen nicht in ein Passagierflugzeug. Bei den Elefanten liegt das an der Größe und am Gewicht. Die Tiere brauchen spezielle Hebevorrichtungen und Laderäume, in denen man sie sicher unterbringen kann. Sie werden deshalb mit einem Frachtflugzeug transportiert. Nur kleine Hunde und Katzen dürfen mit in die Passagierkabine. Voraussetzung ist, dass sie in eine Box passen, die den Maßen des Handgepäcks – 55 cm x 40 cm x 20 cm – entspricht und mitsamt dieser Box maximal acht Kilogramm wiegen. Alle größeren Tiere kommen in Containern in einen klimatisierten Bereich des Frachtraums. Dort ist es finster, laut und stressig. Abgesehen davon gibt es komplizierte gesetzliche Regelungen über die Einfuhr von Tieren. Ein armes, kleines Kätzchen, das Sie in Griechenland vor dem Verhungern gerettet haben, erweist sich bei der Rückkehr nach Deutschland schnell als teure Investition. Mit all den erforderlichen Papieren, amtsärztlichen Untersuchungen, vorgeschriebenen Tätowierungen, Impfungen und Quarantänemaßnahmen sind Sie noch am Flughafen schnell zwei- bis dreitausend Euro los.

Ebola-Erreger – etwa in Reagenzgläsern verschlossen im Gepäck eines Wissenschaftlers – fallen unter verschiedene Gesetze des Gefahrgutrechts. Gefahrgüter sind zum einen gefährliche Stoffe, die transportiert werden. Also zum Beispiel Chemikalien oder Radioaktives – alles, was giftig, ätzend, explosiv, erbgutverändernd oder auf andere Weise für den Menschen gefährlich ist. Diese Stoffe dürfen nicht an Bord eines Passagierflugzeugs, sondern müssen mit Frachtmaschinen geflogen werden. Dabei gibt es unzählige Vorschriften, was die Verpackung, Lagerung und Kennzeichnung des Gefahrguts angeht. Zu Gefahrgütern gehören aber auch Produkte und Geräte wie Munition, Batterien, Lötkolben, Lockenstäbe, alkoholische Getränke oder Airbags und Lawinenrettungs-Rucksäcke, die beim Transport eventuell gefährlich werden, weil sie zum Beispiel explodieren, brennen oder Hitze erzeugen können. Für jedes Gefahrgut gibt es eigene Vorschriften. So darf zum Beispiel eine Biathletin durchaus Waffen und Munition einchecken – wenn sie die erforderlichen Papier dafür hat, was von der Polizei am Check-in kontrolliert wird (siehe Kapitel 024, Packen wie die Profis). Alpinisten dürfen meist pro Mann einen – mit einem pyrotechnischen Auslösemechanismus versehenen – Lawinenrettungs-

Rucksack aufgeben oder sogar ins Handgepäck nehmen. Hier entscheidet allerdings jede Airline anders. Erkundigen Sie sich vorher, wenn Sie einen Lockenstab oder Airbag mit in den Urlaub nehmen wollen.

## 047 EINEN KOFFER VERFOLGEN

Am Check-in-Schalter bekommen Sie einen bestimmten Sitzplatz in der Maschine zugewiesen. Ihr Koffer erhält eine zehnstellige Nummer, die mit Ihrem Namen und Ihren Flugdaten im zentralen Airlinesystem gespeichert wird. Diese Nummer ist so eindeutig wie ein Autokennzeichen. Damit können Flughafenangestellte und Sicherheitskräfte in aller Welt den Koffer identifizieren und seinen Weg genau verfolgen. Die Identifikationsnummer steht in Ziffern und als Strichcode auf einem Aufkleber, dem Tag (engl. Anhänger), den der Check-in-Mitarbeiter ausdruckt und an Ihrem Koffer befestigt. Sie bekommen einen kleinen Aufkleber, auf dem ebenfalls alle Daten stehen, auf Ihren Bordpass geklebt. Verlieren Sie ihn nicht. Wenn Ihr Gepäck nicht mit Ihnen am Zielort ankommt, erleichtert dieser kleine Aufkleber die Suche.

Per Knopfdruck schickt der Check-in-Mitarbeiter Ihren Koffer auf einem Förderband hinter die Kulissen. Gleichzeitig sendet er sämtliche Daten über Sie und Ihren Koffer an alle Flughäfen, über die Ihre Reise führt. Diese Information wird Baggage Source Message genannt. Wenn man sich die Identifikationsnummer Ihres Koffers als Autokennzeichen vorstellt, so ist die Baggage Source Message mit einem Fahrzeugschein vergleichbar. Die Message enthält unter anderem die Identifikationsnummer Ihres Koffers, Ihren Namen, Ihre Flug- und Ihre Sitzplatznummer. Außerdem ist eine Verladefreigabe, die Authority to Load, als Code darin vermerkt – um sicherzugehen, dass Sie das Gepäck legal eingecheckt haben.

Während Sie durch die Passkontrolle und in den Duty-Free-Shop gehen, steckt Ihr Koffer in einer automatischen Gepäckbeförderungsanlage. Der Strichcode auf dem Tag bestimmt, wohin er geleitet wird. Dabei wird er in einem mehrstufigen Prozess von mehreren Röntgengeräten durchleuchtet. Wenn die Maschine beim ersten Röntgen etwas Verdächtiges entdeckt – zum Beispiel, weil Sie einen Werkzeugkoffer zwischen Ihren T-Shirts liegen haben –, wird Ihr Koffer automatisch aussortiert und von Sicherheitsleuten näher betrachtet. Dabei kommen immer sensiblere Geräte bis hin zu Computertomographen zum Einsatz. Wenn die Sicherheitskräfte dann immer noch denken, in Ihrem Koffer könnte etwas Gefährliches sein, wird er geöffnet. Je nachdem, an welchem Flughafen Sie sind, werden Sie entweder ausgerufen und müssen selbst aufmachen – oder die Sicherheitskräfte erledigen das im Beisein der Bundespolizei und von Airline-Vertretern. Die Sicherheitskräfte haben Schlüsselsätze für alle Koffertypen, brauchen aber auch für Zahlenschlösser nicht lange. Wenn Sie sichergehen wollen, dass Ihr Koffer bei einer eventuellen Öffnung nicht kaputtgemacht wird, schließen Sie ihn erst gar nicht ab. In den USA sollten Sie nur Koffer mit dem speziellen TSA-Schloss benutzen. TSA steht für Transportation Security Administration – die US-amerikanische Luftfahrtbehörde, deren Kontrolleure Generalschlüssel für TSA-Schlösser haben (siehe Kapitel 021, Den richtigen Koffer packen).

Falls Sie verdächtigt werden, eine Bombe im Koffer zu haben, rückt die Polizei zur Delaboration an – das heißt, sie nimmt Ihr Gepäck auseinander. Dies geschieht mit einem sehr starken, konzentrierten Wasserstrahl, der alles zerschneidet und zerreißt, was ihm in die Quere kommt, den Zündmechanismus einer Bombe eingeschlossen. Von Ihrem Koffer bleibt dann nichts mehr übrig.

Wenn alles in Ordnung ist, ruckelt Ihr Koffer über die Förderanlage zu einem Container, wo das Gepäck abgekippt wird. Ein Flughafenmitarbeiter prüft erneut, ob die Verladefreigabe für Ihren Koffer immer noch besteht. Falls Sie den Sicherheitsbereich des Flughafens inzwischen verlassen haben, weil Sie plötzlich doch nicht mehr fliegen wollten, wird das von den Sicherheitsleuten, die Sie hinauslassen, gemeldet und im zentralen Airlinesystem vermerkt. Dann erlischt die Verladefreigabe und Ihr Koffer wird nicht mit an Bord genommen. Ihr Gepäck fliegt nur mit, wenn auch Sie im Flugzeug sitzen. Zur Not wird Ihr Koffer innerhalb von wenigen Minuten ausgeladen. Im Computersystem ist seine exakte Position im Laderaum gespeichert.

Am Zielflughafen wird der Koffer wieder auf ein Förderband gegeben. Der Strichcode entscheidet, wo es hingeht – auf einen anderen Flieger oder zur Gepäckausgabe. Der Weg des Koffers wird immer noch lückenlos dokumentiert, auch damit hinterher niemand behaupten kann, das Gepäck sei gestohlen worden. Wenn Sie auf einen anderen Fug umsteigen müssen, besorgen Sie sich Ihre Bordkarte so früh wie möglich, selbst wenn Sie mehrere Stunden Wartezeit zu überbrücken haben. Je früher Sie die Bordkarte haben, desto schneller beginnt für Ihren Koffer der Prozess des Verladens – und umso sicherer ist es, dass Ihr Koffer rechtzeitig mit Ihnen ins Flugzeug kommt.

Wenn Sie am Ende trotz allem vergeblich am abgeräumten Förderband der Gepäckausgabe warten, kann das verschiedene Ursachen haben: Ihr Koffer hat den Anschlussflug nicht rechtzeitig erreicht, die Gepäckbeförderungsanlage am Startflughafen war defekt oder jemand hat eine falsche Taste am Computer gedrückt. Gehen Sie zum Schalter der Airline und hinterlassen Sie Ihre Hotelanschrift. Dann wird Ihnen der Koffer in der Regel innerhalb von 24 Stunden nachgeschickt.

## 048 NACKT SCANNEN

Auf jeden Terrorakt folgen neue Diskussionen über die Sicherheit im Flugverkehr. Seit dem Attentat von Lockerbie 1988 dürfen nur Gepäckstücke von Passagieren, die auch tatsächlich in der Maschine sitzen, in den Frachtraum. Seit dem Anschlag auf das World Trade Center vom 11. September 2001 sind Cockpits verschlossen, in den USA teils bewaffnete Flugbegleiter an Bord. Außerdem gelten verschärfte Einreisebestimmungen. Seit den versuchten Bombenanschlägen in London Heathrow mit Flüssigsprengstoff 2006 ist die Mitnahme von Flüssigkeiten im Handgepäck eingeschränkt. Ende 2009 versuchte der Nigerianer Umar Farouk Abdulmutallab an Bord eines Airbus auf dem Weg von Amsterdam nach Detroit einen Sprengsatz zu zünden, den er in seiner Unterhose trug. Seitdem wird über den Einsatz von Nacktscannern, auch Körperscanner genannt, gestritten. Mit dieser Technik können Sicherheitsleute am Flughafen wie im Science-Fiction-Film unter die Kleidung der Fluggäste schauen. Zwei Techniken machen dies möglich: Röntgen- und Terahertz-Strahlung.

Bei der Röntgentechnik wird der Körper wie bei einer medizinischen Aufnahme durchleuchtet. Gegenstände von dichter Masse wie Pistolen oder Messer reflektieren die Strahlen besonders gut und werden so sichtbar. Terahertz-Strahlung ist nach ihrer einen Billion Schwingungen pro Sekunde benannt. Die elektromagnetischen Wellen liegen im Grenzbereich zwischen den wärmenden Infrarotlicht- und Mikrowellen. Sie machen Körperumrisse sichtbar und dienen der Analyse der Zusammensetzung eines Stoffes. Experten sagen, damit hätte man dem nigerianischen Attentäter in seine Unterhose schauen und den Sprengstoff entdecken können.

In der Diskussion über Nacktscanner geht es um gesundheitliche und ethische Aspekte. Röntgenstrahlung kann das Erbgut verändern und Krebs verursachen. In Deutschland ist das Röntgen von Menschen nur für medizinische Zwecke erlaubt. Deshalb fährt das Handgepäck am Flughafen durch ein Röntgengerät, der Fluggast geht durch einen Metalldetektor und wird abgetastet.

Die Strahlendosis beim Durchschreiten eines Nacktscanners mit Röntgenstrahlen ist angeblich 500-fach geringer als die Höhenstrahlung auf einem Langstreckenflug. Aber auch geringe Strahlendosen können Tumore auslösen. Datenschützer und Behindertenverbände sehen durch Nacktscanner die Würde der Passagiere und ihre Persönlichkeitsrechte in Gefahr. Sichtbar würden unter anderem die Genitalien, Piercings, künstliche Darmausgänge, Urinbeutel, Prothesen und Windeln inkontinenter älterer Fluggäste. Mit Hilfe von Bildbearbeitungs-Software ist es möglich, die Körperumrisse eines Passagiers zu abstrahieren, um seine Intimsphäre zu wahren. Aber dann wird es eventuell schwierig, Speckrollen von Sprengstoffgürteln zu unterscheiden.

Schon die ersten Testeinsätze der Scanner waren von technischen Pannen und Peinlichkeiten begleitet. So verlangten Sicherheitsleute in den USA von einer Frau, dass sie ihre Brustprothesen herzeigte. Ein Krebspatient wurde derart grob angefasst, dass sein Urinbeutel platzte. Im Internet werden Intim-Aufkleber und spezielle Unterwäsche gegen den staatlichen Total-Durchblick angeboten.

## 049 ZOLLFREI EINKAUFEN

Der klassische Viersprung vor dem Abflug besteht aus Einchecken, Sicherheitskontrolle, Passkontrolle und Duty-Free-Laden. Duty Free bedeutet: In der Zone zwischen zwei Zollstellen werden Waren abgabenfrei, das heißt ohne Zoll, Mehrwert- oder Verbrauchssteuern, angeboten. Diese Regelung hat die EU im Jahr 1999 für Reisen innerhalb Europas aufgehoben. Die Duty-Free-Läden heißen seitdem Travel Value, auch wenn immer noch jeder Duty Free dazu sagt. Auch die günstigen Preise der Duty-Free-Läden sind bei Travel Value geblieben. Hersteller und Händler verzichten aus Image- und Werbegründen auf Gewinnspannen. Der Händler führt Steuern und Abgaben für europäische Fluggäste ab. Nur für Passagiere, die Europa verlassen, fallen keine Abgaben an. Für diese Unterscheidung müssen Sie Ihre Bordkarte an der Kasse vorzeigen. Tabakwaren sind nur für Fluggäste, die die EU verlassen, günstiger – allerdings um einiges. In den Duty-Free-Stangen sind mehr Zigaretten als in gewöhnlichen Packungen. Auch

Alkohol wird in Flaschengrößen verkauft, die es im herkömmlichen Handel nicht gibt und die sich an den Mengen orientieren, die zollfrei eingeführt werden dürfen.

Im Schnitt sind die Preise in den Duty-Free-Läden um 20 bis 30 Prozent günstiger als in einem herkömmlichen Geschäft in der Stadt. Beim Tabak gibt es sogar Preisvorteile bis zu 40 Prozent.

## 050 UPGRADEN LASSEN

Economy zahlen, Business oder First Class fliegen: Der Wechsel in eine höhere Buchungsklasse, der Upgrade, ist von Airline zu Airline unterschiedlich geregelt. Grundsätzlich muss man wissen, dass die Passagiere der höheren Buchungsklassen besonders wertvoll für die Anbieter sind. Zwar sind nur etwa zehn Prozent aller Fluggäste First- und Business-Class-Kunden, sie machen jedoch 40 Prozent des Umsatzes aus.

Üblicherweise kaufen Sie sich den Upgrade kurz vor dem Einsteigen direkt am Gate, je nachdem, ob noch Plätze frei sind. Aber diesen Service bietet nicht jede Airline an. Oder Sie nutzen die Bonussysteme und tauschen Prämienmeilen gegen einen besseren Platz. Das geht meist nur mit Vorlauf, nicht am Abflugtag. Manchmal müssen die Airlines ihre Passagiere upgraden, etwa, wenn die Maschine in der einen Klasse überbucht ist und in der höheren Klasse noch Sitze zur Verfügung stehen. Dann werden allerdings die Vielflieger mit den meisten gesammelten Meilen bevorzugt. Die Auswahl der Passagiere ist Ermessenssache des Flight Managers oder Stationsleiters, der den Prozess des Einsteigens bei mehreren Maschinen überwacht und immer mal wieder an Ihrem Gate vorbeischaut. Sie können auch direkt nach ihm fragen und sich bei ihm einschmeicheln. Die Klassiker der Upgrade-Bitte sind: Sie haben Geburtstag oder sind auf Hochzeitsreise, Sie wollen unbedingt mal die neuen Liegesessel der Business Class ausprobieren – zumal Sie die letzten Male auf den alten Sitzen fliegen mussten. Darüber hinaus sind der Phantasie keine Grenzen gesetzt. Ganz wichtig: Sie müssen passabel gekleidet sein. In Shorts und Badeschlappen lässt Sie niemand in die Business oder First Class wechseln.

## 051 AM BODEN BLEIBEN

Es gibt viele Gründe, wegzufliegen. Es gibt aber auch Gründe, warum Sie es nicht tun können:

**Sie sind selbst schuld** Ihr Problem: Sie sind zu spät losgefahren, haben die S-Bahn verpasst, stehen im Stau, finden keinen Parkplatz. Das Gate ist geschlossen, der Flug ist weg. Die Lösung: am Schalter der Airline umbuchen. Das kostet je nach Strecke, Fluglinie und Buchungsklasse zwischen 30 bis 200 Euro Gebühren. Dazu kommt die Differenz zum tagesaktuellen Flugpreis, wenn er höher ist als Ihr ursprünglich gebuchter Tarif. Allerdings muss Ihr Tarif das Recht auf eine Umbuchung überhaupt beinhalten. Flüge mit Sondertarifen und Tickets von Billigfliegern, die zeitlich begrenzt sind, können Sie meistens nicht umbuchen. Dann zahlen Sie einen neuen Flug zum vollen Preis. Teurere, aber flexible Tarife schließen die kostenlose Umbuchung in der Regel bis 30 Minuten vor Abflug ein, manche sogar die kostenlose Umbuchung nach dem verpassten Abflug. Ansonsten sind Umbuchungen, nachdem Sie sich verspätet haben, eine Geste des guten Willens der Airline. Sie haben keinen Anspruch darauf. Falls Sie umbuchen können, heißt das nicht, dass Sie einen zeitlich günstigen Flug kriegen. Rufen Sie auf jeden Fall so früh wie möglich bei der Airline an, wenn Sie merken, dass Sie zu spät kommen. Dann kann man Ihnen auch gleich eine Alternative suchen und einen neuen Platz reservieren. Je nach Tarif können Sie den Flug auch rechtzeitig stornieren, wenn Sie merken, dass Sie ihn sowieso nicht kriegen.

**Die Fluglinie ist schuld** Ihr Problem: Der Flug wird gestrichen, überbucht oder hat Verspätung. Sie stehen verdutzt vor der Anzeigetafel im Terminal oder am Gate und kommen nicht weg. Die Lösung bei Verspätung: Bei einem in der Europäischen Union gestarteten Flug oder bei einem Flug aus einem Drittland in die EU mit einer EU-Airline können Sie sich auf europäisches Recht berufen. Demnach müssen Sie zunächst klaglos ausharren, zumindest für eine bestimmte Zeitdauer, die je nach gebuchter Strecke geregelt ist (siehe Tabelle). Anschließend können Sie Ansprüche stellen: Dann muss Ihnen die Airline Mahlzeiten und Getränke anbieten, außerdem dürfen Sie zwei Telefonate führen oder zwei E-Mails oder Faxe verschicken. Wenn Sie fünf Stunden gewartet haben, können Sie auf den Flug verzichten und den vollen Preis zurückverlangen oder sich kostenlos umbuchen lassen. Wird Ihr Flug auf den nächsten Tag verlegt, muss Ihnen die Airline ein Hotel und die Transfers dorthin und zurück zum Flughafen bezahlen. Ab drei Stunden Wartezeit steht Ihnen eine Kompensation zu, die sich nach Ihrer gebuchten Strecke richtet (siehe Tabelle). Die Lösung bei Annullierung oder Überbuchung: Sagt die Airline Ihren Flug ersatzlos ab oder überbucht sie ihn, können Sie eine von der gebuchten Strecke abhängige Kompensation verlangen (siehe Tabelle). Zusätzlich haben Sie in beiden Fällen ein Wahlrecht: Sie können den Ticketpreis zurückfordern. Oder Sie verlangen die schnellstmögliche anderweitige Beförderung, etwa im Zug. Oder Sie lassen sich auf einen anderen Flug umbuchen, der Ihnen recht ist. Falls Übernachtungen fällig werden, muss die Airline dafür aufkommen und Ihre Mahlzeiten übernehmen. Überbuchungen rechnen sich trotzdem für die Fluglinien. Sie entstehen dadurch, dass Airlines mehr Passagiere auf eine Maschine buchen als darin Platz finden. Das liegt an den No-Shows: Passagieren, die nicht zu einem Flug erscheinen, obwohl sie ihn gebucht haben. No-Shows sind Inhaber von First- und Business-Class-Tickets, die ihnen maximale Flexibilität bieten. Sie dürfen eine Strecke auf mehreren verschiedenen Flügen buchen, umbuchen und streichen, wie es ihnen gerade in den Terminkalender passt. Dadurch würden Sitze frei bleiben und der Airline wirtschaftliche Verluste entstehen – was Überbuchungen verhindern sollen. Die Airlines haben Erfahrungswerte und wissen, auf welchen Strecken sie so überbuchen können, dass normalerweise dennoch alle erscheinenden Passagiere Platz finden. Kommt es trotzdem so weit, dass mehr Gäste am Gate erscheinen als befördert werden können, muss die Airline eine Auswahl unter ihnen treffen. Viel fliegende Statuskunden werden bevorzugt, Business-Kunden in die First Class befördert – also upgegraded – oder aber in die Economy gesetzt – downgegraded –, um für andere, noch wichtigere Passagiere Platz zu machen. Bei Billigfliegern gibt es offiziell keine Überbuchungen. Ihre Kundschaft kann ja auch nicht flexibel umbuchen. Dafür kaufen sich manche Passagiere gleich mehrere Tickets für verschiedene Flugtermine, nutzen eines und lassen die anderen verfallen. Ihre Sitze bleiben dann leer.

**Wartezeiten und Kompensationen sind an die gebuchte Strecke gekoppelt**

| Strecke | Wartezeit für Mahlzeiten und Telefonate | Kompensation bei Verspätung, Annullierung, mehr als drei Stunden Warten |
|---|---|---|
| Kurzstrecke (bis 1.500 km) | mehr als 2 Stunden | 250 € |
| Mittelstrecke (1.500 bis 3.500 km) | mehr als 3 Stunden | 400 € |
| Langstrecke (über 3.500 km) | mehr als 4 Stunden | 600 € |

Bei einer Annullierung bekommen Sie keine Kompensation, wenn die Airline Sie 14 Tage vor geplantem Abflug informiert, Ihnen eine andere Beförderung anbietet oder keine Schuld trifft, das heißt bei höherer Gewalt. Dazu zählen Streiks und schlechtes Wetter, aber keine technischen Probleme. Laut Europäischer Kommission stellen sich viele Airlines bewusst taub, wenn Passagiere ihre Rechte einfordern. Fast die Hälfte der Fluggäste kennt ihre Rechte laut EU nicht einmal.

**Die anderen sind schuld** Ihr Problem: Streiks, Bombenalarm, politische Demonstrationen. Der Flughafen ist dicht. Die Lage ist unübersichtlich. Die Lösung: Ihr Flug wird sich verspäten, er wird gestrichen oder annulliert. Sie lassen sich den vollen Ticketpreis zurückzahlen oder ein Ersatzticket ausstellen – und Sie verlangen eine Entschädigung. Die Entschädigung kriegen Sie aber nicht, weil sich die Airline auf höhere Gewalt berufen kann. Die anderen Leistungen schon.

**Die Natur ist schuld** Ihr Problem: Ein isländischer Vulkan spuckt Asche. Innerhalb einer Woche fallen 100.000 Flüge weltweit aus. Auch Ihrer. Die internationale Wirtschaftsleistung wird um vier Milliarden Euro gedrückt, weil Arbeitskräfte hängenbleiben und Lieferungen nicht stattfinden können. Allein die Fluggesellschaften verlieren rund zwei Milliarden Euro. Darin sind die Rückerstattung Ihres Tickets oder Ihr Ersatzticket, Ihre Übernachtungen und Mahlzeiten bereits enthalten. Die Lösung: Fähre, Bus, Taxi oder Fahrrad fahren. Oder am Flughafen schlafen.

## 052 AM FLUGHAFEN SCHLAFEN

Der iranische Flüchtling Merhan Karimi Nasseri lebte 18 Jahre lang in Terminal 1 des Pariser Flughafens Charles de Gaulle. Die Behörden verweigertem dem Exilant ohne Papiere die Einreise. Das Schicksal

Nasseris inspirierte Steven Spielberg zum Kinofilm „Terminal" mit Tom Hanks in der Hauptrolle. Jeder Flugpassagier kann sich an Nasseris Durchhaltevermögen ein Beispiel nehmen.

An manchen Flughäfen, etwa in München, London, Amsterdam, kann man Schlafkabinen mieten. Sie sind mit Bett, Schreibtisch, Internetzugang, teils mit Duschen und Imbiss-Service ausgestattet und kosten zwischen zehn und 30 Euro pro Stunde. Die Kanadierin Donna McSherry empfiehlt eine kostengünstigere Variante: Seit 15 Jahren betreibt sie die Website sleepinginairports.com, auf der Reisende die besten und schlimmsten Flughäfen der Welt bewerten.

Zum Schlafen sollten Sie nach Meinung von McSherry unbedingt mitbringen: Proviant, Ohrenstöpsel, Kissen und Decke – eventuell von der Airline geliehen –, Schlafbrille, aufblasbare Schwimmhilfe als Unterlage sowie Unempfindlichkeit gegenüber Lärm und Schmutz. Schlagen Sie Ihr Lager im Ankunftsbereich auf, da ist es ruhiger als beim Abflug. Damit Sie nicht verschlafen, legen Sie einen Zettel vor sich mit der Bitte an nette Mitreisende, Sie notfalls zu wecken. Falls Ihnen Sicherheitsleute Ärger machen, stellen Sie etwas Hilflosigkeit und Naivität zur Schau, das funktioniert fast immer. Wenn die Sicherheitsleute freundlich gesonnen sind, fragen Sie sie nach den besten Plätzen für ein Nickerchen. Die Nutzer von McSherrys Website küren regelmäßig die besten und grauenvollsten Flughäfen.

**Die besten Airports** Singapur Changi: komfortable Schlafsessel mit integrierten Weckern. Freundliche Flughafenangestellte, Internetcafés, Einkaufsmöglichkeiten, gutes Essen, Swimmingpool mit Jacuzzi, Massage und Wellnessbereich, Lokale mit Livebands, Gärten, Gratis-Kino. Seoul Incheon: gepolsterte Schlafsessel, viel Platz, besonders in den oberen Stockwerken. Dazu Duschen, kostenlose Spinde, kostenloser Internetzugang, Massageraum, Spielzonen. Hongkong International: gepolsterte Sessel, viel kuscheliger Schlafplatz auch unter den Sitzen, saubere Duschen, freundliche Flughafenangestellte, freier Internetzugang. Weitere Traum-Flughäfen: Amsterdam Schiphol, Dubai International, München Franz Josef Strauß, Kuala Lumpur International, Frankfurt International, Zürich, Kopenhagen.

**Die schlimmsten Airports** Paris Charles de Gaulle: schmutzig, hässlich, ungemütlich, unübersichtlich, unfreundliches Personal, rüde Sicherheitsleute, teures Essen, Sitzbänke aus kaltem Stahl, auf dem Boden der Toiletten schwimmt Urin, man kann dort nur durch den Mund atmen. Seltsame Gestalten treiben sich herum. Sexuelle Belästigungen. Reisende kommen sich vor wie in der Dritten Welt. Moskau Scheremetjewo: dreckig, schummrig, angsteinflößend, voller zwielichtiger Gestalten, ungemütliche Metallbänke und Plastiksitze, Toiletten nur gegen Gebühr, teures, schlechtes Essen, viele Diebstähle. Delhi Indira Gandhi: verschmutzte Toiletten, Diebstahl, Mäuse und anderes Ungeziefer im Terminal, kaum Schlafgelegenheiten, nicht einmal genügend Sitze. Los Angeles International: dreckig, laut, kalt. Sicherheitsleute beschimpfen Passagiere als „dumme Idioten", wenn sie krumme Warteschlangen bilden. Rom Fiumicino: Vögel nisten an den Decken und beschmutzen Fluggäste wie Sitzbänke mit Kot. London Heathrow: sexuelle Übergriffe durch das Reinigungspersonal, von Flöhen verseuchte Teppichböden. Weitere Albtraum-Flughäfen: New York John F. Kennedy, Hanoi, Manila Ninoy Aquino International, Frankfurt Hahn.

## 053 FILME GUCKEN

Das Bordkino, im Fliegerjargon Inflight Entertainment genannt, dient zur Unterhaltung, zum Zeitvertreib und zur Beruhigung der Passagiere.

**Schnitt:** Filme fürs Flugzeug, die „airline versions", sind anders geschnitten als die „theatrical versions" fürs Kino. Die meisten Fluglinien beauftragen dafür Agenturen, die auch das Programm zusammenstellen. Sie machen den Airlines Programmvorschläge, die je nach Saison, Klientel und technischen Voraussetzungen wie Großleinwände oder Bildschirme in den Vordersitzen variieren. Aus Abneigung gegen Eingriffe in seine Arbeit hat Steven Spielberg verfügt, dass „E. T." niemals im Flugzeug gezeigt werden darf. Auch George Lucas schützt Teile seines „Star Wars"-Werks vor Airline-Bearbeitungen.

**Flugzeuge im Bauch:** Auf jedem Flug nach Mauritius zeigte Air Mauritius eine Zeit lang „Love Story" – wegen der vielen Hochzeitsreisenden an Bord.

**Abstürze:** In „Rain Man" spielt Dustin Hoffman einen Autisten, der nicht fliegen will. In einem seiner Monologe zählt er auf, wie viele Abstürze verschiedene Fluggesellschaften hatten. Dann sagt er: „Qantas never crashed." Alle Airlines ließen diese Szene für ihre Bordversionen herausschneiden – nur Qantas nicht.

**Nachfrage:** 90 Prozent der Fluggäste wollen aktuelle Spielfilme sehen, keine Klassiker, das haben Befragungen ergeben. Auch Animationsfilme wie „Shrek" oder „Ice Age" lassen die Passagiere eher kalt. Viele beschweren sich, wenn sie sich solche „Kinderfilme" ansehen sollen.

**Babylon:** Passagiere können aus bis zu acht Sprachen gleichzeitig wählen. Dass so wenig deutsche Filme im Flieger laufen, liegt daran, dass es kaum englische Fassungen gibt. Für „Das Wunder von Bern" oder „Sommer vorm Balkon" hat eine große deutsche Airline deshalb die englische Tonspur mitfinanziert.

**Verschleierung:** Muslimische Passagiere beschweren sich über westliche Filme, in denen ein freizügiger Lebensstil gezeigt wird. Für Flüge in muslimische Länder werden daher Alkohol-Szenen herausgeschnitten. Wenn eine Filmfigur nackt aus der Dusche steigt, bekommt sie ein digitales Handtuch umgelegt. Rocksäume werden digital verlängert. Auf Pilgerflügen zur jährlichen Hadsch wird das Inflight Entertainment bei manchen Fluglinien komplett eingestellt. Aber auch im Himmel über den USA herrscht Zensur: Flüche wie „fuck", „shit", selbst harmlose Aussprüche wie „Jesus" oder „oh my God" genügen, und ein Film fliegt aus dem Programm. Schon ein nackter Po führt dazu, dass ein Film in den USA nur für Erwachsene freigegeben wird. Bei Filmen, die nicht mitten in der Kabine auf Großleinwand, sondern auf Sitzbildschirmen laufen, sind die Sittenwächter weniger streng.

**Miss Moneypenny:** Damit der James-Bond-Film „Die Welt ist nicht genug" längenmäßig ins Bordprogramm der Airlines passte, schnitt der Cutter alle Szenen mit Miss Moneypenny heraus. Die Lufthansa intervenierte. Daraufhin durfte Bonds Sekretärin doch mit an Bord.

**Der erste Bordfilm:** „The Lost World", 1925 auf einem Flug der britischen Imperial Airways von London nach Paris aufgeführt.

**Der beliebteste Bordfilm:** „Mister Bean" – sagen die meisten Airlines.

**Besser nicht:** Flugzeugentführungen, Flugzeugunglücke, Flugangst, Klaustrophobie, Panikszenen und „explicit content" aller Art – also Sex, Gewalt und Gotteslästerung – sind in den Bordprogrammen unerwünscht. Als besonders fluguntauglich gelten:

**Flightplan – Ohne jede Spur > Stirb langsam 2 > Flug 93 > Passagier 57 > Fearless – Jenseits der Angst > Alive – Überleben > Cliffhanger > Cast Away – Verschollen > Turbulance > Con-Air > Flug in Gefahr > die „Airport"-Reihe, die der Katastrophenfilm-Satire „Die unglaubliche Reise in einem verrückten Flugzeug" als Vorbild diente**

Allein die Lufthansa schenkt pro Jahr 1,7 Millionen Liter Tomatensaft aus – mehr als Bier. Flugbegleiterinnen schütten die sämige Flüssigkeit der Nachtschattengewächse aus dem Tetrapack in Plastikbecher. Sie fragen: „Salz und Pfeffer dazu?“. Dann reichen sie eine Serviette und einen Plastikstiel zum Umrühren. Was soll daran bloß so lecker sein?

Es gibt mehrere Begründungen für den seltsamen Gemüse-Durst der Reisenden: Tomatensaft macht satt und ist gesund. Wissenschaftler des Fraunhofer-Instituts in Holzkirchen bei München haben außerdem herausgefunden: Tomatensaft schmeckt in der Luft einfach besser als am Boden. Aber nicht der Saft verändert sich, sondern die Wahrnehmung der Passagiere.

Auf der üblichen Reiseflughöhe von 10.000 bis 12.000 Metern herrschen in der Kabine Bedingungen wie auf einem Berg mit 2.500 Metern Höhe. Der Druck ist niedriger, die Luft trockener als auf Meereshöhe. Geschmacksnerven und Nase nehmen weniger wahr, so, als hätte man Schnupfen. Die Wissenschaftler sprechen hierbei von verschobenen Geruchs- und Geschmacksschwellen: die Höhe der Dosierung eines Stoffes, ab der er wahrgenommen wird – in der Luft braucht es von allem etwas mehr.

Neben dem Luftdruck spielen auch die Turbinen- und Luftstromgeräusche sowie Vibrationen eine wichtige Rolle. Sie irritieren das Empfinden, sorgen unmerklich für Anspannung. Der Körper läuft unbewusst auf Hochtouren und verlangt, ähnlich wie beim Sport, nach schneller Energie, nach Kohlenhydraten: nach Zucker. Diese physischen und psychologischen Faktoren wirken sich gleichermaßen auf den Genuss aus. Am Boden beschreiben Testpersonen den Geruch und Geschmack von Tomatensaft als muffig, erdig und sauer. In der Luft finden sie ihn plötzlich fruchtig, süß, kühlend und erfrischend. Vieleicht ist es aber auch einfach nur eine Gewohnheit.

Essen auf Flügeln schmeckt meistens schlichtweg bescheiden. Zur eingeschränkten Geschmackswahrnehmung unter Niederdruck kommt die unbewusste, innere Anspannung, die den Körper nach schneller Energie verlangen lässt, weshalb ihm die Speisen nicht süß genug sein können. Was die Fluggäste deshalb auf jeden Fall unter der Alufolie in ihren Menüschälchen finden, ist 20 Prozent mehr Salz und Zucker als in vergleichbaren Gerichten am Boden.

Doch einfach nur viel würzen – so banal kann man das Problem fader Bordkost nun auch wieder nicht lösen. Die Gleichung für den Geschmack lautet: subjektives Empfinden multipliziert mit äußeren Faktoren. Andererseits geht es nicht nur um Nieder-, sondern auch um Preisdruck. Die Fertigung von Flugzeugessen folgt den Gesetzen industrieller Massenproduktion.

Die LSG Sky Chefs ist der weltweit größte Anbieter von Dienstleistungen rund um den Bordservice. Das Unternehmen beliefert mehr als 300 Airlines aus etwa 200 Betrieben in 52 Ländern und produziert 405 Millionen Flugmahlzeiten pro Jahr: unter anderem für die Lufthansa, Air China, Qantas und US Airways.

Gefertigt werden die Menüs in Großküchen nach Rezeptblättern, auf denen die exakten Mengenangaben vermerkt sind. Am Tag vor dem Abflug werden die Speisen vorbereitet, gekocht und direkt anschließend gekühlt. Bildvorlagen schreiben den Küchenkräften beim Portionieren die genauen Positionen von Salatblatt, Hühnerbrust und Mangocreme in den Schälchen und auf den Tabletts vor. An Bord kommen die Menüs vor dem Servieren in Dampfgarer.

Business- und First-Class-Passagiere bekommen auf Langstreckenflügen der Lufthansa besondere Menüs serviert. Sie werden von Spitzenköchen wie Kenichiro Ooe, Norbert Kostner oder Holger Stromberg entworfen – allerdings in Absprache mit den Menüdesignern der Airline. Die machen den berühmten Küchenchefs Vorgaben für Portionsgrößen, Zutaten und die technische Machbarkeit in den Großküchen. Ethisch fragwürdige Geschmackssachen wie Froschschenkel oder Gänsestopfleber kommen grundsätzlich nicht auf die Speisekarte.

Auch für die billigeren Plätze bieten die Airlines aus diätischen, ernährungsphysiologischen und religiösen Gründen spezielle Gerichte an. Dazu gehört unter anderem diabetische, glutenfreie, cholesterinarme, purinarme, proteinarme, natriumarme, laktosefreie und kalorienarme Kost. Bei der Lufthansa gibt es außerdem koschere Mahlzeiten und solche, die den Glaubensregeln von Hindus und Moslems entsprechen. Die koscheren Mahlzeiten werden in einer separaten Küche zubereitet und versiegelt – von einem Rabbi überwacht. Passagiere, die ein Sonderessen haben möchten, müssen in der Regel spätestens 24 Stunden vor Abflug bei der Airline Bescheid sagen.

Aus den Herstellungskosten des Essens machen die Fluglinien ein Betriebsgeheimnis. Experten gehen bei Langstreckenflügen in der First Class von mehr als 100 Euro pro Passagier aus. Für den Business-Class-Gast werden schätzungsweise 30 bis 40 Euro ausgegeben und für den Economy-Passagier gerade noch zehn Euro oder sogar weniger. Das größte Forum für unzufriedene Abgespeiste ist die Website airlinemeals.net – mit Tausenden Fotos, die dokumentieren, was Fluglinien alles anrichten können.

## 056 RICHTIG ALKOHOL TRINKEN

Wie beim Essen, so gilt bei den Weinen grundsätzlich: Nicht das, was der Passagier trinkt, verändert sich, sondern seine Wahrnehmung. Zurückhaltende Weine schmecken in der Luft kaum. Leichte, frische Weine werden als zu alkohollastig wahrgenommen. Weine mit starken Aromen behaupten ihren Geschmack. Was am Boden wuchtig nach Bitterschokolade oder Dörrobst schmeckt, empfindet der Fluggast als fein, fruchtig und zurückhaltend. Chardonnay hat weniger Säure als Riesling. Dafür schmeckt ein süßer, nicht ganz trocken ausgebauter Riesling an Bord fruchtbetont und knackig. Wer einen Sauvignon Blanc am Boden zu aromatisch findet, kann sich von seinem milderen Geschmack über den Wolken überraschen lassen. Wer am Boden gerne zu einem wenig aromatischen Silvaner greift, wird in der Luft wahrscheinlich davon enttäuscht sein. Ein tanninbetonter Wein wie etwa ein Bordeaux kann über den Wolken plötzlich unangenehm bitter wirken. Weine aus den USA, aus Südafrika oder Australien haben von Natur aus weniger Tannin und daher eine angenehm molligere Textur beim Fliegen. Besonders flugtauglich sind Weine mit einer nicht allzu aggressiven Säure oder aber Weine, deren Säure über sehr viel Extrakt ausgeglichen wird – zum Beispiel Riesling-Spätlesen von der Mosel oder vom Rhein.

Der Sommelier Markus Del Monego empfiehlt Passagieren in der First und Business Class, zu ihrem Nachtisch-Käse Portwein und Sherry zu probieren. Gerade Fluggäste, die Käse am Boden zu salzig und Dessert-Weine zu süß finden, werden vom Geschmack unter Niederdruck-Bedingungen positiv überrascht sein. Hier zeigt sich wieder der Tomatensaft-Effekt: Etwas, das am Boden kaum jemand haben möchte, ist in der Luft ein kulinarisches Vergnügen.

Die Wahl der richtigen Gläser erhöht den Alkoholgenuss. In der First und Business Class der Lufthansa sind sie unten bauchig und laufen oben enger zusammen. Ihre Form zielt darauf ab, dass sich die Aromen optimal entfalten und bündeln, und dass die Flüssigkeit beim Trinken zuerst die Zungenspitze erreicht – wo Süßstoffe geschmeckt werden. Durch diese „Getränkeführung", wie es im Fachjargon heißt, wird die Wahrnehmung von Bitterstoffen gemildert. Dem gleichen Zweck dient auch der profane Plastikbecher, den es in der Economy gibt. Seine konische Form führt ebenfalls dazu, dass das Getränk zuerst mit der Zungenspitze, also süßer geschmeckt wird. Das funktioniert bei allen Getränken, egal ob Wein, Bier oder Longdrinks.

**Fliegende Gläser**

**... und ein Plastikbecher**

**1:** Universalglas für alle Getränke im Deutschland- und Europa-Verkehr in der Business Class **2:** Digestif-Glas für die First Class **3:** Wein- und Champagner-Glas für die First Class **4:** Wein- und Champagner-Glas für die Business Class auf der Langstrecke, kann dort auch für Digestif verwendet werden **5:** Universalglas für die First und Business Class auf der Langstrecke, für Wasser, Säfte, Bier, Longdrinks **6:** Plastikbecher, das Universalgefäß für alles vom Wasser bis zum Wein in der Economy

## 057 SPEISEN WIE DIE FLUGPIONIERE

Am 4. Oktober 1958 startete der erste Passagierjet-Flug über den Atlantik: eine Comet 4 des britischen Herstellers de Havilland, eingesetzt von der British Overseas Airways Corporation, der heutigen British Airways. Der Flug von London nach New York dauerte zehn Stunden und 22 Minuten. Die Zeit an Bord vertrieben sich die Passagiere mit Essen und Trinken – und Rauchen. Auf der Menükarte im Angebot:

**Vorspeisen:** Le Consommé Yvette (klare Brühe) > La Crème de Champignons (Champignoncreme) > Le Petit Homard en Mayonnaise (kleiner Hummer auf Mayonnaise) > Le Tournedos Sauté Rossini (gebratenes Rinderfilet auf Toast, mit Gänseleber und Trüffeln arrangiert) **Hauptspeisen:** Le Faisan d'Ecosse Froid sur Croûte (kalter schottischer Fasan im Teigmantel) > Les Pommes Mascotte (Kartoffelbällchen, Gnocchi) > Les Haricots Verts au Beurre (grüne Bohnen in Butter) > La Salade Panachée (gemischter Salat) **Desserts:** La Poire Belle Hélène (Birne schöne Hélène) > La Crème Double (Sahnedessert) > Les Fromages Assortis (Käseplatte) > La Corbeille de Fruits Frais (Früchtekorb) > Café > Friandises (Süßigkeiten) **Zwischendurch:** Canapés Lucullus (Schnittchen) **Von der Bar:** Cocktails, Champagner, Gin, Whisky, Wodka, Rum-Mixe > Sherrys: Dry Fly (Medium), Colonel (Dry) > Gin: Booths, Gordons, Burroughs (Extra Dry) > Säfte: Orange, Tomate, Grapefruit > Weine: Mersault Charmes 1953, Weißer Burgunder (Bouchard Aine et Fils), Margaux Casque du Roi 1950, Bordeaux Claret (Dourthe Frères) > Champagner: Cordon Rouge Très Sec (G. H. Mumm & Co.) > Bier: Carlsberg Lager, Barclays Pale Ale > Whisky: Dimple Haig, Black Label, Black & White, Vat 69, kanadische und amerikanische Whiskys > Brandys, Liköre, Cognac: Drambuie, Cherry Brandy, Bisquit Dubouché V.S.O.P. > Softdrinks: Mineralwasser, Cola, Fruchtmixe > zum Kaffee eine Auswahl an Virginia-Zigaretten und amerikanischen Zigaretten

## 058 EINEN KAPITÄN VERSTEHEN

Sie haben sonore Stimmen, reden extrem ruhig, selbst wenn das Flugzeug gerade in einem Luftloch absackt, und sie machen seltsame Pausen, so, als würden sie nebenbei ihre Instrumente ablesen. Aber was sagen Kapitäne eigentlich? Hier alles zum Mitbuchstabieren nach dem international gültigen Funker-Alphabet:

**A** = Alfa **B** = Bravo **C** = Charly **D** = Delta **E** = Echo **F** = Foxtrott **G** = Golf **H** = Hotel **I** = India **J** = Juliett **K** = Kilo **L** = Lima **M** = Mike **N** = November **O** = Oscar **P** = Papa **Q** = Quebec **R** = Romeo **S** = Sierra **T** = Tango **U** = Uniform **V** = Victor **W** = Whisky **X** = X-Ray **Y** = Yankee **Z** = Zulu

**Und wenn das Mikrofon ausgeschaltet ist:** Aluminium-Dusche = herabregnende Flugzeugteile nach Kollision in der Luft > Bauernbesuch = Landung auf der Wiese > Bingo = gerade noch genügend Treibstoff, um den nächsten Flugplatz zu erreichen > Brandblase = Heißluftballon > Bohnenwind = Blähungen > Deppenwerfen = Fallschirmspringen; der Springer selbst wird Fallobst, Sackhüpfer oder – wenn er im Baum hängt – Marionette genannt > Einpunkt-Landung = senkrechter Absturz, auch Stecklandung genannt > Fetzenflieger = Hänge- oder Paragleiter, auch Teebeutel genannt > Fußgänger = alle ohne Fluglizenz > Gartenstuhl = Ultraleichtflugzeug > Grounden = sich bis zur Fluguntüchtigkeit besaufen > Klötzchenwerfer = Modellflieger > Quirl = Hubschrauber > Saftschubse = Stewardess, auch Tablettschleuder oder Trolley-Dolly genannt > Uhrenladen = Cockpit voller Fluginstrumente

## 059 SEX IM FLUGZEUG HABEN

Hochglanzmagazine sind in Sachen Luftnummern gut informiert. Selbst ernannte Experten beschreiben Flugzeuge als riesige Vibratoren, die Frauen wie Männer scharf machen – perfekt für alle, die es reizt, womöglich entdeckt zu werden. Alles frei nach dem Motto: Über den Wolken muss die Geilheit wohl grenzenlos sein.

Sex im Flugzeug ist ein beliebtes Klischee. Es beflügelt die Phantasie über die Maßen. Niemand interessiert sich im Gegensatz dazu für Sex auf dem Schiff oder im Zug. Richard Branson, Milliardär und Fluglinienbesitzer, sagte in einem Interview, Sex im Flugzeug sei „der Traum jedes Mannes“. Er selbst habe diese Erfahrung als 19-Jähriger mit einer Sitznachbarin in der Toilette gemacht. Die übertrieben „Waschräume“ genannten Verschläge findet Branson allerdings unpraktisch, „weil man diese Akrobatik nicht lange durchhalten kann und obendrein die anderen Fluggäste an die Tür trommeln“. Was immer an dieser Geschichte dran ist, sie taugte jedenfalls gut dazu, einen besonderen Service auf manchen Flügen von Bransons Airline Virgin

Atlantic zu bewerben: Doppelbetten, die explizit für Intimitäten gedacht sind – für einen saftigen Aufpreis, versteht sich.

Auch Singapore Airlines bietet Doppelbetten an, die in der First Class des Airbus 380 in abschließbaren Abteilen stehen. Obwohl die Fluglinie alles für eine entspannende Privatsphäre tut und obendrein noch Champagner serviert, ist das, was daraus gerne mal folgt, bei Singapore indirekt untersagt. Bei der Einführung des A 380 hat die Airline deutlich darauf hingewiesen, dass die Kuschelkabinen nicht schallisoliert seien und dass die Passagier doch bitte die Gesetze einhalten mögen.

Außer in George Orwells Roman „1984“ oder in Gegenden, in denen die Steinigung noch als angemessene Vergeltung für das Zeigen von offenem Haar gilt, ist Sex natürlich keine Straftat. Die Erregung öffentlichen Ärgernisses oder die Gefährdung der zivilen Luftfahrt dagegen schon. Es gibt eine allgemeine Rechtslage, was den Verstoß gegen Sitte und Ordnung angeht. Wenn sich zwei Verliebte auf einem schummrigen Langstreckenflug in ihrer leeren Sitzreihe eine Wolldecke teilen, wird der Pilot nicht gleich zum Startflughafen umkehren oder eine Zwischenlandung auf den Bermudas einleiten, wo die Polizei schon mit Handschellen wartet. Wenn sich ein Paar betrinkt, auf dem Klo einschließt, lärmt und die Stewardess angreift, die um Mäßigung bittet, kann es allerdings schon passieren. Die Kosten trägt der Randalierer – Kerosin, Landegebühren, Ausfallkosten für das Flugzeug und Hotelkosten für Crew und 200 Fluggäste. 200.000 Euro kommen da schnell zusammen. Die Strafe für den Eingriff in die Luftsicherheit geht extra.

Die Airlines sind auf ihr Sicherheitsimage bedacht und sagen auf Nachfragen zum Thema Sex kategorisch: alles erfunden, nie erlebt, völlig überbewertet. Die Flugbegleiter werden trotzdem angewiesen, nur jeweils eine Person in einen Waschraum zu lassen.

Eine der prominentesten Luftnummern hat der britische Schauspieler Ralph Fiennes („Der englische Patient“) gebracht. Auf einem

Flug von Australien nach Indien zwängte er sich mit einer Stewardess in eine Klokabine. Hinterher schlachtete sie die Story in den Medien aus und verlor ihren Job. Auch weniger bekannte Passagiere schaffen es in die Schlagzeilen, vor allem in den sicherheitshysterischen USA: etwa ein britisches Paar, das so oft verschwörerisch gemeinsam auf die Toilette ging, dass der Pilot Alarm auslöste. Kampfjets stiegen auf, um die Maschine abzufangen.

Wer schon mal Sex auf einer Flughöhe von mindestens einer Meile hatte, darf sich Mitglied des Mile High Club nennen. Diese Bezeichnung entstand vor 100 Jahren an Fliegerstammtischen. Als Erfinder des Clubs gilt der Pilot Lawrence Sperry. Laut Legende soll er mit seiner Flugschülerin Waldo Polk beim Test eines selbst gebauten Autopiloten in einem Flugboot abgestürzt sein.

Auf der Website www.milehighclub.com protzen Vielflieger und Pauschaltouristen mit ihren erotischen Höhenflügen. Private Airlines in den USA kommerzialisieren den Mythos und bieten 20-minütige Rundflüge an, auf denen es zum Vollzug des Club-Beitritts kommen soll.

## 060 AIROBIC ÜBEN

Das Economy-Class-Syndrom – steife Muskeln und Blutgerinsel durch langes Eingequetschtsein in engen Sitzreihen –, das muss nicht sein! Die Fluglinien geben ihren Passagieren gerne Tipps für Lockerungsübungen. Sie könnten natürlich auch die Sitzabstände vergrößern. Aber während Sie darauf warten, trainieren Sie lieber schon mal.

**Nackenstrecker:** Neigen Sie Ihren Kopf mit dem linken Ohr an die Schulter. Senken Sie gleichzeitig die rechte Schulter, bis Sie eine Spannung im seitlichen Hals- und Nackenbereich spüren. 15 Sekunden lang halten. Dann die andere Seite. Je fünf Wiederholungen. Ignorieren Sie die schrägen Blicke Ihres Sitznachbarn.

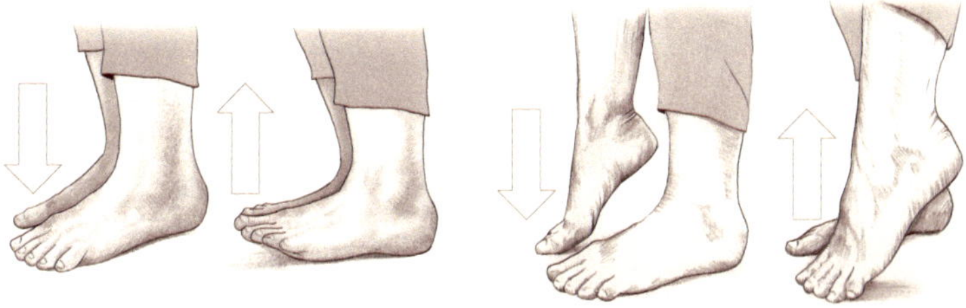

**Muskelpumpe:** Ihre Füße sind flach am Boden. Heben Sie die Zehen an, so hoch es geht, die Fersen drücken dabei gegen den Boden. Dann heben Sie die Fersen an, die Zehen bleiben am Boden. So immer abwechseln, in einer fließenden Bewegung, jeweils mindestens 30 Sekunden lang, am besten stündlich.

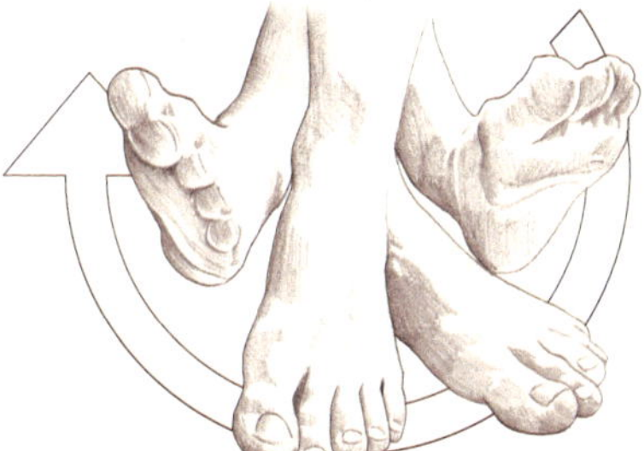

**Fuß-Kreisel:** Heben Sie einen Fuß an und lassen Sie ihn leicht aus dem Sprunggelenk heraus kreisen. 15 Sekunden lang. Dann den anderen Fuß. Fortgeschrittene heben beide Füße gleichzeitig an, lassen sie in die jeweils andere Richtung kreisen – und wechseln dann jeweils die Richtung. Fünf Wiederholungen pro Seite.

**Kniebeuger:** Beugen Sie die Knie so weit, dass die Fersen unter Ihrem Sitz sind. Dann strecken Sie die Beine so weit wie möglich unter den Vordersitz, die Füße bleiben dabei aufgesetzt auf dem Boden. Zehn Wiederholungen.

**Knieheber:** Beugen Sie sich leicht nach vorne. Nehmen Sie ein Knie mit beiden Händen, ziehen Sie es zur Brust. Halten Sie die Spannung 15 Sekunden lang. Setzen Sie das Bein langsam wieder ab. Dann nehmen Sie das andere Knie. Geht auch ohne die Hände, dafür mit angespannten Oberschenkeln. Zehn Wiederholungen pro Seite. Gut für die Hüftgelenke und die Lendenwirbel.

## 061 DIE GEFÄHRLICHSTEN FLUGHÄFEN ANFLIEGEN

Ruhe bewahren und die Passagiere nicht verängstigen, das ist das oberste Gebot der Piloten. Sie würden niemals von gefährlichen Flughäfen sprechen. Sie sagen „anspruchsvoll" dazu.

**Einflugschneise: Nachschub für St. Marteen**

**St. Maarten / Niederländische Antillen:** Beim Anflug auf die Landepiste wenige Meter neben dem Maho Beach kann man den Urlaubern auf ihren Badetüchern zuwinken – die Passagierjets fliegen in zehn bis 20 Metern Höhe über deren Köpfe. Beim Start wirbeln die Triebwerke Sand auf die Sonnenbadenden.

**Gibraltar:** Hier gibt es Platzprobleme. Die Landebahn ist sehr kurz, befindet sich fünf Meter über dem Meeresspiegel, 500 Meter von der Stadt entfernt. Jedes Mal, wenn ein Flugzeug startet oder landet, muss eine Straße gesperrt werden: Die Winston Churchill Avenue führt direkt über die Piste.

**Kabul / Afghanistan:** Über Land ist der Flughafen schwer zu erreichen. Die Annäherung aus der Luft ist nicht viel angenehmer. Kabul liegt auf einem 1.800 Meter hohen Plateau, das von schroffen Gipfeln umgeben ist. Das macht eine Art Sturzflug erforderlich, mit dem insbesondere die staatliche Ariana Airlines oft überfordert ist. Die Starts sind genauso steil. Darüber freuen sich die Passagiere aber. So kommen sie schneller außer Reichweite der Stinger-Raketen der Taliban.

**Eisflugreise: Landung in Barneo**

**Barneo / russische Arktis:** Landung auf zwei Meter dickem Drifteis, darunter ist das Polarmeer. Die Russen errichten die Station Barneo jedes Frühjahr am 89. Breitengrad für Forscher und Touristen. Dazu wird ein Traktor abgeworfen, Fallschirmspringer ebnen damit das zerklüftete Eis. Bei starker Strömung kann die Bahn reißen.

**Courchevel / Frankreich:** James-Bond-Fans kennen den Flughafen aus dem Film „Der Morgen stirbt nie". Die Landebahn des luxuriösen Ski-Orts in den französischen Alpen macht es auch im echten Leben spannend. Sie ist nur 535 Meter lang und hat einen Knick, nach dem eine 18,5-prozentige Steigung beginnt. Gelandet wird bergan, gestartet bergab – direkt über dem Abgrund auf 2.000 Metern Höhe.

**Lukla / Nepal:** Die Start- und Landebahn ist 530 Meter kurz, abschüssig, an einem Ende von einer Schlucht, am anderen von einer Bergwand begrenzt – heikler geht es nicht. Aber mehr Platz steht nicht zur Verfügung. Lukla ist der touristische Eingang zur Everest-Region. Der Ort liegt mitten im Himalaya auf 2.860 Metern Höhe. Das Wetter wechselt schnell, die Sicht ist oft schlecht. Der Pilot muss äußerst präzise anfliegen und darf sich nicht den kleinsten Fehler erlauben.

**Weitere anspruchsvolle Landungen gibt es in:** Paro, Bhutan; Goma, Kongo; Isafjordur, Island; Innsbruck-Kranebitten, Österreich, Funchal, Madeira; Barra, Hebriden; Toncontín International Airport, Honduras.

## 062 EINEN ABSTURZ ÜBERLEBEN

Es ist sehr unwahrscheinlich, dass überhaupt etwas passiert. Sie müssen statistisch gesehen 29.000 Jahre lang am Stück fliegen, bevor Sie Opfer eines Unglücks werden. Wenn dennoch eine Maschine vom Himmel fällt, gibt es immer wieder Berichte von wundersamen Rettungen. Die zwölfjährige Bahia Bakari überlebte als einziger von 153 Passagieren den Absturz einer jemenitischen Passagiermaschine vor den Komoren.

Pilot Chesley Sullenberger landete den US-Airways-Flug 1549 nach einer Kollision mit Vögeln im Hudson, es gab nur leichte Verletzungen. Die Lebensversicherung der Passagiere: Der Pilot bewahrte die Ruhe.

Die Organisation European Transport Safety Council hat ermittelt, dass 40 Prozent der Todesfälle bei Flugunfällen weltweit durch ein besonnenes Verhalten von Piloten und Passagieren verhindert werden könnten. Das sieht auch der amerikanische Autor Ben Sherwood so, der mit Unfallopfern geredet und darüber das Buch „Wer überlebt?" geschrieben hat. Er kommt zum Schluss, dass die Hoffnungslosen, die denken, sie hätten sowieso keine Chance, tatsächlich die schlechtesten Chancen haben. Statistisch gesehen hat das Überleben nichts mit einem Wunder zu tun. Zumindest nach Auskunft der amerikanischen Verkehrsbehörde National Transportation Safety Board kommen 95,7 Prozent aller Insassen eines Absturzes mit dem Leben davon.

Bezüglich der sichersten Plätze im Flugzeug gibt es widersprüchliche Studien. Das amerikanische Magazin Popular Mechanics befand, dass die Überlebenswahrscheinlichkeit im Heck um 40 Prozent höher ist als in den vorderen Reihen. Wissenschaftler an der University of Greenwich kamen zum umgekehrten Ergebnis. Sie sagen, im Bug sitzt man statistisch gesehen sicherer. Das hängt auch davon ab, ob das Flugzeug zuerst vorne oder hinten aufschlägt. Ansonsten gilt:

**Gut anziehen:** Tragen Sie festes Schuhwerk. In Stöckelschuhen, Badelatschen oder barfuß kommen Sie nicht durch Splitter und schwelende Trümmer. Vorteilhaft ist zudem robuste, warme Bekleidung. Sie schützt vor Flammen, Kälte nach der Notlandung in den Bergen oder sengender Sonne, wenn Sie stundenlang im Wasser treiben. Außerdem ist es im Flugzeug oft ohnehin zu kalt für Flip-Flops und Minirock.

**Nahe am Notausgang sitzen:** Ob vor oder hinter dem Notausgang ist nicht so wichtig, Hauptsache nur maximal fünf Reihen vom Aus-

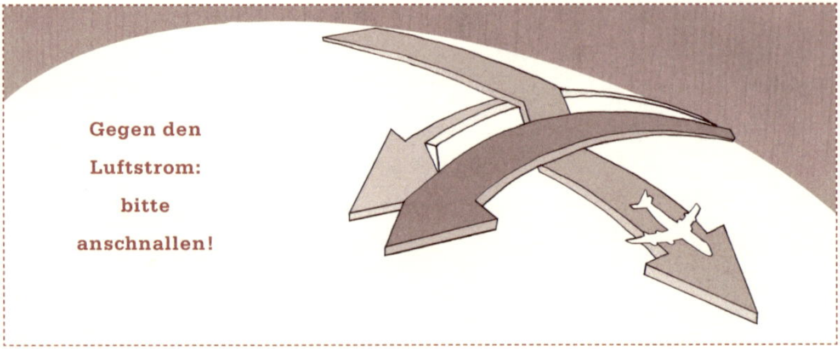


gang entfernt und direkt am Gang. Ab Reihe sechs sinken die Überlebenschancen. Zählen Sie die Sitzreihen zwischen Ihrem Platz und dem Notausgang. So können Sie sich im Notfall vortasten, wenn Sie keine wegweisenden Leuchtstreifen mehr erkennen, zum Beispiel bei starkem Rauch.

**Sicherheitsdemonstration verfolgen:** Das tun die wenigsten Passagiere. Auch Sie haben das alles schon hundertmal gehört und sind davon gelangweilt. Aber wissen Sie wirklich, wie man eine Rettungsweste anlegt? Wenn Sie sie zu früh aufblasen, kommen Sie nicht aus dem Flugzeug, weil Sie bei einer Wasserung an der Kabinendecke hängenbleiben. Wissen Sie, dass Sie nur 20 Sekunden Zeit haben, die Sauerstoffmaske aufzuziehen? Dann werden Sie ohnmächtig. Deshalb müssen Sie erst sich selbst die Maske überziehen, dann erst Kindern und anderen helfen.

**Angeschnallt bleiben:** am besten während des gesamten Flugs. Turbulenzen entstehen durch Aufeinandertreffen von Luftmassen unterschiedlicher Geschwindigkeiten in großer Höhe – auch bei schönem Wetter. Piloten können sie weder mit bloßem Auge noch mit Messinstrumenten vorhersehen. Im schlimmsten Fall wird das Fugzeug an-

**Vorlehnen, Kopf schützen, Füße an den Sitz**

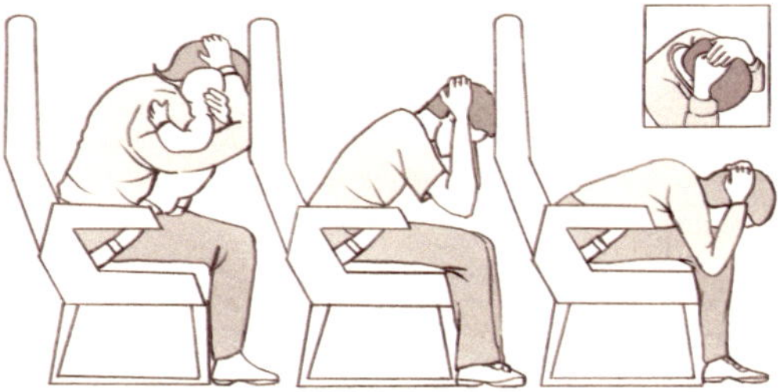

gehoben und sackt dann wieder ab, es wird durchgeschüttelt oder fällt in ein tiefes Luftloch. Wenn Sie dann nicht angeschnallt sind, fliegen Sie an die Kabinendecke. Achten Sie zudem auf Ihren Alkoholkonsum und gönnen Sie sich eher einmal ein Glas Tomatensaft (siehe Kapitel 054, Tomatensaft bestellen): Ein klarer Kopf ist lebenswichtig.

**Brace-Position einnehmen:** Wenn jemand von der Crew „brace, brace" schreit, steht der Aufprall unmittelbar bevor. Lehnen Sie sich mit der Stirn an den Vordersitz, Hände schützend über dem Kopf, den Oberkörper so weit wie möglich nach unten gebeugt, Beine an den Sitz.

**Tuch vor den Mund:** Das schützt Sie bei giftigem Rauch vor dem Ersticken. Machen Sie das Tuch nass.

## 063 SELBST FLIEGEN

Wenn Sie Popstar, Vorstandsvorsitzender oder russischer Oligarch sind, also ein reicher Mensch, haben Sie es gut. Dann können Sie selbst fliegen. Am Flughafen folgen Sie nicht dem Schild „Abflüge", sondern den Wegweisern zu „General Aviation", da steht Ihre Maschine für Sie bereit. Das brauchen Sie als Chef Ihrer eigenen Airline:

**Flugzeug:** Ein anständiges Fluggerät bekommen Sie für zehn bis 20 Millionen Euro. Das wäre dann zum Beispiel eine Cessna Citation, eine Gulfstream, Dassault Falcon oder Bombardier Challenger. Für 50 Millionen Euro gibt es ein für Sie individuell umgebautes Passagierflugzeug wie einen Airbus A 319 oder eine Boeing 737. Im Grunde ist es nicht anders als beim Autokauf: Etwas Gebrauchtes geht billiger her, nach oben sind preislich alle Grenzen offen.

**Abstellplatz:** Falls Ihr Anwesen nicht mit einer Startbahn ausgestattet ist, brauchen Sie einen Abstellplatz. Die Flughäfen verlangen eine Standgebühr. Am Münchner Airport wird diese zum Beispiel aus dem aufgerundeten Gewicht Ihres Flugzeugs in Tonnen pro 24 Stunden berechnet. Ihr Jet wiegt zwischen sechs und 14 Tonnen. Eine Tonne kostet zwischen elf und 13 Euro, je nach Saison. Wenn Sie Glück haben, ist sogar noch ein Platz in der Halle frei, sonst muss Ihre Maschine draußen bleiben.

**Regelmäßige Wartung:** Es gibt noch mehr laufende Kosten. Sie brauchen einen Vertrag mit einem luftfahrttechnischen Betrieb, der regelmäßig nach Ihrem Flugzeug schaut. Das ist vergleichbar mit der Vertragswerkstätte, in die Sie Ihr Auto bringen. Nur, dass Sie Ihr Auto auch fahren dürfen, wenn Sie nicht regelmäßig beim Kfz-Meister vorbeischauen. Fliegen dürfen Sie ohne regelmäßige technische Kontrollen nicht. Je nach Maschinentyp gibt es bestimmte Vorschriften, in welchen Abständen welches Teil von einem staatlich zugelassenen Prüfer gecheckt und dokumentiert werden muss. Beispielsweise die Kraftstoffpumpe im Triebwerk alle 100 Flugstunden, die Reifen alle 500 Landungen.

**Piloten und Stewardessen:** Nun brauchen Sie noch zwei Piloten, noch besser drei, falls einer von den anderen beiden krank wird. Die können Sie persönlich anstellen oder über Ihre Firma. Ein Kapitän kostet Sie ungefähr 100.000 bis 150.000 Euro im Jahr. Der Copilot fliegt schon für 50.000 Euro. Wenn die Piloten nicht fliegen, sitzen sie untätig herum und warten auf Ihre Order. Wenn Sie sich das nicht leisten wollen, können Sie freiberuflich arbeitende Piloten für einzelne Flüge bezahlen. Aber ob die dann ausgerechnet Zeit haben, wenn Sie sie brauchen? Und Sie kennen die Leute nicht. Vielleicht machen Sie es gleich wie viele andere Flugzeugbesitzer: Sie fliegen selbst, mit eigenem Pilotenschein, Ihren Copilot heuern Sie an. Dazu nehmen Sie noch eine Stewardess, entweder in Festanstellung oder auf Basis einzelner Aufträge.

**Einen Slot:** Wenn Sie fliegen wollen, rufen Sie Ihren Piloten an und sagen Ihm, er soll den Jet klarmachen. Das können Sie spontan entscheiden, aber besser ist mit einem Tag Vorlauf. Der Pilot muss einen Flugplan erstellen, also die Route ausarbeiten, und Slots dafür beantragen. Slots sind für Sie reservierte Zeitspannen, in denen Sie starten, über bestimmte Gebiete fliegen und am Ziel landen dürfen. Ohne Slots geht gar nichts. Besonders knapp sind Slots zu Messezeiten oder wenn große Ereignisse wie Fußballspiele oder das Oktoberfest stattfinden. Dann wollen alle gleichzeitig selbst fliegen. Während die Slots von der Flugsicherung berechnet werden, lässt der Pilot die Maschine betanken. Wenn Sie dann kommen, ist alles bereit.

**Realitätssinn:** Da es wenige Popstars und russische Oligarchen auf dieser Welt gibt, sieht die Realität der General Aviation etwas unglamouröser aus. Die meisten Jets gehören großen Unternehmen, die damit Ihre leitenden Angestellten transportieren. Kaum jemand lässt sein Flugzeug herumstehen. Die Kosten sind zu hoch. Deswegen geben Flugzeugbesitzer ihre Maschinen meist in eine Halterschaft. Das heißt, sie vermieten es an ein Unternehmen, das sich um die Wartung kümmert und das Flugzeug wie ein Taxi anbietet. Jedermann kann anrufen und sich den Jet bestellen – für ungefähr 3.000 bis 5.000 Euro pro Stunde. Dazu kommen weitere Kosten, etwa die Gebühren am Zielflughafen oder die Übernachtung und Verpflegung der Crew. Wenn Ihr Ausflug länger dauert, können Sie den Jet und die Crew auf sich warten lassen, das kostet allerdings. Wahrscheinlich fliegen Sie günstiger, wenn Sie das Flugzeug zum Heimatflughafen zurückschicken und es zu Ihrem Rückflug wieder einschweben lassen.

## 064 DIE RICHTIGE KABINE BELEGEN

Zuerst müssen Sie sich fragen: Auf welches Schiff will ich eigentlich? Es gibt klassische Kreuzfahrtschiffe, Clubschiffe oder Expeditionsschiffe, die entweder auf Flüssen oder auf hoher See fahren. Sie können sich zwischen Dampfern und Segelschiffen entscheiden, es gibt sogar atombetriebene Eisbrecher. Allein im Hochseebereich haben Sie die Wahl zwischen weltweit mehr als 300 Schiffen und rund 400.000 Betten. Sie können auf einem Luxus-Segelschiff wie der Sea Cloud mit 60 anderen Passagieren reisen – oder mit dem größten Kreuzfahrtschiff der Welt, der Oasis of the Seas, mit 6.300 Gästen, 2.200 Besatzungsmitgliedern und jeder Menge Rummel. Auf kleineren Schiffen finden Sie sich leichter zurecht. Größere Schiffe liegen bei rauer See ruhiger im Wasser. Dann beachten Sie noch Folgendes:

**Ankerplätze:** Manche Schiffe sind eine Woche unterwegs, andere länger als einen Monat. Auf manchen gibt es viele Landgänge, auf anderen kommen sie kaum von Bord. Wollen Sie mehrere verschiedene Orte sehen, achten Sie auf die Anzahl der Ankerplätze. Wollen Sie das Nachtleben der Städte erkunden, prüfen Sie noch zu Hause, ob Ihr Schiff lange genug und nicht nur ein paar Stunden im Hafen liegen wird. Wenn Sie sich erholen möchten und dabei vor allem den kontemplativen, ungestörten Blick aufs Meer schätzen, sind Sie mit einer einwöchigen Atlantiküberquerung besonders gut beraten.

**Oben, unten, Mitte:** Grundsätzlich wird ein Schiff von oben und unten in die Mitte gebucht. Auf den obersten Decks befinden sich Suiten und Penthäuser mit teils mehrgeschossigen Wohnflächen und großen Sonnenterrassen. Darunter kommen die Balkonkabinen, darunter die Kabinen mit Fenstern, die sich nicht öffnen lassen.

Die wenigen Penthouse-Suiten sind am teuersten, aber auch am schnellsten vergeben. Andererseits sind auch die unteren Kabinen sehr gefragt bei allen, die das Wasser gerne nah an ihrem Fenster vorbeiplätschern sehen. Auf manchen Schiffen liegen die Suiten über der Brücke, das heißt, Sie genießen einen noch schöneren Ausblick als der Kapitän. In den Heck-Kabinen sehen Sie auf das Fahrwasser – auch das gefällt vielen Passagieren.

**Innen und außen:** Man unterscheidet Außen- und Innenkabinen. Die Außenkabinen haben Fenster oder Balkone. Am billigsten fahren Sie in einer Innenkabine ohne Fenster. Das ist in etwa so, wie wenn Sie in einem Hotel in den Keller ziehen. Sie können nicht lüften, haben nur künstliches Licht, fühlen sich eventuell beengt. Das kommt nur in Frage, wenn Sie sich sowieso nur zum Schlafen und Duschen in der Kabine aufhalten. In einer Außenkabine mit Balkon können Sie sich auch mal zurückziehen und auf den Sonnenuntergang anstoßen. Auf manchen Schiffen gibt es nur Außenkabinen.

**Der Preis:** richtet sich nach Lage, Größe und Ausstattung Ihrer Kabine, dabei vor allem nach Terrasse, Balkon und Spa. Je höher die Kabine liegt, desto teurer ist sie in der Regel. Der Preisunterschied liegt zum einen an der Aussicht und der Nähe zum Bordgeschehen, das sich ebenfalls auf den oberen Decks abspielt. Zum anderen hat der

Unterschied historische Gründe: Mitte des 19. und Anfang des 20. Jahrhunderts waren die sozialen Klassen auf transatlantischen Linienschiffen noch streng in Ober- und Unterdecks voneinander getrennt. Es gab auch Zwischendecks, die unter die Decken von Frachträumen eingezogen wurden, um mit diesen mehr Profit zu machen. Hier waren die Ärmsten der Armen – Auswanderer, die vor Hunger und Elend aus ihrer Heimat nach Amerika flohen – unter unwürdigen Bedingungen zu Hunderten wochenlang zusammengepfercht, während sich die Erste-Klasse-Gesellschaft ein paar Decks weiter oben in Luxus erging. Bei einem Unglück hatten die Passagiere in den unteren Decks die schlechtesten Überlebenschancen. Krankheiten und Ungeziefer verbreiteten sich rasend schnell. Außerdem war es durch die Nähe zum Maschinenraum stickig, heiß und laut. Das trifft heute alles nicht mehr zu. Trotzdem haben auch heute noch manche Schiffe ihre teuersten Kabinen auf einem oberen Deck in Fahrtrichtung am Bug. Diese Kabinen bieten einen phantastischen Blick, aber auf den Balkonen ist es manchmal so windig, dass man sie in Fahrt nicht nutzen kann. Am Heck wiederum kann sich der Ruß aus den Schornsteinen unangenehm bemerkbar machen.

**Die ruhigste Kabine:** Achten Sie bei Ihrer Buchung nicht so sehr auf die Höhe ihres Decks, sondern auf die Nähe zur Schiffsmitte. Dort, in den seitlichen Außenkabinen der mittleren und unteren Decks, logieren Sie am ruhigsten. Mittschiffs spüren Sie die Schiffsbewegungen am wenigsten und werden nicht so leicht seekrank. Außerdem hören Sie keine Maschinen- oder Ankergeräusche. Selbst in voller Fahrt können Sie auf Ihrem Balkon sitzen und die Sonne genießen, ohne dass Ihnen der Wind den Schaum vom Cappuccino bläst. Dann müssen Sie für eine erholsame Reise nur noch sichergehen, dass Sie nicht neben der Disco oder einer anderen lärmenden Bordeinrichtung landen – wie Sie es auch in einem nicht schwimmenden Hotel machen würden.

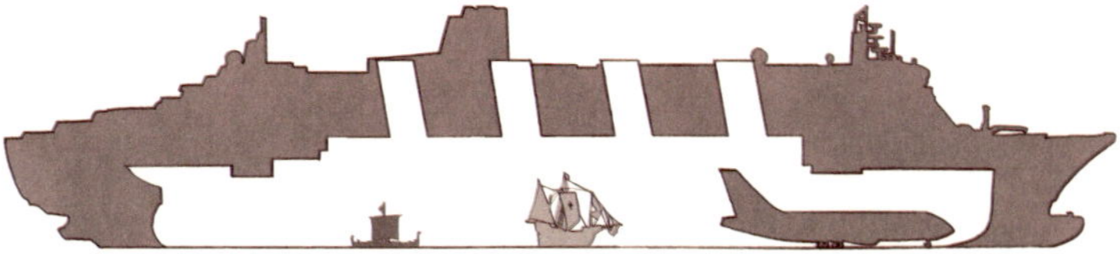

**Atlantik-Kreuzer: Queen Mary 2, Titanic, Wikingerschiff, Santa Maria, Airbus A 380**

Seit jeher ist die Passage von Europa nach Amerika eine der wichtigsten der Schifffahrt. Entdecker und Abenteurer nahmen sie zuerst, dann Auswanderer und Händler. Die wirtschaftliche Bedeutung der Atlantikverbindung ist enorm. Bis zum Start der Passagierjet-Fliegerei nach dem Zweiten Weltkrieg waren Schiffe die einzige Möglichkeit, Menschen und Waren massenweise hin- und herzutransportieren. Das schnellste Schiff, das zahlende Passagiere über den Atlantik brachte, erhielt das Blaue Band, ursprünglich eine Auszeichnung im Pferdesport. Bis 1935 war das Blaue Band rein ideell, ein Argument, mit dem die konkurrierenden Reedereien die Leistungen ihrer Luxusliner bewarben. Seitdem ist es eine Trophäe, die ein internationales Komitee vergibt – allerdings kein Band, sondern eine Statuette.

Strömungsbedingt gibt es eine nördliche Route, den Westkurs von Europa nach Amerika, und eine südliche, den Ostkurs von Amerika nach Europa. Start der nördlichen Route war der Leuchtturm Bishop Rock auf den Scilly-Inseln in Westengland, Ziel das inzwischen von einem vollautomatischen Turm ersetzte Feuerschiff Ambrose vor der

Hafeneinfahrt in New York. Das Ziel der südlichen Route wird von Punta Marroquí vor Gibraltar markiert. Unter den Schiffen, die das Blaue Band gewannen, ist die Queen Mary, die Vorgängerin der immer noch den Atlantik überquerenden Queen Mary 2. Das Blaue Band wird heute von Katamaran-Fähren erjagt. Faszinierender als die Geschwindigkeit ist inzwischen die Größe von Atlantikschiffen (siehe Grafik).

## 066 WELLEN BRECHEN

In dem wunderbaren Buch „Die 13 1/2 Leben des Käpt'n Blaubär" tauchen Tratschwellen auf, die sprechen können. Sie umkreisen Schiffbrüchige und reden ihnen ein, sie sollen sich ihrem Schicksal ergeben und ihrem Leben ein Ende bereiten. Laut Käpt'n Blaubär sind Tratschwellen die wellengewordenen Gedanken des gelangweilten Ozeans – Seemannsgarn vom Feinsten.

Auch Kaventsmänner – haushohe, ohne Vorwarnung anrollende, alles in den Abgrund reißende Wasserwände – galten Jahrhunderte lang als Ausgeburten rumbenebelter Matrosenphantasien. Wissenschaftler gingen noch vor wenigen Jahrzehnten davon aus, dass Wellen maximal 15 Meter hoch werden können, dementsprechend konstruierte man die Schiffe. Inzwischen ist bewiesen: Kaventsmänner gibt es wirklich. Man nennt sie auch Monsterwellen, Rogue Waves oder Freak Waves. Sie können über 30 Meter hoch werden, wie Satelliten und Messgeräte an Ölbohrplattformen dokumentiert haben. Treffen sie auf ein Schiff, schlagen sie Fenster und Bordwände mit dem gewaltigen Druck von mehr als 100 Tonnen pro Quadratmeter ein, verwüsten das Deck und die Kabinen, machen das Schiff teils manövrierunfähig oder versenken es. Monsterwellen wurden meist im Nordatlantik und im Pazifik nachgewiesen, inzwischen aber auch im Mittelmeer und der Nordsee. Manche Wissenschaftler sehen darin eine Folge der Klimaerwärmung.

Zu den berühmtesten Opfern von Kaventsmännern gehört der Luxusdampfer Queen Elizabeth 2. Er wurde 1995 auf dem Weg nach New York von einer über 30 Meter hohen Welle beschädigt. Wohl knapp am Untergang vorbei gingen die Kreuzfahrtschiffe Bremen und Caledonian Star im Jahr 2001 im Südatlantik. Auf dem Kreuzfahrtschiff Louis Majesty starben 2010 zwei Menschen im Mittelmeer durch „abnormal hohe" Wellen, wie ein Sprecher der Reederei sagte. Das größte von einer Monsterwelle versenkte Schiff ist die Derbyshire, ein 294 Meter langer Frachter, der vor Japan so schnell unterging, dass die Besatzung nicht einmal einen Notruf absetzen konnte. 1982 versenkte eine Monsterwelle die damals größte, als unsinkbar geltende Ölbohrplattform Ocean Ranger vor Neufundland.

Eine Monsterwelle türmt sich auf See auf und fällt auf dem Weg an Land in sich zusammen. Eine mehrere hundert Kilometer lange Tsunami-Welle dagegen hebt ein Schiff nur unmerklich sanft an – und rollt dafür verheerend an Land.

Wie Kapitäne am besten auf einen Kaventsmann reagieren, ist unklar. Er ist nicht nur hoch, sondern auch steil. Außerdem hat er eine hohe Frequenz, das heißt, direkt hinter ihm kommt die nächste Monsterwelle. „Abreiten", also frontal und mit voller Kraft hinein und drüber oder durch, raten die einen. Die anderen sehen das beste Manöver darin, die Welle schräg anzuschneiden. Auf jeden Fall wirken enorme Kräfte auf das Material. Sie können das Schiff auseinander reißen oder kentern lassen. Kaventsmänner erscheinen so schnell, dass nicht viel Zeit zum Überlegen bleibt.

## 067 RÄNGE ERKENNEN

Von 1.000 Angestellten auf einem großen Kreuzfahrtschiff gehören nur etwa 30 zur Besatzung, das heißt zum seemännischen Personal: der Kapitän sowie seine nautischen und technischen Offiziere, außerdem

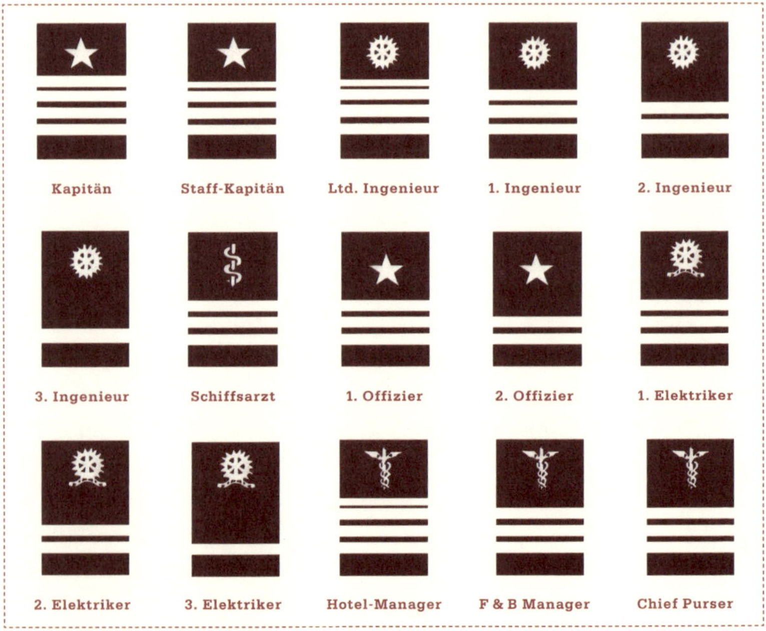


das Decks- und Maschinenpersonal. Die hierarchischen Positionen von Schiffsärzten, Funkern oder Köchen sind gesetzlich nicht geregelt und deshalb von Schiff zu Schiff unterschiedlich. Der Kapitän ist der Vertreter des Reeders. Er leitet alle Vorgänge auf dem Schiff und trägt die Verantwortung. Nach ihm folgt der Leitende Ingenieur in der Rangordnung. Er ist für die Maschine und die sonstige Technik zuständig. Die Nautischen Wachoffiziere – Erster, Zweiter und Dritter Offizier genannt – kümmern sich um die Navigation, die Sicherheit, die Besatzung und die Ladung. Die restlichen Kräfte gehören zum Hotelbetrieb. Sie tragen einheitliche Arbeitskluft oder Phantasieuniformen. Besatzungsmitglieder erkennt man an ihren Rangabzeichen. Zum Beispiel auf der MS Europa, wie oben zu sehen.

Je nach Art und Klassifizierung des Schiffs gibt es unterschiedliche Kleidungsempfehlungen, ähnlich den Hotelkategorien. Dann kommt es natürlich auf die Reiseroute und das gebotene Programm an. Auf einem Clubschiff können Sie den ganzen Tag mit Ihren Kindern in Shorts und T-Shirt herumtoben. Auf sämtlichen US-amerikanischen Schiffen sowieso. Auf Expeditionsschiffen, etwa auf Fahrt in die Arktis oder Antarktis, tragen Sie Daunenjacke, Funktionskleidung und festes Schuhwerk. Aber auch auf den klassischen Luxus-Kreuzfahrtschiffen, selbst auf den traditionell besonders gediegenen britischen oder deutschen, ist sportliche, gepflegte Freizeitkleidung tagsüber völlig ausreichend. Bei Landgängen sollten Sie praktische, dem besuchten Ort angemessene Kleidung tragen. Ritenhafte Zeremonien wie Galaabende und Kapitänsdinner, also Abendessen im Beisein des Kapitäns, sind vom Aussterben bedroht. Und selbst wenn solche Feierlichkeiten an Bord angeboten werden, haben Sie auf den meisten Schiffen genügend Alternativen in anderen gastronomischen Einrichtungen.

Wenn es kein Entrinnen gibt, entnehmen Sie der Einladungskarte, welche Kleidung beim Kapitänsdinner erwartet wird: Darauf steht zum Beispiel „white tie“ oder „black tie“, auf Französisch „Cravate blanche“ oder „noire“. Das bezieht sich auf die Halsschleife zum jeweiligen Aufzug. „White tie“ bedeutet Frack, „black tie“ Smoking. Die Dame trägt Abendkleid oder das kleine Schwarze und ihren besten Schmuck.

Im britischen Englisch wird der Smoking Dinner Jacket genannt, im amerikanischen Englisch Tuxedo, kurz Tux. Wenn Sie keinen besitzen, leihen Sie sich einen an Bord oder tragen Sie Ihren dunkelsten Anzug mit Krawatte. Bei einem Kapitänsdinner in der Karibik darf die Smoking-Jacke auch mal weiß sein. Achten Sie beim Kauf oder Leihen eines Smokings generell darauf, dass er aus einem leichten Stoff gefertigt ist, sonst wird es Ihnen beim Feiern viel zu heiß.

## 069 FRACHTER FAHREN

Es muss nicht immer die Queen Mary 2 sein. Frachtschiffe bieten eine interessante Alternative zu luxuriösen Kreuzfahrten. Sie haben dann zwar keine Disco und keinen Galaabend, aber einen authentischen Einblick ins echte Seemannsleben. Einige Angebote zur Auswahl:

**Auf dem Kombifrachter nach Russland:** Lübeck-St. Petersburg und zurück, mit zwei Tagen Aufenthalt. (sieben Tage, ab 468 Euro in der Vierbett-Kabine)

**Stückgutfahrt in Richtung Südeuropa, Nordafrika, Mittelmeer:** Sie gehen in Bremen an Bord, in Wismar, in Gdynia in Polen oder Orrskar in Schweden – wo genau, erfahren Sie kurz vor der Abfahrt, das hängt von der Ladung ab. Auch die Route wird von der Ladung bestimmt, zum Beispiel Schnittholz für Tunesien mit Rückladung in Marokko oder der Türkei. (42 Tage, ab 3.790 Euro in der Funker-Kabine)

**Langreise auf dem Containerschiff von Hamburg nach Indien:** unter liberianischer Flagge nach Holland, Großbritannien, durch den Suezkanal, nach Saudi-Arabien, Sri Lanka, Nava Sheva, Mundra – und zurück über Salala in Oman. (49 Tage, ab 4.470 Euro in der Supercargo-Kabine mit freiem Ausblick oder in der Lotsen-Kabine mit eventuell von Ladung verstelltem Ausblick)

**Mit dem Kühlschiff in die Karibik:** Von Antwerpen nach Guadeloupe, Martinique, Kolumbien, Costa Rica und zurück. (34 Tage, ab 2.780 Euro in der Doppelkabine)

**Weltreise auf dem Containerschiff in die Südsee:** ab Dünkirchen oder Antwerpen nach Polynesien. Mit dabei unter anderem Tahiti,

Fidschi, Salomonen, Vanuatu, Papua-Neuguinea, Neukaledonien, außerdem Neuseeland, Malaysia, Singapur. (103 Tage, ab 8.170 Euro in der Doppelkabine)

## 070 ZEIT VERTREIBEN

Scheiben mit einem Holzstecken übers Deck schubsen, sprich Shuffleboard, galt 100 Jahre lang als das höchste Vergnügen auf den oberen Decks der Passagierschiffe. Heute gibt es dort Kinos, Bars, Discos, Restaurants, Cafés, Eislaufbahnen, Pools, Einkaufszentren, Joggingbahnen, Fitness-Studios, Casinos, eine Brauerei, eine Seilbahn, eine Parklandschaft mit Bäumen und Bambusgewächsen, Kletterwände, Golfsimulatoren, Basketballfelder, Surfsimulatoren, Karussells, Konzertsäle, Amphitheater und Theater, in denen ganze Broadway-Musicals aufgeführt werden. Und es gibt Kreuzfahrten zu speziellen Themen:

**Astrologie:** Sternenhimmel-Navigation für die Seele unter Leitung eines Parapsychologen **Bridge:** cruisen und Karten spielen, auch Poker und andere Zockerei ist im Angebot **Fußball:** auf Stadionbesuchen der Welle der Begeisterung nachspüren. **Garten:** Landratten riechen an den Blumen der schönsten Parks **Gesundheit:** Behandlungen jenseits der Seekrankheit, Yoga, Qi-Gong und Ernährungsberatung inklusive **Golf:** aussteigen und einputten ohne Fahrtwind **Gourmet:** erstklassig essen, bis der Schiffsarzt kommt **Heiraten:** mit Neptuns Hilfe in den Hafen der Ehe **Hobby:** Hinterglasmalerei, Blumenbinden, Dekorieren und andere Leidenschaften auf hoher See **Kino:** Schauspieler für Diskussionen an Bord **Laufen** Runden drehen an Deck und Land **Literatur:** Logbücher des Lebens, von den Verfassern vorgelesen **Musik:** die Wiener Philharmoniker, Schlager, Jazz oder 40 Heavy-Metal-Bands hintereinander übertönen das Schiffshorn **Obama:** Kurs auf die amerikanische Ostküste, der ehemalige US-Botschafter in Deutschland erklärt die politische Lage **Pferde:** keine Seepferdchen. Besuch bei Züchtern, Gestüten und Turnieren **Schokolade:** die Kunst der Kakao- und Fettverarbeitung auf schwankendem Untergrund **Schwule und Lesben:** von wegen „Drei Mann in

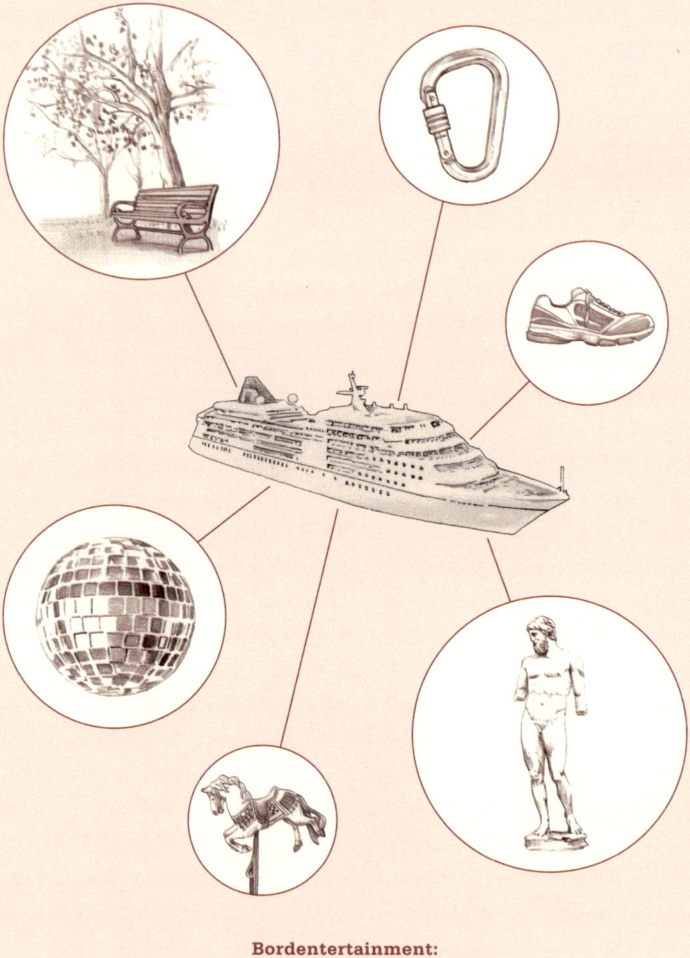

**Bordentertainment:**

**Park, Kletterwand, Joggingbahn, Atrium, Kinderkarussell, Disco**

einem Boot" – voll aufgetakelt mit 5.000 Gleichgesinnten in die Karibik **Tanzschule:** Foxtrott lernen bei Windstärke vier **Vampire:** an den Schauplätzen des Kinofilms „Twilight – Biss zum Morgengrauen" hilft nur Weihwasser **Wandern:** so viel Land in Sicht – Beine vertreten in Patagonien **Wein:** Kellereien, Sommeliers und Winzer voraus

## 071 SCHIFFE VERSENKEN

Falls Sie zu zweit auf einer einsamen Insel stranden, können Sie ausgiebig Schiffe versenken spielen. Sie und Ihr Gegner malen je zwei Koordinatenfelder in den Sand, die Sie jeweils am oberen Rand mit Zahlen von eins bis zehn und an den Seiten mit Buchstaben von A bis J bezeichnen. Lassen Sie den anderen nicht auf Ihre Felder sehen. Verschanzen Sie sich hinter einer Palme oder einem Korallenfelsen. Ein Feld ist für die Aufstellung Ihrer Flotte, das andere ist der Schlachtplan für Ihre Treffer und Fehlschüsse beim Gegner.

Jeder Spieler hat eine Flotte von zehn Schiffen, die sich nach Anzahl der Kästchen unterscheiden: einen Flugzeugträger (fünf Kästchen), zwei Zerstörer (je vier Kästchen), drei Kreuzer (je drei Kästchen) und vier Schnellboote (je zwei Kästchen). Auch der Einsatz eines U-Bootes mit einem Kästchen wäre denkbar – ist aber eher langweilig, weil die U-Boote am Ende immer übrig bleiben und nur noch der Zufall darüber entscheidet, ob eines getroffen wird. Die Schiffe dürfen nicht aneinander stoßen, nicht über Eck und nicht diagonal eingezeichnet werden.

Losen Sie aus, wer anfangen darf. Feuern Sie, indem Sie die Koordinaten eines Schusses nennen, zum Beispiel: C3 oder E5. Ihr Gegner sagt entweder „daneben", dann zeichnen Sie ein O in den Schlachtplan und lassen ihn feuern. Oder er sagt „Treffer!", dann malen Sie ein X in den Sand und feuern noch einmal, so lange, bis Sie danebenschießen. Gewonnen hat, wer die Flotte des Gegners als Erster versenkt.

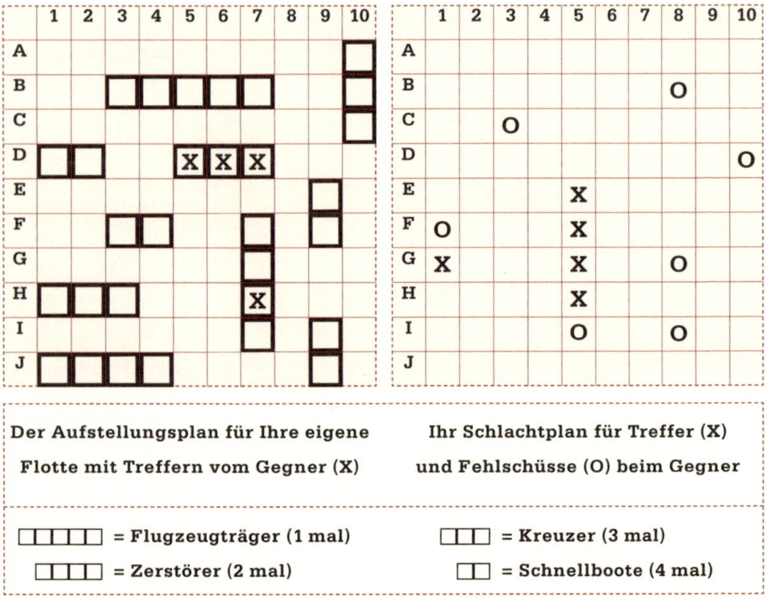


Eine lustige Variante ist, dass Sie und Ihr Gegner das Schießen von Salven vereinbaren. Dann kündigen Sie vorher an, mit welchem Schiff Sie feuern – immer mit dem größten, das noch übrig ist. Sie geben pro Runde so viele Schuss hintereinander ab, wie Ihr Schiff Kästchen hat: also fünf Schuss beim Flugzeugträger, vier bei einem Zerstörer und so weiter. Nach der Salve kommt der Gegner mit seiner Salve an die Reihe. Zusätzlich können Sie auch zwei oder drei Seeminen mit jeweils einem Kästchen einführen. Trifft Ihr Gegner eine Mine, sinkt das Schiff, mit dem er gefeuert hat. Eine weitere Variante ist die Küstenbatterie, die aus drei Kästchen besteht und ganz am Rand eingezeichnet wird, als einziges Geschütz auch über Eck, falls Sie das so vereinbaren. Mit der Batterie dürfen Sie, wenn Sie dran sind, jeweils nur einmal feuern, bei einem Treffer sinkt das gegnerische Schiff sofort.

Sie kommen in einem verschlossenen Container per Pierkran an Bord, als Hafenarbeiter verkleidet über die Gangway oder schwimmend über den Ruderkasten. Dann verstecken Sie sich in einer Nische, im Ankerkasten oder Frachtraum. Im Gegensatz zum Schwarzfahrer müssen Sie keine Strafe dafür zahlen, als blinder Passagier zu reisen. Im Gegenteil: Der Reeder, sprich sein Bevollmächtigter, der Kapitän, muss gut für Sie sorgen und haften. Er muss Sie verpflegen und alle anfallenden Kosten übernehmen: etwa für Ihre medizinische Betreuung inklusive Strafen für fehlende Impfungen, für das Einreise- oder Abschiebeverfahren, für Ihre Unterbringung, für Ihr Rückflugticket. In manchen Ländern wird der Kapitän selbst juristisch zur Rechenschaft gezogen, weil er Sie mitgebracht hat. Zumindest aber machen Sie ihm eine Menge Ärger und Tausende Euro Kosten. Wenn Sie es an Land schaffen, ist der Kapitän wegen illegaler Schleusung dran. Wenn Ihnen an Bord etwas zustößt, handelt er sich den Vorwurf der Fahrlässigkeit ein. Kein Wunder, dass er Sie nicht leiden kann.

Kurz nach dem Auslaufen lässt der Kapitän jeden Winkel seines Schiffes nach einem wie Ihnen untersuchen. Wenn Sie so gut versteckt sind, dass Sie es bis auf hohe See schaffen, sind Sie wahrscheinlich bereits in Lebensgefahr. Dann stecken Sie in einem verschlossenen Frachtbehälter, in einer Holzladung, in einem Kühlraum oder an einem anderen Ort, an dem es kalt ist und wenig Sauerstoff gibt. Im Englischen werden Sie Stowaway genannt – einer, der sich wegverstaut hat.

Manche Verstecke lassen sich nur von außen öffnen. Sie können ersticken, verhungern, verdursten oder erfrieren. Ihr Schreien und Klopfen hört niemand, weil die Maschinen so laut sind. Wenn Sie können, müssen Sie in einiger Entfernung vom Hafen herauskommen. Aber wenn Sie auf einem üblen Schiff sind, werden Sie von der Crew zu Tode gequält oder einfach über Bord geworfen. Also besser, Sie vergessen die Idee, als blinder Passagier zu reisen, und machen sich stattdessen Gedanken darüber, warum Menschen so reisen: Sie sind dermaßen verzweifelt über ihre Armut und politische Verfolgung, dass sie lieber den Tod riskieren, als in ihrer Heimat zu bleiben.

## 073 HILFE RUFEN

| | | | | | |
|---|---|---|---|---|---|
| A •– | B –••• | C –•–• | D –•• | E • | F ••–• |
| G ––• | H •••• | I •• | J •––– | K –•– | L •–•• |
| M –– | N –• | O ––– | P •––• | Q ––•– | R •–• |
| S ••• | T – | U ••– | V •••– | W •–– | X –••– |
| Y –•–– | Z ––•• | 0 ––––– | 1 •–––– | 2 ••––– | 3 •••–– |
| 4 ••••– | 5 ••••• | 6 –•••• | 7 ––••• | 8 –––•• | 9 ––––• |

**VE Verstanden •••–• / SK Verkehrsende •••–•– / SOS internationaler Notruf •••–––•••**

Rammt Ihr Kreuzfahrtschiff einen Eisberg, wird es von Piraten angegriffen, brennt es an Bord oder wurden Sie beim Landgang auf einer einsamen Polar-Insel aus Versehen zurückgelassen – dann signalisieren Sie SOS mit Morsezeichen und rufen „Mayday!" über Sprechfunk. Das sind international bekannte Notrufe für lebensbedrohliche Situationen zu Wasser, zu Lande oder in der Luft.

Das Morsealphabet aus Kombinationen von kurzen und langen Tönen oder Lichtsignalen ist die Erfindung eines US-amerikanischen Professors für Malerei, Samuel Morse. Die simplen Signale sind selbst bei schlechter Funkverbindung klar zu vernehmen. SOS ist keine Abkürzung, sondern wurde festgelegt, weil die Kombination dreimal kurz, dreimal lang, dreimal kurz so einfach zu senden und herauszuhören ist. Die Bedeutung „save our souls" oder „save our ship" ist eine Eselsbrücke. Mayday ist vom Französischen „venez m'aider", „kommen Sie mir zu Hilfe" abgeleitet.

## 074 EINEN SICHEREN HAFEN FINDEN

Ein Sturm kommt auf und es wird Nacht. Zeit, Ihr Boot in einen guten, sicheren Hafen zu steuern. Daran erkennen Sie ihn:

**Lee-Lage:** Der Hafen öffnet sich in die Himmelsrichtung, die der Hauptwindrichtung abgewandt ist. Kommt der Wind aus dem Westen, liegt der Hafen nach Osten hin. Trotzdem kann es sein, dass Wellen in den Hafen laufen. Die Segler sagen dazu: „Es steht Schwell in den Hafen." Dann müssen Sie sich auf eine unruhige Nacht einstellen, auch wenn außerhalb des Hafens das schönste Wetter sein kann.

**Voll ausgebaggert:** Das Hafenbecken sollte durchweg tiefer sein als der Tiefgang Ihres Bootes. Weil das Wasser in einem Hafen immer mit Öl verschmutzt ist, sehen Sie nicht auf den Grund und müssen sich darauf verlassen können, dass Sie heil an Ihren Anlegeplatz kommen.

**Frisches Wasser:** Der Seemann lebt nicht von Salzwasser allein. Passen Sie gut auf, womit Sie Ihren Frischwassertank füllen. In vielen Häfen Griechenlands gibt es überhaupt kein Trinkwasser, es sei denn, es fährt ein spezieller Tanklastwagen vor. Ansonsten kriegen Sie nur eine ölverdreckte Brühe. Ist die einmal in Ihrem Frischwassertank, ist er verseucht und Sie können ihn wegwerfen.

**Keine Ratten:** Es soll Yachtbesitzer geben, die ihr Schiff grundsätzlich nicht an der Pier festmachen, so groß ist ihre Angst vor Ratten. Ratten sind schlimmer als Rost. Sie fressen alles an, was ihnen zwischen die Nagezähne kommt: Segel, Kabel, Seekarten. Nur ein rattenfreier Hafen ist ein guter Hafen. Ansonsten müssen Sie auf Rattenabweiser vertrauen: Trichter, zur Not selbst gebastelt aus Plastikflaschen, die Sie über alle Landverbindungen des Bootes wie Taue, Kabel und Wasserschläuche stülpen. Ziehen Sie die Gangway hoch. Dann können sich Ratten nur noch von den Kronen der Palmen fallen lassen, die über das Boot hängen – das tun sie aber auch!

**Freier Ankergrund:** Ist der Grund bewachsen, hält der Anker nicht so gut wie im unbewachsenen Schlick, wenn der Wind nachts plötzlich zunimmt. Achten Sie außerdem auf die Moorings, die Ketten zum Festmachen. Die Abstände der Moorings sollten der Länge Ihres Bootes entsprechen, damit Sie nicht gegen die Pier oder andere Boote stoßen.

**Keine Gauner:** Es gibt Häfen für Fischer, Freizeitsegler und Kreuzfahrer. Und es gibt Häfen für Gauner. Die klauen alles, was auf Deck herumliegt – was am Mittelmeer häufig und in der Karibik in so gut wie jedem Hafen der Fall ist. Oder sie treten als Hafenmeister verkleidet auf und verlangen absurd hohe Liegegebühren – speziell an der Balkanküste, im ehemaligen Jugoslawien, ist das weit verbreitet. Dazu kommt, dass Sie falsche Hafenmeister oft nicht von echten unterscheiden können, weil sich auch die echten wie Gauner aufführen. Die dritte Art von zwielichtigen Gestalten betreibt Bars und Restaurants in der ersten Reihe der Hafenfront. Erfahrene Segler essen nur in der zweiten Reihe, da schmeckt es meistens auch besser.

## 075 DIE UMWELT SCHONEN

Die Reiseindustrie hat schon bessere Zeiten erlebt als das Jahr 2050. Klimawandel und globales Fieber haben die Welt voll erwischt und die schlimmsten Erwartungen übertroffen. In kürzester Zeit ist die Durchschnittstemperatur um weitere fünf Grad gestiegen, Temperaturen von 40 Grad sind an der Norddeutschen Elefantengrasküste keine Seltenheit mehr. Wobei die norddeutsche Küste nach dem Schmelzen der Polkappen auf der Höhe von Hannover verläuft. Während sich die Natur viel schneller angepasst hat, sind die Menschen noch mit der Umstellung beschäftigt. Jeder Erdenbürger hat einen Leisure Mobility Chip (kurz: LMC), der auch in Deutschland so heißt, weil Englisch mittlerweile zur Amtssprache erhoben wurde. Reisechip sagen nur noch die ganz Alten.

Dieser Chip registriert unter anderem alle durch Freizeitzwecke erzeugten Emissionen. Der internationale und höchst illegale LMC-Handel zwischen Industrieländern und Entwicklungsländern geht steil nach oben, seitdem jedem Bürger nur noch ein jährliches Guthaben von 250 Kilogramm Kohlenstoffdioxid pro Person für Freizeitfahrten zur Verfügung steht. Diese Zahl ist nicht wirklich abwegig, wenn man bedenkt, dass der durchschnittliche Kohlenstoffdioxid-Ausstoß in Deutschland derzeit bei elf Tonnen pro Kopf und Jahr liegt. Nur zwei bis zweieinhalb Tonnen werden langfristig als verträgliche Quote angesehen, wobei ein Großteil der Emissionen davon weiterhin Ernährung, Strom, Heizung, Haushalt, berufliche Mobilität und allerlei Konsumgüter ausmachen werden. Sicherheitshalber wird im Folgenden dargestellt, wie weit wir mit diesen 250 Kilogramm für unsere Reisen und den Verkehrsmitteln Anfang des 21. Jahrhunderts jährlich kommen würden.

**In der Luft:** Für das Fliegen gelten Sonderregelungen, da die Emissionen direkt in die höheren Schichten der Atmosphäre entlassen werden. Die CO2-Belastung steigt mit der Flughöhe. Der Klimarechner des Bundesumweltamtes trägt diesem Umstand mit dem Radiative-Forcing-Index-Faktor (RFI-Faktor) für Flüge mit mehr als 400 Kilometern Rechnung, da ab dieser Fluglänge hohe und damit kritische Flughöhen sehr wahrscheinlich sind. Andere Klimarechner vernachlässigen diesen Faktor und gewichten den Start stärker. Die Unterschiede zwischen Lang- und Kurzstrecke in der Reichweite sind allerdings nicht sonderlich groß. Mit Ihrem CO2-Budget kämen Sie etwa von Frankfurt nach Hamburg und zurück. Einfach sind das exakt 400 Kilometer Entfernung. Für einen Flug von Frankfurt nach Mallorca und zurück (einfach 1.250 Kilometer) müssten Sie je nach Klimarechner zwei bis drei Jahre sparen, für einen Flug nach Gran Canaria und zurück vier bis acht (einfach 3.182 Kilometer) und nach New York und zurück (einfach 6.184 Kilometer) acht bis 16 Jahre. Während dieser Zeit dürfen Sie ihr Budget natürlich nicht anderweitig verjubeln. Und wenn Sie Business Class fliegen wollen, wo Sie mehr Platz in Anspruch nehmen, müssten Sie beispielsweise für New York noch sieben Jahre länger sparen als für die Economy Class oder den Charter.

**Auf der Straße:** Wie weit Sie es mit Ihrem Budget schaffen, hängt sehr stark vom Fahrzeugmodell ab. Für die Beispiele in der Tabelle wurden noch relativ sparsame Autos verwendet. Bei einem Kleinwagen, der fünf Liter Benzin pro 100 Kilometer schluckt, dürften Sie 1.800 Kilometer fahren. Mit einem Oberklasse-PKW, der zwölf Liter verbraucht, sind es nur noch 750 Kilometer. Bei den Elektroautos, deren CO2-Bilanz stark von der für die Stromerzeugung verwendeten Energiequelle abhängt, wurde im folgenden Diagramm von Kleinwagen wie dem Smart ausgegangen.

Auch unter CO2-Aspekten ist es interessant, mit möglichst vielen Personen im Auto zu fahren, weil sich die Reichweite durch den nur unwesentlich ansteigenden Verbrauch nahezu verdoppelt, verdreifacht, vervierfacht und so weiter. Deshalb ist bei normaler Auslastung auch der Reisebus eines der Transportmittel mit der höchstens CO2-Reichweite. 7.800 Kilometer schaffen Sie hier mit Ihrem Budget von 250 Kilogramm Kohlenstoffdioxid.

**Auf der Schiene:** Im Fernverkehr kämen Sie mit dem Zug etwa 4.500 Kilometer weit, also etwa 16 Mal von Hamburg nach Berlin. Wenn Sie allerdings den Nahverkehr nutzen, sind es nur noch 2.500 Kilometer.

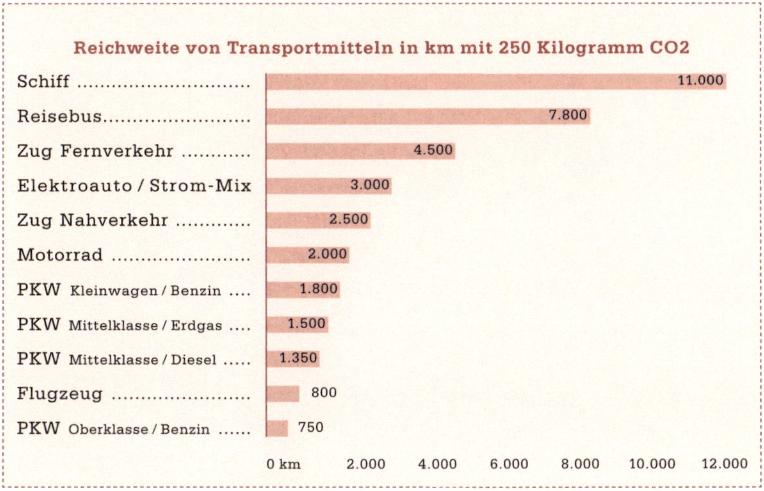


**Übers Wasser:** Das Schiff ist in den meisten Klimarechnern nicht enthalten, dafür in verschiedenen Studien wie beispielsweise von Greenpeace. In Sachen CO2-Ausstoß ist das Schiff unschlagbar. Ein Oceanliner mit 2.000 Personen und 100 Kilogramm Gepäck pro Person brächte Sie fast 11.000 Kilometer weit.

Das Ganze verkompliziert sich in der Realität ein wenig, weil auch andere klimaschädliche Gase wie Methan und Distickstoffoxide eine Rolle spielen. Zudem lässt sich der Schadstoffausstoß nicht allein auf den Betrieb eines Transportmittels reduzieren, da auch Energie nötig ist, um die Infrastruktur zu unterhalten. Besonders bei der Bahn ist dies ziemlich aufwändig. Bahnhöfe müssen gebaut, Schienen gelegt werden. Das Flugverkehrsunternehmen Lufthansa behauptete sogar einmal, dass das Flugzeug ab einer Distanz von 350 Kilometern das umweltfreundlichste Transportmittel sei, weil anders als bei Schiene und Straße kaum CO2 beim Bau der Infrastruktur entstehe. Auf Nachfrage erklärte das Unternehmen, diese Zahl sei geschätzt worden.

# AM ZIEL

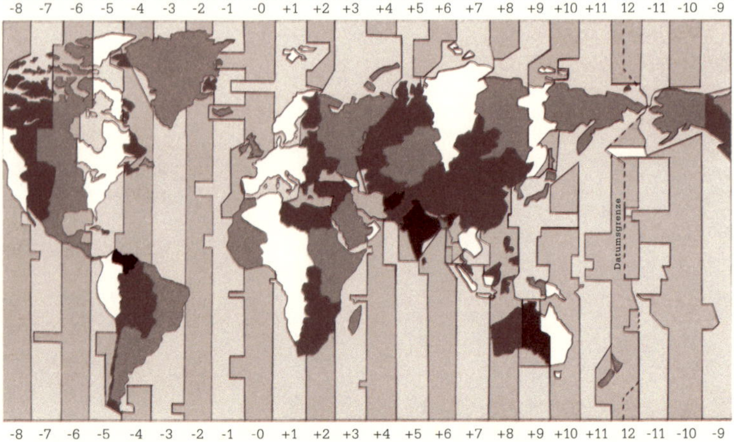


Einige Länder und Regionen haben ihre ganz eigenen Zeitzonen wie beispielsweise Venezuela (-4:30 Std.), Neufundland und Labrador (-3:30 Std.), Iran (+3:30 Std.), Afghanistan (+4:30 Std.), Indien / Sri Lanka (+5:30 Std.), Nepal (+5:45 Std.), Burma (+6:30 Std.) oder der zentrale Teil Australiens (+9:30 Std.).

Falls Sie in eine andere Zeitzone reisen, sollten Sie Ihre Uhr der Ortszeit anpassen. Standardzeit ist die Winterzeit. Mitteleuropa rechnet mit der Mitteleuropäischen Zeit (MEZ) oder Central European Time (CET). Etwas kompliziert wird die Zeitumstellung durch die Sommerzeit.

**Die Sommerzeit:** Vor allem in tropischen Regionen, wo die jahreszeitlichen Schwankungen sehr gering sind, gibt es anders als in Mitteleuropa keine Sommerzeit. So ist Sambia der MEZ eine Stunde voraus, im Sommer hingegen gibt es keine Zeitverschiebung. Länder auf der südlichen Hemisphäre wie Argentinien, Neuseeland oder Namibia wiederum stellen zu ganz anderen Monaten auf Sommerzeit um. Gerade Namibia ist ein kurioser Sonderfall. Obwohl es in der gleichen Zeitzone wie Mitteleuropa liegt, gehen die Uhren dort fast das ganze Jahr über anders. Während des Nordwinters herrscht dort Sommerzeit, wodurch Namibia den Mitteleuropäern eine Stunde voraus ist. Während der Mitteleuropäischen Sommerzeit ist Namibia eine Stunde hinterher.

**Eine Grenze, drei Stunden:** In großen Ländern wie Russland oder den USA gibt es gleich mehrere Zeitzonen. China jedoch verzichtet trotz der respektablen Ost-West-Ausdehnung – zumindest offiziell – auf eine zeitliche Teilung des Landes. Während es in Shanghai im Osten bereits dämmert, ist es im Westen noch taghell, obwohl an öffentlichen Stellen die gleiche Zeit ausgewiesen wird. Übertritt man im Westen die Grenzen nach Tadschikistan und Pakistan, darf man die Uhr gleich um drei Stunden zurückstellen. Nutzt man einen Gebirgspass auf dem schmalen Wakhan-Korridor nach Afghanistan, sind es sogar dreieinhalb Stunden.

**Zeitreisen:** Die Westgrenze Chinas ist allerdings nichts im Vergleich zur Datumsgrenze im Pazifik. Diese wurde 1845 ungefähr entlang des 180. Längengrads festgelegt – im Zick-Zack-Kurs, um keine politisch zusammenhängenden Gebiete zu zerteilen. Der Pazifik wurde gewählt, weil dieser weniger befahren war als der Atlantik. Außerdem entsprach das dem Weltbild mit Europa in der Mitte und dem Pazifik am anderen Ende der Welt. Wenn Sie die Datumsgrenze von West nach Ost übertreten, müssen Sie nicht nur die Uhr eine Stunde nach vorne stellen, sondern auch das Datum um einen Tag zurück. Oder anders: Wenn Sie in Suva auf den Fidschi-Inseln am 31. Dezember Silvester feiern, haben Sie 23 Stunden Zeit, ein paar Kilometer Richtung Osten nach Pago Pago (USA) oder Apia auf Samoa zu fliegen, um noch ein zweites Mal Silvester zu feiern. Und wenn Sie dann um drei Uhr morgens an Neujahr zurück gen Westen nach Suva fliegen, ist dort bereits der 2. Januar. Wenn es diese Datumsgrenze nicht gäbe, würde sich die Zeit – zumindest die vom Menschen definierte – im Wortsinne im Kreis drehen. Es gibt sogar einen Ort, von dem aus Sie in die Zukunft schauen können: Kap Mulinu'u. Es liegt auf Savaii, der größeren der beiden Hauptinseln von Samoa. Nur wenige Kilometer von der Küstenlinie entfernt verläuft die Datumsgrenze. Da, wo Sie stehen, ist heute, da draußen auf dem Meer im Westen ist morgen. Die Samoaner behaupten, Kap Mulinu'u sei der westlichste Punkt der Erde. Dieses touristisch wertvolle Prädikat wird jedoch auch für die Midway-Inseln nordwestlich von Hawaii, die unbewohnten Inseln Howland und Baker am Äquator und für die Aleuten vor Alaska beansprucht.

## 077 JEDEN TAG NEUJAHR FEIERN

Können Sie nicht genug kriegen von Bleigießen, Sekt und Feuerwerk? Dann reisen Sie einfach. Irgendwo auf der Welt beginnt bestimmt gerade ein neues Jahr, je nach Zeitrechnung und religiösem Brauch – nur meistens ohne Bleigießen.

1. Januar: westlicher Kulturraum, nach dem so gut wie auf der ganzen Welt gültigen Gregorianischen Kalender. Papst Gregor XIII. führte die Zeitrechnung 1582 ein. Protestantische Länder feierten Neujahr lange an anderen Terminen, England etwa bis 1751 am 25. März.

14. Januar: orthodoxe Länder, zum Beispiel Griechenland, Rumänien, Russland. Das Datum kommt lediglich durch eine Umrechnung des 1. Januar in den Julianischen Kalender zustande. Wichtiger ist der Beginn des orthodoxen Kirchenjahres am 14. September.

21. März (20. März in Schaltjahren): persisches Neujahrsfest Newroz, wird von Kurden, im Iran, in Usbekistan, Turkmenistan, Kirgisistan, Kasachstan, Aserbaidschan, Afghanistan und teils in Indien begangen.

13. bis 15. April: Thailand, Myanmar und Laos feiern Songkran nach dem Mondkalender. Früher wusch man zu diesem Anlass Buddhafiguren und Hände, heute liefern sich die Thais wilde Straßenschlachten mit Wasserpistolen.

14. September: Beginn des kirchlichen orthodoxen Jahres nach dem Julianischen Kalender, entspricht dem 1. September im Gregorianischen Kalender.

Zwischendurch gibt es weitere Neujahrsfeste **Chinesisch:** zwischen 21. Januar und 21. Februar **Jüdisch:** Rosch ha-Schana, zwischen September und Oktober **Islamisch:** zwischen Dezember und Februar

## 078 MIT FREMDEM GELD ZAHLEN

**Im Ausland:** Weltweit gibt es ungefähr 160 Währungen, deren sich ständig verändernde Wechselkurse nicht einmal Experten immer parat haben können. Allerdings gilt neben dem US-Dollar nur der Euro als internationale Leitwährung. Es bringt häufig schon viel, sich den Umrechnungskurs dieser beiden Währungen zu merken, da einige Drittländer den Dollar und Euro als Zahlungsmittel verwenden oder daran gekoppelt sind. Zum Dollar besitzen beispielsweise viele karibische und arabische Staaten wie Oman und Saudi-Arabien feste Wechselkursbindungen. Was den Euro betrifft, so stammen einige feste Wechselkurse noch aus den Zeiten der Vorgängerwährungen wie dem Franc, an dem sich viele Kolonien orientierten. Andere suchten in den Wirrungen des kollabierenden Sozialismus in der D-Mark einen Anker.

CFA-Franc: 1 Euro = 655,957 CFA. Der CFA-Franc spiegelt damit noch immer am eindrücklichsten den Umtauschkurs des Französischen Franc zum Euro von 6,55957:1 wider. Zahlungsmittel in Äquatorialguinea, Benin, Burkina Faso, Elfenbeinküste, Gabun, Guinea-Bissau, Kamerun, Republik Kongo, Mali, Niger, Senegal, Togo, Tschad und Zentralafrikanische Republik. CFP-Franc: 1 Euro = 119,3317 CFP. Zahlungsmittel in Französisch-Polynesien, Neukaledonien, auf den Pazifik-Inseln Wallis und Futuna. Komoren-Franc: 1 Euro = 491,96775 KMF. Zahlungsmittel auf den Komoren. Kap-Verde-Escudo: 1 Euro = 110,265 CVE. Zahlungsmittel auf den Kapverdischen Inseln. Lew: 1 Euro =

1,95583 Lew. Entspricht dem Wert der früheren D-Mark. Zahlungsmittel in Bulgarien. Konvertible Mark: 1 Euro = 1,95583 KM. Entspricht dem Wert der früheren D-Mark. Zahlungsmittel in Bosnien-Herzegowina.

**Im Inland:** Sie müssen nicht in die Ferne schweifen, um mit anderen Währungen zu zahlen. In vielen europäischen Ländern gibt es verschiedene Regionalwährungen. Es sind im Normalfall reine Tauschmittel, ohne Anlagenmeierei und Spekulationsgedöns, allerdings auch ohne Annahmegarantie der Unternehmen. In Deutschland gibt es beispielsweise den Augusta (Göttingen und Südniedersachsen), den Chiemgauer (Region Chiemgau), die Havelblüten (Potsdam und Umgebung), die Kirschblüte (Witzenhausen), den Urstromtaler (Sachsen-Anhalt) und den Zschopautaler (Mittelsachsen)

**In der Exklave:** Die Gemeinde Büsingen am Hochrhein liegt zwar inmitten der Schweiz, ist aber deutsches Staatsgebiet, nachdem es 1805 bei den Verhandlungen zum Pressburger Frieden dem Königreich Württemberg zugeschlagen worden war. Dieser Witz territorialen Handels wurde nie korrigiert. Und obwohl in Büsingen heute der Euro als gesetzliches Zahlungsmittel angenommen werden muss, wird mehrheitlich der Schweizer Franken verwendet.

## 079 SICH EINHEIMISCHEN NÄHERN

Wie die Menschen in verschiedenen Ländern auf Ihren Besuch reagieren, kann man schwer sagen. Sicher ist: Die Fettnäpfchen, in die Sie treten können, sind zahlreich. Wie weit die Missverständnisse des „Westens" gehen, zeigt sich schon im Sprachgebrauch. So ist immer wieder die Rede vom „arabischen Raum". Richtig müsste es heißen: „muslimischer Raum". Denn Araber machen nur 15 Prozent aller Moslems aus, jeder dritte Moslem lebt auf dem indischen Subkontinent, also in Indien, Pakistan oder Bangladesch. Aufgrund ihrer im Westen oft verzerrten Wahrnehmung sind Muslime besonders interessant, wenn es um die Gepflogenheiten der Annäherung geht. Bei ihnen gilt Höflichkeit, Respekt und Gastfreundschaft als hoher Wert – wie grundsätzlich überall auf der Welt.

Höflich grüßen: Sie gehen auf einen Fremden zu und nehmen seine Hand – in westlichen Kulturkreisen ist das eine Form der Begrüßung. In Teilen Asiens versteht man darunter einen fast schon tätlichen Angriff. Traditionell eingestellte Japaner oder Inder fassen sich beim Hallo sagen nicht an. In Indien faltet man die Handflächen vor der Brust und verneigt sich leicht. Dadurch wahrt man höfliche Distanz. Es gibt auch Inder, die einen Fremden lieber auf westliche Art begrüßen. Wenn Sie beim ersten Kennenlernen einmal nicht sicher sind, wie Sie es richtig machen sollen, gehen Sie nicht forsch auf Ihr Gegenüber zu, sondern warten Sie erst einmal ab, ob Sie eine Hand hingestreckt bekommen oder nicht. Dosieren Sie auch den Druck nach den jeweils herrschenden Gepflogenheiten. In Deutschland mag ein kerniger, männlicher Händedruck Vertrauen signalisieren, in Afrika oder Asien kann er ungehobelt wirken. Zuweilen bevorzugt man eine sich für Europäer schlaff anfühlende Variante. In muslimischen Ländern führt man manchmal nur die Handflächen sachte aneinander.

Wenn es ganz förmlich zugeht, führt man die rechte Hand an die Brust und verneigt sich. In Frankreich wiederum umarmt man sich und küsst sich zweimal neben die Wangen, in Belgien und in den Niederlanden dreimal. Das geht in muslimischen Ländern öffentlich nur innerhalb des gleichen Geschlechts, niemals zwischen Männern und Frauen. Wenn Sie ein Mann sind und eine Muslima so begrüßen, brüskieren Sie sie und stellen Sie bloß. Auf Frauen gehen Sie als Mann nicht einmal mit der ausgestreckten Hand los, außer vielleicht in liberalen Oberschicht-Kreisen. Unterlassen Sie kumpelhaftes Schulterklopfen – auf einen Muslim wirkt das väterlich bis herablassend.

Abstand wahren: Der Kulturforscher Edwart T. Hall fand heraus, dass es große Unterschiede zwischen den Angehörigen verschiedener Nationen gibt, was die als angenehm empfundene Distanz zueinander angeht. Die einen vertragen mehr Nähe als die anderen. Anhand von Beobachtungen in Nordamerika entwarf er eine Typologie von vier Zonen für den westlichen Kulturkreis:

**Intime Distanz (bis 50 Zentimeter):** Berührungen, Geruchs- und Wärmewahrnehmung des anderen sind möglich, geeignet für Liebesspiele, zum Trösten und Beschützen. Voraussetzung ist großes Vertrauen, etwa zwischen Eltern und Kindern sowie Freunden. Der enge Kontakt unter Frauen ist im Westen gesellschaftlich eher akzeptiert als der von Männern. **Persönliche Distanz (50 Zentimeter bis 1,2 Meter):** Zone für soziale Interaktionen, für offene, neutrale Gesprächsbereitschaft. Der Abstand ermöglicht die Wahrnehmung der Gestik und Mimik. Trotzdem bleibt das Sicherheitsbedürfnis gewahrt. **Soziale Distanz (1,2 bis 3,5 Meter):** Zone für eher unpersönliche Beziehungen, Umgang mit Fremden, Geschäftspartnern. Der Abstand betont das sachliche Verhältnis. **Öffentliche Distanz (3,5 bis 7,5 Meter):** Zone für öffentliche Auftritte, formelle Anlässe, feine mimische und gestische Signale können kaum wahrgenommen werden.

In anderen Kulturen sind diese Distanzen anders – nicht jedoch die Reaktionen auf eine Über- oder Unterschreitung der Abstände. Dringt ein Fremder in unsere persönliche oder gar intime Zone ein, fühlen wir uns bedroht. Hält er übertrieben Abstand, fühlen wir uns beleidigt. Nur, wenn sowieso kein Platz ist, etwa in einer überfüllten Straßenbahn, lassen wir große Nähe zu – dann nehmen wir die anderen jedoch eher unpersönlich, fast schon wie Gegenstände wahr. Das führt dazu, dass in Menschenaufläufen die Gesprächsbereitschaft nicht etwa zu-, sondern abnimmt. Im muslimischen, aber auch südeuropäischen Raum ist die persönliche Distanz tendenziell geringer als in Deutschland. Ärgern Sie sich nicht, wenn Sie am Bahnhof von Palermo in einer Wartschlange stehen und das Gefühl haben, Ihr Hintermann springt Ihnen jetzt gleich auf den Rücken. Er findet nichts Schlimmes daran. Dies ist jedoch kaum generalisierbar, auch in muslimischen Ländern nicht. Zum Beispiel halten iranische Männer viel mehr körperliche Distanz zum Gegenüber als etwa Muslime in Südostasien – besonders als die Pandschabis, die nicht eng genug aufeinandersitzen können. In vielen muslimischen Ländern gilt es als unhöflich, einen Gast alleine in einem Zimmer zu lassen. Man muss ihm jeden Wunsch von den Augen ablesen können. Für Sie bedeutet das den Verlust jeglicher Privatsphäre. Zwischen unverheirateten muslimischen Männern und Frauen gibt es in der Öffentlichkeit keinerlei Berührungen. Man erwartet auch von Touristen-Paaren, dass der Mann der Wortführer ist. In Pakistan und Iran bilden Frauen stets separate Warteschlangen und werden von Männern auch sofort als Erste an den Schalter vorgelassen. Wenn Sie ein Mann sind und sich einer Wohnung nähern, achten Sie darauf, dass Sie auf sich aufmerksam machen und keine Frau mit sich konfrontieren, die nicht darauf gefasst ist oder sich gerade ohne Mann zu Hause aufhält. Schicken Sie ein Kind zum Anklopfen vor. Treten Sie nicht ein, wenn die Frau alleine ist.

Nase diskret schnäuzen: Im Westen trompetet jeder lautstark in sein Taschentuch. In China ist das unmöglich – nicht wegen des Rotzens, sondern wegen des verschmutzten Taschentuchs, das Sie sich anschließend in die Hosentasche stecken. Dafür haben Chinesen kein Problem damit, beim Essen ins Tischtuch zu schneuzen oder unter den Tisch zu spucken. Im Iran ist es eine absolute Grenzüberschreitung, sich die Nase in aller Öffentlichkeit ungeniert zu säubern – damit belästigen Sie die Einheimischen.

Anständig anziehen: Verhüllen Sie Ihre Steißtätowierung und das Nabelpiercing. Ihr Arschgeweih will kaum jemand auf der Welt sehen. In muslimischen Ländern gilt die Bedeckung als hoher kultureller Wert. Insbesondere die als unrein erachtete Zone zwischen Bauchnabel und Knie muss sogar doppelt bedeckt werden – etwa mit einer Hose und einem Rock darüber. Selbst liberale, verwestlichte Frauen aus Pakistan oder Iran, die etwa in London oder New York als Schauspieler arbeiten, fühlen sich dort nackt, wenn sie nur eine Hose tragen. In den Augen der Einheimischen wirken Sie als Tourist erst recht schamlos, wenn Sie sich zu freizügig kleiden. Haare und Arme werden ebenfalls bedeckt. Die Achselhöhlen gehören in muslimischen Ländern zur Schamzone. Sie werden nie gezeigt – und wie auch andere intime Stellen des Körpers rasiert. Das gilt auch für Männer. Lassen Sie Ihre Muskelshirts zu Hause.

Hände, Füße und Rücken beachten: Im Orient sitzt man traditionell am Boden. Deshalb ziehen Sie die Schuhe aus, wenn Sie in eine Wohnung eingeladen werden. Treten Sie niemals mit Schuhen auf einen Teppich. Sitzen Sie mit untergeschlagenen Beinen, strecken Sie Ihrem Gastgeber nicht die Füße hin, zeigen Sie Ihre Fußsohlen nicht. Auch Heiligtümern strecken Sie nicht den Fuß entgegen. Üben Sie den Schneidersitz – Menschen aus dem Westen sind langes Sitzen in dieser Haltung nicht gewöhnt. Frauen strecken ihre angewinkelten Beine seitlich ab. Die linke Hand ist tabu. Mit ihr säubert man sich nach dem Toilettenbesuch (siehe Kapitel 086, Aufs Klo gehen). Deshalb essen Sie nicht mit ihr, berühren Sie niemanden damit und schmücken Sie sie nicht mit Ringen. Strecken Sie niemandem Ihren verlängerten Rücken hin. An Gräbern, insbesondere an Gräbern von Heiligen, nähern Sie sich vorwärts und gehen Sie rückwärts weg.

Unterwäsche behalten: Genießen Sie den Service im Fünf-Sterne-Hotel in Dubai. Aber geben Sie in einem muslimischen Land niemals Ihre gebrauchten Unterhosen zum Waschen ab.

Nicht loben: Wenn Ihnen ein Teppich, eine Holzschnitzerei oder eine Teekanne in der Wohnung Ihres muslimischen Gastgebers gefällt, behalten Sie das für sich. Sonst fühlt er sich der Etikette entsprechend verpflichtet, Ihnen den Gegenstand zu schenken. Großzügigkeit gilt als hoher kultureller Wert. Für Sie gibt es nur eine angemessene Reaktion: Sie müssen das Geschenk ablehnen.

Fingerzeige geben: Mit falscher Zeichensprache können Sie sich auf Reisen blamieren oder gar beleidigend wirken. Gesten haben in verschiedenen Ländern unterschiedliche Bedeutungen.

**Europa, USA, Südafrika:**
Alles klar! Eins.

**Muslimische Länder:**
beleidigende Kopulationsgeste

**Bayern, Europa:**
Schleich di!
Verschwinde!

**Afrika, Südostasien:**
Komm her!
Hallo, Taxi!

**Ägypten:**
Einen Moment, bitte.
**Kongo:**
klein, wenig

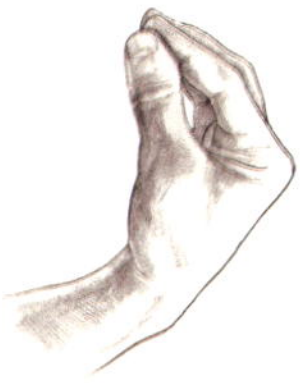

**Italien:**
Du nervst!
**Türkei:**
schön, gut

**Texas:**
stolzes Zeichen für Longhorn-Rinder, hey!
**Italien:**
Deine Frau geht fremd.

**Europa, USA:**
Klasse, böser Heavy Metal!
**Südamerika:**
Schutz vor Unheil

**Brasilien, Russland, Mittelmeerländer:**
vulgäre Beleidigung

**Beim Tauchen, in Europa, USA, Mexiko, Europa:**
alles o.k.

**Deutschland, Italien, Afrika:**
Wir telefonieren!

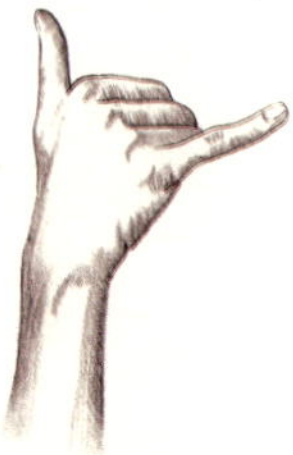

**Hawaii, Australien:**
Shaka! Hang Loose! Alles cool! Gruß der Surfer und von Hawaiianer Barack Obama.

**Deutschland, Asien, Afrika, USA:**
Stopp! Fünf. Hallo und auf Wiedersehen.

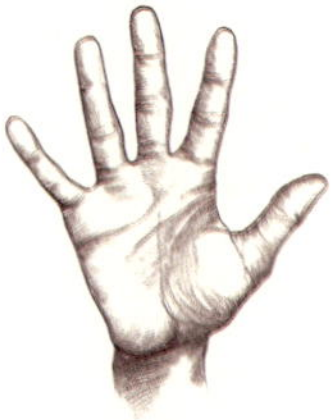

**Griechenland:**
vulgäre Beleidigung

**Großbritannien, Deutschland, Spanien, Korea, Iran, USA:**
Sieg! Friede! Zwei.

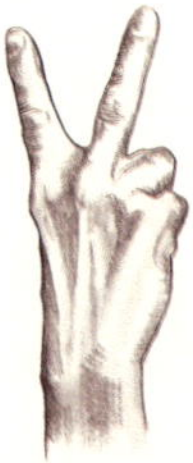

**Großbritannien, Irland, Neuseeland, Australien, Griechenland:**
beleidigende Kopulationsgeste

Bücher- und DVD-Regale stecken voller Tourenbeschreibungen – selbst die Belletristik-Ecke des australischen Hotels. Greifen Sie einfach hinein und lassen Sie sich inspirieren.

**Holden Caulfield:** 16-jähriger Protagonist aus Jerome D. Salingers „Der Fänger im Roggen". Flüchtet aus dem Internat nach New York. Geht dort jedoch nicht nach Hause zu seinen Eltern, sondern checkt ins heruntergekommene Edmont Hotel ein und irrt durch die Stadt. Route: vom fiktiven Agerstown, Pennsylvania, nach Manhattan. Dort insbesondere: Ernie's Bar in Greenwich, Central Station, Broadway, Museum of Natural History, Radio City Music Hall, Central Park, Fifth Avenue, Zoo. Transportmittel: Zug, Taxi, zu Fuß. Ziel der Reise: erwachsen werden, Sexualität entdecken, Weltschmerz ertragen.

**Frodo Beutlin:** die zentrale Figur aus J. R. R. Tolkiens Epos „Der Herr der Ringe". Kleinwüchsiges, spitzohriges und gutmütiges Wesen mit lederähnlichen Fußsohlen. Die braucht er auch für die lange Reise quer durch Mittelerde. Route: Hobbingen im Auenland, Krickloch in Bockland, Alter Wald, Hügelgräberhöhen, Bree, Wetterspitze Amon Sûl, Bruchtal, Caradhras-Pass im Nebelgebirge, Minen von Moria, Elbenwald Lothlórien, Fluss Anduin, Raurosfälle, über das Hügelland Emyn Muil und die Totensümpfe zum Schwarzen Tor Morannon in Mordor, Felsenhalle Henneth Annûn, Minas Morgul, Spinnenpass, Cirith Ungol, Schicksalsberg (Amon Amarth, Orodruin), Schicksalsklüfte, Minas Tirith, Auenland, Hafen Graue Anfurten, Valinor. Route in Drehorten der Buch-Verfilmung in Neuseeland: Matamata, Waikato-Distrikt, Mount Victoria bei Wellington, Marlborough, Te Anau, Tongariro National Park, Mount Ngauruhoe, Rangitikei, Treble Cone, Kawarau River, Kapiti-Küste, Upper Hutt, Featherston, Marahau, Kaiteriteri, Takaka Hill, Kahurangi

National Park, Mount Olympus, Mount Owen, Southern Alps, Wanaka, Gegend um Queenstown, Arrowtown, Skippers Canyon, Fiordland National Park, Waiau, Erewhon. Transportmittel: zu Fuß, Pony, Pferd, Adler. Ziel der Reise: einen Ring entsorgen.

**Simplicissimus:** einfältiger Titelheld des ersten deutschsprachigen Abenteuerromans aus dem Jahr 1668. Wird als Zehnjähriger im Dreißigjährigen Krieg von Soldaten verschleppt, wächst heran, erlebt Abenteuer zwischen allen Fronten und entsagt der Welt am Ende als Einsiedler auf einer einsamen Insel. Route: ein Bauernhof im Spessart, Hanau, Magdeburg, Soest, Köln, Paris, Rheinhausen, Moskau, Japan, Macau, Ägypten, Konstantinopel, Rom, Insel im Indischen Ozean. Transportmittel: zu Fuß, Pferd, Schiff. Ziel der Reise: überleben.

**Thelma und Louise:** Hausfrauen, die im männlich geprägten Genre Road Movie dank Regisseur Ridley Scott Pionierarbeit leisten. Flüchten quer durch den Südwesten der USA vor der gnadenlosen Polizei, weil Louise einen potentiellen Vergewaltiger abgeknallt hat. Schanzen am Ende mit ihrem Wagen in den Grand Canyon. Route: Arkansas, Oklahoma, Colorado, Arizona. Gefilmt wurde in Kalifornien und vor allem vor der Kulisse der Sehenwürdigkeiten Utahs: Canyonlands National Park, Moab, Cisco, Courthouse Towers, Arches National Park, Dead Horse Point State Park, State Highway 313, La Sal Mountains, Valley of the Gods, Mexican Hat. Transportmittel: blauer Ford Thunderbird Convertible, Baujahr 1966, mit Brad Pitt als Sonderausstattung auf der Rückbank. Ziel der Reise: Freiheit und Gerechtigkeit.

**Phileas Fogg:** Gentleman und Freund der Pünktlichkeit, Held in Jules Vernes Roman „In 80 Tagen um die Welt“. Route: London, Paris, Brindisi, Suez, Bombay, Kalkutta, Hongkong, Shanghai, Yokohama, San Francisco, New York, Dublin, London. Transportmittel: Zug, Dampfschiff,

Elefant, Frachter, Segelschlitten, Raddampfer. Kein Heißluftballon! Den gibt es nur in den Verfilmungen. Ziel der Reise: eine Wette gewinnen.

**Jim Hawkins:** Schiffsjunge auf großer Fahrt mit gefährlichen Piraten an Bord in Robert Louis Stevensons Ur-Abenteuergeschichte „Die Schatzinsel". Route: von Bristol Kurs Südsüdwest mit den Passatwinden zur Skelettinsel, Näheres zu ihrer Lage wird nicht verraten. Dann wieder zurück nach Bristol. Reine Spekulationen sind die Theorien über eine reale Schatzinsel. Demnach soll Stevenson von Zeitungsberichten über die Kokos-Insel vor Costa Rica inspiriert worden sein, auf der heute noch mehrere Schätze, unter anderem der Kirchenschatz von Lima, vermutet werden. Einer anderen Theorie zufolge soll Stevenson selbst den Kirchenschatz von Lima auf der zu Tonga gehörenden Insel Tafahi gefunden haben. Transportmittel: der 200 Tonnen schwere Schoner Hispaniola. Ziel der Reise: Schatz des Captain Flint heben.

**Nils Holgersson:** Wandlung eines Kindes vom böswilligen Quälgeist zum Wichtelmännchen und schlussendlich zum hilfsbereiten Heranwachsenden, der die Tiere und seine Heimat Schweden verstehen lernt. Route: auf dem Luftweg quer durch Schweden von Västra Vemmenhög über Karlskrona, Öland, Falun, Uppsala, Stockholm, Lappland, Östersund nach Smygehuk. Transportmittel: die leicht beschränkte Hausgans Martin und andere schräge Vögel. Ziel der Reise: groß werden.

**Odysseus:** armer griechischer Tropf, der nach sieben Jahren bei der Nymphe Kalypso zurück zu seiner Frau Penelope muss. Route: schwer zu rekonstruieren. Manche glauben, die Irrfahrt habe ins Schwarze Meer, zu norwegischen Fjorden oder ans Kap Horn geführt. Die Forscher Hans-Helmut und Armin Wolf schrieben neun Jahre lang an einem Bericht, wonach Odysseus das Mittelmeer nicht verlassen hat.

Er schipperte angeblich von Troja über Djerba, Malta, Sizilien, Ustica, die Meerenge von Messina und Lipari nach Ithaka. Transportmittel: Floß, Schiff. Ziel der Reise: Historiker bis ins 21. Jahrhundert hinein zu beschäftigen.

**Wickie:** neunmalschlauer Hosen- und Klugscheißer, der seinem Wikingerstamm aus dem kleinen Dorf Flake immer wieder aus der Bredouille hilft. Route: England, Bulgarien, Grönland, Griechenland, Dänemark, die amerikanische Ostküste, Niederlande, arabische Welt. Transportmittel: ein Wikingerschiff. Ziel der Reise: beweisen, dass Hirn mehr bedeutet als Muskeln und Mut.

**Captain Kirk:** Chef des Raumschiffs Enterprise, das mit seiner 400 Mann starken Besatzung fünf Jahre lang unterwegs ist, um fremde Galaxien zu erforschen, neues Leben und neue Zivilisationen. Route: Psi 2000, Rigel XII, Exo III, Talos IV, Galileo 7, Eminiar VII, Omicron Ceti III, Janus VI, Pollux IV, ... Transportmittel: 289 Meter langes Raumschiff mit Phasern, Photonentorpedos und Warp-Antrieb. Ziel der Reise: den Außerirdischen unter dem Vorwand der interkulturellen und interstellaren Kommunikation zeigen, wo der Beamer hängt.

## 081 AUF REISEN GELD VERDIENEN

Um auf der Weltreise nebenbei ein wenig Geld zu verdienen, ernten manche Kiwis, verdingen sich als Musiker in Kneipen oder spielen Straßenclown. Die US-amerikanische Hardrock-Band Guns N' Roses ging vom 14. Mai 1991 bis 17. Juli 1993 auf die längste Welttournee der Rock-Geschichte und füllte sich dabei so richtig die Taschen. Auf der „Use Your Illusion"-Tour gab das Ensemble um Axl Rose im Schnitt fast alle vier Tage ein Konzert. Sieben Millionen Zuschauer sahen die Band während der 26 Monate live. Die Tour führte in 31

Länder (in Klammern die Anzahl der Konzerte): Argentinien (4), Australien (2), Belgien (1), Brasilien (3), Chile (1), Dänemark (2), Deutschland (11), England (6), Finnland (2), Frankreich (3), Griechenland (1), Irland (1), Israel (1), Italien (3), Japan (6), Kanada (9), Kolumbien (2), Mexiko (7), Niederlande (3), Neuseeland (1), Norwegen (1), Österreich (2), Portugal (1), Spanien (3), Schweden (3), Schweiz (2), Tschecheslowakei (1), Türkei (1), Ungarn (1), USA (103), Venezuela (1).

Insgesamt begleiteten die Band mehr als 80 Personen. Mit auf Reisen gingen sechs Schreiner, sechs Filmcrews und 13 Instrumente für den Gitarristen Slash. Als Vorband traten unter anderem Soundgarden und Faith No More auf. Während seiner Weltreise erlebte der Tross so ziemlich alles: Randale mit 60 Verletzten in Maryland Heights, 50 Verhaftungen während eines Konzerts in Santiago de Chile, einen Putschversuch in Venezuela und einen völlig durchgeknallten Axl Rose, dessen Einlagen eigentlich nur mit bewusstseinserweiternden Mitteln zu erklären waren. Kiwis mussten Rose & Co nicht ernten.

## 082 EUROPA IN EINER WOCHE ERLEBEN

Nicht alle Menschen haben so viel Urlaub wie die Deutschen. Einem Chinesen stehen nur fünf Tage zu, zehn Tage werden es, wenn er länger als zehn Jahre beim selben Unternehmen beschäftigt ist. In den USA gibt es überhaupt keine gesetzliche Regelung für Urlaub. In der Regel werden zehn bis 15 Tage gewährt. Da muss man sich ranhalten, wenn man als Amerikaner etwas von Europa sehen will. Ein typisches Reisearrangement sieht dann zum Beispiel so aus:

**Sieben Länder in zehn Tagen** **Tag 1:** Ankunft in London. Einchecken ins Hotel. Uniformierte Hostessen beraten Sie, wie Sie das Beste aus Ihrem Aufenthalt machen können. **Tag 2:** London. Ein Tag zur freien Verfügung. Empfohlen werden Madam Tussauds Wachsfigurenkabinett oder eine Fahrt im Riesenrad London Eye. **Tag 3:** London – Brüssel. Mit der Fähre über den Ärmelkanal. Übernachtung.

**Tag 4:** Brüssel, Rheinkreuzfahrt, Frankfurt. Nach Deutschland auf dem Fluss. **Tag 5:** Frankfurt, Romantische Straße, Rothenburg, Innsbruck. Pittoreske Dörfer. **Tag 6:** Innsbruck, Brenner-Pass, Venedig. Über die majästetische Europabrücke. Bootsfahrt in Venedig, Besuch in einer Glasbläserei. Zeit, die Atmosphäre aufzusaugen. **Tag 7:** Venedig – Vierwaldstättersee. Zwischenstopp am legendären Balkon von Romeo und Julia in Verona. **Tag 8:** Luzern – Dijon. Nach dem Frühstück durch die Stadt und auf einen Berg. Dann weiter nach Frankreich. **Tag 9:** Dijon – Paris. Ankunft am Nachmittag. Sightseeing. **Tag 10:** Paris. Frühstück und Heimflug.

## 083 SPEZIALITÄTEN PROBIEREN

Es gibt viel interessantere Spezialitäten als Spaghetti, Döner oder Paella. Dazu zählen vor allem in Asien auch alle möglichen Arten von gebratenen und frittierten Insekten wie Maden, Spinnen oder Heuschrecken. Sie werden als Snacks genossen, schmecken viel besser, als sie nach Meinung von Europäern aussehen, und sind durch ihren hohen Eiweißgehalt gesünder als alle Chips und gesalzenen Erdnüsse zusammen. Falls Sie die Vorstellung, Hundefleisch zu essen, kulturell bedingt mit Abscheu erfüllt, seien Sie unbesorgt: Entgegen des Klischees wird man Ihnen in Korea, Vietnam oder im südlichen China keinen Hund für ein Hühnchen in den Reis mischen. Hunde gelten als Delikatesse und werden nicht einfach so an dahergelaufene Touristen verfüttert.

**Yan Wo / China:** Schwalbennestersuppe. Hergestellt aus dem eiweißreichen, gelatineartig ausgehärteten Speichel der Salanganen, einer Vogelart aus der Familie der Segler. Mit dem Speichel bauen diese ihre Nester in Höhlen an felsigen, schwer zugänglichen Steilküsten. Es gibt auch so genannte schwarze Nester, die außer aus Speichel aus Federn bestehen. Die Nester werden gereinigt und mit Fleisch in einer Brühe gegart, wobei sie sich auflösen und die Suppe sämig binden.

**Haggis / Schottland:** gefüllter Schafsmagen. Darin Leber, Herz, Lunge, Nierenfett vom Schaf, Zwiebeln und Hafermehl. Der Magen wird von innen nach außen gestülpt und sorgfältig gewaschen, die Innereien werden vorgegart, geschnitten und gewürzt. Dann wird alles im Magen vernäht und drei Stunden lang in kochendes Wasser gegeben. Dabei muss man etwas Luft im Magen lassen und ihn mit einer Gabel einstechen – sonst explodiert das Ganze im Topf.

**Hákarl / Island:** fermentierter Hai. Das Fleisch des Grönland- oder Eishais ist im frischen Zustand ungenießbar, da voller Harnstoff. Um diesen abzubauen, wird das Haifleisch eingegraben, mit Steinen beschwert und dadurch ausgepresst – bis zu drei Monate lang. Dadurch entsteht Ammoniak, der nach dem Fermentieren verdunsten muss. Dazu wird das Fleisch in Trockenhütten aufgehängt. Hákarl riecht nach Urin, schmeckt salzig und wie sehr reifer Käse. Wie Käsehäppchen spießt man die Haistücke mit Zahnstochern auf und genießt sie mit Brennivín, dem einheimischen Schnaps. Hákarl ist ein Beweis dafür, wie erfinderisch der Mensch ist, wenn es um sein Überleben geht.

**Durian / Südostasien:** die Stinkfrucht. Sie wächst als morgensternförmige, stachelige Kugel auf gewaltigen Bäumen und ist wegen des penetranten Gestanks in den meisten Hotels und öffentlichen Verkehrsmitteln verboten. Für viele ist sie die beste Frucht der Welt, vielen anderen dreht es schon beim Anblick den Magen um. Manche erinnert der Geruch an faule Eier, vermischt mit mediterranem Käse und gewürzt mit Armeesocken, andere wollen eine nicht geleerte Biotonne erkennen. In Wirklichkeit aber ist die Wirkung auf die Nase einfach unbeschreiblich.

**Casu Marzu / Sardinien:** verdorbener Schafskäse. Er reift so lange, bis er die Maden der Käsefliege ansetzt. Diese bohren sich durch den

Käse, fressen und verdauen ihn und machen ihn durch ihre Ausscheidungen cremig. Casu-Kenner lieben den stechend kräftigen Geschmack des Käses, trinken dazu hochprozentigen Rotwein und essen die noch lebenden Maden mit. Insekten werden auch anderswo zum Fermentieren von Milchprodukten eingesetzt, zum Beispiel beim französischen Mimolette oder beim Milbenkäse in Sachsen-Anhalt.

**Bolitas de Oro / Spanien, Südamerika:** Stierhoden, wörtlich „Goldbällchen". Es gibt sie gegrillt, paniert und mit verschiedenen Füllungen. Zum Beispiel mit Zwiebeln, Suppengrün, Trüffeln und Chilischoten, eingelegt in Balsamico-Essig, Sahne und Kokosnussmilch. Viehhoden heißen auch Criadillas.

**Balut / Philippinen, Vietnam:** angebrütetes, gekochtes Hühner- oder Entenei. Darin befindet sich der Vogelembryo, der mitsamt Haut und Knochen aus der Schale geschlürft wird. Dazu würzt man das gepellte Ei mit Salz, Ingwer, Essig, Sojasauce oder Basilikum.

**Blutwurst / Deutschland:** Schweinedarm, gefüllt mit einer Mischung aus Schweineblut, Fett, Innereien, Mehl, alten Brötchen und Gewürzen, manchmal auch mit Schweinezunge. In Österreich Blunzn genannt. Durch Erhitzen gerinnt das Eiweiß, die Blutwurst wird schnittfest. Man kann sie auch heiß essen, dann hat sie eine breiige Konsistenz. Zusammen mit Leberwurst und gekochtem Schweinebauch ist die Blutwurst Teil der so genannten Schlachtplatte.

**Und zum Abschluss Kopi Luwak:** Kaffee aus Indonesien, die teuerste Sorte der Welt. Eine Schleichkatzenart frisst die Kaffeekirschen auf den Inseln Sumatra oder Java, verdaut sie teilweise und scheidet die Bohnen wieder aus. Sie werden aufgesammelt und für bis zu 1.000 Euro pro Kilo gehandelt.

Die gemeinste Propagandalüge, die jemals das Reisen vermiesen sollte, ist der Schlager „Es gibt kein Bier auf Hawaii". Niemand würde an einen Ort fahren, an dem es kein Bier gibt. Bier und Menschwerdung hängen zusammen. Im finnischen Nationalmythos Kalevala sind 400 Verse dem Bier gewidmet, 200 Verse handeln von der Erschaffung der Erde. Mit Sicherheit bekommen Sie auch im letzten Winkel der Welt ein schönes, kaltes Glas Gerstensaft. Bier ist relativ einfach herzustellen, weil es aus vergorener Stärke besteht, nicht extra empfindliche Früchte dafür wachsen müssen und weil man es nicht erst umständlich destillieren muss. Schon die alten Ägypter gingen mit Wasser und Brotresten ans Werk, die Indianer mit Mais, die Asiaten mit Reis. Auf manchen Inseln gibt es besonders gutes Bier, auch wenn es nicht immer dort, sondern auf dem Festland gebraut wird:

**Shark Island (Namibia) / Windhoek Lager:** Von Namibia Breweries nach dem deutschen Reinheitsgebot gebraut. Die Ursprünge des Unternehmens liegen in der Kolonialzeit. Die Deutschen misstrauten dem Nachschub aus der Heimat und gründeten lieber ihre eigenen Brauereien. Heute außerdem im Angebot: ein siebenprozentiger Urbock und ein leichtes Hansa Draught.

**Atiu (Cook-Inseln) / Tumunu:** Orangenbier. Dazu werden frische Orangen oder Saft aus dem Tetrapack mit Zucker, Malz, Hopfen, Hefe und Wasser in einem ausgehöhlten Baumstamm oder einem Eimer vergoren. Orangenbier trinkt man aus Kokosschalen. So kann man auf den Erfindungsreichtum der Pazifikbewohner anstoßen. Die christlichen Missionare verboten ihre traditionellen Rauschpflanzen – brachten aber die Orangenbäume mit. Noch heute feiern die Einheimischen ihre Gelage meistens versteckt im Wald.

**Tahiti / Hinano:** Das Bier mit dem schönsten Logo des Pazifiks. Eine kniende, traditionell gekleidete Insulanerin. Eine Vahine, wie sie Paul Gauguin nicht schöner hingekriegt hätte.

**Samoa / Vailima:** Hopfen, Malz und Hefe stammen aus Australien, die Brautechnik inklusive Reinheitsgebot aus Deutschland – aber aus den siebziger Jahren, nicht aus der Kolonialzeit. Der Name bedeutet übersetzt „Wasser in der Hand" und geht auf die Sage einer Frau zurück, die ihren Mann vor dem Verdursten rettete, indem sie ihm Wasser aus einem Fluss schöpfte. Beliebter als das lebenswichtige, erfrischende Bier ist bei den Einheimischen höchstens Kava, der traditionelle Trank aus der zerstampften Wurzel des Rauschpfeffers.

**Ko Phi Phi (Thailand) / Singha:** Kein Backpacker verlässt die Insel ohne ein T-Shirt mit dem goldenen Löwen-Logo im Gepäck. Falls Sie gerne Streit suchen, behaupten Sie einfach, das thailändische Chang-Bier schmecke viel besser.

**Korsika / Pietra:** Wird aus Kastanien gebraut, schmeckt würzig und bitter und glänzt dunkel im Licht der untergehenden Sonne.

**Lazarus Island (Singapur) / Tiger:** Die größte Biermarke Asiens, gegründet 1932. Der Werbeslogan inspirierte den „A Clockwork Orange"-Autor Anthony Burgess zum Titel seines Romandebüts „Time for a Tiger". Jahre später, erst als Burgess weltberühmt war, soll ihm die Tiger-Brauerei Freibier für seine sämtlichen Singapur-Aufenthalte angeboten haben. Burgess hat angeblich mit der Begründung abgelehnt, dass er nur noch Gin trinke.

**Lamu (Kenia) / Tusker:** Das beliebteste Bier Ostafrikas. Hell und süffig. Es gehört zu einer Safari wie Fernglas und Teleobjektiv. Benannt ist es nach der Bezeichnung für einen Elefantenbullen mit mächtigen Stoßzähnen.

**Sansibar (Tansania) / Safari:** Leichtes Lagerbier, das gut reinläuft. Wirkt auch auf dem Festland nach der Besteigung des Kilimandscharo.

**Jamaika / Red Stripe:** Dafür lassen selbst eingefleischte Rastafaris Joints und Rum links liegen.

**Malta / 1565 Victory Lager:** Damit stoßen die geschichtsbewussten Einheimischen täglich auf den Sieg der Malteser bei der Belagerung durch das übermächtige osmanische Heer im Jahr 1565 an.

**Hawaii / Waialeale Ale:** Vom Hula-Hula geht der Durst nicht weg, von diesem fruchtigen Ale-Bier schon. Aber viel besser als sein parfümierter Geschmack ist sein hübsch verspielter Name. Waialeale ist ein Vulkan auf der Insel Kauai. Der Berg gilt als einer der regenreichsten Orte der Erde (siehe Kapitel 008, Gegen den Strom schwimmen).

## 085 AUS EINEM KÜBEL TRINKEN

Entgegen anders lautenden Gerüchten sind natürlich nicht die Kräuterliköre Palo und Herbes die regionstypischen Getränke der Baleareninsel Mallorca, sondern zweifelsfrei die Sangría. Sangría kann gruppenweise mit Strohhalmen aus Plastikeimern getrunken werden. Falls Ihnen das Sangría-Trinken zu dröge werden sollte, stellen Sie sich doch einmal die Frage, wie viele Strohhalme in einen Eimer passen. Das dürfte Sie eine Zeit lang beschäftigen.

Im Grunde geht es um das mathematische Problem, wie viele kleine Kreise – das sind die Strohhalmenden – in einen großen Kreis – das ist der Eimerboden – passen.

Nehmen wir einmal handelsübliche Strohhalme mit sechs Millimetern Durchmesser und einen Eimer mit einer Grundfläche von 25 Zentimetern Durchmesser. Das ist ein ziemlich großer Eimer, in den gut 15 Liter passen. Die Milchmädchenformel – die Fläche des Eimerbodens berechnen und durch die Fläche eines Strohhalmbodens teilen – funktioniert nicht. Denn zwischen den Strohhalmen und am Rand des Eimers befinden sich kleine Leerräume. Über dieses so genannte Packungsproblem gibt es ganze Diplomarbeiten. Ein Profi für derartige Aufgaben hat sich Zeit für die Berechnung genommen – und sogar ein Computerprogramm für uns geschrieben. So geht es:

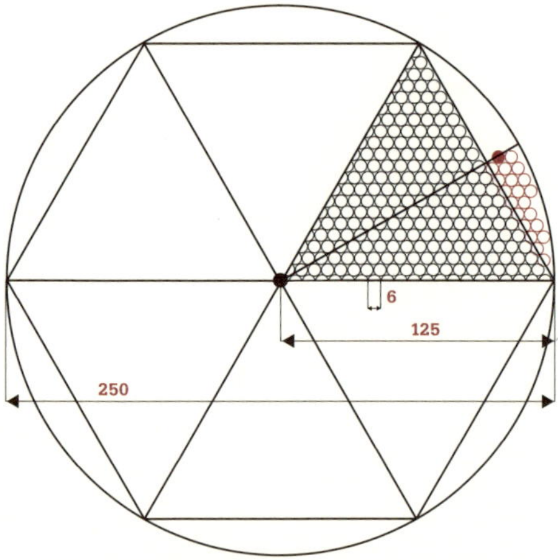


**Hauptsache, Ihr Strohhalm ist dabei!**

Sie müssen in den Eimerboden ein imaginäres Sechseck mit sechs gleichseitigen Dreiecken stellen. Errechnen Sie, wie viel Strohhalme in ein Dreieck passen. Das machen Sie so: Radius des Eimers (125 Millimeter) : Durchmesser des Strohhalms (6 Millimeter) = 20 > Anzahl der weißen Kreise nach Gauss'scher Summen-

**formel, also 20 x (20 + 1) : 2 = 210 (oder auch 20 + 19 + 18... + 2 + 1) > Anzahl der Strohhalme im Sechseck: 6 x 210 + 1 (zentraler schwarzer Kreise) = 1.261 > Die Kreise am Rand per Hand auszählen. Auf den gesamten Kreis gesehen sind das 20 (rot umrandet) x 12 + 6 (rot gefüllt) > Anzahl der Strohhalme im Sechseck plus Strohhalme am Rand: 1.261 + 246 = 1.507**

Allerdings haben Sie nun zwei andere, ernüchternde Probleme.

1: Die 1.507 Trinker an den Enden der Strohhalme bräuchten – wenn sie rockkonzertmäßig eng zusammenstehen – eine Fläche von 400 Quadratmetern. Welchen Durchmesser der Kreis hat, den diese Sangríatrinker bilden, und welche Länge die Strohhalme haben müssten, dürfen Sie nun selbst errechnen.

2: Es passt keine Sangría mehr in den Kübel. Und selbst dann, wenn alle Mittrinker ihren Strohhalm auf der Wasseroberfläche eines vollen Eimers ansetzten, blieben für jede Person nur zehn Milliliter. Problematisch ist also weniger die Masse an Strohhalmen, die hineinpassen, sondern eher die Anzahl der außenrum gruppierten Personen – und die Länge der Strohhalme.

## 086 AUFS KLO GEHEN

Erschrecken Sie nicht, falls Sie einmal nur ein Loch im Boden vorfinden sollten. Hocktoiletten sind in Asien, im muslimischen Raum und in Südeuropa weit verbreitet. Sie sind hygienisch und leicht zu reinigen. Wenn Sie ein solches Klo benutzen wollen, sollten Sie gut in die Knie gehen können und ausreichend trainierte Oberschenkel haben. Sie müssen einige Minuten in einer Position ausharren, die der eines Skifahrers auf Schussfahrt ähnelt. Es gibt in der Regel kein Klopapier. Um sich zu säubern, nehmen Sie die bloße linke Hand, die Sie mit etwas Wasser befeuchten können, falls ein Becher, ein Eimer oder dergleichen vorhanden ist. Hinterher gut Hände waschen. Am besten ziehen Sie sich in Ländern mit Hocktoiletten wie die Einheimischen an: Tragen

| Damentoilette | Sprache | Herrentoilette |
| --- | --- | --- |
| دورة مياه للنساء | arabisch | دورة مياه للرجال |
| 女 | chinesisch | 男 |
| γυναικών | griechisch | αντρών |
| توالت<br>بانوان | persisch | توالت<br>مردان |
| נשים | israelisch | גברים |
| 女性 | japanisch | 男性 |
| женщины | russisch | мужчины |
| ගැහැනු | singhalesisch | පිරිමි |
|  ♀ | international | ♂  |

Sie weite, bequeme Kleidung, das vereinfacht die Sache. In muslimischen Ländern gilt auch in freier Natur das Prinzip des Hockens. Auch für Männer! Sich beim Urinieren breitbeinig in die Landschaft zu stellen, ist tabu. Dafür ist es zum Beispiel in Ägypten völlig in Ordnung, am Bahnhof die Notdurft auf den Gleisen zu verrichten. Auch dabei sind weite, lange Hemden als Sichtschutz praktisch. Aber üben Sie die Techniken der Einheimischen lieber, damit Sie sich im Ernstfall nicht schmutzig machen. Und: Geben Sie bloß niemandem die linke Hand! (siehe Kapitel 079, Sich Einheimischen nähern). In manchen Ländern fangen die Komplikationen schon vor der Toilettentür an. Mit der Übersicht auf der linken Seite finden Sie die richtige.

## 087 OBEN OHNE BADEN

Sie wollen unbedingt nahtlos braun werden, haben aber panische Angst, sich in einem nassen Bikini-Oberteil einen Schnupfen zu holen? Dann lassen Sie das Ding doch einfach weg – aber lassen Sie sich nicht erwischen.

**Europa:** Skandinavien: FKK und oben ohne so gut wie überall möglich Frankreich: FKK an vielen öffentlichen Stränden möglich, oben ohne fast überall erlaubt, auf Korsika Geldstrafen für FKK und oben ohne Italien: FKK an öffentlichen Stränden verboten, oben ohne teils toleriert, teils mit Bußgeld geahndet Griechenland: FKK nur an ausgewiesenen Stränden erlaubt, oben ohne an Touristenstränden geduldet Großbritannien: FKK nur an ausgewiesenen Stränden erlaubt, oben ohne teils geduldet, jedoch nicht an Familienstränden Kroatien: FKK und oben ohne fast überall möglich Malta: FKK und oben ohne an öffentlichen Stränden verboten, oben ohne an Touristenstränden geduldet Türkei: FKK verboten, oben ohne in der Hotelanlage teils toleriert Deutschland: FKK und oben ohne so gut wie überall möglich

**Ozeanien:** Australien: FKK nur an ausgewiesenen Stränden erlaubt, oben ohne fast überall möglich Neuseeland: FKK und oben ohne selten erlaubt

**Afrika:** FKK und oben ohne an öffentlichen Stränden zum Beispiel in Ägypten, Marokko, Tunesien oder Kenia teils bei Gefängnisstrafe verboten, oben ohne in Hotelanlagen teils geduldet.

**USA und Kanada:** FKK und oben ohne nur an ausgewiesenen Stränden („clothing optional“) erlaubt, ansonsten teils bei Geldstrafe verboten, in den USA gilt meist schon das Umziehen am Strand als „indecent exposure“, das mit Bußgeld geahndet werden kann, auch Kleinkinder müssen bekleidet sein, Mädchen auch mit Oberteilen.

**Mittel- und Südamerika:** FKK und oben ohne in Brasilien, Mexiko oder Venezuela außer an ausgewiesenen Plätzen teils bei Gefängnisstrafe verboten, Tangas in der Breite von Zahnseide in Brasilien erlaubt.

**Karibik:** FKK an öffentlichen Stränden zum Beispiel in Jamaika, der Dominikanischen Republik oder Kuba verboten, oben ohne an Touristenstränden meist geduldet.

**Asien:** FKK und oben ohne in Indien, Indonesien, Malaysia, auf den Malediven, in Thailand und Sri Lanka an öffentlichen Stränden teils bei Gefängnisstrafe verboten, oben ohne an Touristenstränden teils geduldet.

## 088 RICHTIG ANZIEHEN

In manchen Ländern ist es gar nicht so leicht, sich landestypisch zu kleiden. Die Einheimischen sind Ihnen in der Regel gerne behilflich. Aber Sie können ja schon mal üben.

Datejime knoten > Obibrett anlegen > Obi um die Taille wickeln und knoten > ein Ende falten, dann raffen und fixieren > Knoten nach hinten schieben

**Kimono:** Ziehen Sie den Unterkimono an, schlagen Sie die linke über die rechte Seite, binden Sie den schmalen Gürtel Datejime um. Jetzt der Kimono: Abstand vom Boden etwa einen Fingerbreit, linke Seite über die rechte, mit einem Stoffband fixieren. Binden Sie einen weiteren Datejime um. Über dem Obi-ita, dem Obibrett zur Stabilisierung, wickeln Sie den breiten Gürtel Obi um die Taille und verknoten ihn. Falten Sie ein loses Ende vor der Taille, raffen Sie es und fixieren Sie es mit dem anderen Ende, dann schieben Sie die Schlaufe nach hinten. Dies ist eine sehr vereinfachte Touristen-Variante. Wenn Sie es perfekt machen wollen, brauchen Sie noch weitere Gürtel, Bänder, Klammern und Kissen, außerdem ein Studium in japanischer Farben-, Formen- und Knotenlehre. Kimonos unterscheiden sich nach Familienstand der Trägerin und Anlass.

**Kufiyah:** Falten Sie das Tuch zum Dreieck. Legen Sie es so auf den Kopf, dass das linke Ende ein Drittel kürzer ist als das rechte. Führen

Dreieck falten > kurzes Ende unters Kinn, lange Seite vors Gesicht > verknoten

Sie das kürzere Ende mit der rechten Hand unterm Kinn zu ihrem rechten Ohr und halten Sie es dort fest. Führen Sie die längere Seite mit der linken Hand vors Gesicht und weiter hinterm Kopf bis zum rechten Ohr. Dort verknoten Sie die Enden. Falls Sie einen weniger radikalen Sonnenschutz bevorzugen, ziehen Sie das Tuch vom Gesicht unters Kinn.

**Turban:** Legen Sie das Tuch quer über den Kopf. Das kürzere Ende hängt links bis zum Bauch. Halten Sie das längere Ende an Ihrem rechten Ohr fest. Beim Wickeln drehen Sie den Stoff des Tuches immer leicht und vom Körper weg ein, damit er besser hält. Bei der ersten Wickelrunde führen Sie das Tuch gerade über die Stirn und gerade hinter dem Kopf herum, dann hält der Turban. Dann wickeln Sie schräg von unten nach oben über die Stirn und gerade um den Kopf herum. Die dritte Wicklung geht an der Stirn schräg von oben nach unten und gerade um den Kopf herum. Und so weiter: an der Stirn immer schräg

Tuch am Ohr festhalten > über die Stirn schräg wickeln > um den Kopf gerade

von unten nach oben beziehungsweise von oben nach unten wickeln, um den Kopf immer gerade. Das Ende des gewickelten Tuchs stecken Sie seitlich oder am Hinterkopf in den Turban. Den herunterhängenden kürzeren Teil des Tuches können Sie bei einem Sandsturm vors Gesicht klappen und am Hinterkopf fixieren. Oder Sie benutzen ihn als Schal oder Nackenschutz.

**Sarong:** In Asien oder Polynesien tragen auch Männer Sarongs. Doch die besten Wickeltechniken sind den Frauen vorbehalten. Knoten Sie das Tuch um die Hüfte, und Sie haben einen Rock. Falten Sie das Tuch vorher in der Mitte, und Sie haben einen Minirock. Sehr sexy ist es, wenn Sie das Tuch zu einem Dreieck falten und schräg um die Hüfte knoten oder über der Brust. Für einen eleganten Strandlook fassen Sie das Tuch wie einen Umhang. Füren Sie die Enden unter den Achseln über die Brust über Kreuz nach vorne und verknoten Sie sie im Nacken. Sie können sich natürlich auch einfach drauflegen.

## 089 BESSER FOTOGRAFIEREN

Es gibt eine Menge Ratgeber zum Thema Fotografieren. Viele von ihnen sind nützlich, einige so lesenswert wie leider auch zeitraubend. Michael Poliza, Herausgeber mehrerer herausragender Bildbände und als Autodidakt ein eher unkonventioneller Fotograf, hat deshalb in aller Kürze verraten, was bei einem Urlaubsbild zu beherzigen ist.

**Die Kamera:** Eines hat die digitale Revolution in der Fotografie noch nicht verändert: Bei der Ausrüstung ist zwischen Flexibilität und Qualität abzuwägen. Mit einer kleinen Kamera werden Sie sich bei Schnappschüssen leichter tun, vor allem, wenn diese einen herausklappbaren Bildschirm besitzt. Selbst Michael Poliza nutzt für Privataufnahmen hin und wieder seinen iPhone. Die besseren Bilder aber liefert die klobigere Spiegelreflex-Kamera, wobei ein Bild wiederum nur so gut sein kann wie das Objektiv. Ein gutes Objektiv kann leicht so viel wie die gesamte Kamera kosten. Zoomobjektive mögen leichter und preiswerter sein und ein größeres Spektrum abdecken, doch sind Objektive mit Festbrennweiten dafür in puncto Lichtempfindlichkeit und Bildqualität voraus. Teilen Sie sich jedenfalls das Budget so ein, dass Ihr Objektiv nicht zu kurz kommt.

**Experimentieren:** Heute muss man nicht mehr wochenlang auf die Entwicklung der Bilder warten, sondern kann jederzeit das Ergebnis auf dem Display überprüfen. Nutzen Sie also die Trümpfe der digitalen Fotografie und experimentieren Sie! Das beschleunigt das Lernen und das Erfolgserlebnis. Wechseln Sie den Blickwinkel, die Bildausschnitte und die Tiefenschärfe. Schießen Sie von einem Motiv ruhig 123 Bilder und löschen anschließend 121. Das ist keine Schande, jedenfalls weniger peinlich, als zu Hause zehn langweilige Landschaftsaufnahmen zu präsentieren (siehe Kapitel 146, Von der Reise berichten).

**Bereit sein:** Sie sollten die Kamera so halten, dass Sie stabil in der Hand liegt, Sie aber zugleich schnell reagieren können. Die besten Fotos entstehen, wenn Vorbereitung und Gelegenheit zusammentreffen. Wenn Sie beispielsweise eine Kamera erst dann hochreißen und möglicherweise noch die Objektivabdeckung abnehmen müssen, wenn ein Löwe gähnt, können Sie es gleich vergessen. Sofern der Löwe nicht wirklich hundemüde ist.

**Das Motiv wählen:** Sie sollten wirklich nicht Ihren gesamten Urlaub am Sucher der Kamera verbringen, denn das schränkt das Sichtfeld ein. Legen Sie die Kamera auch mal bewusst zur Seite. Vor allem, wenn Sie Menschen in anderen Kulturkreisen ablichten, ist es zudem ratsam, sie vor einem Foto nach Erlaubnis zu fragen. Lassen Sie es im Zweifelsfall bleiben und speichern Sie das Bild nicht auf dem Chip Ihrer Kamera, sondern dort, wo es mindestens genauso gut aufgehoben ist: im Gedächtnis.

**Geschichten erzählen:** Als Reisefotograf sind Sie ein Troubadour der Bilder. So, wie andere mit Wörtern und Melodien eine Geschichte erzählen, müssen Sie das mit Fotos tun. Wenn Sie beispielsweise Ihren Reisebegleiter per Nahaufnahme ablichten, wie er sich im Seitenspiegel des Geländewagens rasiert, kann das sehr lustig sein. Gehen Sie jedoch zwei Meter zurück und fotografieren außerdem noch die Savanne, ein aufgebautes Zelt und einen Elefanten, der dahinter durch das Gebüsch streift, haben Sie viel mehr davon. Sie müssen sich nur zuvor die Frage stellen: Was will ich eigentlich erzählen?

**Aus der Mitte rücken:** Die meisten Menschen versuchen intuitiv, die Augen einer Person oder eines Tieres ins Zentrum des Bildes zu setzen. Die Aufnahmen zeigen dann zu viel Himmel, keine Beine, und Bezugspunke fehlen ebenfalls. Rücken Sie den Kopf an den Rand und lassen Sie die fotografierte Person gewissermaßen auf den Rest des Bildes blicken. Achten Sie auch darauf, dass der Hintergrund nicht zu kleinteilig ist. Das verwirrt nur, auch wenn es in natura beeindruckend wirken mag.

**Die Verschlusszeit ändern:** Machen Sie sich mit den so genannten ISO-Einstellungen der Kamera vertraut, denn Sie bewirken wahre Wunder. Michael Poliza macht etwa 90 Prozent seiner Bilder mit hohen ISO-Werten von 400 bis 800. Die schnellere Verschlusszeit bei solchen Einstellungen bewirkt, dass Bilder weniger verwackeln und vor allem in Zeiten der Dämmerung an Schärfe gewinnen.

**Vergessen Sie die Regeln:** Es gibt viele Regeln für das Fotografieren. Sie besagen beispielsweise, dass die Augen von Tieren einer Aufnahme Kraft verleihen, und dass Bilder in drei einheitliche Teile gegliedert oder imaginär mit Diagonalen versehen werden sollen. Die Regeln zu kennen, ist wichtig. Sobald Sie die Regeln kennen, pfeifen Sie auf diese Regeln und stellen Sie Ihre eigenen auf. Fotografieren hat etwas mit Intuition und Kreativität zu tun. Gute Fotos leben auch von der Anarchie des Fotografen.

## 090 TRADITIONELL DURCHDREHEN

Songkran ist das buddhistische Neujahrsfest, bei dem sich die Thailänder Wasserschlachten in den Straßen liefern. Beim Holi in Kolkata in Indien reiben sich die Einheimischen mit Farbpuder aus ayurvedischen Heilkräutern ein. In Pamplona lassen sich junge Männer von Stieren hetzen. In Siena gibt es das Pferderennen Palio. Das haben Sie alles schon einmal gehört und im Fernsehen gesehen? Besuchen Sie doch irgendeinen anderen schönen Brauch auf dieser Welt. Die beste Zeit dafür ist das Frühjahr – dann drehen alle durch.

**Pongal:** Erntedankfest, zum Beispiel in der südindischen Stadt Paalamedu im Januar. 200 Stiere gegen 15.000 Teilnehmer. Zwischen den Hörnern der Tiere sind Geldbeutel verzurrt, die es zu ergattern gilt.

**Haka Pei:** Das Grasschlittenrennen auf der Osterinsel ist der Höhepunkt des zweiwöchigen Tapati-Festivals, das jedes Jahr im Januar oder Februar stattfindet. Zwei Kokospalmstämme zusammenbinden, sich drauflegen, einen Hang hinunterrasen – wer am weitesten rutscht hat gewonnen. Die Bandscheiben schmerzen schon vom Zuschauen.

**Fiesta de San Joan:** Johannisfest am 24. Juni in Ciutadella auf Menorca. Vollblütige Hengste werden von ihren Reitern zu Kunststücken mitten in der Menschenmenge angetrieben. Die Feiernden versuchen, dem Pferd auf den Hintern zu klatschen. Dazu trinken sie Pomada, einen Flüssigkeit gewordenen Huftritt aus Gin und Limonade.

**Turning of the Stone:** Teufelsstein wenden im Dorf Shebbear in Devon, England. Jeden 5. November um acht Uhr abends läuten die Glöckner die Kirchenglocken, dann drehen sie einen etwa 1,80 Meter langen und eine Tonne schweren Stein um, den angeblich der Teufel auf dem Marktplatz hat fallen lassen. Tun Sie es nicht, wird ihr Dorf von Unglück heimgesucht, so ihr Glaube. Es handelt sich um einen der ältesten Bräuche in Europa, der schon in einer Gesetzessammlung aus dem Jahr 1086 erwähnt wird.

**Carnevale di Ivrea:** Orangenschlacht in Ivrea im Piemont. Drei Tage lang bewerfen sich die Einwohner zur Karnevalszeit mit den Früchten. Regenmantel und Schutzhelm mit Visier nicht vergessen!

**Blochziehen:** Baumziehen im Tiroler Dorf Fiss. Junge Männer fällen im Spätherbst eine riesige Zirbe und ziehen sie im Januar mitsamt

Ästen und Zweigen auf einem Holzschlitten durch die engen Gassen. Das soll den Pflug symbolisieren, der bald wieder die Äcker bearbeitet. Hinterher bearbeiten sich die Akteure selbst im Wirtshaus.

**Calçotada:** Zwiebelfest in der Gegend um Valls in Katalonien. Im Frühjahr vertilgen die Einheimischen tonnenweise gegrillte Knollen. Dazu essen sie Berge von Fleisch und Artischocken. Die Wirte gießen den Rotwein direkt aus der Karaffe in die Münder ihrer Gäste.

**Sham el Nessim:** Frühjahrsbeginn in Ägypten. Dazu wird Fiseekh genossen, ein mehrere Monate in Salz eingelegter Fisch. Selbst viele Einheimische müssen danach ins Krankenhaus. Wörtlich übersetzt heißt Sham el Nessim „Rieche die Brise".

**Totenfest:** Beisetzungsfeiern auf der indonesischen Insel Sulawesi. Dabei werden Büffel geschlachtet und ihr Fleisch verteilt. Hunderte Besucher strömen dafür zusammen. Touristen sind ausdrücklich erwünscht und erhöhen das Prestige der trauernden Familien.

## 091 EINE SANDBURG BAUEN

In der Wüstenregion Badain Jaran in der Inneren Mongolei erhebt sich der höchste Sandberg der Welt: der 1.609 Meter hohe Bilut. Dem müssen Sie ja nicht gleich nacheifern. Aber wenn Sie ein paar goldene Handwerksregeln anwenden, ist Ihrer Sandburg-Baukunst kaum eine Grenze gesetzt.

**Baurecht beachten:** An manchen Stränden ist das Buddeln von Sandburgen streng verboten, zum Beispiel in Eraclea in Venetien oder auf Sylt, wo das Ausheben von Wällen rund um die Strandkörbe als traditioneller Spaß gilt. Offiziell lautet die Begründung: Küstenschutz.

Die Nordsee unterspült die Wälle und trägt so noch mehr Land ab als ohnehin schon. Aber es geht auch um die Strandwärter, die bei Sturmfluten Probleme haben, eingebuddelte Strandkörbe in Sicherheit zu bringen. Die Amerikaner sind sogar bei Ebbe rigoros. So machte zum Beispiel der Badeort Isle of Palms im US-Bundesstaat South Carolina Schlagzeilen. Nachdem ein Polizist in eine Sandburg getreten war und sich einen Knöchel verstaucht hatte, beschloss der Gemeinderat eine Verordnung, nach der Sandkonstruktionen vom Erbauer beaufsichtigt und vor Verlassen des Strandes planiert werden müssen. Andernfalls würde ein Bußgeld von umgerechnet bis zu 300 Euro fällig. Das Verbot ließ sich jedoch nicht durchsetzen – die Polizei war gegen die Dauerkontrolle von Badeurlaubern, die mit Eimer und Schäufelchen hantieren.

**Bauplatz suchen:** nicht zu nah am Wasser, sonst holt sich die Flut die schöne Burg. Wenn möglich, im Schatten arbeiten, ansonsten schützt ein Sonnenschirm Burg und Burgherren vor dem Austrocknen.

**Auf die Sandmischung achten:** Nach der Industrienorm DIN 4022 wird im deutschsprachigen Raum zwischen Grobsand (0,63 bis 2 mm Korngröße), Mittelsand (0,2 bis 0,63 mm) und Feinsand (0,063 bis 0,2 mm) unterschieden. Besteht ein Sand vor allem aus Körnern einer Größe, wird er als gut sortiert bezeichnet. Sind die Körner unterschiedlich groß, ist der Sand schlecht sortiert. Schlecht sortierte Sande mit einem hohen Anteil an unregelmäßig geformten Körnern hält am besten. Flusssand ist besser als Meeressand. Am schlechtesten zum Bauen geeignet ist der perfekt rund geschliffene Wüstensand.

**Das richtige Werkzeug benutzen:** Schäufelchen, verschieden große Kartons und Joghurtbecher ohne Böden für Gebäude und Türme, Eimer zum Wasserholen, Sprühflasche zum zwischendurch Nachfeuchten und

Stabilisieren der Burgwände, Eis-Stiele zum Formen von Zinnen und anderen feinen Strukturen.

**Nass machen:** Trockener Sand lässt sich nicht formen. Forscher am Max-Planck-Institut in Göttingen haben Sand in Computertomographen untersucht und herausgefunden, dass durch Feuchtigkeit Kapillarbrücken zwischen den Körnern entstehen. Das heißt, die Oberflächenspannung des Wassers hält die Sandburg zusammen. Je unregelmäßiger die Kornform, desto mehr Brücken bilden sich. Zu viel Wasser macht die Spannung allerdings wieder kaputt. Das ideale Mischungsverhältnis liegt bei glatten, runden Sandkörnern bei einem bis fünf, maximal bei etwa zehn Prozent Wasser. Das finden Sie aber leicht und intuitiv selbst heraus. Destilliertes Wasser und reiner Sand halten nicht so gut wie salziges Meerwasser und naturbelassener Strandsand. Wenn die Kapillarbrücken verdunsten, haften die Verunreinigungen als Kitt zwischen den Körnern.

**Fundament schaffen:** Schaufeln Sie einen Hügel, übergießen Sie ihn mit Wasser und klopfen Sie ihn eben und fest – er muss die gesamte Last der Burg tragen. Kompression ist neben Feuchtigkeit das zweite Grundprinzip des Sandburgenbaus.

**Gebäude und Türme hochziehen:** Stellen Sie den größten Karton aufs Fundament, füllen Sie Sand ein, befeuchten Sie diesen und drücken Sie ihn fest, bis er hart ist. Dadurch können sich mehr Kapillarbrücken bilden. Auf den großen Karton stellen Sie einen kleineren, den Sie ebenfalls füllen und komprimieren. Und so weiter, bis hin zur kleinsten Form, die ganz oben steht. Nach zehn Minuten ziehen Sie die Formen von oben nach unten ab. Höher als fünf Meter brauchen Sie übrigens nicht zu planen. Die Max-Planck-Forscher haben herausgefunden, dass ab dieser Höhe der statische Druck auf Körner und Kapillarbrücken zu hoch wird und der Sand wie ein Mini-Erdrutsch in Bewegung kommt. Nur eine flache Pyramide mit großer Grundfläche oder eine professionelle Sandskulptur aus stark gepresstem Sand kann über fünf Meter hoch werden. Für Sandskulpturen-Festivals wird meist nicht der x-beliebige Sand vom Strand genommen, sondern besonders gut geeignetes Baumaterial aus Steinbrüchen herangeschafft.

**Die Burg schmücken:** Mit dem Eis-Stiel stechen Sie Kanten ab und schnitzen Sie Formen wie Zinnen und Fenster in den Sand. Verschönern Sie Ihre Burg mit Muscheln, Federn, Holzstückchen oder was sonst an Naturmaterial in Ihrer Nähe herumliegt und Ihnen gefällt.

## 092 DIE TOSKANA AUSMALEN

## 093 SCHERBEN BERGEN

Den Schlapphut tief im Gesicht, Pistole und Peitsche am Gürtel, und immer einen coolen Spruch drauf auf der Suche nach der Bundeslade oder dem Heiligen Gral – so kennt man den Archäologen Indiana Jones aus dem Kino. Mit der Realität hat er nichts zu tun. Echte Archäologen wohnen in primitiven Unterkünften in der Nähe ihrer Ausgrabungsstätten, und auch ihre Arbeit ist unglamourös. Die meiste Zeit verbringen sie damit, Schicht um Schicht Erde abzutragen, Mauerreste freizulegen, zu fotografieren und anhand der gefundenen Tonscherben zu datieren. Zum Beispiel auf dem 5.000 Jahre alten Siedlungshügel Tall Zira'a im Wadi el-Arab im Nordwesten Jordaniens. Weil es dabei auch Arbeiten gibt, die nicht sehr anspruchsvoll sind, werden dafür Hilfskräfte eingesetzt – auch Touristen, die im Rahmen einer Studienreise wochenlang selbst mit Hand anlegen.

**Gesundheit prüfen:** Haben Sie Probleme mit Herz, Kreislauf oder Bandscheiben? Vertragen Sie keine Temperaturen über 30 Grad? Stehen Sie im Urlaub nicht gerne vor fünf Uhr morgens auf? Haben Sie Angst vor Skorpionen, die unter Steinen lauern? Dann buchen Sie eine Studienreise in die Toskana, nicht zu einer Ausgrabung in Jordanien.

**Gegen die Sonne schützen:** Binden Sie sich eine Kufiyah um den Kopf (siehe Kapitel 088, Richtig anziehen). Lassen Sie bei der Arbeit den Mund zu. Der Wüstenwind Hamsin bläst heiß wie ein Föhn aus dem Sinai und bringt Sand mit, auf dem Sie dann herumknirschen müssen.

**Quadranten festlegen:** Unterteilen Sie das Gelände in fünf mal fünf Meter große Sektoren. Nummerieren Sie diese durch, damit Sie hinterher noch wissen, wo sie was ausgegraben haben.

**Erde abtragen:** Lockern Sie den Untergrund mit einer Spitzhacke. Schaufeln Sie die Erde in die Schubkarre, kippen Sie sie über den Rand des Hügels. Treffen Sie auf einen größeren Stein, fragen Sie den Archäologen, ob der Brocken wichtig ist oder ob Sie ihn rausschaufeln sollen.

**Mauern freilegen:** Gehen Sie bei einer Mauer vorsichtig vor, damit Sie nicht umfällt, wenn sie freiliegt. Säubern Sie die Steine mit einer Maurerkelle und einem Besen. Dazu gehen Sie in die Knie. Rufen Sie den Archäologen, der ein Foto von der Mauer macht. Dann reißen Sie die Mauer ein und kippen sie über den Rand des Hügels.

**Dinge finden:** Schon beim ersten Spatenstich werden Sie Scherben zutage fördern. Bleiben Sie ruhig! Es wurden hier bereits 300.000 andere Keramikteile herausgeholt. Außerdem ein paar Figurinen, Rollsiegel, Knochen, Mundstücke von Wasserpfeifen und Reibsteine für Getreide. Egal, was Sie finden, rufen Sie niemals, auch zum Spaß nicht: „Ich hab hier was!" oder gar „Gold!" Viele Einheimische denken ohnehin, hier würde nach einem Schatz gegraben. Nachts durchstöbern sie das Gelände und verwüsten wissenschaftlich bedeutsame Steinhaufen.

**Geduld haben:** Erst wenn der Hügel ganz abgetragen ist, wird man ein vollständiges Bild von seiner Vergangenheit haben. Das dauert noch 300 Jahre.

## 094 INS GLÜCK REISEN

Falls Sie in Rom sind und es im Gedränge bis an den Rand der Fontana di Trevi schaffen, machen Sie es vielleicht wie Millionen anderer Touristen: Sie werfen eine Münze über Ihre Schulter ins Wasser. Das soll dafür sorgen, dass Sie eines Tages wiederkehren. Wenn Sie zwei Münzen werfen, verlieben Sie sich in eine Römerin oder einen Römer. Wenn Sie drei Münzen investieren, werden Sie die- oder denjenigen heiraten. Werfen Sie ruhig, es ist für einen guten Zweck. Jedes Jahr fischt die Stadtreinigung Hunderttausende Euro aus dem Trevibrunnen und spendet diese für soziale Einrichtungen. Es gibt noch mehr Orte und Techniken, mit denen Sie Ihrem Glück etwas nachhelfen können. Die Ursprünge dieser Form des Aberglaubens sehen Volkskundler im touristischen Marketing des 19. Jahrhunderts. Damals begann das Städtereisen – die Gemeinden mussten sich etwas einfallen lassen, um Besucher anzulocken.

**Statuen rubbeln:** die auf der ganzen Welt beliebteste Glücksmethode. Besonders Erfolg versprechend: die rechte Brust der Julia in der Casa di Giulietta in Verona, die Köpfe auf den Wappenschilden der Löwen vor der Residenz in München sowie die Pfoten der zwei Löwen im Eingang der HSBC-Bank in Hongkong, die Genitalien der Börsen-Bullen auf der Wallstreet und auf dem Bund in Shanghai, die Vorderfesseln des Esels der Stadtmusikanten von Bremen, der rechte Fuß von Petrus im Petersdom, die Bronzetafeln der Statue des Heiligen Nepomuk auf der Karlsbrücke in Prag, der linke Fuß von John Harvard an der Harvard University, der linke Fuß der Fauststatue von Auerbachs Keller in Leipzig, die Nase des Tünnes in Köln, gleichzeitig Daumen und ein Schuh von Till Eulenspiegel in Mölln, Hosenbeine von Elvis Presley im Las Vegas Hilton, die Nase des Steinernen Mannes in Augsburg, der dicke Bauch eines lachenden Buddhas in aller Welt, Knie des Pferdes oder Nase von König Ludwig XV. der Reiterstatue im Hôtel de Paris in Monte Carlo, Schnauze des Ebers in der Loggia del Mercato Nuovo in Florenz.

**Küssen:** unter der Seufzerbrücke in Venedig, unterm Eiffelturm, an der Samowar-Skulptur in Perm, unterm Love Tree in St. Augustine,

Florida – einer alten Eiche, aus der eine Palme wächst. Und noch eine Statue: Frisch Promovierte küssen zum Dank das Gänseliesel in Göttingen und bringen ihr einen Blumenstrauß.

**Schlösser anketten:** Gravieren Sie den Namen Ihres Lieblings und Ihren auf ein Vorhängeschloss, befestigen Sie es an einer Brücke, werfen Sie den Schlüssel in den Fluss und wünschen Sie sich ewig schöne Zweisamkeit. Zum Beispiel auf der Milvischen Brücke in Rom, dem Ponte Vecchio in Florenz, der Uzupisbrücke in Vilnius und der Hohenzollernbrücke in Köln.

**Schreine aufsuchen:** der Erawan-Schrein in Bangkok ist gut für alles von Prüfungen bis zu Vertragsabschlüssen, Frauen tanzen gegen Geld für Sie, damit sich Ihre Bitte von den vielen anderen abhebt. In der Parfüm-Pagode im Huong-Son-Distrikt in Vietnam gibt es eine Kalksteinhöhle mit Stalaktiten, von denen Wunderwasser für jeweils einen speziellen Bedarf tropft. Im Tempel der Literatur in Hanoi beten Sie für gute Prüfungsergebnisse und berühren die Köpfe der 82 heiligen Schildkröten, die Tafeln mit den Namen und Resultaten von erfolgreichen Uni-Absolventen auf dem Rücken tragen. Im Karni-Mata-Tempel in Deshnok in Indien lassen Sie sich eine von Tausenden heiligen Ratten über die Füße laufen. Keine Angst, Einheimische füttern die Tiere sogar und essen und trinken hinterher aus den Schalen, aus denen die Nager gefressen haben.

**Säulen- und Wasserglück:** Schwitzende Säule in der Hagia Sophia in Istanbul: Stecken Sie den Daumen der rechten Hand in die Vertiefung, drehen Sie die Hand im Uhrzeigersinn und wünschen Sie sich was. Eiserne Säule in Delhi: Umarmen Sie sie rückwärts. Wenn sich Ihre Finger sofort treffen, haben Sie besonders viel Glück. Oder staunen Sie einfach: Das Ding steht seit 1.600 Jahren herum und rostet nicht.

Giant's Causeway in Nordirland: Zwischen 40.000 sechseckigen, natürlichen Basaltsäulen am Meer hat sich ein steinerner Sitz herausgebildet, wer darauf Platz nimmt, darf sich etwas wünschen. Am Gitter des Schönen Brunnens in Nürnberg ist ein Ring eingelassen. Drehen Sie ihn, wünschen Sie sich Glück bei der Partnersuche. Die zuständigen Quellgeister sind ja auch im Trevibrunnen gute Touristen-Dienstleister.

**Gräberzauber:** Centmünzen auf das Grab Benjamin Franklins in Philadelphia werfen, unter dem Grab des Heiligen Otto in der Bamberger Michaelskirche durchkriechen, drei X auf das Grab der Voodoo-Priesterin Marie Laveau in St. Louis malen oder auf die Grabplatte klopfen.

**Pech haben:** Wenn Sie abergläubisch sind, informieren Sie sich darüber, was in Ihrem Reiseland Unglück bringt. In Japan zum Beispiel: Nägel schneiden am Abend. In Italien: jemandem ein Kompliment machen, wie hübsch sein Baby sei. In Schweden auf einen Kanaldeckel mit der Aufschrift A für Avlopp, Abwasser, treten. Und lassen Sie die Finger von Lavabrocken auf Hawaii und Steinen vom Uluru, dem Ayer's Rock in Australien. Wer der Vulkangöttin Pele oder den Geistern der Aborigines etwas klaut, wird vom Unglück verfolgt – so heißt es jedenfalls in den Schauermärchen über Touristen, die Lava und Steine per Post ans Touristenbüro zurückgeschickt haben, weil ihnen diese Souvenirs angeblich so viel Pech einbrachten.

## 095 SICH IM MUSEUM WUNDERN

Louvre, Deutsches Museum, Uffizien und das Museum of Modern Arts kennt so ziemlich jeder. Wirkliche Liebhaber widmen sich den kleinen und etwas ausgefallenen Museen:

**Lang: Penismuseum:** Husavik (Island), kleine und große männliche Geschlechtsteile vom Wal bis zur Waldmaus > **Bananenmuseen:** Auburn (Washington / USA), Sainte-Marie (Martinique), Sierksdorf (Deutschland), die Geschichte der krummen Frucht von Alexander dem Großen bis zur Dollarbanane > **Currywurstmuseum:** Berlin (Deutschland), arme Würste Laut: **Schnarchmuseum:** Alfeld (Deutschland), Gegenmaßnahmen von der blinkenden Schnarchbrille bis zur Stromschlag versetzenden Armbanduhr > **Rasenmähermuseum:** Southport (Großbritannien), alles zur Pflege für den Garten durch Maschinen wie den Allen Scythe und den Willing Worker > **Hammermuseen:** Hannover, Frankfurt (Deutschland) Haines (Alaska), von fünf Möglichkeiten, einen Nagel ohne Verletzung in die Wand zu schlagen bis zu Thors Hammer **Schlüpfrig:** **Slipmuseum:** Brüssel (Belgien), vom Stringtanga eines Pornostars bis zur Boxershort des belgischen Finanzministers > **Kondommuseum:** Wien (Österreich), vom Schafsdarm bis zum Papst > **Museum der antiken Vibratoren:** San Fancisco (USA), alles, was bei Beate Uhse nicht mehr zu finden ist **Gruselig:** **Mütter-Museum:** Philadelphia (USA), Medizingeschichte von eingelegten Embyronen bis zur gehörnten Frau > **Voodoo-Museum:** New Orleans (USA), von Puppen und Priestern > **Hexenkunst-Museum:** Boscastle (Großbritannien), von Kesseln und Kröten > **Foltermuseen:** unter anderem in Amsterdam (Niederlande), Rüdesheim (Deutschland), Prag (Tschechien), von der Judaswiege bis zur Halsgeige **Tierisch:** **Milbenkäsemuseum:** Würchwitz (Deutschland), von Spinnentieren eingespeichelter, bis zu 200 Jahre alter Quark > **Holzwurmmuseum:** Quedlinburg (Deutschland), viel kaputtes Holz > **Mauseum:** Bergheim-Glessen (Deutschland), Mäuse in allen Größen > **Parasitenmuseum:** Tokio (Japan), Schmarotzer vom Bandwurm bis zur Malariamücke

## 096 DIE MEISTER SEHEN

Aus Millionen von Kunstobjekten zehn auszuwählen, zu denen eine Reise besonders lohnt – das kann man nur subjektiv tun. Wir haben die Kunstkritikerin Evelyn Pschak um Hilfe gebeten. Und der war es wichtig zu betonen, was ihrer Meinung nach unter anderem noch auf diese Liste gehört hätte: Kunst aus der frühchristlichen Zeit, Höhlenmalereien in Kappadokien, Stundenbücher des Mittelalters in der

British Library in London oder der Biblioteca Nacionale in Florenz, mehr Nicht-Abendländisches, etwa die buddhistischen Pyramiden des Borobudur-Tempels auf Java, Picasso, die Nymphéas von Monet, die unvermeidlichen Suppen von Warhol, die ja aber sowieso überall hängen. Folgendes sollten Sie auf jeden Fall gesehen haben:

Der Pergamon-Altar (2. Jh. v. Chr.), Pergamon-Museum, Berlin: 113 Meter Fries – viel Platz für die hoch reliefierten Kampfszenen zwischen schlangenfüßigen Giganten und den von Zeus angeführten griechischen Göttern. Das hellenistische Prunkstück ist das bekannteste Exponat der Antikensammlung auf der Berliner Museumsinsel.

Mysterienvilla, Pompeji (60 bis 50 v. Chr.): Der Ausbruch des Vesuvs im Jahre 79 n. Chr. brachte den Bürgern Pompejis nicht nur ein schreckliches Ende, sondern auch Ascheregen, der die nacktweißen Bacchantinnen und Silenen der dionysischen Mysterien in jugendlich kecker Anmut auf den Zinnoberwänden konservierte. Schnell hin, bevor Raubgrabungen, touristisches Blitzlichtgewitter und Verfall diese wandmalerische Zeitkapsel aus der Antike zerstören.

„Das Letzte Abendmahl" von Leonardo Da Vinci (1494–1498), Santa Maria delle Grazie, Mailand: Für was das Wandgemälde nicht schon alles herhalten musste: Wissenschaftler leiteten an ihm mit computergesteuerten Messprogrammen die wachsende Gefräßigkeit unseres Jahrhunderts ab, italienische Musiker wollen in der Übersetzung der Brotlaibe und Handpositionen der Apostel in ein Fünf-Linien-Notensystem ein Requiem entdeckt haben. Dem amerikanische Thriller-Autor Dan Brown dient das Gemälde in seinem Roman „The Da Vinci Code" als Beweis, dass Jesus mit Maria Magdalena liiert war. Kunsthistorisch gilt „Il Cenacolo" dank goldenem Schnitt, präzise berechneter Perspektivik und dem Einbeziehen echter Fenster in die kompositorische Lichtführung als Meilenstein der Renaissance.

David von Michelangelo (1504), Galleria dell'Accademia, Florenz: Es ist die bekannteste Skulptur der Kunstgeschichte. Ursprünglich stand sie – wie heute ihre Kopie – auf der Piazza della Signoria vor dem Palazzo Vecchio, wo ihr allerdings viel Leid geschah. Junge Leute warfen kurz nach der Enthüllung mit Steinen auf sie, bald darauf zertrümmerte eine durchs Palazzofenster geworfene Bank den linken Arm. Aber auch am heutigen Standort, der Galleria dell'Accademia, scheint der Sechs-Tonner nicht sicher: 1991 erhämmerte sich ein Kunstvandale ein paar linke Zehen. Seit 2004 erstrahlt David wie neu, von Jahrhunderte altem Staub, Kerzenwachs und Ruß befreit.

„Apollo und die vier Kontinente" von Giovanni Battista Tiepolo (1752–1753), Würzburger Residenz: Das doppelflügelige Treppenhaus Balthasar Neumanns im Würzburger Schloss wird vom größten zusammenhängenden Deckenfresko der Welt überwölbt. In ihm zollen der Venezianer Giovanni Battista Tiepolo und seine Söhne auf rund 700 Quadratmetern dem Fürstbischof Karl Philipp von Greiffenclau Tribut. Mittig thront ein sonnenumkränzter Apoll, die herbei eilenden Personifikationen der vier Kontinente (Australien galt noch als Halbinsel) lobpreisen vordergründig den Sonnengott – und eigentlich den Auftraggeber. Vom Treppenfuße aus erblickt der Betrachter die indianische Frauengestalt America auf einem Krokodil – als unzivilisiertester und daher den Parcours beginnender Kontinent, während Europa zuletzt sichtbar wird. Tiepolo ordnet seine vielgestaltige Welt aus der Perspektive des 18. Jahrhunderts.

„Die Erschießung der Aufständischen" von Francisco de Goya (1814), Prado, Madrid: Im Spanischen heißt das Gemälde „El tres de Mayo", „Der dritte Mai", und erinnert so auch verbal an die Nacht zum 3. Mai 1808, als 400 sich gegen Napoleon I. auflehnende Spanier von den Franzosen erschossen wurden. Obwohl immer wieder erzählt wird, dass Goya den Gräueln aus der Entfernung beigewohnt habe, ist das vermutlich nur eine Legende. Unbestritten bleibt der Einfluss seines malerischen Appells. Nicht nur wurde hier zum ersten Mal in der Kunstgeschichte ein zeitgenössisches Politikum im heroischen Stil klassischer Mythen wiedergegeben, auch nahmen spätere Meister wie Edouard Manet („Die Erschießung Kaiser Maximilians von Mexiko") oder Otto Dix den von Goya komponierten Bildaufbau wieder auf.

„One: Number 31", Drip Painting von Jackson Pollock (1950), Museum of Modern Art, New York: In den 1940er Jahren begann der abstrakte Expressionist die Leinwand auf dem Boden zu bearbeiten, wo er sich mehr „als Teil des Gemäldes" fühlte. Er schüttete die Farbe direkt aus der Dose, spritzte mit Pinseln, rührte und kratzte mit Stöcken. 1950, das Jahr, in dem das riesige, druckvolle und dennoch feinnervige „One: Number 31" entstand, gilt als Höhepunkt seiner Karriere. Danach wurde sein Stil kommerzieller. Steigender Alkoholkonsum half wenig, dem Druck des Kunstmarkts standzuhalten. 1956 malte er gar nicht mehr – und starb 44-jährig alkoholisiert bei einem Autounfall.

Kirchenfenster von Henri Matisse, Chapelle du Rosaire (1951 geweiht), Vence: Eigentlich war Henri Matisse Atheist. Und als Picasso sich über seine Kapelle für die Dominikanerinnen des südfranzösischen Örtchens Vence lustig machte, soll der Vertreter des Fauvismus geknurrt haben, er habe nur einer Nonne – vor Klostereintritt seine Krankenpflegerin und Modell für das Künstlerbuch „Jazz" – einen Freundschaftsdienst erwiesen. Dabei hielt der Franzose die Rosenkranzkapelle für sein finales Meisterwerk. Der damals 77-Jährige entwarf in vierjähriger Arbeit neben der Architektur auch die Fenster, die Wandgrafiken und die liturgischen Gewänder und Objekte. Falls Sie es nicht bis zu den Lebensbäumen nach der Offenbarung von Johannes an die französischen Riviera schaffen, bietet der Kölner Dom eine sakrale Alternative. An der Südseite des Querschiffs finden Sie das gerasterte Farbmuster-Fenster Gerhard Richters – ursprünglich auch ein Wetterer gegen Andachtskunst.

Colour Field Paintings von Mark Rothko, The Rothko Chapel (eröffnet 1971), Houston, Texas: Die texanischen Ölmillionäre John und Dominique de Menil interessierten sich als Mäzene für die Schnittstelle von moderner Kunst und Spiritualität. Mit einer kleinen, postmodernen Kapelle schufen Sie einen Ort der Andacht für die wandfüllenden Color-Field-Tafeln des abstrakten Expressionisten Mark Rothko. Der gab sich mit diesen monochrom schwarzen Farbflächen ebenfalls dem Transzendenten hin. Er sollte die Eröffnung des religionsübergreifenden Wallfahrtsorts nicht mehr erleben. Spätere Pilger ließen sich von der meditativen Stimmung der Kapelle inspirieren, Peter Gabriel etwa zu seinem Song „Fourteen Black Paintings".

Lichtkunst von James Turrell, James Turrell Museum (eröffnet 2009), Bodega Colomé bei Molinos, Provinz Salta, Argentinien: Der Schweizer Kunstsammler und Weinbauer Donald Hess hat sich in den Anden einen Traum erfüllt und dem Licht- und Land-Art-Künstler James Turrell ein Museum gebaut. Es dauert von Deutschland aus rund 24 Stunden, fünf davon verbringt man auf einer beschwerlichen Schotterpiste, um aufs Hochplateau zu gelangen. Wer es bis dort hin schafft, wird es nie wieder vergessen. „Ich verkaufe blauen Himmel und gefärbtes Licht", sagt der Wahrnehmungspsychologe Turrell. In seinem größten Sky Space – einem rechteckiger Raum ohne Decke, dessen digital gespeistes Lichtspiel den Himmel in opakes Schwarz, flirrendes Türkis oder leuchtendes Pink verwandelt – schenkt man dem Firmament endlich jene Aufmerksamkeit, das es verdient.

## 097 URLAUBSGRÜSSE VERSCHICKEN

Die wenigsten Menschen finden Vergnügen daran, Postkarten und Grußmails aus dem Urlaub zu verschicken. Dabei ist es mit dem folgenden Bausetzkasten gar nicht so schwierig. Sie können zwei aufeinander folgende Bausteine sogar problemlos als SMS mit dem Mobiltelefon verschicken. Sie haben in keinem Falle mehr als 160 Zeichen. Damit die Urlaubsgrüße etwas mehr Aufmerksamkeit erregen, können Sie die Bausteine mischen.

| Begrüßung | Einstieg | Wetter | Grundbedürfnisse |
|---|---|---|---|
| Liebe Mama! | Es ist wirklich sehr schön hier. | Auch das Wetter passt. | Es schmeckt fast so gut wie bei Dir. |
| Liebes Kind! | Hoffentlich ist bei Dir alles in Ordnung. | Wenn es bei euch regnet, dann mach' bitte immer die Fenster zu. | Das Tiefkühlgemüse müsste übrigens weg. |
| Mein liebster Hase! | Auch wenn die Schönheit hier nicht mit Deiner konkurrieren kann, geht es mir gut. | Die Sonne hat die Wärme Deiner nackten Haut. | Bei jedem Bissen denke ich an Dich. |
| He Mann! | Verdammt geil hier. | Der Planet brennt. | Krass, gestern hätt' ich mir fast die Fresse mit diesen kleinen scharfen Dingern verbrannt. |
| Hallo, meine Liebe! | Na, geht es Dir auch so gut wie mir? | Richtig viele Sommersprossen habe ich bekommen. | Wenn ich mich daheim auf die Waage stelle, krieg' ich sicher einen Schock. |
| Geschätzte(r) Kollege / in! | Das Büro ist mittlerweile nur noch ein blasser Schatten in den Tiefen der Erinnerung. | Es ist die Sonne, die mir Leben spendet, die mir Kraft schenkt. | Das Essen? Ein Gedicht, von dem sich die Kantine was abschneiden könnte. |

| Land und Leute | Wermutstropfen | Abschied | Das Wichtigste |
|---|---|---|---|
| Die Menschen sind sehr nett, die Landschaft ist toll. | Ist nur gar nicht so günstig hier, wie ich dachte. | Ich meld' mich, Dein Kind. | Ach ja, mein Geld ist alle. |
| Zu Hause ist es doch noch immer am schönsten. | Habe ein paar Mal versucht, Dich spät abends anzurufen. Wo warst Du denn? | Dein / e Papa / Mama. | Geht es Oma gut? Denk an die Hausaufgaben! Vergiss die Blumen nicht! |
| Die Frauen / Männer sind es nicht einmal wert, in Deinen Schatten zu treten. | Vielleicht geh' ich morgen Abend doch mal weg. | 1.000 Küsse, Dein Hase. | Noch mehr Küsse. |
| Schärfer sind nur die Mädels. | Das Bier könnte 'n paar mehr Umdrehungen haben. | Krasse Sache, Dein Kumpel. | Sag' Sabine, dass sie nicht auf mich warten soll. |
| Schade, dass Du die Männer nicht sehen kannst. Und die Kühe haben ganz lange Wimpern. | Freu' mich jedenfalls schon, wenn wir mal wieder ratschen können. | Tschüss, Deine Freundin. | Und grüß' die anderen ganz lieb. |
| Die Leute hier: Eine Mischung aus Deiner Ruhe und dem Charme der Marketingchefin. | Nur leider hat das Hotel den Charme unseres Geschäftsführers. | Es grüßt, der Kollege / die Kollegin. | Vielleicht kaufe ich dieses Mal das schöne Anwesen auf dem Hügel. |

Das liebste Souvenir des Afrika-Urlaubers ist die Maske. Dabei ist der Reisende geradezu davon besessen, auch wirklich eine Originalmaske der Region zu erwerben, die selbstverständlich schon die wildesten Bräuche und Tänze hinter sich hat. Den Bekannten zu Hause wird das dann stolz als exotisches wie authentisches Handwerk präsentiert. Sie können gerne probieren, eine solche Maske zu kaufen, werden es allerdings kaum schaffen. Das hat mehrere Gründe.

**Der Maskenkörper:** Wenn Sie eine dieser gesichtsförmigen Holzschnitzereien kaufen, wie sie normalerweise auf einem Basar zum Verkauf ausliegt, erwerben Sie nur einen kleinen Teil der Maske, ungefähr so, als würden Sie von einem Bild nur den Rahmen kaufen. Zu einer wirklich afrikanischen Maske gehören oft Gewänder und Federn, Haare und Zotteln, die nach der langen Wartezeit auf einen Käufer in feuchtheißen Räumen manchmal einen interessanten Eigengeruch annehmen.

**Die Seele:** Masken im herkömmlichen Sinne sind nicht einfach hölzerne Gegenstände, sondern haben auch eine immaterielle Komponente. Viele Masken üben eine Mittlerfunktion aus. Sie erleichtern die Kontaktaufnahme mit Ahnen und Geistern, die Verstöße anmahnen oder in Krisensituationen helfen. Sie verleihen eine übermenschliche Autorität und werden bei vielen Zeremonien wie beispielsweise Initiationsriten verwendet. Zu einer Maske gehören deshalb auch Melodien, Geschichten und Tänze. Das ist gewissermaßen ihre Seele – und spätestens dafür müsste man sich viel länger auf eine andere Kultur einlassen, als dies während eines Urlaubs möglich ist.

**Die Zuordnung:** Ein Laie hat beinahe keine Chance, Masken einer bestimmten Epoche, Gegend oder Volksgruppe zuzuordnen. Mit pauschalen Antworten liegt man bei dem sprachlich und kulturell so vielfältigen Kontinent Afrika sowieso falsch. Es gibt Masken, deren Merkmale für einige Stämme typisch sind, aber ebenso in anderen vorkommen. Eindeutige Erkennungszeichen gibt es nicht. Von Ländergrenzen müssen Sie sich bei einer Zuordnung von Masken ohnehin lösen, denn Staaten sind koloniale Konstrukte. Außerdem verändern sich Maskentraditionen ständig. Viele Maskenmacher ließen und lassen sich von anderen Stämmen und anderen Religionen inspirieren. In Zentralafrika beispielsweise stellen manche Masken Albert Schweitzer dar, weil dessen Heilkünste verehrt wurden. Der Künstler Romuald Hazoumé aus Benin hat diese oft verkannte Weiterentwicklung überspitzt, indem er Müllmasken aus Ölkanistern und Teekannen herstellte und mit dem Kommentar versah: „Die Europäer wollen Masken. Also mache ich Ihnen welche."

**Die Verfälschung:** Echte Masken sind gar nicht immer eintönig und dunkel, sondern tatsächlich auch bunt. Ölfarben galten in Afrika einst als Statussymbol. Die Nachfrage bestimmt aber auch hier das Angebot. Inzwischen hat sich herumgesprochen, dass europäische Käufer dunkelfarbige Masken bevorzugen, die alt und gebraucht wirken. Deshalb werden die Souvenirs teilweise abgebeizt, mit Schuhcreme bemalt, in Termitenhaufen gelegt oder zwischen die Hühner, damit die daran herumpicken. Gewiefte Händler informieren sich in europäischen Ratgebern, wie sich gefälschte Masken identifizieren lassen – und sind damit den Käufern immer einen Schritt voraus.

**Der Verkäufer:** Auch wenn diese Erkenntnis hart ist, aber im Normalfall weiß der Maskenverkäufer wesentlich mehr über Sie als Sie über ihn. Er kennt Ihre Wünsche, Sehnsüchte und Projektionen – und befriedigt diese. Wenn er sagt: „Ah, ich sehe, Sie kennen sich mit Masken aus", heißt das in etwa: „Ah, mit Ihnen kann ich richtig Geld machen. Dann hole ich halt das alte, teure Zeug unter dem Tresen hervor – und verlange dafür auch das Dreifache." Über Masken allerdings weiß der Verkäufer oft nicht besonders gut Bescheid. In Westafrika beispielsweise sind oftmals Angehörige vom Stamm der Hausa Maskenhändler. Die haben zwar gar keine Maskenkultur, dafür umso weniger Hemmungen, damit Geschäfte zu machen. Das heißt übrigens nicht, dass Sie keine Maske kaufen sollen. Aber nehmen Sie einfach das Stück, das Ihnen am besten gefällt und versuchen Sie nicht zwanghaft, den Experten raushängen zu lassen.

## 099 UM EINE OCHSENFROSCHTASCHE FEILSCHEN

Die Grundregeln des Feilschens lassen sich auf wenige Sätze reduzieren: Machen Sie sich mit den ortsüblichen Preisen vertraut! Beobachten Sie andere Kunden bei ihren Verkaufsscharmützeln! Halten Sie sich bei dem eigenen Gebot möglichst lange zurück! Versuchen Sie es mit Rabatten, indem Sie mehrere Gegenstände kaufen! Steigen Sie unter dem Preis ein, den Sie zahlen wollen! Dabei geht es in erster Linie gar nicht darum, wie man handelt, sondern wer das tut.

**Der Verkäufer:** In der Betriebswirtschaft würde man im Basar von Informationsasymmetrie sprechen, oder anders: Der Kerl in dem langen Gewand hat einfach mehr Ahnung vom Geschäft als Sie. Er weiß genau, was er für die Ware gezahlt hat, er hat Erfahrung im Umgang mit Touristen, die blauäugig und voller Mitgefühl durch sein Land hetzen. Meistens überrumpelt er Kunden mit kaum zu bremsenden Wortkaskaden. Geschäfte machen ist sein Job, und im Gegensatz zu seinen Kunden hat er dafür alle Zeit der Welt. Im Grunde haben Sie keine Chance.

**Der Käufer:** Das Feilschen ist eine Art Charaktertest. Denn obwohl man das Feilschen lernen kann, ist es eine Frage der Persönlichkeit.

Scheue Menschen werden selten so viel Spaß und damit Erfolg am Verhandeln haben wie offensiv veranlagte Zeitgenossen. Gute Feilscher lassen ihrem Gegenüber kaum Zeit, um Luft für Argumente zu holen. Sie besitzen ein gehöriges Maß an Chuzpe und demonstrieren ein Selbstvertrauen, das keine Schmerzgrenze kennt. Nicht jeder ist also zum Feilschen geboren. Es gibt zwei unterschiedliche Typen.

**Typ A, der einfühlsame Tourist:** Widerstehen Sie dem Druck, den bestmöglichen Preis zu erzielen. Das ist nicht Ihr Ding. Arbeiten Sie lieber an einer neuen Einstellung, indem Sie sich beim Kauf von dem rein finanziellen Aspekt lösen. Beim Feilschen geht es doch vor allem um das Verhältnis zum Verkäufer und darum, wie viel Sie für einen Gegenstand auszugeben bereit sind. Fragen Sie sich also: Was ist mir persönlich dieser Gegenstand eigentlich wert? Sie brauchen dazu aber zumindest eine vage Preisvorstellung, denn wenn Sie im Nachhinein feststellen, dass Sie das Dreifache des üblichen Preises gezahlt haben, ist das auch für jemanden wie Sie ärgerlich. Wenn Sie aber 30 Prozent mehr gezahlt haben, als das vielleicht der Typ-B-Kollege tut und der Meinung sind, dass Sie dafür zumindest eine nette Zeit mit dem Verkäufer hatten, weil er Ihnen beispielsweise einen Kaffee servierte und die Söhne vorstellte, dürfen Sie das getrost unter der Rubrik interkulturelle Kommunikation verbuchen und den Basar mit einem Gefühl der Zufriedenheit verlassen. Sie sind ein guter Mensch! **Typ B, der knallharte Händler:** Es geht Ihnen gar nicht so sehr um den Gegenstand, sondern um das Feilschen an sich, um das Gefühl, mal so 'ne richtig harte Nuss gewesen zu sein. Sie sind ein Flohmarktjunkie, haben bereits drei Tage lang den Markt inspiziert und im Internet stundenlang über orientalische Teppiche recherchiert. Die Händler schlagen bereits die Hände über dem Kopf zusammen, wenn Sie sich nähern. Sie haben ganz klein angefangen mit einer CD als Training, haben dann aus reinem Spaß die Ochsenfroschtasche gekauft und stehen jetzt zum vierten Mal vor der gleichen Wasserpfeife, weil der Mann trotz Ihrer Tränen und Ihrer Klagen über Ihre sieben Kinder, die Sie ernähren müssen, partout nicht von umgerechnet 17,50 Euro auf 17,20 Euro heruntergehen will. Entschuldigung, aber Ihnen ist wirklich nicht mehr zu helfen.

Auf der ganzen Welt sehen die Sterne anders aus. Es gibt kein international einheitliches System für die Klassifizierung von Hotels. In jedem Land machen sich eigene Organisationen, meist Behörden oder Fachverbände, daran, Betriebe nach jeweils festgelegten Merkmalen auszuzeichnen. Weil man sie nicht vergleichen kann, ist es sinnlos, Sterne umzurechnen, also etwa zu sagen: Fünf Sterne in der Türkei entsprechen drei Sternen in Deutschland. In manchen Ländern ist die Klassifizierung gesetzlich vorgeschrieben, etwa in Italien. In anderen Ländern, zum Beispiel in Deutschland, ist sie freiwillig. Teilweise, etwa in Deutschland, gelten die Kriterien fürs ganze Land. Anderswo, zum Beispiel in Spanien, gibt es nur regionale Qualitätsmaßstäbe. Und dann sind da noch die Länder, in denen es überhaupt keine Klassifizierungen gibt, etwa Finnland.

Die Vorstellungen von Komfort variieren mit dem Kulturkreis. Nordeuropäer legen tendenziell mehr Wert auf lange Betten als Südeuropäer. Im dicht besiedelten Tokio kann das Zimmer eines Fünf-Sterne-Hotels viel kleiner sein als in einem US-Motel der untersten Kategorie. Amerikaner wünschen Eismaschinen auf ihrer Hoteletage, Franzosen und Italiener wollen Bidets.

Die Sterne-Richtlinien für Deutschland stammen vom Deutschen Hotel- und Gaststättenverband (Dehoga). Zur Klassifizierung eines Hauses dienen den Prüfern 270 Kriterien in den Bereichen Gebäude / Raumangebot, Einrichtung / Ausstattung, Service, Freizeit, Angebotsgestaltung und hauseigener Tagungsbereich. Mit repräsentativen Gästebefragungen wird der Kriterienkatalog immer wieder den sich verändernden Bedürfnissen angepasst. Der Hotelier bezahlt für die Klassifizierung, die für maximal drei Jahre gültig ist. Er verspricht sich davon einen Werbeeffekt. Der Gast soll anhand der Sterne auf verlässliche, transparente Weise durchs Übernachtungsangebot navigieren können. Die Hotelklassen in Deutschland heißen Tourist (ein Stern, Unterkunft für einfache Ansprüche), Standard (zwei Sterne, Unterkunft für mittlere Ansprüche), Komfort (drei Sterne, Unterkunft für gehobene Ansprüche), First Class (vier Sterne, Unterkunft für hohe Ansprüche) und Luxus (fünf Sterne, Unterkunft für höchste Ansprüche). Der Zusatz „Superior" bei den Sternen bedeutet, dass das Hotel die geforderten Kriterien für die jeweilige Klasse übertrifft.

Außer Hotels werden in Deutschland auch Gästehäuser, Gasthöfe und Pensionen vom Dehoga zertifiziert. Sterne für Ferienhäuser und Ferienwohnungen, Privatzimmer, Campingplätze, Sportboothäfen und Marinas vergibt der Deutsche Tourismusverband. Verwechseln Sie offiziell vergebene Sterne nicht mit Phantasiesternen, Palmen, Sonnen oder anderen Symbolen, mit denen sich die Hotels selbst schmücken oder die von Reiseführern vergeben und von Reiseveranstaltern in Katalogen veröffentlicht werden. Auch im Internet, etwa auf Hotelbewertungsportalen, finden sich solche speziellen Symbole. Die Portale sind heute für viele Reisende eine wichtige Informationsquelle zur Reiseplanung – die Sterne-Klassifizierung machen sie jedoch nicht überflüssig. Die Sterne stellen eine objektive, sachliche Vergleichsgröße dar. Subjektive Hotelbesprechungen im Internet sind eine gute Ergänzung.

In Europa gibt es in der Regel nur Häuser bis zu fünf Sternen. Das Schweizer Zertifizierungsunternehmen Société Générale de Surveillance (SGS) vergibt jedoch nach eigenen Richtlinien mehr. So zeichnete die SGS die Seven Stars Galleria, einst Town House Galleria genannt, in der Mailänder Einkaufspassage Galleria Vittorio Emanuele II als erstes Hotel in Europa mit sieben Sternen aus. Auch die Hotels Burj al Arab in Dubai und das Emirates Palace in Abu Dhabi werben mit sieben Sternen, um ihren herausragenden Luxus zu unterstreichen, für den angeblich die gültigen Bewertungsskalen nicht ausreichen. Offiziell besitzen beide Hotels nach den in ihren Ländern gültigen Klassifizierungssystemen nur fünf Sterne.

Ein erster Vorstoß zur europaweiten Vereinheitlichung des Sterne-Spektrums ist die Hotelstars Union. In ihr haben sich im Jahr 2009 die Hotelverbände von Deutschland, Österreich, Schweden, Tschechien, Ungarn sowie der Niederlande und der Schweiz zusammengeschlossen und sich gemeinsame Richtlinien für die Klassifizierung gegeben:

★ alle Zimmer mit Dusche / WC oder Bad / WC, tägliche Zimmerreinigung, alle Zimmer mit Farb-TV samt Fernbedienung, Tisch und Stuhl, Seife oder Waschlotion, Empfangsdienst, Telefax am Empfang, dem Hotelgast zugängliches Telefon, erweitertes Frühstücksangebot, Getränkeangebot, Depotmöglichkeit

★★ Frühstücksbuffet, Leselicht am Bett, Schaumbad oder Duschgel, Badetücher, Wäschefächer, Angebot von Hygieneartikeln (zum Beispiel Zahnbürste, Zahncreme, Einmal-Rasierer), Kartenzahlung möglich

★★★ 14 Stunden lang besetzte separate Rezeption, 24 Stunden lang ist dort jemand in Rufbereitschaft, zweisprachige Mitarbeiter, Sitzgruppe am Empfang, Gepäckservice, Getränkeangebot auf dem Zimmer, Telefon auf dem Zimmer, Internetzugang auf dem Zimmer oder im öffentlichen Bereich, Heizmöglichkeit im Bad, Haartrockner, Papiergesichtstücher, Ankleidespiegel, Kofferablage, Nähzeug, Schuhputzutensilien, Waschen und Bügeln der Gästewäsche, Zusatzkissen und -decke auf Wunsch, systematischer Umgang mit Gästebeschwerden

★★★★ 18 Stunden lang besetzte separate Rezeption, 24 Stunden lang ist dort jemand in Rufbereitschaft, Lobby mit Sitzgelegenheiten und Getränkeservice, Hotelbar, Frühstücksbuffet oder Frühstückskarte mit Roomservice, Minibar oder 24 Stunden lang Getränke im Roomservice, Sessel / Couch mit Beistelltisch, Bademantel, Hausschuhe auf Wunsch, Kosmetikartikel (etwa Duschhaube, Nagelfeile, Wattestäbchen), Kosmetikspiegel, großzügige Ablagefläche im Bad, Internetzugang und Internet-Terminal, A-la-carte-Restaurant

★★★★★ 24 Stunden lang besetzte Rezeption, mehrsprachige Mitarbeiter, Doorman- oder Wagenmeisterservice (Mitarbeiter, die die Hotel- oder Autotür für den Gast öffnen), Concierge, Hotelpagen, Empfangshalle mit Sitzgelegenheiten und Getränkeservice, personalisierte Begrüßung mit frischen Blumen oder Präsent auf dem Zimmer, Minibar und 24 Stunden lang Speisen und Getränke im Roomservice, Körperpflegeartikel in Einzelflakons, Internet-Zugang auf dem Zimmer, Safe im Zimmer, Bügelservice (innerhalb einer Stunde), Schuhputzservice, abendlicher Turndownservice (Bett aufschlagen, Betthupferl auf dem Nachtisch platzieren, Zimmer herrichten), Mystery Guesting (Überprüfung der Qualität durch inkognito absteigende Hotelprüfer)

## 101 EIN CAMP EINRICHTEN

Egal, mit wie vielen Sternen Hotels werben – wenn Sie zelten, haben Sie Millionen Sterne mehr. Die Frage ist nur: Wo errichten Sie Ihr Domizil? Nehmen Sie sich Zeit: Beschäftigen Sie sich damit bereits am Nachmittag, jedenfalls vor Einbruch der Dunkelheit und wenn Sie noch nicht zu müde dazu sind, klare Entscheidungen zu treffen. Wenn Sie hopplahopp an einer ungeeigneten Stelle Ihr Lager errichten, müssen Sie sowieso noch einmal anderswo von vorne beginnen.

**Nicht auf Privatgrund:** In vielen Ländern ist das wilde Campen, also Zelten außerhalb speziell ausgewiesener Plätze, verboten. In den meisten skandinavischen Ländern gilt dagegen das Jedermannsrecht, das Ihnen das Campieren in gewissem Rahmen erlaubt. Erkundigen Sie sich über die Gepflogenheiten Ihres Reiselandes. Dringen Sie nie unerlaubt auf Privatgelände ein, insbesondere nicht in den USA – dort könnten Sie sonst schnell mit der Schrotflinte des Grundstücksbesitzers Bekanntschaft machen.

**In luftigen Höhen:** In kalten Regionen suchen Sie sich eine windstille, von der Sonne beschienene Höhenlage aus – in Talsohlen ist es viel kälter. Suchen Sie keinen Windschatten an Felswänden, hier herrscht Steinschlaggefahr. In warmen Gebieten suchen Sie eine Stelle, an der permanent eine angenehme Brise weht. Das gilt nicht, wenn der Wind viel Sand und Staub mitbringt. Im Schnee nehmen Sie Zweige statt Heringe und graben diese ein. Richten Sie den Eingang gegen die Windrichtung aus, damit Sie nicht zugeweht werden, bauen Sie einen Schneewall als Windschutz.

**Im Schatten:** In heißen Gegenden suchen Sie Baumschatten. Aber zelten Sie nie direkt unter Bäumen, sonst können lose Zweige herunterfallen, Harz verklebt Ihr Zelt, nach einem Regen tropft es stundenlang auf Ihr Dach. Zelten Sie niemals unter Kokospalmen, an denen reife Früchte bereit zum Abwurf hängen – das ist lebensgefährlich.

**Am Fluss:** An einem fließenden Gewässer haben Sie immer frisches Trinkwasser und eine Waschgelegenheit. Aber halten Sie genügend Abstand, damit Sie bei steigendem Pegel nicht weggeschwemmt werden. Zelten Sie nie auf Flussinseln oder Sandbänken und in trockenen Flussbetten, sie können blitzschnell überschwemmt werden. Bevor Sie aus dem Fluss trinken, gehen Sie ein Stück stromaufwärts und schauen nach, ob eventuell tote Tiere das Wasser verseuchen.

**Abseits von Insekten:** Wo Wind weht, schwirren weniger Moskitos. Meiden Sie Plätze an stehenden Gewässern, die Insekten anziehen. Halten Sie sich von Ameisenhügeln fern. Und schauen Sie mal nach oben, ob in den Zweigen über Ihnen ein Bienen- oder Hornissennest hängt. Aber unter Bäumen zelten Sie eigentlich sowieso nicht.

**Auf guter Grundlage:** Meiden Sie weiche Moospolster und Senken, in denen sich Wasser sammelt und lange hält. Nehmen Sie eine höher gelegene Stelle, auch wenn Sie härter und unebener aussieht. Am trockensten steht Ihr Zelt auf einem Rasen mit leichter Neigung. Entfernen Sie Äste und spitze Steine vom Bauplatz, füllen Sie Löcher mit Erde oder Kies auf. Prüfen Sie, ob Sie die Heringe tief genug in den Boden stecken können. Andernfalls beschweren Sie sie mit Steinen. Ziehen Sie einen Graben ums Zelt, damit Regenwasser ablaufen kann – wenige Zentimeter Tiefe und Breite genügen, damit sich das Wasser keinen Weg durch Ihr Zelt bahnt.

**Kopf hoch:** Richten Sie das Zelt so aus, dass der Eingang zur windabgewandten Seite zeigt und Sie bei leichter Hanglange mit dem Kopf nach oben schlafen.

## 102 IM SUPERLATIV ABSTEIGEN

Das Empire State Building war 40 Jahre lang das höchste Gebäude der Welt. Heute fallen die Rekorde fast schon jährlich. Falls Sie das größte, höchste, teuerste Hotel suchen, müssen Sie sich beeilen. Die US-Amerikaner, Araber und Asiaten überbieten sich gegenseitig in gigantischer Architektur. Was heute noch Spitze ist, kann übermorgen schon wieder auf einem hinteren Platz der Ranglisten landen. Also los:

**Das größte Hotel der Welt:** Venetian Resort in Las Vegas, gemessen an der Anzahl der Zimmer – mehr als 7.000. Das Resort ist als Kopie Venedigs inklusive Campanile, Rialtobrücke und künstliche Kanäle konzipiert. **Das größte Hotel Europas:** Citywest Hotel in Saggart bei Dublin – mehr als 1.700 Zimmer. **Das höchste Hotel der Welt:** Hier gibt es unterschiedliche Definitionen. Das Ritz-Carlton Hongkong ist das in einem Hochhaus am höchsten gelegene Hotel der Welt. Seine 312 Zimmer sind ganz oben, in den Etagen 102 bis 118 des 484 Meter messenden International Commerce Center untergebracht. Hier gibt es außerdem die höchste Rezeption (im 103. Stockwerk), den in einem Gebäude höchsten Hotelpool und die höchste Hotelbar der Welt. Während sie ihre Drinks genießen, können Gäste auf vorbeifliegende Helikopter herunterschauen. Auf Platz zwei folgt das Park Hyatt

Shanghai. Es ist im höchsten Gebäude Chinas, dem 492 Meter hohen World Financial Center untergebracht, allerdings nur in den Etagen 79 bis 93, darüber sind noch acht weitere. Das höchste Hotel, das einen kompletten Wolkenkratzer für sich alleine einnimmt, ist das Rose Rayhaan by Rotana im Rose Tower in Dubai. Es ist 333 Meter hoch, hat 65 Stockwerke und 482 Zimmer. Auch im – noch – höchsten Gebäude der Welt, dem 830 Meter hohen Burj Khalifa in Dubai, gibt es ein Hotel mit dazugehörigen Residenzen, allerdings nur in den untersten 39 Stockwerken. **Das höchste Hotel Europas:** Hotel Ukraina in Moskau. Das 1957 fertig gestellte Gebäude ist 200 Meter hoch. Zieht man die 75 Meter hohe Spitze des Ukraina von der Höhe des Hotels ab, wird das Haus von einer anderen Herberge übertroffen: dem Gran Hotel Bali in Benidorm, Spanien, das 186 Meter hoch ist. **Das höchste Hotel Deutschlands:** das Marriott Hotel im Hochhaus Westend Gate in Frankfurt am Main. Die Zimmer liegen in den Etagen 26 bis 44, insgesamt hat der 159 Meter hohe Turm 47 Etagen. Das höchste ganz von einem Hotel eingenommene Gebäude Deutschlands ist das Park Inn am Alexanderplatz in Berlin, bis zum Dach ist es 125 Meter hoch. **Der größte Hotelpool der Welt:** Im Resort San Alfonso del Mar im chilenischen Badeort Algarrobo gibt es eine künstliche, mit kleinen Booten schiffbare Salzwasserlagune, 1.013 Meter lang, acht Hektar groß, die 250 Millionen Liter gefiltertes Meerwasser fasst. Das entspricht 6.000 normalen Schwimmbecken, wie man sie in Vorgärten von Wohnhäusern findet. Die Anlage wurde direkt ans Meer gebaut, das hier aber kalt, gefährlich und voller Korallen ist. Dazu passt ein anderer Superlativ: die längste Schwimm-Nudel der Welt – eine 1,6-Kilometer-Kunststoffwurst von der kanadischen Firma Industrial Thermo Polymers. **Die teuersten Hotelsuiten der Welt:** Auch hier ist die Definition nicht so leicht, da die Raten saisonal schwanken und meist Rabatte gewährt werden. Nicht jedoch im Kempinski in Genf. Discounts hat das Hotel nicht nötig, auch zum regulären Preis ist die Genfer Suite jeden Monat im Schnitt zehn Tage lang ausgebucht: für 50.000 Euro pro Nacht. Auf mehr als 1.080 Quadratmetern, verteilt auf zwei Etagen, genießt der Staatsmann, Rockstar oder Hedgefondsmanager: eine Terrasse mit Blick auf den Genfer See und das Mont-Blanc-Massiv, zwei Ess- und Wohnbereiche, drei Schlafzimmer mit angrenzenden Badezimmern, eine Küche und Anrichte mit Speiseaufzug, einen privaten Fitnessraum, eine Lounge, ein Spa mit Hammam und Regenduschen, vier Gästezimmer sowie ein Unterhaltungs- und Spielzimmer mit Billardtisch. Auf einer Rangliste der Sunday Times liegt ein anderes Genfer Hotel vorne: das President Wilson. Dort kostet die Royal Penthouse Suite etwa 35.000 Euro pro Nacht. Auf 1.600 Quadratmetern stehen dem Gast hinter kugelsicheren Fenstern zur Verfügung: die komplette Dachetage des Hotels, vier Schlafzimmer mit gepanzerten Türen und Alarmknöpfen am Nachttisch, sechs Badezimmer mit Jacuzzi und Dampfbad, Butler, Bibliothek, Esszimmer mit einem Mahagonitisch für 26 Personen sowie eine Lounge mit Billardtisch und Steinway-Flügel. Das Frühstück ist im Preis nicht inbegriffen. Da geht die Ty Warner Penthouse Suite im Hotel Four Seasons in New York mit etwa 25.000 Euro pro Nacht – mit Frühstück – vergleichsweise günstig her. Der Gast breitet sich auf 400 Quadratmetern mit einer Deckenhöhe von knapp acht Metern aus, badet in einer Wanne aus Onyx, wandelt in einem Zengarten und wählt für Spritztouren zwischen Maybachs und Rolls Royces mit Chauffeur aus.

## 103 LEBEN WIE DIE ANDEREN

James Camerons Kinofilm „Avatar“ spielt auf dem Mond Pandora. Dort mischen sich die Avatare unter das Volk der Na'vi, das in Bäumen lebt. Probieren Sie das doch auch einmal aus. Oder andere Lebensformen, die Ihnen auf Reisen möglich sind:

**Als Avatar:** Schwindelfrei sollten Sie schon sein, und von einem Rascheln in der Nacht dürfen Sie auch nicht gleich zu Tode erschrecken, wenn Sie zum Beispiel im höchsten Baumhaushotel der Welt, der Eco-Lodge Green Magic Tree House in Kerala, Indien, absteigen. Beziehungsweise aufsteigen. In einem korbähnlichen Aufzug werden Sie auf rund 30 Meter Höhe gezogen. Sie befinden sich mitten im tropischen Regenwald. Aber es gibt Klos und Duschen in den Zweigen, und wenn Sie auf Ihrer mit Teppichen ausgelegten Veranda sitzen, freuen Sie sich, dass Ihnen nichts, was da unten am Boden kreucht, etwas anhaben kann. Hängebrücken verbinden Sie mit anderen Wesen, die in den Wipfeln hausen. So funktionieren Baumhaushotels in allen Ländern. Sie finden sie meist als Zusatzangebot auf dem Gelände von herkömmlichen Hotels. Das hat den Vorteil, dass Sie mal eben heruntersteigen können, wenn Sie das ewige Rascheln doch zu seltsam finden.

**Als Mönch:** Vigil zwischen Mitternacht und frühem Morgen, Angelus um sechs, Laudes zwischen sechs und acht Uhr, Mittagshore vor dem Essen, Vesper gegen 18 Uhr, Komplet zwischen 20 und 21 Uhr, dann nächtliches Stillschweigen bis zum nächsten Vigil – so einen von Stundengebeten bestimmten Tagesablauf erleben Sie als Gast unter Mönchen. Für die meisten Reisenden sieht ein Klosteraufenthalt anders aus: Sie nächtigen in einem ehemaligen Ordenshaus, das längst zu einer luxuriösen Herberge mit historischem Flair umgebaut wurde. Da es die Brüder und Schwestern zu leben verstanden, befinden sich die Hotels meist in einer phantastischen Lage, eingebettet in großzügigen Gärten oder Weinbergen. In Spanien gibt es eine staatliche Hotelkette, Paradores, die dem kulturellen Erbe des Landes verpflichtet ist. Paradores hat zahlreiche verwahrloste Gemäuer hergerichtet. Man speist dort nun in spätgotischen Kreuzgängen und Refektorien aus dem 16. Jahrhundert. Die Zimmer sind allerdings komfortabler als früher – pro Gast wurden zwei bis drei Zellen zusammengelegt.

**Als Japaner:** Es hilft nichts – wenn Sie wie ein Japaner übernachten wollen, müssen Sie nach Japan. Nirgendwo sonst gibt es Hotelzimmer, die so eng wie Särge sind: zwei Meter lang, 1,5 Meter breit. Darin befinden sich jeweils eine Matratze und ein Fernseher. Duschen dürfen Sie in einem öffentlichen Bad in der Nähe. Das Capsule Hotel Shinjuku 510 in Tokio sieht mit seinen übereinander gestapelten, an der Vorderseite verglasten Schlaffächern aus wie eine Mischung aus Leichen-

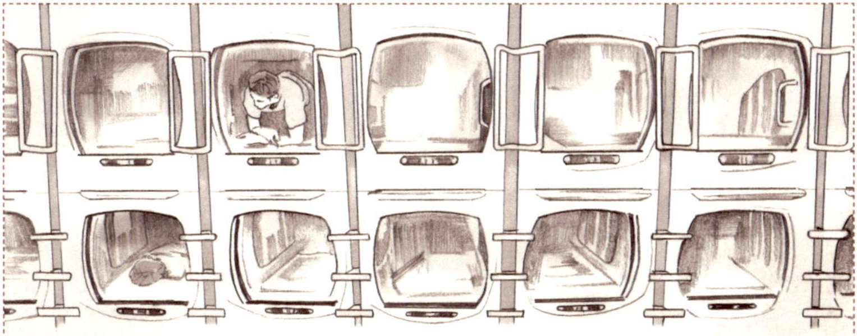

**Tokio Hotel**

schauhaus und Waschsalon. Eröffnet wurde es bereits vor 20 Jahren als Notquartier für Pendler, die ihre letzte U-Bahn verpasst haben. Heutzutage ist das Kapselhotel ein Spiegel für die wirtschaftliche Lage des Landes, eine Unterkunft auch für Arbeitslose. Sie zahlen dafür nur 500 Euro im Monat – in Tokio ein echtes Schnäppchen.

**Als Sicherheitsfanatiker:** Die Schweiz ist reich an Bunkern und arm an militärischen Bedrohungen. Viele Gemeinden beklagen sich über ihre Pflicht, Zivilschutzanlagen betreiben zu müssen, andere reagieren mit Phantasie und bauen die unterirdischen Räume zu Herbergen um. Im Dorf Sevelen in der Nähe von St. Gallen entstand so das erste Null-Sterne-Hotel. Das Motto: „The only star is you." Künstler haben das Konzept entworfen und beschönigen nichts: Kahle Betonwände betonen den ursprünglichen Charme der Anlage, geschlafen wird in Jugendstil- oder Militärstockbetten, Fernsehbildschirme zeigen Live-Aufnahmen von draußen, und weil warmes Wasser knapp ist, bestimmen die Gäste gemeinsam mit einem Glücksrad, wer von ihnen duschen darf. Beschwerden bei der Hoteldirektion sind von vornherein ausgeschlossen: Es ist ein Null-Sterne-Haus! Wem das nicht passt, der kann ja nebenan im Gasthof übernachten. Die Künstler haben den

Hotelnamen markenrechtlich schützen lassen. Sie wollen expandieren. Viele zur Verfügung stehende Schweizer Bunker liegen landschaftlich herausragend, zum Beispiel mit Blick auf den Vierwaldstättersee – von dem man als Gast dann nur leider kaum etwas hat. Und das Militär plant mit: Im Ernstfall müssen die Bunker innerhalb von 24 Stunden kriegsbereit sein.

**Als Inuit:** Sie schlafen bei Raumtemperaturen von minus eins bis plus vier Grad. In einem Kühlschrank hätten Sie es wärmer. Dafür genießen Sie aber auch eine einmalig frostige Atmosphäre, entweder in einem Eishotel aus Eisblöcken oder in einem Igludorf aus Schnee. Die größte Auswahl an kalten Betten gibt es in Schweden, Finnland und in den Alpen. Nur bei den indigenen Völkern, die am Rande des Nordpols leben, haben Sie Pech. Die Inuit bauen kaum noch Iglus. Sie schlafen lieber in beheizbaren Häusern.

**Als Knastbruder:** Die Türen sind aus Stahl, die Fenster vergittert, die Mauern aus rohem Backstein, aber flüchten will sowieso keiner mehr. Aus ehemaligen Gefängnissen werden heutzutage bevorzugt Luxus- oder Designhotels gemacht, deren Flair gerade im dezenten Erhalt der Vollzugs-Ästhetik besteht. Es gibt sie zum Beispiel in Oxford, Luzern, Kaiserslautern oder Stockholm. Das besonders schöne Gefängnis-Hotel von Boston heißt Liberty.

**Als Landstreicher:** Sie bekommen eine Matratze, Decken und einen Leinenschlafsack, geweckt werden Sie vom Hahn des Nachbarn, sich waschen können Sie in der Donau. So sieht ein Aufenthalt im Parkhotel in der österreichischen Gemeinde Ottensheim aus: Sie übernachten in einem Kanalrohr. Die Tür am umgekippten Betonzylinder öffnet sich per Zahlencode, den Sie vom Hotelier erhalten. Licht kommt durch ein Bullauge herein. Die Aussicht geht ins Grüne. Das Parkhotel begann als Kunstaktion im Kulturhauptstadt-Programm des nahe gelegenen Linz. Inzwischen interessieren sich auch andere Gemeinden für die touristische Nutzung ihrer Abwasserleitungen.

## 104 DAS UNGEHEUER VON WELLNESS ERLEBEN

In einer Songzeile der Rockband Metallica heißt es: „My lifestyle determines my deathstyle." Der Deutsche Wellnessverband drückt das etwas dezenter aus: „Ihr Lebensstil entscheidet zu mehr als 50 Prozent über Ihre Lebenserwartung." Umso wichtiger ist es, dass Sie verstehen, worum es bei den Anwendungen in Ihrem Wellness-Hotel geht. Es ließen sich ganze Bücher mit solchen Erklärungen füllen. Hier eine kleine Auswahl aus dem Wellness-Alphabet:

**Aura Healing:** Heilung mittels Übertragung kosmischer Energie oder Massage des magnetischen Feldes, das den Menschen angeblich umgibt **Biofeedback:** Sensoren wandeln nicht wahrnehmbare Messgrößen körperlicher Vorgänge wie Atemfrequenz, Muskelspannung und Hirnströme in wahrnehmbare Signale wie Töne und Balkendiagramme um, damit man sie bewusster beeinflussen kann **Cleopatrabad:** baden in Milch und Öl **Danarium:** Dampfraum mit einer angenehmen Temperatur von etwa 65 Grad und 60 Prozent Luftfeuchtigkeit **Edelsteintherapie:** Auflegen von Steinen, denen von Esoterikern bestimmte Heilkräfte und spirituelle Wirkungen zugeschrieben werden. Damit verwandt sind Gesichtsmasken aus zerstoßenen Perlen und Massagen, bei denen Blattgold in die Haut eingerieben und gegessen wird **Farbtherapie:** Beeinflussung von Körper und Psyche durch verschieden farbiges Licht, funktioniert angeblich nicht nur über das Auge, sondern auch durch Schwingungen, die die Haut aufnimmt **Gelée Royale:** Bienenspucke, mit der die Insekten ihre Larven, insbesondere die langlebige Königin füttern, soll auch dem Menschen ein langes Leben bringen **Heubad:** Körperwickel mit feuchtem Heu und einer Temperatur von um die 40 Grad zur Förderung der Durchblutung und des Immunsystems **Irisdiagnose:** Erkennen von Krankheiten durch Betrachten des Auges **Japapatti:** indisches Öl aus Blättern, gut für Haut und Haare **Klangschalen-Massage:** Messingschalen aus Nepal oder Indien werden auf den Körper gelegt und mit einem Klöppel angeschlagen, was entspannend wirken soll **Levitiertes Wasser:** Trinkwasser wird in einem Zylinder mit Rotor durchgewirbelt und dadurch nach Meinung von Esoterikern mit Energie aufgeladen **Moorbad:** Bad in Torf und Wasser mit lang anhaltender Wärme **Nordic Walking:** Langlaufen ohne Schnee und Ski **Ozon:** Das Gas, das die Erde vor UV-Strahlung schützt, die Atemwege reizt und zur Desinfektion dient, soll auch gut gegen Krankheiten sein **Pilates:** mit Yoga verwandte Dehn- und Kräftigungsübungen mit bewusster Atmung, insbesondere für die Muskeln von Bauch, Rücken, Beckenboden **Qi:** Energie, die nach den Theorien der Traditionellen Chinesischen Medizin der Ursprung allen Lebens ist, das Universum bewegt und den Menschen in Schwung hält **Reflexzonenmassage:** Druck auf Füße, Hände und Ohren, soll innere Organe beeinflussen **Schoko-Massage:** Einreibung mit Vollmilch-Chili-Geschmack, oft auch als Paar-Anwendung inklusive Naschen am Partner im Angebot **Thalasso:** Heilbehandlung mit allem Möglichen, das mit dem Meer zusammenhängt, etwa Salzwasser, Sand, Algen- und Schlickpackungen, Strandwanderungen **Unterwassermassage:** Behandlung mit einem Druckschlauch in einer Wanne **Vinotherapie:** Naturkosmetik in Verbindung mit dem Genuss von Produkten aus Traubenkernmehl und -öl sowie, in Maßen, Rotwein **Wambo Mambo:** Massagetechnik der Aborigines, mit Holzrolle und flauschigem Fellhandschuh **XXL-Sport:** gelenkschonende Bewegung für Übergewichtige **Yoga:** philosophisches und praktisches System, um innere Zufriedenheit zu erlangen, im Wesentlichen über Körperhaltungen und Atemübungen **Zen:** Meditationstechniken aus dem asiatischen Kulturraum

## 105 DIE MINIBAR LEEREN

Egal, wie früh an Ihrem Urlaubsort Sperrstunde ist – die Minibar hat rund um die Uhr geöffnet. In dem geräuschlos arbeitenden Kühlschränkchen in Ihrem Hotelzimmer finden Sie eine relativ große Auswahl an Getränken in kleinen Flaschen zu hohen Preisen: Bier, Wein, Mineralwasser, Sodas und Spirituosen, dazu Snacks wie Schokolade, Nüsse und Chips. Früher beruhte dieser Service auf Vertrauen. Sie notierten auf einem Zettel, was Sie aus der Minibar entnommen hatten. Das Zimmermädchen kontrollierte und füllte nach. Beim Auschecken wurden Sie gefragt, ob Sie noch etwas konsumiert haben. Heute ist das nicht mehr nötig. Weil der Betrieb von herkömmlichen Minibars nach Ansicht vieler Hoteliers unrentabel ist – die Überprüfung der Kühlschrankinhalte erfordert Personal, die Abrechnung der konsumierten Produkte ist ungenau –, hält die totale Überwachung Ihrer Minibar-Zugriffe Einzug in die Zimmer der großen Hotelketten.

Flaschen und Snacks sind mit Sensoren verbunden, die über Berührungen, magnetisch oder per Infrarot erkennen, ob Sie etwas entnehmen. Stellen Sie die Ware nicht innerhalb einer bestimmten Zeit, zum Beispiel 30 Sekunden, zurück, gilt sie als konsumiert und erscheint automatisch auf Ihrer Rechnung. Die Minibar ist per Kabel oder Wireless Lan mit dem zentralen Hotelrechner verbunden. Das erleichtert das Auffüllen und die korrekte Abrechnung. Schon wenn Sie die Tür der Minibar öffnen, melden manche Modelle das an den Zentralrechner. Es gibt auch Minibars, an denen Kontrolllämpchen dem Zimmermädchen anzeigen, ob Sie die Tür geöffnet haben. Gäste können bei der Abreise nicht mehr schummeln. Auch die besonders dreiste Form der Zechprellerei ist nicht mehr möglich: die Schnapsfläschchen zu leeren und mit Wasser gefüllt wieder in die Minibar zu stellen. Ein Problem kriegen Sie aber auch dann, wenn Sie nur mal so aus Langeweile einen Snack in die Hand nehmen und die Nährwertangaben lesen oder den Kühlschrank ausräumen, um ihre eigenen, mitgebrachten Getränke zu kühlen.

Falls Sie dann fast der Schlag trifft, weil Sie beim Auschecken eine Minibar-Rechnung über 200 Euro vorgelegt bekommen, atmen Sie gleichmäßig weiter, bleiben Sie locker, geraten Sie nicht in Panik. Grundsätzlich ist es die Entscheidung des Hoteliers, wie streng er im

Fall eines Missverständnisses gegen Sie vorgeht. In der Regel ist das Management offen für ein klärendes Gespräch. Immerhin sind Sie ein Gast in einem guten Hotel, und man wird bemüht sein, Ihren Aufenthalt so angenehm wie möglich zu gestalten. Andererseits können Sie sich nicht einfach mit naiver Unwissenheit herausreden. Ihr Gastgeber kann von Ihnen erwarten, dass Sie sich über die Regeln in seinem Haus schlau machen und die meist deutlich an der Minibar angebrachten Informationen über deren Funktionsweise aufmerksam lesen, bevor Sie sich bedienen. Es gibt aber auch Hotelbesitzer, die bereits ganz andere Konsequenzen aus dem Theater um die Minibars gezogen haben: Sie verzichten bewusst auf das Angebot der Kühlschränke in den Zimmern, um erst gar keine Scherereien mit ihren Gästen zu bekommen.

## 106 ANSCHLUSS FINDEN

Fastfood, Popmusik, Jeanshosen – es gibt viele Dinge, die auf der ganzen Welt gleich und deshalb auch gleich langweilig sind. Aber auf eins ist immer noch Verlass: Das chaotische Durcheinander bei den Steckdosen bleibt eine spannende Sache. Sie sollten sich vor Ihrer Reise darüber informieren, ob und wie Sie unterwegs Anschluss finden für Ihren Rasierapparat, Ihre Digitalkamera oder Ihr Handy. Andernfalls kann es leicht passieren, dass Sie mit Stoppelbart und ohne Kontakt zur Außenwelt dastehen und nicht einmal mehr ein Foto von Ihrer misslichen Situation machen können. Das US-amerikanische Handelsministerium hat eine Übersicht der internationalen Verbindungsmöglichkeiten zusammengestellt und die Stecker-Typen von A bis L bezeichnet. Innerhalb mancher Länder sind gleich mehrere verschiedene Stecker gebräuchlich. Kleiner Tipp: Allein schon für eine Reise nach El Salvador lohnt sich die Anschaffung eines Reisesteckers, der in alle möglichen Anschlüsse passt und außerdem für die richtige Umwandlung der Netzspannung sorgt.

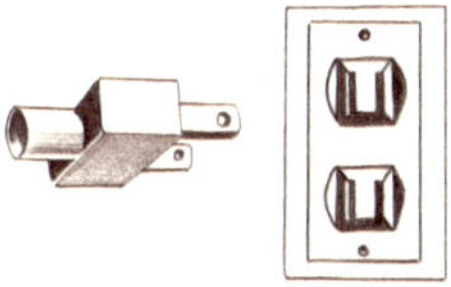

Typ A

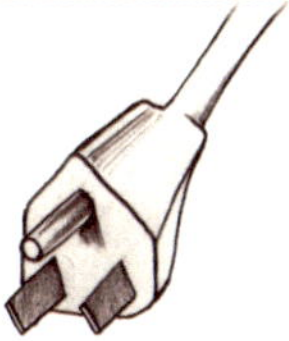

Typ B

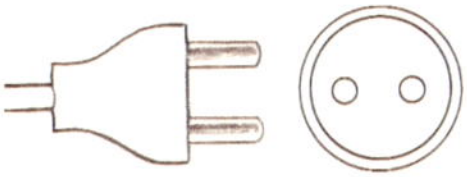

Typ C

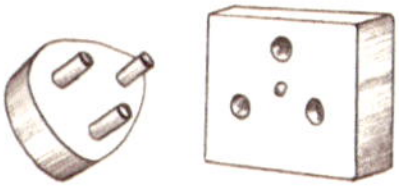

Typ D

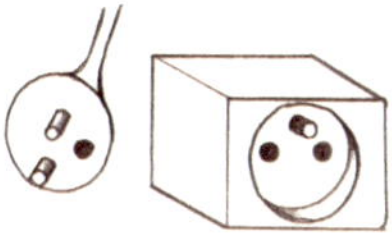

Typ E

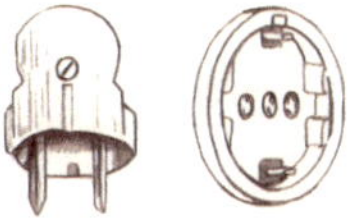

Typ F

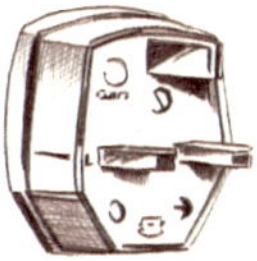

Typ G

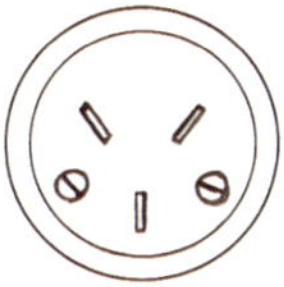

Typ H

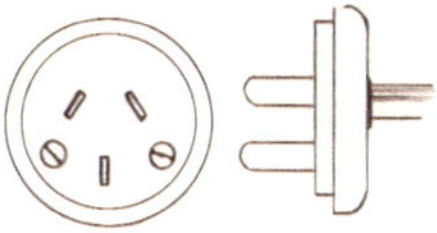

Typ I

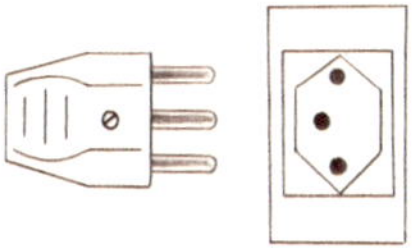

Typ J

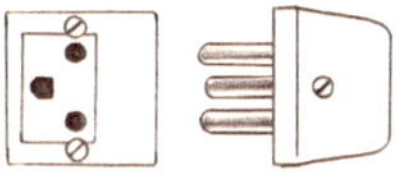

Typ K

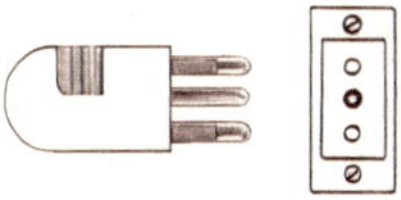

Typ L

**Ägypten:** C **Äthiopien:** C **Afghanistan:** D **Albanien:** C **Argentinien:** C, I **Australien:** I **Bahamas:** A, B **Bahrain:** G **Bangladesch:** A, C, D **Belgien:** A, C, E **Benin:** D **Bolivien:** A,C **Botsuana:** C, D, H **Brasilien:** A,B,C **Bulgarien:** F **Burkina Faso:** B, E **Chile:** C, F, L **China:** C, D, G, H **Costa Rica:** A, B **Dänemark:** C, K **Deutschland:** F **Dominikanische Republik:** A **Ecuador:** A, B, C, D **El Salvador:** A, B, C, D, E, F, G, I, J, L **England:** A, C, H **Fidschi:** I **Finnland:** C, F **Frankreich:** E **Griechenland:** C, F **Grönland:** C, K **Hongkong:** H **Indien:** C, D, G **Indonesien:** C, E, F **Irland:** G **Island:** B **Israel:** C, H **Italien:** L **Jamaika:** A, B, C, D **Japan:** A, B, I **Jordan:** C, F, G, L **Kanada:** B **Kanarische Inseln:** C, E **Kapverden:** C, F **Kenia:** G **Kolumbien:** A, B **Korea:** C **Kuwait:** C, G **Libanon:** A, B, C, D, G **Luxemburg:** F **Madagaskar:** C, D, E, J, K **Malaysia:** G **Malta:** G **Marokko:** C, E **Mauritius:** G **Mexiko:** A, B **Monaco:** C, D, E, F **Namibia:** C **Nepal:** C, D **Neuseeland:** H **Nicaragua:** A **Niederlande:** F **Nordirland:** A, C, H **Norwegen:** C, F **Oman:** H **Peru:** A, C **Philippinen:** A, B, C **Polen:** C, E **Portugal:** C, F **Rumänien:** C, F **Russland:** C **Samoa:** H **Saudi-Arabien:** A, B, G **Schottland:** A, C, H **Schweden:** C, F **Schweiz:** C, E, J **Serbien-Montenegro:** F **Seychellen:** D **Simbabwe:** D, G **Singapur:** B, H **Spanien:** C, F **Sri Lanka:** D **Südafrika:** D **Syrien:** C **Tahiti:** A **Taiwan:** A, B **Tansania:** D, G **Thailand:** A, B, C, D, E, G, J, K **Tschechien:** E **Türkei:** C, F **Tunesien:** C, E **Uganda:** G **Ukraine:** C **Ungarn:** C, F **Uruguay:** C, F, I, L **Venezuela:** A, B, H **Vereinigte Arabische Emirate:** C, D, G **Wales:** A, C, H **Zypern:** G

## 107 TRINKGELD GEBEN

Knausrigkeit ist unsympathisch und unhöflich, zu Hause wie auf Reisen. Wenn Sie mit einem Service zufrieden sind, dann sollten Sie das auch zeigen. Eine Umfrage des Hotelportals HRS hat ergeben, wofür die Deutschen Trinkgeld bezahlen. Die Arbeit des Zimmermädchens honorieren 37 Prozent der Gäste. Nachts ein Sandwich aufs Zimmer zu bekommen, ist noch 29 Prozent der Gäste Trinkgeld wert. 20 Prozent geben demjenigen etwas, der ihren Koffer schleppt. Frauen geben nicht seltener Trinkgeld als Männer, aber geringere Beträge. Das Zimmermädchen bekommt zum Beispiel von 81 Prozent der weiblichen Gäste einen Euro oder weniger pro Nacht. 34 Prozent der Männer geben zwei Euro oder mehr. Knapp neun Prozent der Gäste geben grundsätzlich kein Trinkgeld, von den Geschäftsreisenden sind 16 Prozent geizig.

**Nicht großkotzig wirken:** Wenn Sie Trinkgeld geben, erhöhen Sie nach Meinung von Soziologen Ihr soziales Prestige. Sie bauen Ihr schlechtes Gewissen ab, bedient worden zu sein, und helfen jemandem, der wahrscheinlich nicht so viel verdient wie Sie. Doch der Grat zwischen Lob und Beleidigung mit Trinkgeld ist schmal. Werfen Sie nicht mit Geld um sich. Erkundigen Sie sich nach dem Lohnniveau Ihres Reiselandes. Geben Sie zum Beispiel dem Jungen, der Ihnen in Tunesien eine Moschee zeigt, nicht mehr Trinkgeld als sein Vater verdient. Der Lohn für einen tunesischen Arbeiter liegt bei etwa sechs Euro pro Tag. Ein Einheimischer, der Ihnen den Weg weist, ist nett, aber kein Dienstleister. Geben Sie ihm nichts.

**Nach Art der Dienstleistung entscheiden:** In einer Imbissbude mit Selbstbedienung erwartet niemand Trinkgeld von Ihnen. Auch den Barkeeper, der Ihnen an der Theke mal eben eine Flasche Bier öffnet, müssen Sie nicht fürstlich entlohnen. Wenn er minutenlang an einem aufwändigen Cocktail für Sie herumbastelt, sieht es anders aus. Ansonsten gehört sich Trinkgeld vor allem für den Kellner im Restaurant, die Garderobendame, den Pagen, das Zimmermädchen und den Taxifahrer.

**Hierarchien beachten:** Einem Chef geben Sie niemals Trinkgeld, das wäre zu unhöflich. Aber Sie können ihm einen Betrag überreichen und ihn bitten, diesen auf die Belegschaft aufzuteilen. Rezeptionisten bekommen kein Trinkgeld, der Wagenmeister, der Ihnen die Autotür aufhält, schon. Flugbegleiter dürfen kein Trinkgeld annehmen, Zugbegleiter sehr wohl – und Trinkgeld für Stewards auf Kreuzfahrtdampfern gehört zu den ungeschriebenen Gesetzen der christlichen Seefahrt.

**Den Landessitten anpassen:** In Korea, teilweise auch in Japan und China hat Trinkgeld keine Tradition. Es wird als Beleidigung aufgefasst. Damit verlieren Sie Ihr Gesicht, sprich Sie büßen an sozialem Ansehen ein. Der Massentourismus weicht diese Sitte jedoch auf. Asiatische Hotelangestellte nehmen vor allem diskret überreichte Beträge meist gerne an. In Italien ist Trinkgeld im Restaurant unüblich, da bereits das Coperto, das Gedeck, extra berechnet wird. Hier reicht es, wenn Sie einen oder zwei Euro vor dem Verlassen des Lokals auf den Tisch legen, egal wie hoch Ihre Rechnung ist. Auch in Skandinavien ist das Trinkgeld in den Preisen eingerechnet. Natürlich ist es keine Schande, wenn Sie auch hier Ihrer Zufriedenheit mit einer kleinen Summe Ausdruck verleihen. In Pubs in Großbritannien oder Irland wird in der Regel kein Trinkgeld erwartet. Spendieren Sie dem Barkeeper stattdessen ein Pint, wenn Sie wollen.

**Prozent rechnen:** Fünf bis 15 Prozent vom Rechnungsbetrag sind grundsätzlich nirgendwo auf der Welt verkehrt. Als Faustregel gilt: Je weiter südlich Sie kommen und je niedriger das Lohnniveau in einem Land ist, desto höher ist das erwartete Trinkgeld. In Skandinavien, wenn Sie dort überhaupt etwas geben, sind fünf Prozent in Ordnung. In islamischen Ländern sind zehn Prozent Bakschisch angebracht, auch Pförtnern und Museumsführern geben Sie etwas. In Frankreich und Spanien legen Sie zwei, drei Euro auf den Restauranttisch. In der Türkei werden bis zu 15 Prozent Trinkgeld erwartet. In den ärmlichen Karibikstaaten geben Sie bis zu 20 Prozent. Ebenso in den USA. Dort macht das Trinkgeld bis zu 50 Prozent des Verdienstes einer Bedienung aus, deren gesetzlicher Mindestlohn bei etwa zwei Dollar pro Stunde liegt. Weil sie so sehr drauf angewiesen sind, können Kellner, denen Sie nichts geben, extrem ungemütlich werden. Ein anderes US-amerikanisches Phänomen ist das „tipping in advance" – Trinkgeld, das Sie vor der Dienstleistung bezahlen, um besser bedient zu werden. Ein diskret überreichter Schein kann etwa die Platzvergabe in einem schicken New Yorker Restaurant durchaus beschleunigen. Zum Prozentrechnen gehört aber auch das richtige Aufrunden. Wenn Sie für einen Cappuccino, der 2,40 Euro kostet, drei Euro hinlegen, haben Sie 25 Prozent Trinkgeld gegeben. Wenn Sie Ihre Rechnung mit Kreditkarte bezahlen, legen Sie das Trinkgeld bar hin, da dem Kellner sonst die Karten-Provision abgezogen wird. Oder Sie schreiben gleich etwas mehr auf den Kreditkartenbeleg.

**Münzen bereithalten:** In Taxis runden Sie auf, für Kofferträger und Garderobenleute ist ungefähr ein Euro angemessen, für das Zimmermädchen ein bis zwei Euro pro Nacht. Aber kramen Sie nie umständlich den letzten Cent aus Ihrem Geldbeutel. Wenn Sie kein angemessenes Trinkgeld parat haben, lassen Sie es lieber gleich ganz stecken.

**Bedienungen durchschauen:** Der US-amerikanische Konsumforscher Michael Lynn hat herausgefunden, mit welchen psychologischen Tricks Kellner besonders viel Trinkgeld bekommen. Das Zauberwort ist Persönlichkeit:

der Kellner trägt ungewöhnliche Kleidung oder besondere Accessoires, das verleiht ihm Individualität und hebt ihn von seinen Kollegen ab > der Kellner stellt sich mit Namen vor – in den USA ist das ohnehin üblich, in Deutschland tragen Kellner manchmal Namensschilder – und nennt den Gast beim Namen, den er etwa von der Kreditkarte abliest > wegen des prozentualen Aufschlags ist eine hohe Rechnung der größte Garant für Trinkgeld; der Kellner muss nur viel verkaufen, das heißt immer wieder nach Getränkewünschen fragen, Vorspeisen, hochpreisige Hauptspeisen und Desserts empfehlen > in Lokalen mit lockerer Atmosphäre geht der Kellner in die Hocke, also auf Augenhöhe mit dem Gast >

der Kellner berührt den Gast kurz und wie beiläufig, wiederholt die Bestellung und prophezeit schönes Wetter oder einen schönen Urlaubstag > je breiter das Lächeln, desto höher das Trinkgeld > kommt die Rechnung in einem Umschlag mit dem Logo des Kreditkarteninstituts, geben die Gäste mehr Trinkgeld – warum, das kann selbst der Wissenschaftler nicht erklären > der Gast bekommt mit der Rechnung ein kleines Präsent, etwa Schokolade oder Bonbons, das versüßt ihm das Trinkgeld geben > schlanke, blonde Bedienungen mit Körbchengröße D bekommen das meiste Trinkgeld, Frauen über 40 das geringste

## 108 DEN RICHTIGEN BERGSCHUH ANZIEHEN

Am Berg sind Schuhe das Wichtigste überhaupt, und schon die Wahl des richtigen Schuhs ist eine Gratwanderung zwischen größtmöglicher Sicherheit und höchstem Tragekomfort. Ein leichter Schuh mag zwar bequemer sein, doch besitzt er im hochalpinen Gelände weder den nötigen Halt noch die entsprechende Stabilität. Tatsächlich sollten Sie im Zweifelsfall den steiferen und festeren Schuh wählen. Um Blasen zu vermeiden, dürfen Sie dabei keinesfalls vorne anstoßen (vor allem beim Abstieg schmerzhaft), die Ferse sollte beim Abrollen über den Vorderfuß wenig Spielraum haben und der Schuh sollte keine unergonomischen Druck- und Scheuerstellen aufweisen. Es gibt heute zahllose und auf jeden Typ abgestimmte Bergschuh-Abarten – vom leichten Allrounder über den Trekkingschuh bis zum Alpinstiefel. Einige Bergschuhhersteller verwenden deshalb bei sich äußerlich ähnelnden Modellen eine Kategorisierung von A bis D, die hier in Klammern steht.

1 **Hüttenschuh:** sehr weich und unverschämt bequem. Mehr eine feste Socke für den Hausgebrauch. Nicht steigeisenfest. 2 **Bergsandale:** ausgesprochen luftig. Eignet sich für Spaziergänge in der Ebene und die Erkundung der flachen Hüttenumgebung. Auch am Strand und bei Stadtbesichtigungen einsetzbar. Nicht steigeisenfest. 3 **Kletterschuh:** sehr eng, äußerst unbequem. Konstruiert für den Tanz auf kleinen Absätzen in steilen Wänden. Nicht steigeisenfest. 4 **Bequemer All-**

**rounder & Leichter Wanderschuh (Kategorie A):** weicher, halbhoher Schuh für Freizeit und Spaziergang auf guten Wegen und Parkanlagen. Wird von vielen auch als Zustiegsschuh im einfachen Gelände benutzt. Nicht steigeisenfest. 5 **Klassischer Trekkingschuh (Kategorie B):** für anspruchvolle Wanderungen im Mittelgebirge und längere Trekkingtouren abseits befestigter Wege. Festere Trekkingschuhe mit Tendenz zur Kategorie C eignen sich bereits für Leichtsteigeisen und Grödeln. 6 **Fester Bergstiefel (Kategorie C):** torsionssteifer Schuh für härtestes Trekking, Touren im Hochgebirge und Gletscher. Geeignet für schlechte Wege, wegloses Gelände, Geröll und Klettersteige. Bedingt steigeisenfest. 7 **Alpinstiefel (Kategorie D):** ein echter Klotz am Bein, dafür absolut steigeisenfest. Unverzichtbar erst im hochalpinen Gelände, bei extremen Gletscher- und Firntouren und Eisklettereien. 8 **Expeditionsschuh:** wärmeisolierend und absolut steigeisenfest. Etwas für die Cracks unter den Bergsteigern. Lohnt sich nur für Leute, die ganz hoch hinaus wollen.

Wann ein Berg das Prädikat „Berg“ verdient, beschäftigt die Menschen nicht erst seit der herrlichen Komödie „Der Engländer, der auf einen Hügel stieg und von einem Berg herunterkam“. Was Niederländer als einen Berg bezeichnen, gilt in der Schweiz als Hügel. Es gibt interessante Methoden, Berge einzuordnen.

**Scharte = Einschnitt zwischen zwei Gipfeln**

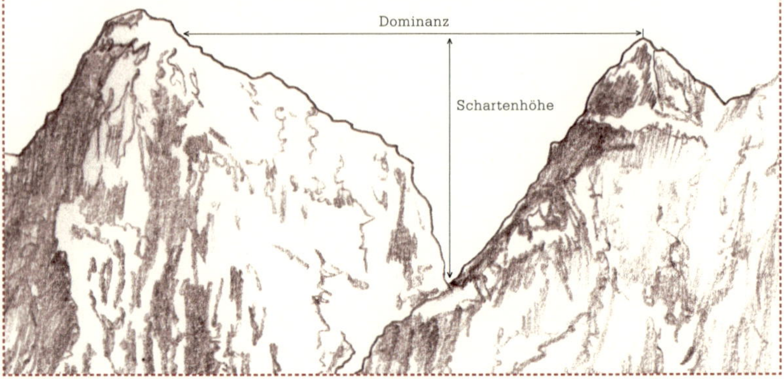


**Die Dominanz:** Die Dominanz gibt den von einem Berggipfel gemessenen Radius zur nächsthöheren Erhebung wieder, also nicht die absolute, sondern die relative Höhe. Besonders dominant sind Berge, die in einem großen Umkreis nicht von anderen überragt werden. Der Brocken im Harz beispielsweise hat eine Dominanz von 222 Kilometern und ist damit trotz der nur 1.142 Meter Höhe angeblich wesentlich dominanter als das Matterhorn (4.478 Meter) mit einer Dominanz von 13,7 Kilometern. Die Dominanz des Mount Everest wiederum ist – je nach Definition – so groß wie der Erdumfang oder unendlich.

**Schartenhöhe:** Die Schartenhöhe gibt an, wie viele Meter Sie mindestens absteigen müssen, um zu einem höheren Gipfel zu gelangen. Der Aconcagua hätte beispielsweise eine Schartenhöhe von 6.962 Metern, was der Höhe über dem Meeresspiegel entspricht. Denn auf dem amerikanischen Kontinent gibt es schlicht keinen höheren Gipfel, den man besteigen könnte.

Eine zweifelhafte Definition besagt, dass ein Gipfel in den Alpen mit einer Schartenhöhe zwischen 100 und 300 Metern als eigenständiger Berg gilt.

## 110 IM SCHATTEN STEHEN

Manche Berge ziehen Menschen an wie Magneten. Mit der so gerne als Bergsteigerideal apostrophierten Einsamkeit ist es dann nicht mehr weit her. Dabei lassen sich die berühmten Berge viel besser bewundern, wenn man auch auf ihre weniger bekannten und weniger überlaufenen Nachbarn steigt.

**Die Partenkirchner Dreitorspitze:** steht im Wetterstein-Gebirge im Schatten der Zugspitze, dem höchsten Berg Deutschlands (2.963 Meter). Mit 2.634 Metern nicht ganz so hoch, aber durch einen leichten Klettersteig und einfaches Klettergelände ebenso anspruchsvoll. Nicht verpassen: das Schachenhaus und das unweit gelegene Königshaus am Schachen von Ludwig II.

**Das Zinalrothorn:** steht im Schatten des Matterhorns (4.478), dem wahrscheinlich markantesten und am häufigsten fotografierten Berg der Welt. Ein 4.221 Meter hoher Gipfel, mit drei Graten aus festem Fels. Nicht verpassen: die Rothornhütte auf 3.198 Metern Höhe mit unverschämt guter Aussicht auf das Matterhorn und die Viertausender des Wallis.

**Der Mount Meru:** steht im Schatten des Kilimandscharo, dem höchsten Berg Afrikas (5.895 Meter). Ist wie der Kilimandscharo ein Vulkan mit ähnlich beeindruckender Flora und Fauna, macht dem Körper und auch der Reisekasse trotz seiner immer noch respektablen 4.562 Meter aber weit weniger zu schaffen. Nicht verpassen: die Miriakamba- und die Sattelhütte.

**Der Tupungato:** ein Vulkan an der Grenze zwischen Argentinien und Chile. Steht trotz seiner 6.550 Meter im Schatten des Aconcagua (6.962 Meter), dem höchsten Berg Südamerikas. Nicht verpassen: andere Bergsteiger fragen, warum Sie unbedingt auf den Aconcagua wollen, wo der unter Höhenbergsteigern doch den Ruf des größten Langweilers überhaupt genießt.

**Der Baruntse:** steht im Schatten des Mount Everest, dem mit 8.850 Metern höchsten Berg der Welt. Eine 7.168 Meter hohe Eispyramide unweit einiger der höchsten Gipfel weltweit. Weniger hoch und daher weniger gefährlich als Everest & Co. Gilt als relativ leicht zu besteigender Siebentausender. Nicht verpassen: den Weg dorthin genießen und den Mount Everest fotografieren.

## 111 SCHWIERIGKEITEN EINSCHÄTZEN

Die Gefahren an wirklich hohen Bergen und steilen Wänden einzuschätzen, ist reine Erfahrungssache. Wie schwierig ein Berg zu besteigen ist – und wie viel Erfahrung Sie dazu benötigen – lässt sich jedoch an den Schwierigkeitsskalen ablesen.

Im Alpenraum werden Sie bei der Führerliteratur vor allem auf die Skala der UIAA (Union Internationale des Associations d'Alpinisme) stoßen. Sie dient der Einschätzung von Freikletterrouten und ist im Grunde nach oben hin offen. Sehr gute Kletterer bewältigen den elften Grad. Feinabstufungen werden mit Plus- oder Minuszeichen gekennzeichnet (V- für leichte, V+ für schwierige Route im V. Grad). Die Skala wird in römischen oder arabischen Ziffern angegeben.

**I:** Einfachste Form der Felskletterei, die selbst Flachlandtiroler Uwe bei der Felspremiere hinkriegt, aber nur, weil er schwindelfrei ist. Hände werden benötigt, um nicht umzufallen. Seil? Schadet nichts, aber lieber so einpacken, dass es keiner sieht. **II:** Mäßige Schwierigkeiten, mit denen Uwe schon Probleme haben könnte: Es geht doch ganz schön steil bergauf. Wandern auf allen Vieren mit echter Absturzgefahr. **III:** Schon mal was von Zwischensicherungen gehört? Von Stand bauen? Halbmastwurf? Mittlere Schwierigkeiten mit senkrechten und heiklen Passagen. Ohne Seil bleibt Uwe unten. **IV:** Nichts gegen Flachlandtiroler, aber vergessen Sie Uwe und packen Sie lieber Pit Schuberts Buch über Sicherheit am Berg ein. Inoffizielle Grenze zum eigentlichen Klettern mit Seil und Knoten und Helm und Abstürzen. Uwe sitzt unten und schaut zu. **V:** Beginn der bierbauchfreien Zone. Mit schlaffen Ärmchen, zitternden Beinen und fehlender Erfahrung ist hier spätestens nach der ersten Seillänge Schluss. Lange hochalpine Routen im Schwierigkeitsgrad V zählen bereits zu alpinen Unternehmungen. **VI:** Noch bis 1979 von der UIAA als Grenze des Machbaren definiert. Sie sollten mindestens einen Kletterführer geschrieben haben, ohne mit der Wimper zu zucken über Abgründe balancieren, Schleifknoten und Gardaklemme im Schlaf beherrschen. Kurz: Die Wand ist Ihr Terrain, das Seil Ihr Freund, das Adrenalin Ihre Droge. **VII und darüber:** Am Feierabend philosophieren Sie über Fingerlöcher, Faustriss und Griffleisten, über Kalk, Platten und Granit. Ihre Finger haben die Kraft von Rohrzangen, Sie fahren nach Thailand, Sardinien und Kalymnos – aber nur, weil man dort so toll klettern kann. Zu Uwe haben Sie längst keinen Kontakt mehr.

## 112 GRENZEN ERKLIMMEN

Nicht alle Menschen vertragen die Höhe gleich gut. Viele schwindelt es beim Blick in die Tiefe, anderen macht dünne Luft stärker zu schaffen und manche haben vor der Höhe regelrecht Angst.

**Höhenschwindel:** Der Höhenschwindel ist keineswegs krankhaft, sondern ein ganz normaler Schutzreflex des Körpers auf die Höhe und eigentlich ein Entfernungsschwindel. Durch die große Distanz zu Referenzpunkten hat das Auge in der Höhe Probleme, einen visuellen Anker zu finden. Als Folge beginnen Kopf und Köper, gewissermaßen als Justierungshilfe, leicht zu schwanken. Daher setzt der Höhenschwindel auch erst nach einigen Sekunden ein. Höhenschwindel lässt sich zudem abtrainieren, indem man sich an die Höhe gewöhnt. Das geht jedoch nicht von heute auf morgen. Falls Sie an Höhenschwindel leiden, empfehlen viele Psychologen deshalb als erste Reaktion, sich hinzusetzen, festzuhalten oder beim bewussten Blick in die Tiefe kontrastreiche feste Objekte im seitlichen Blickfeld zu suchen. Es verwirrt Ihren Gleichgewichtssinn in jedem Fall noch mehr, wenn Sie durch ein Fernglas schauen, vorbeiziehende Wolken am Himmel beobachten oder fotografieren. Im schlimmsten Fall müssen Sie die exponierte Stelle verlassen.

**Höhenangst:** Weit schwerwiegender als der Höhenschwindel ist die Höhenangst, die nichts mehr mit einer natürlichen körperlichen Reaktion zu tun hat. Ein gewisser Respekt vor der Höhe ist angeboren und beispielsweise auch bei kleinen Kindern und Tieren festzustellen, auch wenn diese keine schlechten Erfahrungen mit der Höhe gemacht haben. Bei Menschen mit Höhenangst nimmt die Angst jedoch einen übertriebenen Stellenwert ein. Anders als beim Höhenschwindel liegt oft keine oder nur eine geringe tatsächliche Gefahr vor. Bei Menschen mit Höhenangst löst oft schon das Stehen auf einem Stuhl oder der Aufenthalt auf einem Balkon Symptome wie Herzrasen, Schwitzen, Kälteschauer, Zittern oder Übelkeit aus. Letztlich führt das sogar zu einer Angst vor der Angst, einer Angstspirale. Sobald dadurch der Lebensalltag eingeschränkt wird, sollte die Höhenangst auf jeden Fall psychologisch behandelt werden.

**Höhenkrankheit:** In der Höhe setzt der Sauerstoffmangel dem Reisenden Grenzen. Denn ab 1.500 Metern sinkt die Sauerstoffaufnahme pro 1.000 Höhenmeter um etwa zehn Prozent, in gleichem Maße sinkt auch die Steigleistung. Ab etwa 3.000 Metern können sich die ersten Anzeichen der Höhenkrankheit mit Symptomen wie Atemnot, Kopfschmerzen und Appetitlosigkeit zeigen. Bereits für das Höhentrekking zwischen 2.500 und 5.500 Metern ist deshalb eine Akklimatisation dringend erforderlich. Für eine Höhe von 4.000 Metern rechnet man mit einer Akklimatisationszeit von drei bis sechs Tagen. Menschen vertragen die Höhe unterschiedlich gut. Wie sehr Sie sich für große Höhe eignen, hängt weder von Ihrem Geschlecht noch der Kondition oder dem Lebensalter ab, sondern vor allem von Ihren Genen. Das Basislager des Mount Everest liegt ungefähr auf 5.350 Metern, die höchst gelegene ständig bewohnte Siedlung der Welt, La Rinconada in Peru, auf 5.100 Metern. In noch größeren Höhen ist eine Regeneration nicht mehr möglich. Wenn Sie noch höher hinauswollen, sollten Sie die Aufenthalte deshalb möglichst kurz halten. Auf dem Everest-Gipfel in 8.850 Metern Höhe ist die Luft so dünn, dass Menschen ohne Akklimatisation innerhalb von drei Minuten bewusstlos würden.

## 113 HECKMAIR FOLGEN

In den Alpen gibt es zwei bekannte Heckmair-Routen, die jedoch zwei völlig unterschiedliche Zielgruppen ansprechen. Eine führt durch die gewaltige Eiger-Nordwand und endet am Gipfel des Eiger auf 3.970 Metern. Sie ist nach Anderl Heckmair benannt, der die Wand 1938 erstmals durchstieg. Sein Sohn Andreas Heckmair wiederum war Namensgeber und Pionier der Mountainbike-Strecke von Oberstdorf im Allgäu nach Riva am Gardasee. Heute zählt die sechstägige Unternehmung mit 312 Kilometern bei einer Höhendifferenz von insgesamt 13.500 Metern zu den beliebtesten Alpenüberquerungen.

## Heckmair-Senior-Route

1. Einstieg > 2. Erster Pfeiler > 3. Zerschrundener Pfeiler > 4. Stollenloch > 5. Schwieriger Riss > 6. Hinterstoisser-Quergang > 7. Schwalbennest > 8. Erstes Eisfeld > 9. Rote Fluh > 10. Eisschlauch > 11. Zweites Eisfeld > 12. Bügeleisen > 13. Todesbiwak > 14. Drittes Eisfeld > 15. Rampe > 16. Wasserfallkamin > 17. Rampenfels > 18. Brüchiges Band > 19. Götterquergang > 20. Spinne > 21. Ausstiegrisse > 22. Corti-Biwak > 23. Gipfeleisfeld > 24. Mittellegigrat > 25. Gipfel

## Heckmair-Junior-Route

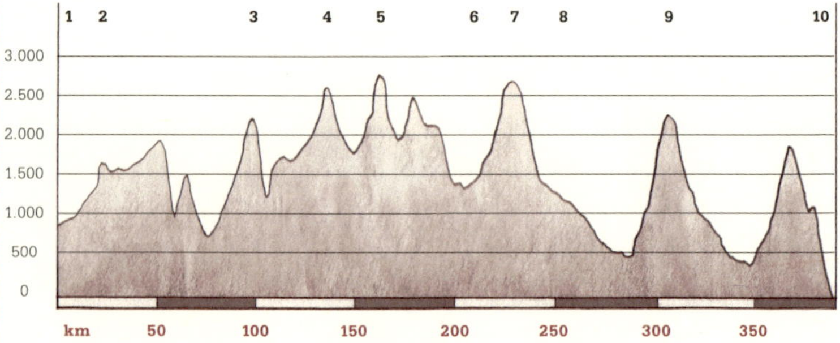


1. Oberstdorf > 2. Schrofenpass > 3. Schlappinerjoch > 4. Scalettapass > 5. Chaschaunapass > 6. Bormio > 7. Gavia Pass > 8. Ponte di Legno > 9. Passo di Campo > 10. Riva

Wer früher auf dem Berg übernachten wollte, musste das Gemüt eines Spartaners mitbringen. Heutzutage machen dort Sternehäuser auf urig-alt, Wanderhütten entpuppen sich als Touristenklitschen und traditionelle Bergsteiger-Unterkünfte kommen futuristisch wie eine gelandete Untertasse daher. Lassen Sie sich davon nicht täuschen. Anhand eines einfachen Tests können Sie herausfinden, auf welcher Hütte Sie sich befinden.

**1. Sie kommen an. Wie werden Sie begrüßt?** **A:** Tach och! **B:** Schuhe aus, wenn ihr aufs Zimmer geht! **C:** Servus. Passt alles? Super. Bin gleich bei euch. **D:** Herzlich willkommen. Ich hoffe, Ihnen gefällt es bei uns in den Bergen. Ich gebe Ihnen gleich die Zimmerschlüssel. Darf ich derweil einen Prosecco bringen? **E:** Der Wirt mustert Sie von oben bis unten und sagt: „Soso." **2. Sie fragen, ob Sie eine Latte Macchiato und ein Tiramisu haben können. Wie fällt die Antwort aus?** **A:** Latte was? **B:** Wir haben Kaffee. Punkt. **C:** Den Cappuccino mit Sahne oder mit Milch? **D:** Kommt sofort. **E:** Na, also so ein neumodisches Zeug brauchen wir hier oben nicht. Ich mach' Dir einen ordentlichen Kaffee mit Brotzeit. **3. Es ist 22.04 Uhr. Sie sitzen gemütlich bei einem zweiten Bier und einem Schnaps zusammen. Was sagt der Wirt?** **A:** Also, den Klaren finde ich echt knorke. **B:** Zefix, wir ham scho längst Hüttenruhe! **C:** Bleibt nur sitzen, nein, echt ehrlich, kein Problem. Aber nein, ihr stört die anderen sicher nicht. **D:** Wir hätten da übrigens diesen hervorragenden Rotwein. Wenn Sie mal probieren wollen? **E:** Ich setz' mich kurz zu euch. Ist eh nicht so viel los. Wo wollt ihr morgen hin? **4. Sie wachen um 5.30 Uhr morgens auf. Was ist der Grund für das frühe Aufstehen?** **A:** Gäste torkeln inklusive Bedienung völlig betrunken ins Matratzenlager. **B:** Das Piepsen der Wecker. **C:** Das Schnarchen der anderen. **D:** Die aufgehende Sonne kitzelt Sie sanft an der Nase, weil Sie vergessen haben, die Jalousien zu schließen. **E:** Eine zünftige Stubenmusik des Wirtes. **5. Sie fragen nach der Beschaffenheit des Gletschers am Aufstieg. Wie fällt die Reaktion aus?** **A:** Was! So weit wollt ihr noch gehen! (und / oder schallendes Gelächter) **B:** Mei, der eine kommt wieder runter, der andere nimmer. **C:** Puh, da müsst ich ganz kurz beim Kollegen nachfragen, aber der ist nicht da. Ich schau kurz im Internet. **D:** Wir können Sie auch noch ein Stück mit unserem Glacier-Shuttle fahren. **E:** Am Normalweg ist das Steilstück ziemlich vereist, deshalb würde ich etwas weiter rechts gehen. Und weiter unten müsst ihr a bisserl auf die Spalten achten.

**Auflösung: Mindesten drei E:** Pssst. Verraten Sie diese Hütte nicht weiter. So etwas gibt es nämlich selten. Eine echte Bergsteiger-Unterkunft inklusive einem Hüttenwirt mit Charme, dazu noch andere Gäste, die sich zu benehmen wissen. Trotz der Schlichtheit ein Erlebnis. **Mindesten drei D:** Der Chef hat wahrscheinlich vorher im Hotel Adlon gearbeitet, der Koch bei Harald Wohlfahrt gelernt. Mit einer Hütte hat das weniger zu tun als mit einem Nobelhotel, aber auch das hat im Gebirge seinen Charme. Wem's gefällt. **Mindesten drei C:** Hier wird Übereifer mit Professionalität verwechselt. Das Personal setzt sich wahrscheinlich aus fränkischen Sportkletterern und schwäbischen Mountainbikern zusammen. Dennoch irgendwie sympathisch. **Mindesten drei B:** Die Hütte hat die Bezeichnung Bergsteiger-Unterkunft durchaus verdient. Der Wirt aber ist einfach nur unfreundlich, entweder wegen der vielen Touristen oder weil ihm in der Einsamkeit zwischen all den Kühen das soziale Korrektiv fehlt. Ist am besten im Winter, wenn kein Wirt da ist. **Mindesten drei A:** Blicken Sie sich noch einmal um. Sind Sie sicher, dass Sie auf einem Berg sind und nicht an der Reeperbahn oder auf Mallorca? Die Betreiber sind wahrscheinlich Hamburger Bongotrommler auf einem Selbstfindungstrip und haben keine Ahnung von dem, was Sie tun. **Mindesten drei verschiedene Buchstaben:** Will auf fünf Sterne, Pension und Hüttenwirt gleichzeitig machen und verliert sich irgendwo dazwischen. Was nicht weiter schlimm ist, weil die Kundschaft genauso sprunghaft ist.

## 115 DIE OSTWAND DES WATZMANN DURCHSTEIGEN

Die Ostwand des Watzmann bei Berchtesgaden gilt als die höchste Wand der Ostalpen, die selbst gestandene Alpinisten gerne in ihre Gipfelsammlung aufnehmen. An dem 1.800 Meter aufragendem Koloss aus Kalk gibt es glücklicherweise keine Gletscherspalten oder steile Eisfelder, die eine Bergbesteigung erst richtig prekär machen. Die meistbegangene Route nennt sich Berchtesgadener Weg und ist mit recht kurzen Kletterstellen im oberen dritten Schwierigkeitsgrad sogar relativ leicht. Aber was heißt schon leicht! Der Watzmann fordert mehr Todesopfer als die weitaus schwierigere Eiger-Nordwand. Wollen Sie als bergaffiner Sportsfreund diese knackige und hochalpine Tagestour dennoch vornehmen, sollten Sie einige Dinge mitbringen:

**Einen Bergführer:** Das Problem ist die Orientierung. In der Wand sehen Sie keinen Weg, der zum Gipfel führt. Wenn Sie alleine losziehen und sich einmal verlaufen haben, hilft in seltenen Fällen Glück, meistens nur noch beten oder der Hubschrauber. Verzichten Sie also auf eine Solobegehung und schauen Sie sich lieber nach einem Bergführer um. Das sind in der großen Mehrheit nette Menschen, die entgegen manchem Gerücht nicht nur Dialekt, sondern auch Englisch und meistens Hochdeutsch beherrschen. Sie können sich also ganz normal mit ihnen verständigen. In der Ostwand wird Sie der Bergführer ans kurze Seil nehmen, damit Sie bei einem Fehltritt unterm Gipfel möglicherweise nicht die ganzen 1.800 Meter umsonst aufgestiegen sind. Sie selbst müssen weder komplizierte Kletterknoten noch irgendwelche Bergungs- und Sicherungstechniken beherrschen. Wenn Sie das können: umso besser.

**Die körperlichen Voraussetzungen:** Früher haben die Bergführer unweit der großen Wände wie dem Matterhorn oder eben am Watzmann auf einer Bank auf Kunden gewartet. Wenn dann einer kam, der nicht gerade den Bauchumfang von Reiner Calmund aufwies, ging es auf zum Gipfelsturm. Der Kundencheck eines Bergführers fällt heute ausführlicher aus. Er wird Sie erst einmal fragen, welche Erfahrung Sie besitzen. Seien Sie ehrlich. Spätestens wenn Sie nach einem Viertel des Weges umdrehen müssen, sofern das überhaupt noch möglich ist, bereuen Sie das Hochstapeln. Im Falle der Ostwand wird der Bergführer zuvor aber möglicherweise auch eine Probetour mit Ihnen unternehmen, zum Beispiel am Gerber-Südwestgrat bei Mittenwald. Entscheidend ist nämlich: Sie müssen (nicht sollten, sondern müssen!) absolut trittsicher, schwindelfrei und zudem konditionsstark sein. Ein Marathonläufer mit Höhenangst hat genauso wenig in der Ostwand verloren wie ein kurzatmiger Seiltänzer.

**Ausrüstung:** Ein leichter Trekkingschuh reicht nicht. Sie benötigen knöchelhohe, feste, torsionssteife Bergschuhe, einen Helm und einen Sitzgurt. Der Rucksack darf nicht mehr als acht Kilogramm wiegen, denn der Weg ist weit. Acht Kilogramm haben Sie schnell beisammen: Verpflegung, ausreichend Flüssigkeit, eine leichte Gore-Tex-Jacke, eine noch leichtere Regenhose und selbst bei sonnigem Wetter eine Schicht wärmende Klamotten. Beim Wettersturz im Gebirge wird es schlagartig kalt. Und das tückische an der Ostwand ist, dass ein von Westen aufziehender Wetterumschwung nicht zu erkennen ist. Zwar gibt es auf 2.380 Metern eine Biwakschachtel, doch alle, die noch nie in einer Biwakschachtel waren, sollten wissen: Sie ist ungefähr so luxuriös wie eine Hundehütte.

**Gehorsam:** Wenn Sie schon nicht auf Ihren Chef, Ihren Lebenspartner oder die Eltern hören, so hören Sie wenigstens diesen einen Tag auf Ihre oder Ihren Bergkameraden. Am Berg sind Befehle und Zurufe immer sehr einfach und kurz gehalten, damit keine Verständigungsprobleme auftreten. Wenn Sie beispielsweise „Stein“ hören, halten Sie den Kopf so, dass die Steine Ihnen weder ins Gesicht noch in den Nacken fallen, sondern auf den Helm. Falls der Bergführer einige Meter vorgeht und Sie zum Warten aufgefordert hat, so warten Sie auf den Befehl „nachkommen!“.

Das Höhenbergsteigen in absolut menschenfeindlichen Regionen ist für manche schierer Wahnsinn, für andere die größte Herausforderungen des Lebens. Selbst ein weniger schwieriger Achttausender kostet bei einem Reiseveranstalter etwa 10.000 Euro – und unter Umständen auch noch das Leben. Dennoch gibt es immer mehr Menschen, die sich dieser Aufgabe stellen wollen. Ralf Dujmovits ist der erfahrenste Höhenbergsteiger Deutschlands. Er stand auf allen 14 Achttausendern und hat zahlreiche Kunden auf die höchsten Berge der Erde geführt. Einen besseren Berater für eine theoretische Besteigung des häufig als Expeditionsziel gewählten Cho Oyu nahe des Mount Everest im Himalaya gibt es nicht.

**Das Ziel:** Warum der Cho Oyu? Sie sollten nicht gleich mit dem Mount Everest anfangen, auch wenn viele der Geltungsdrang dort hintreibt. Es gibt für Debütanten besser geeignete Einstiegs-Achttausender, die fälschlicherweise oftmals auch als „leichte" Achttausender bezeichnet werden. Zu diesen zählt neben dem Shisha Pangma (8.013 Meter) und dem Gasherbrum II (8.035 Meter) vor allem der sehr beliebte Cho Oyu (8.201 Meter) an der Grenze zwischen Nepal und China. Leicht ist in dieser Höhe allerdings nicht einmal das Atmen. Auf 8.000 Metern beträgt der Sauerstoffpartialdruck in der Luft nur 30 Prozent des Niveaus auf Meereshöhe. So viel Sie auch trinken: Ihr Körper dehydriert. Sie müssen in Flaschen pinkeln, Ihr Kopf brummt, das Essen ist eine Qual und die Temperatur in den Höhenlagern sinkt nachts auf minus 30 Grad, was der Schlafsack und vor allem Ihr Körper aushalten sollten. Anders als noch in seinen Anfangszeiten in den neunziger Jahren führt Dujmovits deshalb keine Kunden mehr auf die höheren Achttausender wie Mount Everest oder K2, da er dort Gästen nicht die nötige Sicherheit gewährleisten kann.

**Einen Veranstalter aussuchen:** Achten Sie auf keinen Fall auf den Preis, sondern wählen Sie den Anbieter, von dem Sie sich die besten Leistungen versprechen. Erkundigen Sie sich vorab bei verschiedenen Veranstaltern. Nur so sammeln Sie die nötige Erfahrung, um einige Fragen abzuklären. Wie sieht es mit der Erfahrung des Veranstalters aus? Haben Sie ein gutes Gefühl, was den Expeditionsleiter betrifft? Deckt der Preis auch Leistungen wie Versicherungen und Hochträger ab? Ist die Notausrüstung wie Pulsoxymeter, Notsauerstoff, Satellitentelefon und Überdruckkammer auf dem neuesten Stand oder möglicherweise überhaupt nicht vorhanden? Gibt es vorab ein Teilnehmertreffen, um weitere Fragen zu klären?

**Die Zeit:** Mit Anreise, Akklimatisation und Besteigung sollten Sie sich fünf bis sieben Wochen Zeit nehmen. Egal, ob Sie während des Vormonsuns (Frühjahr) oder des Nachmonsuns (Herbst) nach Nepal reisen, ist eine erfolgreiche Expedition selbst bei ausreichender körperlicher Fitness und bester Höhenverträglichkeit nicht zu garantieren. Auch wenn die meisten Bilder der Reiseveranstalter den Cho Oyu vor blauem Himmel zeigen: Höhenbergsteiger sind die meiste Zeit nicht mit Laufen oder Klettern beschäftigt, sondern mit dem Warten auf das nächste Schönwetterfenster. Ob es dann wirklich klappt, weiß nur der Himmel.

**Die Voraussetzungen:** Am Cho Oyu kann jeder durchgängig für sich alleine aufsteigen – wenn er die entsprechenden Voraussetzungen mitbringt. Sie müssen den Berg nicht unbedingt locker schaffen, ihn aber ordentlich besteigen, ohne auf dem Zahnfleisch zurück ins Zelt zu kriechen. Letztlich sind Sie für sich selbst verantwortlich. Der Bergführer wird mehr wie ein Expeditionsleiter agieren und die Teilnehmer am Cho Oyu nicht ans Seil nehmen. Wenn er das tun muss, haben Sie offensichtlich ein Problem. Wahrscheinlich müssen Sie vor der Expedition einen ausführlichen Bericht über Ihre Erfahrung und bereits gegangene Touren an den Veranstalter schicken, um überhaupt eine Achttausender-Besteigung buchen zu können. In Eis- und Firnflanken bis 40 Grad Steilheit bewegen Sie sich absolut souverän – und zwar auch alleine? Sie haben bereits mehrere Touren in kombiniertem Gelände aus Fels und Eis hinter sich und beherrschen eine Form der Spaltenbergung wie die lose Rolle mit traumwandlerischer Sicherheit? Okay, wenn Sie jetzt noch auf einem – besser: auf mehreren – Sechs- oder Siebentausendern standen, dürfte was draus werden. Jeder sollte in der Lage sein, das persönliche Gepäck vom Fuße des Berges bis zum letzten Hochlager zu tragen. Wenn Sie auch dafür die ohnehin fleißigen Hochträger einspannen wollen, vergessen Sie es gleich wieder. Dann haben Sie es nicht verdient. Gleiches gilt für den Flaschensauerstoff, der für Notfallmaßnahmen mitgeschleppt wird und nicht aus reiner Bequemlichkeit geatmet werden sollte. Sie benutzen beim Marathonlauf sicherlich auch keine Rollschuhe, um zwischendurch mal kurz Kraft zu sparen. Bereiten Sie sich lieber ordentlich vor – oder suchen Sie sich einen kleineren Berg.

**Zum Gipfel:** Der Cho Oyu ist auch deshalb vergleichsweise unkompliziert, weil eine Fahrt per Jeep bis zum Fahrer-Basislager auf 4.900 Metern möglich ist und sich das tatsächliche Basislager auf 5.680 Metern in nur zwei Tagen per Fußmarsch erreichen lässt. Von dort beginnt nach entsprechender Akklimatisation die tatsächliche Besteigung, die etwa sechs bis sieben Tage dauert. Dennoch werden Sie am Berg normalerweise etwa vier Wochen verbringen, da Sie nicht nur die entsprechende Wetterlage abwarten müssen, sondern sich über Hochlager langsam an den Gipfel herantasten. Entlang der Westgrat-Route der österreichischen Erstbesteiger geht es über den Gyabrag-Gletscher und einen hundsgemeinen Geröllhang, auch „Killerhang" genannt, zu Lager I auf 6.300 Metern. Auf dem Weiterweg dürfen Sie sich an einem Firngrat mit einigen Aufschwüngen beweisen, darunter ein 40 Meter langer Steilaufschwung von 70 bis 80 Grad. In der dünnen Luft werden Sie sich über ein flaches Plateau freuen, dem jedoch eine bis zu 40 Grad steile Flanke folgt. In einer Höhe von 6.950 Metern haben die Hochträger auf einer kleinen Gletscherplattform möglicherweise schon das zweite Hochlager eingerichtet. Falls nicht, müssen Sie selbst Schnee schaufeln und das Zelt aufstellen, was so viel Spaß macht wie Holzhacken in volltrunkenem Zustand – mit einem 50-Kilogramm-Zement-Sack auf dem Rücken. Auch als trainierter Mensch werden Sie trotz der bleiernen Müdigkeit nicht viel Schlaf finden. Unter den Nordabstürzen queren Sie eine große Firnflanke und erreichen auf einem Schneerücken das dritte und letzte Lager auf 7.350 Metern in der Todeszone. Der Schlussanstieg ist bereits zu sehen, dennoch werden Sie sich womöglich sagen: Wäre ich nur schon wieder unten. Es sind noch immer 850 Höhenmeter! Sie fühlen sich breit wie ein Michelin-Männchen. Am angebrachten Fixseil wird das „Gelbe Band", eine Stufe aus gelbfarbenem Sandstein, überklettert. Firnhang, verdammt, wo ist die Luft hin, kurze Felsstufen, immer tief atmen, kombiniertes Gelände im zweiten Schwierigkeitsgrad – ist das schon ein Japsen? – und der Gipfel. Dann dieser Blick! Er schweift auf der einen Seite zu Lhotse und Mount Everest, auf der anderen hinüber zum Shisha Pangma. Nach einem kurzen Aufenthalt gilt dann etwas, was nach diesen Mühen paradox klingt: runter – und zwar so schnell wie nur möglich.

## 117 EXOTISCH SKI FAHREN

Sie kennen die Skigebiete von den Alpen über Skandinavien bis nach Nordamerika? Selbst Großer Arber, Feldberg und Winterberg sind kein Neuland mehr für Sie? Vielleicht sollten Sie dann folgende Skigebiete besuchen.

**Perisher Blue / Australien:** größtes Skigebiet im Südosten Australiens mit 47 Liften – davon 21 Schlepplifte – auf einem Gebiet von 1.245 Hektar Größe. Liegt etwa sechs Autostunden von Sydney entfernt zwischen 1.605 und 2.034 Metern Meereshöhe und damit nur knapp oberhalb der Schneegrenze. Hat von Juni bis Oktober geöffnet, wenn auf der Südhalbkugel Winter ist.

**Portillo / Chile:** eines der größten Skigebiete Südamerikas mit 14 Liften, 23 Pisten und Hubschraubern fürs Heliskiing. Liegt etwa 160 Kilometer von Santiago entfernt zwischen 2.880 und 3.310 Metern oberhalb der Baumgrenze. Geöffnet seit 1949 und jährlich von Juni bis Anfang Oktober.

**Wanlong / China:** eines der modernsten Skigebiete in China bis in eine Höhe von 2.210 Metern mit 15 Pisten, wobei von guten Skifahrern nur zehn davon ernst zu nehmen sind, etwa vier Autostunden von Peking entfernt. Das Essen zur Mittagspause ist zwar gewöhnungsbedürftig, aber sicher nicht schlechter als das, was in den Alpen serviert wird.

**Mäuseberg / Eifel:** eines der kleinsten Skigebiete in Deutschland. Liegt für viele dafür gleich ums Eck in der Vulkaneifel nahe der französischen Grenze. Hat nur einen Lift. Die einzige Abfahrt ist 440 Meter lang und führt von 560 hinab auf 465 Meter Meereshöhe.

**Dizin / Iran:** dank seiner Lage zwischen 2.500 und 3.550 Metern seit der Eröffnung im Jahr 1969 eines der höchstgelegenen Skiresorts der Welt mit einer sehr langen Saison von November bis Anfang Mai und immerhin 23 Pisten. Außerdem ein Geheimtipp für Sparfüchse. Der Tagesskipass kostet nicht einmal die Hälfte von dem eines vergleichbaren Gebiets in den Alpen.

**Afri-Ski / Lesotho:** hat nur eine einzige, etwa einen Kilometer lange Piste. Laut Betreiberangaben dennoch das größte Ski-Paradies südlich der Sahara. Ist neben dem unweit gelegenen, etwas älteren Tiffindell Ski-Resort in Südafrika allerdings auch das einzige Skigebiet im südlichen Afrika.

**Faraya-Mzaar / Libanon:** nur eine Stunde von Beirut und nur etwa 30 Minuten von der Mittelmeerküste entfernt. Mit 80 Pistenkilometern zwischen 1.800 und 2.465 Metern das größte Skigebiete des Mittleren Ostens mit allem, was dazugehört – vom Chalet bis zum Fünf-Sterne-Hotel.

**Jbel Oukaïmeden / Marokko:** eines der besten Skigebiete auf dem afrikanischen Kontinent. Im Atlas-Gebirge verteilen sich in einer Höhe zwischen 2.600 und 3.200 Metern etwa 20 Pistenkilometer. Wegen der limitierten skifahrerischen Fähigkeiten vieler Einheimischer wird ein Sicherheitsabstand zu diesen empfohlen.

**Gulmarg / Indien:** im indischen Teil Kaschmirs an der Grenze zu Pakistan gelegen. Gilt trotz der geopolitisch heiklen Lage als relativ sicher. Dennoch eher etwas für Abenteurer, weil die einzige Bahn von 2.650 bis auf 3.980 Meter führt, der Strom während der Bergfahrt immer mal wieder ausfällt und die besten Abfahrten in unpräpariertem Gelände zu finden sind.

**Sisimiut / Grönland:** Trotz des vielen Schnees in Grönland sind Skilifte dort eher die Ausnahme. Der Berg Solbakken einige Kilometer außerhalb der Stadt Sisimiut im Westen der Insel eignet sich vor allem im Frühjahr von März bis Mai. Eines sollten Sie wegen des überschaubaren Angebots an Pisten und Liften allerdings nicht vergessen: Langlaufskier oder ein gutes Buch.

Wer sich im Winter abseits gesicherter Pisten bewegt, muss sich auch mit der Lawinengefahr beschäftigen. Lawinenverschüttetensuchgerät, Sonde und Schaufel sind die Standardausrüstung für Skitourengeher und Schneeschuhwanderer. Auch der Lawinenairbag, der eine Verschüttung verhindern kann, hat sich mittlerweile durchgesetzt. Zudem sollten Sie einen Lawinenkurs besuchen. Am besten ist es jedoch, gar nicht in eine Lawine zu geraten. Die Lawinenwarndienste der Alpenländer informieren Sie im Winter täglich mit einem Lawinenlagebericht über die aktuelle Lawinensituation. Dabei wird seit 1993 die fünfstufige Europäische Gefahrenskala verwendet. Sie ist auch oft in Skigebieten auf Informationstafeln zu finden. Beschäftigen Sie sich als Wintersportler damit. Lernen Sie sie am besten auswendig. Bei den Stufen 4 und 5 haben Sie normalerweise nichts im Gelände zu suchen.

1 / geringe Lawinengefahr: Die Schneedecke ist allgemein gut verfestigt und stabil. Eine Auslösung ist nur bei großer Zusatzbelastung an sehr wenigen, extremen Steilhängen (meist steiler als 40 Grad) möglich. Spontan, also ohne menschliches Zutun, sind nur Rutsche und kleine Lawinen zu erwarten. 2 / mäßige Lawinengefahr: Die Schneedecke ist an einigen Steilhängen nur mäßig, ansonsten allgemein gut verfestigt. Eine Auslösung ist bei großer Zusatzbelastung wie ganzen Skifahrergruppen vor allem an Steilhängen (steiler als 30 Grad) möglich. Größere, spontane Lawinen sind nicht zu erwarten. 3 / erhebliche Lawinengefahr: Die Schneedecke ist an vielen Steilhängen nur mäßig bis schwach verfestigt. Eine Lawinenauslösung ist bereits bei geringer Zusatzbelastung vor allem an den angegebenen Steilhängen wahrscheinlich. Fallweise sind spontan einige mittlere, vereinzelt aber auch große Lawinen möglich. 4 / große Lawinengefahr: Die Schneedecke ist an den meisten Steilhängen schwach verfestigt. Eine Lawinenauslösung ist bereits bei geringer Zusatzbelastung vor allem an den an-

gegebenen Steilhängen wahrscheinlich. Fallweise sind spontan viele mittlere, mehrfach auch große Lawinen möglich. Wintersportlern wird empfohlen, die gesicherten Pisten nicht zu verlassen. 5 / sehr große Lawinengefahr: Die Schneedecke ist allgemein schwach verfestigt und weitgehend instabil. Spontan sind zahlreiche große Lawinen, auch in mäßig steilem Gelände (Hänge flacher als 30 Grad), zu erwarten.

## 119 EINE ROHRRATTE ZUBEREITEN

Wenn Sie sich in fremden Ländern abseits der Touristenrouten bewegen, finden Sie nicht immer jene Zutaten zum Kochen, die Sie gerne verwenden würden. Gerade in ärmeren Regionen ist vor allem Fleisch häufig rar. Sie müssen mit dem leben, was die Natur oder der Markt hergeben. Die Rohrratte soll hier als Symbol für eine gewisse Flexibilität stehen. Falls Sie stattdessen beispielsweise Meerschweinchen oder Agutis zur Hand haben, ist das auch kein Problem.

**Das Fleisch besorgen:** Auch wenn es in Afrika südlich der Sahara zumeist Ziege und Rindfleisch zu kaufen gibt, ist die Große Rohrratte dort wahrlich keine schlechte Alternative. Sie ist mehr mit dem Stachelschwein als mit der Ratte verwandt und wird wegen ihres zarten Fleisches in Westafrika sogar gezüchtet. Das lohnt sich, denn ein ausgewachsenes Tier bringt locker sechs, sieben Kilo auf die Waage. Viele Afrikaner behaupten allerdings, dass die im Busch gefangene Rohrratte viel besser schmeckt als ihre Artgenossen aus Gefangenschaft. Das mag damit zusammenhängen, dass Rohrratten in Feldern häufig einen gewaltigen Schaden anrichten und der Geschmack freilaufender Rohrratten mit einer Prise Genugtuung gewürzt ist. Sie können natürlich versuchen, selbst eine Ratte zu fangen, aber falls Sie noch nie mit Schlinge oder Steinschleuder hantiert haben, überlas-

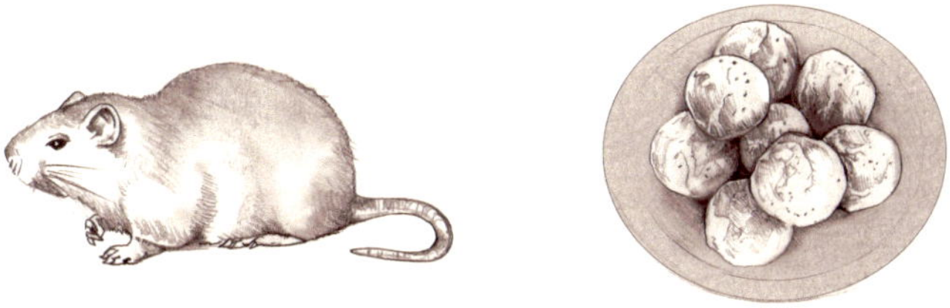

**Rohrratte mit Fufu**

sen Sie das lieber Leuten, die das beherrschen. Außerdem könnte es für Ärger sorgen, wenn Sie in der Savanne wildern. Am besten fragen Sie einen Einheimischen, wo es Rohrratte zu kaufen gibt (engl.: greater cane rat, grasscutter, franz.: le grand aulacode), oftmals werden sie jedoch einfach am Straßenrand feilgeboten. Dann wählen Sie ein nicht zu großes Exemplar. Auch das Ausnehmen und Abhäuten sollte der Verkäufer vornehmen, sofern Sie es nicht professionalisiert haben, einer Ratte das Fell über die Ohren zu ziehen, was etwas komplizierter ist als beispielsweise beim Hasen. Die Leute vor Ort haben dafür ihre eigenen Tricks.

**Schmoren lassen:** Sie können die Ratte je nach Größe auf einem Spieß am Feuer grillen. In manchen Regionen Afrikas werden auf diese Art sogar zerwirkte Ziegen zubereitet. Besser schmeckt es allerdings, wenn Sie die Ratte in große Stücke zerlegen und zu einem Eintopf verarbeiten. Außerdem ist die Gefahr nicht so groß, dass die Ratte außen schwarz und verkohlt und innen noch blutig und roh ist. Für einen Eintopf reichen ein Feuer, ein Topf und einfache Zutaten, die Sie fast auf jedem Markt der Welt bekommen. Braten Sie das Fleisch mit Zwiebeln in Palm-, Erdnuss- oder notfalls Olivenöl an. Fügen Sie einen Schuss Whisky hinzu, besser zwei, am besten schottischen Single Malt.

Genehmigen Sie sich auch einen Schluck. Bedecken Sie die Whisky-Fleischstücke nun mit geschnittenen Tomaten und Wasser und lassen das Ganze etwa eine halbe Stunde lang schmoren. Verfeinern Sie den Geschmack mit Chilis, Knoblauch, Salz und Pfeffer. Testen Sie zwischendurch, ob das Fleisch zart genug ist. Servieren Sie das Rohrratten-Stew beispielsweise mit Reis, Kartoffeln oder am besten mit dem sehr sättigenden Fufu, einem auf Yamsbasis hergestellten Knödel.

## 120 TIERE NUTZEN

Sie müssen nicht jedes Tier gleich essen. Einige Tiere erweisen lebend viel bessere Dienste, weil man sie reiten oder bepacken kann. Manchmal geschieht das aus reinem Jux, hin und wieder aus Gründen der Nostalgie, doch in manchem Terrain sind sie der Technik einfach immer noch einen Schritt voraus.

**Strauße für die Savanne:** Wenn man sich die Relation des Straußenkopfes zu dem Körper des Laufvogels ansieht, muss man leider zu dem Schluss kommen, dass der Strauß ein bisschen doof ist. Dafür ist er groß und stark und schnell, und das ist ja auch etwas. Wenn er richtig in die Gänge kommt, beschleunigt er bis auf 70 Kilometer pro Stunde. Außerdem können die mehr als 100 Kilogramm schweren Renner mit ihren kräftigen Beinen derart fest zutreten, dass es selbst Löwen mit der Angst zu tun bekommen. Ein Strauß kann auch einen ausgewachsenen Mann tragen, allerdings ist vor allem das Aufsteigen ziemlich knifflig, weil der Strauß eben a) ein bisschen doof ist, b) kräftig zuschlagen kann und c) nicht ruhig stehen möchte. Einen Strauß zu reiten oder sich von ihm in einem Einspänner ziehen zu lassen, ist auch weniger Traditionspflege der Einheimischen als der Wunsch von Touristen. Auf Straußenfarmen wie beispielsweise in Oudtshorn in Südafrika wird Ihnen jemand beim Aufsitzen helfen. Sie stecken die Beine dann gewissermaßen unter den Flügeln durch, schlingen die Füße um die Brust des Tieres, halten sich an den oberen Teilen der Flügel fest und werden hoffentlich nie erfahren, was dem Strauß in diesem Moment durch seinen kleinen Kopf geht.

**Esel fürs Gebirge:** Anders als gerne behauptet, sind Esel nicht dumm. Sie gehören nur nicht zu diesen langweiligen Ja-Sagern, was im Grunde ein sehr sympathischer Charakterzug ist. Ihre Sturheit hat nämlich auch eine gute Seite: Sie lassen sich selbst von dem steilsten und unwegsamsten Gelände nicht klein kriegen. Anders als die Pferde, diese hibbeligen Fluchttiere, stellen sich die Esel der Gefahr. Esel sind zwar nicht so anmutig und kraftvoll wie Pferde, dafür geradlinig, robust und gutmütig. Saumpfade und Alpenpässe bewältigen die trittsicheren Huftiere mit gebotener Ruhe. Auch ungeübte Reiter kommen schnell auf ausgebildeten Eseln zurecht und müssen keine bösen Überraschungen fürchten. Wenn er bockt, reden Sie ihm gut zu. Erzählen Sie ihm beispielsweise von den Mohrrübenäckern in der Heimat. Das bringt vielleicht nicht den Esel in Gang, beruhigt aber zumindest Sie. Besonders begrüßenswert ist, wenn ein Esel und ein Pferd aufeinander treffen und ein Maultier (Vater Esel, Mutter Pferd) oder einen Maulesel (Mutter Esel, Vater Pferd) zeugen. Heraus kommen hervorragende Zug-, Pack- und Reittiere, kraftvolle Stoiker, anspruchslose Freunde.

**Kamele für die Wüste:** Auch wenn Sie Kamele mittlerweile im Allgäu und in Brandenburg reiten können, so sind sie doch die Botschafter der Wüste, des Terrains der Langsamkeit. Für die Wüste gibt es kein besseres Last- und Reittier. Kamele kommen tagelang ohne Wasser aus; ihr Flüssigkeits- und Temperaturhaushalt ist einzigartig. Sie verschließen die Nasenlöcher bei Sandstürmen, ihre breiten Zehen tragen Sie beinahe wie Schwimmhäute über das Wüstenmeer. In Nordafrika und den arabischen Staaten werden Sie zumeist auf das einhöckrige Dromedar treffen, während das zweihöckrige Trampeltier vor allem in Asien vorkommt. Merkwürdigerweise sieht man Einheimische nur dann auf Kamelen, wenn sie richtige Rennen veranstalten. Zumeist glotzen die Tiere gelangweilt mit großen Augen durch die Gegend; so ruhig wie die Welt um sie herum kauen sie träge an einigen kräftigen Halmen. Aber unterschätzen Sie die Kamele nicht. Wehe, die genügsamen Tiere werden verärgert und geraten in Aufruhr, dann wird gespuckt, gefaucht, gebissen. Ein Kamel spürt, mit welcher Einstellung Sie an den Ausritt herangehen. Sind Sie nervös, wird sich das Tier möglicherweise einen Spaß mit Ihnen erlauben. Machen Sie sich also locker, bevor Sie sich nähern. Da Kamele eine Schulterhöhe von mehr als zwei Metern haben, steigen Sie am besten auf, wenn das Tier sitzt. Als Sattel reicht meistens eine einfache Holzkonstruktion mit einigen Decken und Polster. Wenn das Tier mit Ihnen als Gepäck nun aufsteht, halten Sie sich fest, da es wahrscheinlich zuerst nur die Hinterbeine durchstreckt und Sie möglicherweise sehr plötzlich nach vorne kippen. Sobald das Tier einmal steht, sitzen Sie ziemlich sicher. Den Rest erledigt im Normalfall der Chamelier, der Kameltreiber, oder der Gruppenzwang einer Karawane, dem das Tier brav über die Dünen folgt.

**Elefanten für den Dschungel:** Allzu sprunghaft dürfen Sie bei Elefanten nicht sein. Die großen Tiere haben die Ruhe weg. Und sie haben Kraft, unheimlich viel Kraft. Ganze American-Football-Mannschaften und Armee-Einheiten sind schon zum Tauziehen gegen Elefanten angetreten – und hatten keine Chance. Lange hieß es, dass asiatische Elefanten weniger aggressiv sind als die afrikanischen Verwandten, was in einigen Quellen angezweifelt wird. Mittlerweile wird auch in Afrika das Reiten auf Elefanten angeboten, beispielsweise im Camp Jabulani in Limpopo (Südafrika) oder im Abu Camp im Okavango-Delta von Botsuana. Die größere Tradition hat das Elefantenreiten aber zweifellos auf dem indischen Subkontinent und in Südostasien. Dort werden die Tiere schon seit Jahrtausenden gezähmt, um sie für Holzarbeiten, als Lasttiere und im Krieg einzusetzen. Da ist der Urlauber noch das kleinere Übel. Ein Elefant kann sechs übergewichtige Touristen und den Führer tragen (gegenüber einem thailändischen Elefantenführer sind alle Touristen übergewichtig), ohne mit der Wimper zu zucken. In Elefantencamps in Nordthailand können Sie während eines zweiwöchigen Aufenthaltes sogar einen Elefanten-Führerschein machen.

**Schlittenhunde für die Großstadt:** Schlittenhunde sind die kälteresistenten Langstreckenläufer unter den Nutztieren, die Konditionstiere der Arktis. Dank des Norwegers Roald Amundsen, der um die Zähigkeit von Schlittenhunden wusste, waren die Hunde schon 1911 am Südpol. Beim Iditarod-Rennen durch Alaska laufen sie 1.850 Kilometer in neun Tagen, also 200 Kilometer täglich. Ein guter Schlittenhund hält viele Stunden lang ein Tempo von mehr als 20 Stundenkilometern durch. Dazu bringen die stahlblauen Augen und ihr Blick die härtesten Urlauberherzen zum Schmelzen. Kein Wunder, dass sich dieser Hund längst auch für andere Aufgaben empfohlen hat. Hundeschlittentouren gibt es nicht nur am Polarkreis in Lappland oder Yukon, sondern auch im Böhmerwald und sogar im schneearmen Berlin. Dort notfalls mit Rollwagen.

## 121 DIE BESTEN TIERE SEHEN

Die Big Five, die Großen Fünf der Tierszene, kennt jeder. Warum solch ein Wirbel um Löwe, Elefant, Nashorn, Büffel und Leopard gemacht wird, ist allerdings unverständlich. Sie leben alle in der afrikanischen Savanne und sind dort dank ihrer Größe auch noch relativ einfach zu beobachten. Die Natur ist viel abwechslungsreicher. Wenn Sie echte

Herausforderungen suchen, probieren Sie es doch mit dem folgenden Fünf-mal-Fünf des Tierguckens.

**Little Five:** Der Ameisenlöwe: hässlicher, in Europa seltener Zeitgenosse, der seine Beute mit selbst gegrabenen Trichtern im lockeren Sand fängt. Nashornkäfer: sieht nur unwesentlich besser aus als der Ameisenlöwe. Elefantenspitzmaus: kommt als Rüssel tragender Insektenfresser aus der Familie der Rüsselspringer daher wie ein Scherz der Evolution. Büffelweber: promiskuitive Vogelart. Leopardenschildkröte: träge, aber genügsam.

**High Five:** Sperbergeier: segelt gelegentlich fast in der Flughöhe einer Boeing über dem afrikanischen Kontinent. Kalong: riesiger südostasiatischer Flughund mit bis zu 1,6 Metern Spannweite, dennoch angeblich leicht zu zähmen. Wanderalbatros: kreist mit der Segelflugzeug-Spannweite von fast 3,5 Metern über dem Südmeer. Harpyie: a) Fabelwesen der griechischen Mythologie, b) Affen fressender Greifvogel aus den Wäldern Lateinamerikas. Weiße Hexe: Nachtfalter aus dem tropischen Amerika mit einer Spannweite von fast 30 Zentimetern.

**Lonesome Five:** Jangste-Delphin: chinesischer und nahezu ausgerotteter Flussbewohner. Verlierer des wirtschaftlichen Aufschwungs. Java-Nashorn: seltenstes aller Nashörner aus dem immer kleiner werdenden Busch Indonesiens. Pardelluchs: durchstreift einsam die iberische Halbinsel. Kakapo: akut vom Aussterben bedrohter Papagei aus Neuseeland. Lonesome George: hofft als letzter Vertreter seiner Art auf der Galapagos-Insel Pinta auf ein Weibchen im fortpflanzungsfähigen Alter und erlebt den Druck dieses Buches möglicherweise nicht mehr mit.

**Deep Five:** Peitschennasen-Angler, Schwarzer Drachenfisch, Lanzenfisch, Gespensterfisch und Pelikanaal: Tiefseefische, die so merkwürdig

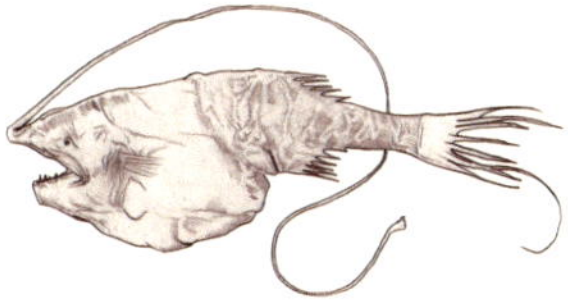

**Peitschennasen-Angler**

**Schwarzer Drachenfisch**

**Pelikanaal**

**Gespensterfisch**

**Lanzenfisch**

aussehen wie sie heißen und sich schamhaft ins Dunkle der Ozeane zurückziehen. Vielleicht sehen sie aber auch so merkwürdig aus, weil sie die dunklen Tiefen der Meere bewohnen. Wer weiß das schon.

**Deadly Five:** Die Seewespe: fiese Qualle an der australischen Küste. Derart giftig, dass bei Menschen innerhalb weniger Minuten der Tod eintreten kann. Schrecklicher Pfeilgiftfrosch: im Dschungel Kolumbiens beheimateter Giftzwerg. Zweifarbenpitohui: absolut ungenießbarer Vogel aus der Familie der Dickköpfe und aus den Wäldern Neuguineas. Inlandtaipan: unscheinbare Giftnatter mit einem Biss, der den stärksten Mann umhaut. Sydney-Trichternetzspinne: eine der wenigen Spinnen, die in Häuser eindringt und vor denen Sie sich wirklich fürchten müssen.

Die Birdwatcher, zu Deutsch Vogelbeobachter, sind eine besonders interessante Spezies unter den Reisenden. Manche halten sie für etwas schrullig, was allerdings wie alles eine Frage der Perspektive ist: Während manche Reisende in muffigen Museen darben und andere auf Berge rennen, bewegen sich die Birdwatcher ganz ohne Hektik an der frischen Luft. Birdwatcher erwerben einen Blick für die Details einer Landschaft, durch die andere einfach durchhecheln und nach den Big Five Ausschau halten. Zudem liegen die meisten Vogelbeobachtungsplätze (Birdwatching-Sprache: Hot Spots) in landschaftlich herrlichen, touristisch weniger frequentierten Regionen. Es ist gar nicht so schwer, ein Birdwatcher zu werden.

**Ausrüstung:** Alles, was Sie zur Vogelbeobachtung brauchen, sind ein Fernglas und ein Vogelbuch.

Das Fernglas: Es gibt grundsätzlich zwei Bauarten: das Porroprismen-Fernglas und das Dachkantprismen-Fernglas. Letzteres lohnt sich nur für wirklich ambitionierte Birdwatcher, da Sie mit einem Anschaffungspreis von 1.000 Euro und mehr rechnen müssen. Gute Porroprismen-Ferngläser gibt es schon deutlich günstiger und reichen dem Laien vorerst. Unter Vogelbeobachtern gelten Kenngrößen von 8 x 40 oder 10 x 40 als sinnvoll, wobei der erste Wert die Vergrößerung angibt. Bei achtfacher Vergrößerung wirkt beispielsweise ein 80 Meter entfernter Vogel so, als wäre er nur zehn Meter entfernt. Der zweite Wert entspricht dem Objektiv-Durchmesser und damit der Fähigkeit, Licht und Kontraste einzufangen. Generell sollte das Fernglas zur Vogelbeobachtung ein relativ hohes Eigengewicht besitzen, um das stets leichte Zittern der Hand zu unterdrücken. Langfristig könnte auch ein Stativ oder ein Fernglas mit Bildstabilisator nützlich sein. Vor allem, wenn die Vergrößerung über einem Wert von zwölf liegt.

Das Vogelbuch: Nun benötigen Sie nur noch die entsprechende Literatur, um den gesichteten Vogel bestimmen zu können. Im Normalfall wählen Sie am besten ein Vogelbuch, das sämtliche Arten enthält, also sich nicht nur auf die Vögel des Waldes oder der Wiese beschränkt. Für Europa sind beispielsweise die Vogelführer von Lars Svensson oder Lars Jonsson empfehlenswert. Der Klassiker stammt von Roger Tory Peterson.

**Die Bestimmung:** Als Birdwatcher sollten Sie wie bei allen Tierbeobachtungen ein gewisses Maß an Ruhe und Geduld mitbringen. Vögel mögen weder Lärm noch Hektik. Haben Sie einen Vogel gesichtet, können Sie in vielen Fällen ziemlich schnell feststellen, welcher Ordnung dieser angehört, also ob es sich beispielsweise um einen Gänsevogel oder Greifvogel handelt. Manche wie den allseits bekannten Weißstorch werden Sie sofort erkennen, bei einem jungen Steppenadler inmitten von Botsuana dürften Sie größere Probleme haben. Gehen Sie systematisch vor. Achten Sie erst auf das Gesamterscheinungsbild, die Silhouette, die Größe, die grobe Färbung. Dann suchen Sie nach Details. Eine alte Birdwatcher-Regel besagt allerdings, dass Laien grundsätzlich auf das Falsche achten. Gewisse Arten sind sogar nur durch ihre Stimme zu unterscheiden. Auch hier macht Übung, beispielsweise auf der Seite computerbirding.com, den Meister.

**Ihr Ziel:** Falls Sie sich fortan auch auf Reisen verstärkt bis ausschließlich Ihrem neuen Hobby widmen wollen, sind gerade für den Anfänger Gewässerränder besonders interessant. Während im Gebirge nur sehr spezielle und spezialisierte Arten beheimatet sind, die zudem auch noch schwierig zu finden sind, geht am Ufer die Post ab. Die oberbayerischen Seen wie Ammersee und Chiemsee, aber auch Fehmarn, Rügen, Helgoland oder der Neusiedler See in Österreich eignen sich prächtig für die nächsten Schritten zum richtigen Birdwatcher.

Erweitern Sie anschließend den Radius im Podelta in Italien und der Camargue in Frankreich. Langsam können Sie sich ins Donaudelta Rumäniens oder nach Marokko vortasten. Israel liegt wiederum auf einer Vogelzugstrecke. Sie befinden sich dann übrigens noch immer in der Westpaläarktis, die sich von Nordafrika und Kleinasien über Europa bis zum Ural nach Spitzbergen erstreckt. Haben Sie von der Westpaläarktis genug, so steht Ihnen die Welt der Vögel offen, von dem neuen Birdwatching-Trendziel Südkorea über Sri Lanka und Südafrika bis nach Florida. Vorteilhaft sind stets Länder, die infrastrukturell gut erschlossen sind und in denen sich Reisende ohne Einschränkungen bewegen können.

**Nebenwirkungen:** Ihre Liebe fürs Detail werden nicht all Ihre Mitmenschen teilen. Auch Ihr Lebenspartner sollte eine gewisse Leidensfähigkeit mitbringen, wenn Sie auf Müllkippen und stinkenden Kläranlagen die dort oft besonders vielfältige Vogelwelt beobachten wollen. Bis Sie richtig mitreden können, sollten Sie schon ein paar hundert Arten notiert haben – oder solche seltenen Sichtungen wie die eines Goldhähnchenlaubsängers im eigenen Garten oder eines Albatros auf Amrum vorweisen können.

## 123 REISENDEN TIEREN FOLGEN

Auch viele Tiere gehen auf Wanderschaft, wobei sich die Motivation mit der einiger Menschen deckt: Sie reisen aus Gründen der Nahrungsaufnahme und der Fortpflanzung. Viele durchstreifen nur ein bestimmtes Jagdrevier, manche irren scheinbar ziellos durch die Welt und einige legen im Jahreszyklus auf festen Routen gewaltige Distanzen zurück – zu Land, zu Wasser und in der Luft. Wer sie sehen möchte, muss nur wissen, wo sich die Tiere auf ihrer Wanderschaft gerade befinden.

**Die Migration der Serengeti:** Das Wild der afrikanischen Savanne hält sich weder an Länder- noch an Nationalparkgrenzen. Jedes Jahr geht das Großwild der Serengeti in Nordtansania von Mai bis Dezember auf Wanderschaft. Etwa zwei Millionen Weißbartgnus und mehrere hunderttausend Zebras folgen dem Regen vom Südosten des Großschutzgebiets aus bis hinüber nach Südkenia in beeindruckenden Herden – und locken ihrerseits wiederum Tausende Raubtiere an.

**Wanderroute des Weißbartgnus**

**A.** Dezember – Mai **B.** Juni **C.** Juli
**D.** August – Oktober **E.** November

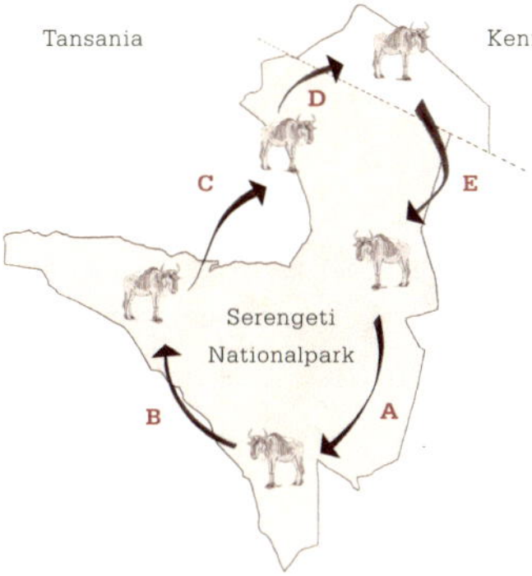


**Die Wanderung der Buckelwale:** Manche Buckelwale bieten während einer Walbeobachtung eine Show wie einst Flipper, der kluge Fernsehdelphin. Sie sind jedoch nicht nur die Clowns unter den Meeressäugern, sondern auch wahre Kosmopoliten. Außer in den Eismeeren sind sie beinahe überall zu sehen, nahe Hawaii, bei Island, an der australischen Küste, vor der Dominikanischen Republik. Sogar vor Rügen wurde bereits ein Exemplar gesichtet, aber das war ein Versehen des Wals. Wer die Tiere sehen möchte, sollte neben dem richtigen Ort auch auf die richtige Jahreszeit achten. Buckelwale gebären im Winter in den tropischen und subtropischen Gewässern und schwimmen zum Fressen in kühlere Sommerquartiere in den Norden und Süden. Da die Jahreszeiten auf Nord-und Südhalbkugel zeitlich entgegengesetzt

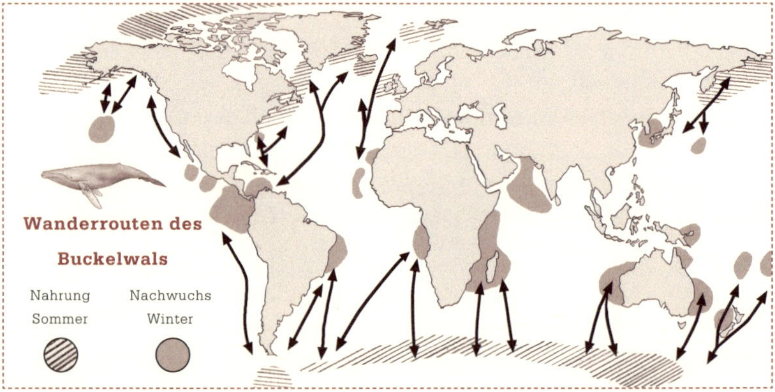


verlaufen, bleiben die Populationen durch die saisonalen Wanderungen voneinander getrennt. Viele Forscher gehen aber ohnehin davon aus, dass der Äquator wie eine unsichtbare Grenze fungiert, die Buckelwale nicht überqueren.

**Die Flüge des Monarchfalters:** Nicht nur Vögel fliegen im Winter in wärmere Gefilde, sondern auch Falter. Der berühmteste Wanderfalter ist wahrscheinlich der Monarchfalter, der zwar beispielsweise auch über Südseeinseln und Australien flattert, aber vor allem in Nordamerika weit herumkommt und die Forscher beschäftigt. Die westliche Population unter den Monarchen-Amis legt einen relativ kurzen Flug bis an die kalifornische Küste hin. Doch zwischen den Rocky Mountains und dem Atlantik macht sich im September die weit größere östliche Population in Südkanada und den USA auf, um eine mehrwöchige Reise von bis zu 4.000 Kilometern ins Winterlager nach Mexiko anzutreten. Dort wurde sogar das Biosphären-Reservat Mariposa Monarca nach ihnen benannt. Ende Februar geht es langsam zurück in die Südstaaten, an die großen Seen und bis nach Kanada. Ganz ohne Grenzkontrollen der scharfen US-Einwanderungsbehörde.

**Wanderrouten des Monarchfalters**

Frühling

Herbst

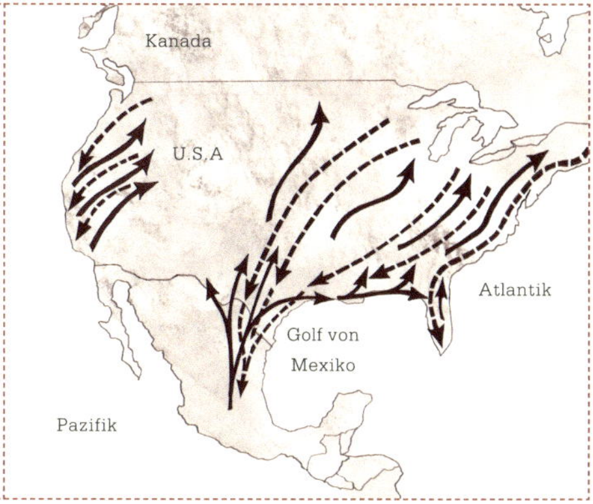



## 124 WILDEN TIEREN AUS DEM WEG GEHEN

Es gibt allerlei Tiere, die Ihnen auf Reisen gefährlich werden können, wobei die größten keineswegs die unangenehmsten sind. Am besten ist es, eine direkte Konfrontation mit solchen Tieren zu vermeiden. Falls sich trotz aller Vorsichtsmaßnahmen Opfer oder Zeuge eines Angriffs werden, lesen Sie – sofern noch möglich – das nächste Kapitel aus der Reihe „Überleben".

**Mücken:** die gefährlichsten Tiere überhaupt, weil Sie die Menschen keineswegs scheuen, sondern sie sogar als Nahrungsquelle aufsuchen und dabei Krankheiten wie Malaria übertragen. Außerdem gibt es sie fast überall, sogar auf Grönland. Nach einer Studie des niederländischen Mückenforschers Willem Takken können Sie das Licht übrigens ruhig anlassen. Es verwirrt die Viecher mehr, als dass es sie anlockt. Mücken finden Sie auf ganz anderem Wege. Sie riechen Blut auf 50 Meter Entfernung und suchen sich ihr Opfer über den Schweißgeruch aus. Ein großes Nachrichtenmagazin berichtete einmal, dass es unter Afrikareisenden angeblich üblich sei, Limburger Käse als Biofalle mitzuführen, weil die Malaria übertragende Anopheles auf das Aroma abfährt. Ein ungewaschener Expeditionssocken tut es da wohl auch. Meiden Sie Sümpfe und Wasserstellen, denn das sind die Brutstätten. Tragen Sie vor allem in der Nacht lange, möglichst helle Kleidung. Speziell in den Tropen ist ein entsprechend feines Moskitonetz mit einer Maschenweite von etwa 1,2 Millimetern nützlich. Verwenden Sie an den unbedeckten Körperstellen Insektenschutzmittel. Manchen Duft wie den von Zitronenöl verabscheuen Mücken. Lavendel und Knoblauch schrecken sie dagegen kaum ab. Am ehesten machen die Blutsauger bei der chemischen Abwehrkeule Diethyltoluamid DEET die Mücke. DEET schützt auch vor manchen anderen Plagegeistern wie Zecken und Bremsen. Werden Sie dennoch Zeuge eines Luftangriffs, so holen Sie mit der Hand aus und prügeln Sie dem gemeinen Schmarotzer das Blut wieder aus dem Leib.

**Bettwanzen, Flöhe, Milben, Termiten:** zählen zu den widerwärtigsten Widersachern des Reisenden. Waschen Sie sich regelmäßig mit Seife und Wasser. Suchen Sie sich außerdem eine saubere, gepflegte Unterkunft. Falls Sie keine finden, nehmen Sie lieber ein Zelt oder Feldbett samt Moskitonetz, schlafen damit unter freiem Himmel und lassen die Besitzer doch selbst in ihrem verlausten Zimmer hausen.

**Schlangen:** Schlangen reagieren und wirken sehr unterschiedlich auf Menschen. Es gibt scheue, friedliche, träge, aggressive und sogar grundlos angreifende Schlangen. Es gibt tödlich giftige, schwach giftige und in der großen Mehrzahl ungiftige Schlangen. Sie leben in Bäumen, am Boden und im Wasser. Manches ihrer Gifte wirkt auf das Nervensystem, andere auf Blutzellen oder das Herz. Weil das kompliziert ist, lassen Sie es nicht darauf ankommen. Falls Sie eine Region mit Schlangen bereisen und Ihre Kleidung oder Schuhe im Freien stehen haben, schütteln Sie diese aus. Nicht nur Schlangen, auch Spinnen und Skorpione halten sich manchmal darin versteckt. Die meisten Schlangen verschwinden, wenn Sie die Schritte eines nahenden Menschen spüren, einige wie die Puffotter tun das leider nicht. Passen Sie auf, wohin Sie treten. Drehen Sie Steine oder Stämme nicht mit bloßen Händen um. Greifen Sie auch nicht einfach in Spalten und Löcher. Tragen Sie sicherheitshalber hohe und feste Schuhe. Wenn Sie ein Tier sichten, bleiben Sie ruhig stehen. Provozieren Sie die Schlange nicht und treiben Sie sie auch nicht in die Enge. Die meisten Schlangen finden Menschen noch beunruhigender und abstoßender als andersrum. Die Nachrichtenagentur IANS berichtete 2005 unter Berufung auf lokale Zeitungen, dass eine Schlange ihren Biss bitter büßte. Sie starb angeblich nach einem Angriff auf einen indischen Geistlichen.

**Krokodile:** Einem Krokodil aus dem Weg zu gehen, ist eigentlich sehr einfach. Meiden Sie Gewässer, in denen Krokodile vorkommen, und seien Sie vorsichtig beim Durchqueren von Flüssen, beim Baden oder in Ufernähe. Auf kurze Distanz reagiert das Krokodil schneller mit den Kiefern, als es in seiner Mittagsmüdigkeit wirkt. Wenn es Sie geschnappt hat und ins Wasser zieht, versuchen Sie, dem Krokodil die Augen auszustechen, die Kehle durchzuschneiden oder auf die Nasenlöcher zu schlagen. Falls Sie gerade kein Messer zur Hand haben: viel Glück.

**Haie:** Mit Haien haben Sie nur an sehr wenigen Stränden ein Problem und auch dort vor allem als Surfer (dann gleichen Sie von unten einem Beutetier) oder wenn Sie blutend ins Wasser steigen. Einige Ratgeber weisen darauf hin, dass auch Urin, Kot und Erbrochenes die Haie anlocken könnte. Pro Jahr finden laut der International Shark Attack File, einer Datenbank für Haiangriffe, weltweit jedoch nur etwa 50 bis 80 Haiangriffe statt, von denen nur etwa acht Prozent tödlich enden. Allein in Deutschland sterben jährlich etwa genauso viele Menschen durch

Blitze. Piloten, die an der südafrikanischen Küste Walbeobachtungsflüge anbieten, sehen häufig die Umrisse von Weißen Haien und wenige Meter davon entfernt badende Kinder. Die steigen wenig später stets unversehrt und unbedarft aus dem Wasser. Wenn Sie vor einem Hai davon schwimmen, so tun Sie das langsam und mit gleichmäßigen Bewegungen und zwar in seitlicher Richtung. Wenn er Sie erwischen möchte, tut er das sowieso. Falls er Sie gepackt hat, schlagen und treten Sie ihm im Notfall auf Augen und die Kiemen. Er lässt in den meisten Fällen sofort los, weil selbst der dickste Menschenkörper für seinen Geschmack einen zu geringen Fettanteil besitzt. Wenn ein Fünf-Meter-Hai allerdings einmal zugebissen hat, tut das dennoch weh.

**Großkatzen:** So gewaltig Großkatzen, ob Löwe, Leopard oder Tiger, auch wirken mögen, haben sie einen Heidenrespekt vor Menschen und gar keine Lust auf eine Begegnung. Außerdem passen Sie als geschmacksneutraler Zweibeiner ungefähr so gut in ihr Beuteschema wie ein Motorrad. Große Raubtiere greifen trotz ihrer körperlichen Überlegenheit bis auf ganz wenige Ausnahmen nur dann an, wenn sie sich oder ihren Nachwuchs bedroht fühlen. Lassen Sie die Tiere deshalb einfach in Ruhe.

**Bären:** Für Bären gilt das Gleiche wie für Großkatzen. Sie wollen gar nichts mit Ihnen zu tun haben. Feiglinge sind die Tiere jedoch nicht. Bleiben Sie deshalb wachsam, achten Sie auf die Spuren, meiden Sie das Dickicht und machen Sie Lärm, damit das Raubtier gleich merkt, dass es sich trollen soll. Weil die Tiere außerdem einen Bärenhunger haben, bewahren Sie Nahrungsmittel und Müll niemals zu nahe an Ihrem Campingplatz auf. Wenn Sie dennoch plötzlich vor einem Bären stehen, ist das für alle Beteiligten unangenehm. Machen Sie sich so groß wie möglich. Meistens ist es gut zu zeigen, wer der Chef im Revier ist, ohne das Gegenüber unnötig zu reizen. Rennen Sie nicht weg, sondern ziehen Sie sich langsam und möglichst unbemerkt zurück. Sie haben wie bei Großkatzen nicht den Hauch einer Chance, ein Laufduell zu gewinnen. Greift das Tier an, so können Sie sich mit einem capsaicinhaltigen (siehe Kapitel 129, Scharf essen) Bärenspray wehren. Dafür muss sich der Bär allerdings schon bis auf wenige Meter genähert haben. Wenn es tatsächlich zum Ringkampf kommt, sollten Sie wissen, um welche Art es sich genau handelt. Bei Braunbären und Grizzlys stellen Sie sich am besten tot. Das ist gar nicht so einfach, wenn Sie von einem 300 Kilogramm schweren Fellknäuel mit sieben Zentimeter langen Krallen betatscht werden. Bei einem Schwarzbär dagegen sollten Sie mit all Ihrer Kraft um Ihr Leben kämpfen. Kein Schwarzbär verliert gerne, sondern rennt zuvor weg. Kleiner Trost: Er ist gar nicht so draufgängerisch, wie er sich benimmt, und mit einer Körperlänge von 1,40 bis 1,80 Metern etwas kleiner als sein brauner Verwandter.

**Das Flusspferd:** Die so freundlich dreinguckenden Tiere sind die wahren Killer unter den Großsäugern. Flusspferde bringen sich bei Revierkämpfen mit ihren riesigen Hauern manchmal sogar gegenseitig um. Mütter wiederum sorgen sehr fürsorglich für ihre Flusspferdkinder. Bei einem Flusspferd-Angriff haben Sie ein echtes, bis zu zweieinhalb Tonnen schweres Problem. Geraten Sie nie zwischen ein Flusspferd und das Wasser oder zwischen ein Flusspferd und sein Junges. Überlassen Sie dem Flusspferd sein Territorium.

## 125 DEN REISEBEGLEITER HEILEN

Besonders auf Reisen passieren die seltsamsten Verletzungen. Wichtig ist, dass Sie vor allem auch dann richtig reagieren, wenn gar nicht Sie selbst, sondern ein Reisebegleiter betroffen ist. Dann sind Sie und Ihr Feingefühl gefragt, denn oft ist bei einer Ersten Hilfe weniger die medizinische Verpflegung als die psychologische Betreuung entscheidend.

**Mückenstiche** **Folgen:** Der Mückenstich löst eine lokal begrenzte allergische Reaktion aus. Sofern man sich nicht in Malariaregionen befindet, sind Mückenstiche daher unproblematisch. Mehr als ein kühlendes Gel oder einen kalten Umschlag braucht es nicht. **Schmerzfaktor:** ein Witz. **Was Sie nicht tun sollten:** sich ständig beim Gestochenen erkundigen, ob er schon Fieber verspüre. **Was Sie tun können:** den Reisebegleiter am Kratzen hindern, das Moskitonetz aufbauen und Gin Tonic zubereiten. Tonic Water (nicht der Gin) enthält das alte Malaria-Hausmittel und Alkaloid Chinin. Wenn auch nur in sehr geringen Mengen. Der Gin hebt die Stimmung. **Sonstige Insektenstiche** **Folgen:** selten lebensbedrohlich, sofern keine schwere allergische Reaktion folgt. Skorpionstiche sind hier eine Ausnahme. **Der Schmerz:** hoch bis enorm. **Was Sie nicht tun sollten:** den im Fleisch sitzenden Stachel drücken und weiteres Gift freisetzen > das Lied der Biene Maja summen. **Was Sie tun können:** den Stachel vorsichtig mit einem Messer oder dem Fingernagel entfernen > kalte Kompressen mit Löwenzahnsaft oder Kokosnussfleisch auf den Stich pressen > auf allergische Reaktion wie beispielsweise Atemnot achten. **Angesaugte Blutegel** **Folgen:** im Normalfall keine. Blutegel sind ungefährlich, wenn auch eklig. **Schmerzfaktor:** niedrig. **Was Sie nicht tun sollten:** einen festgesaugten Blutegel einfach abziehen, das erhöht die Infektionsgefahr > die Blutegel-Szene aus dem Film „Stand by me" zum Besten geben. **Was Sie tun können:** darüber referieren, dass Blutegel für medizinische Zwecke gegen Arthrose, Venenleiden und allerlei anderen Krankheiten eingesetzt werden > Salz oder Zitronensaft auf den Egel streuen, damit er die Lust am Blutsaugen verliert. **Quallenkontakt** **Folgen:** reichen von Rötungen, kleineren Blasen über Übelkeit und Krämpfen bis in sehr wenigen Fällen zum plötzlichen Herztod. **Schmerzfaktor:** hoch bis sehr hoch. **Was Sie nicht tun sollten:** an der Wunde reiben oder Druck darauf ausüben, weil sie sonst weitere Nesselkapseln zerstören und dadurch Gift freisetzen > die Wunde aussaugen > die Wunde mit Süßwasser oder Alkohol abwaschen. **Was Sie tun können:** Tentakel von der Haut entfernen, allerdings nicht mit der bloßen Hand > einen Arzt alarmieren > Wunde mit Meerwasser abwaschen > den Geschädigten nicht alleine lassen. **Schlangenbisse** **Folgen:** hängen von der Schlangenart ab. Auch bei giftigen Schlangen handelt es sich jedoch häufig um einen

Trockenbiss, gewissermaßen ein Verteidigungsschlag ohne Giftinjektion. **Schmerzfaktor:** hoch. **Was Sie nicht tun sollten:** die Wunde aufschneiden, abbinden oder aussagen. Diese Methoden von gestern verschlimmern die Situation bei den meisten Bissen eher. Im Falle einer Wunde in der Mundhöhle vergiften Sie sich sogar selbst > dem Gebissenen Alkohol oder Schmerzmittel geben > in Panik geraten. **Was Sie tun können:** den Körper des Gebissenen ruhig lagern, mit dem betroffenen Glied unterhalb des Herzens, damit sich das Gift möglichst langsam im Körper verbreitet > die Schlange für eine spätere Diagnose und Behandlung mit Gegengift identifizieren, fangen oder töten > feste Gegenstände wie Armreifen, Schuhe oder Uhren in der Nähe der Bissstelle entfernen > die Wunde säubern > sofort einen Arzt oder Hilfe rufen > die Ruhe behalten. **Flohbefall** **Folgen:** kleine rote, harte Stiche, zum Teil in Reihen. **Schmerzfaktor:** gering. **Was Sie nicht tun sollten:** dem Gebissenen den Floh ins Ohr setzen, dass Flöhe Bandwürmer, den Pesterreger Yersinia pestis und andere Krankheiten übertragen können. **Was Sie tun können:** den Gebissenen am Kratzen hindern > Wasser und ein paar Tropfen Spülmittel in einen tiefen Teller füllen und in dessen Mitte ein Teelicht aufstellen. Die zum Licht hüpfenden Flöhe ertrinken als Nichtschwimmer in Wasser ohne Oberflächenspannung > die Wäsche eine Viertelstunde mit 60 Grad Celsius warmem Wasser reinigen > die Wäsche bei minus 18 Grad sechs Stunden tiefkühlen > ein Flohpulver kaufen. **Sonnenbrand** **Folgen:** Sonnenbrände sind tückisch, da sie kurzfristige (roter Kopf), mittelfristige (Blasen) und langfristige Folgen (Hautkrebs) haben. **Schmerzfaktor:** von niedrig bis brutal hoch. **Was Sie nicht tun sollten:** dem Geschädigten kumpelhaft auf den Rücken schlagen > ihm eine wohlgemeinte Massage verpassen > ständig vorschwärmen, was für ein sonniger Tag das doch war > über die jüngste Hautkrebsstatistik referieren. **Was Sie tun können:** ihn kalt mit schwachem Strahl duschen > frische Tomaten-, Gurken-, Zwiebel- oder Kartoffelscheiben oder Salatblätter auflegen > mit dem gelartigen Saft eines frisch aufgeschnittenen Aloe-Vera-Blatts einreiben > Brei aus Eiweiß und Zucker oder aus Stärkemehl und Wasser auftragen und einwirken lassen > steif geschlagenes Eiweiß auftragen > in Kefir, Honig und Haferflocken baden > Eichenrinde oder Salatblätter abkochen, den Sud abkühlen lassen und auftragen > aufgekochten und abgekühlten Beutel Schwarztee auflegen, sehr gut etwa auf der Nase > gewaschene und zerschnittene Petersilie auflegen > bei schweren Verbrennungen, Blasenbildung, Kopfschmerzen oder Übelkeit zum Arzt gehen.

## 126 EINE KARTE INTERPRETIEREN

Sie sollten es als Selbstverständlichkeit betrachten, eine topographische Karte richtig zu lesen – auch und erst recht in Zeiten von GPS und Navigationsgerät. Karten bieten einen größeren Überblick, sie brauchen keinen Akku und funktionieren bei jedem Wetter. Während so genannte thematische Karten eher zum Verständnis eines Sachverhalts wie der Einkommensverteilung in Europa dienen, helfen topographische Karten bei der Orientierung. Sie geben die Oberflächenform und Objekte eines Gebiets wieder und sind die Grundlage für ein Verständnis der geographischen Größe Raum. Sie helfen fast überall, um wieder nach Hause zu finden, ob im Großstadtdschungel, beim Autofahren oder Wandern. Und sie fördern die Phantasie. Sie haben es selbst in der Hand, was Sie auf Karten erkennen.

**Das Problem:** Sowohl bei analogen als auch digitalen Karten gilt: Es ist nur noch wenig so wie in Wirklichkeit. Alles wurde von den Kartenmachern ins Taschenformat übersetzt. Berge werden zu linierten, grauen Flächen, die Kirche schaut aus wie ein umgedrehtes Symbol einer Frauentoilette und die mittelalterliche Stadt gleicht einem Haufen aus Linien und roten Quadraten.

**Das Ziel:** In dem Film „Matrix“ gibt es eine Szene, in der ein böser Bube am Bildschirm auf eine völlig wirre Abfolge an Symbolen, die codierte Matrix, blickt, und sagt: „Ich seh' den Code gar nicht mehr, ich seh' nur noch Blonde, Brünette, Rothaarige.“ So ähnlich muss es beim Betrachten einer Karte auch funktionieren. All die guten Anleitungen zum Kartenlesen bringen wenig, wenn Sie sich dem Grundprinzip einer Karte verweigern: Sie ist der Code zu etwas viel Besserem. Zugegeben, Sie werden weder blonde, muskulöse Skandinavier noch brünette, zierliche Spanierinnen entdecken. Aber in der Phantasie sollten sich aus grauen Flächen mit Linien steile Berge mit Felsen auftürmen, aus unscheinbaren Symbolen Schlösser und Kathedralen entstehen und aus dünnen Strichen lange Straßen werden. Sie können schon aus einer Karte ersehen, wie attraktiv eine Region ist. Wie bei dem Kerl in der Matrix braucht es dazu allerdings Übung. Nehmen Sie sich eine Stadtkarte (zum Beispiel London oder Paris), die Karte einer Küstenregion (zum Beispiel Korsika oder Kroatien) und eine Wanderkarte (zum Beispiel Harz oder Wetterstein). Mit jeder der folgenden Lektionen lernen Sie schrittweise, die drei Grundprinzipien der Karte besser zu verstehen.

**Lektion 1 / Maßstab umrechnen:** Die Karte ist ein verkleinertes Abbild der Realität. Rechnen Sie es also in die richtige Größe um. Dafür gibt es den Maßstab und / oder die Maßstabsleiste. Beides ist meist irgendwo am Kartenrand angebracht. Stadtkarten haben einen relativ großen Maßstab von 1:20.000 oder sogar 1:10.000, gute Wanderkarten einen Maßstab von 1:25.000. Ein kleiner Maßstab wäre beispielsweise 1:10.000.000, wie er bei großen Weltkarten verwendet wird. Die tatsächliche Distanz lässt sich einfach errechnen. Bei einem Maßstab von 1:25.000 entsprechen einem Zentimeter in der Karte 250 Meter in der Wirklichkeit, womit vier Zentimeter ein Kilometer wären. Die Übung: Schlendern Sie imaginär durch die Straßen von Paris oder durch London und berechnen Sie die Zeit, die Sie dafür brauchen könnten. Suchen Sie zugleich nach dem Rathaus und gehen sie dadurch über zu:

**Lektion 2 / Legende übersetzen:** Die Karte ist ein vereinfachtes Abbild der Wirklichkeit. Am Kartenrand findet sich neben dem Maßstab die Legende. Die Symbole sind der Schlüssel für den Code, und es lohnt sich, diesen zu lernen, da er auf vielen Karten anwendbar ist. Denken Sie aber daran, dass auf einer Karte aus Platzgründen nicht jedes Details berücksichtig ist. Städte sind möglicherweise nur noch rote Kugeln, wunderbare Seen und Flüsse blaue Tupfen und Linien. Die Übung: Fahren Sie an der Küste Korsikas oder Kroatiens entlang, biegen Sie ab in die kleinen Seitenstraßen, genießen Sie den Ausblick sowie die kleinen Dörfer und Kapellen am Rande und marschieren Sie direkt weiter zum härtesten Teil der Übung.

**Lektion 3 / Dreidimensionalität erfahren:** Die Karte ist zweidimensional, die Erde bekanntermaßen nicht. Da ist zum einen die Erdkrümmung. Sie kann nur mit einigen Tricks – Kartographen sprechen von

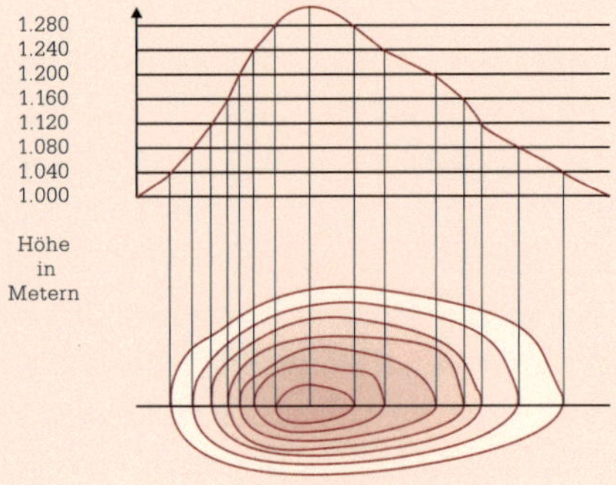


**Enge Höhenlinien = steiler Anstieg = hämmernde Herzen**

Projektionen – in der Ebene dargestellt werden, was zu Verzerrungen führt. Je nach Art der Projektion finden Sie deshalb auf guten topographischen Karten am Kartenrahmen die Zahlen eines Koordinatensystems, die den Platz des Kartenausschnitts auf der Erde wiedergeben. Dies ist vor allem für Seefahrer wichtig. Das zweite und zumeist für Wanderer größere Problem ist das Relief. Es wird auf touristischen

Karten häufig mit Schraffuren und Schattierungen dargestellt, doch die einzig verlässliche Variante sind Höhenlinien. Machen Sie sich bei einer Karte anhand der Legende damit vertraut, wie groß der Höhenunterschied zwischen zwei Höhenlinien ist. Anschließend studieren Sie die Abstände der Höhenlinien. Je näher diese auf einer Karte zusammenliegen, desto steiler ist es. Die Übung: Nehmen Sie eine Wanderkarte eines Gebirges Ihrer Wahl, suchen Sie sich eine Hütte und steigen Sie von dieser auf den nächsten Berg. Spüren Sie das Ziehen der Beine, das Zucken der Waden, das Hämmern des Herzens, wenn die Höhenlinien enger zusammenrücken? Perfekt.

**Lektion 4 / ins Gelände:** Gehen Sie jetzt von den Trockenübungen zur Praxis über. Kaufen Sie sich eine Karte von dem Gebiet, in dem Sie sich gerade befinden oder in das Sie reisen wollen. Gehen Sie es in Ihrer Phantasie anhand der Karte durch, schüren Sie damit gleichzeitig die Vorfreude. Dann laufen Sie das Übungsareal in der Realität ab und lassen sich überraschen.

## 127 GELD VERSTECKEN

Einem nackten Mann kann man nicht in die Tasche greifen, dachte sich ein deutscher Unternehmensberater, der seit Monaten in Rio de Janeiro arbeitete. Er machte es wie die Einheimischen und ging, um nicht beklaut zu werden, nur in Badehose und Flip-Flops an die Copacabana. Er wurde trotzdem überfallen. Ein Räuber zwang ihn mit vorgehaltenem Messer, seine Badehose gegen die eigene zu tauschen. In so einem Fall kann man wohl wirklich nichts mehr machen. Für harmlosere Situationen gibt es ein paar gute Verstecke für Ihr Geld.

**Im Geldautomat:** Nehmen Sie nur so viel Bares mit, wie Sie in den ersten Stunden am Zielort fürs Taxi, die erste Nacht im Hotel und etwas zu essen brauchen. Sie machen Verluste, wenn Sie Ihr Geld bereits zu Hause wechseln. Im Ausland bekommen Sie meistens einen besseren Kurs. Am günstigsten ziehen Sie Ihr Geld in der Regel mit Ihrer Bankkundenkarte aus dem Automaten.

**Beim Reisepartner:** Sie sollten über mindestens zwei verschiedene Geldquellen verfügen – zum Beispiel etwas Bargeld und Ihre Bankkundenkarte. Dieses Plastikgeld funktioniert fast überall auf der Welt, zumindest in den großen Städten. Wenn Sie in einer Gruppe unterwegs sind, stellen Sie sicher, dass jeder Teilnehmer andere Karten mit sich führt. Auf Fernreisen stecken Sie auch eine Kreditkarte ein. In sehr abgelegenen Gegenden können Reiseschecks – ausgestellt in Landeswährung – weiterhelfen. Verteilen Sie auch Ihre Wertsachen auf mehrere Personen.

**Am Körper:** Falls Sie überfallen werden, kann es hilfreich sein, wenn Sie ein paar kleine Scheine in der Tasche haben, die Sie schnell herausgeben können. Vielleicht zieht der Räuber dann gleich wieder ab. Den Rest Ihres Geldes haben Sie anderswo am Körper. Das beste Versteck ist eine Geldkatze aus hautfreundlichem Stoff. Diese schnallen Sie wie einen Gürtel um die Hüfte, allerdings unter der Kleidung. Geldkatzen gibt es auch mit integriertem, wasserdichten Plastikbeutel, damit Scheine und Dokumente nicht vom Schweiß durchweichen. Ähnlich funktionieren Taschen fürs Bein oder fürs Handgelenk. Diese sind aber entweder zu auffällig oder unpraktisch, wenn Sie in aller Öffentlichkeit an Ihre Reisekasse müssen. Diskreter sind Tresorgürtel. Sie sehen aus wie normale Gürtel, lassen sich mit Geldscheinen füllen, sind aber zu schmal für Reisepass und Tickets.

**Am Strand:** Graben Sie Ihre Reisekasse, in eine Plastiktüte verpackt, ein, merken Sie sich die Stelle gut oder zeichnen Sie eine Schatz-

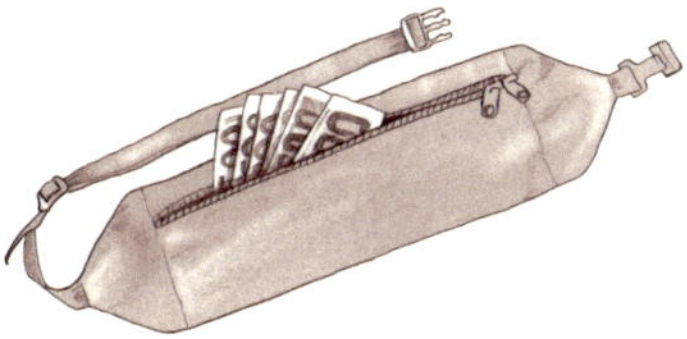

Geldkatze

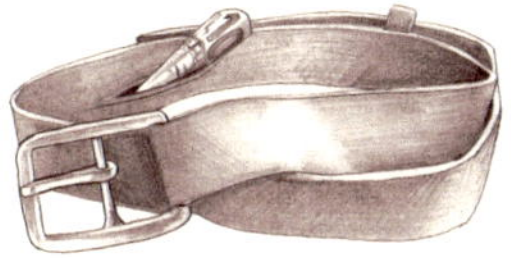

Geldgürtel

karte. Ein wenig Bargeld kriegen Sie auch in Badelatschen mit Geheimfach in der Sohle unter. Manche Frauen schwören auf Push-Up-BHs oder -Bikinis. Sie nehmen die Polster heraus und füllen sie mit Geldscheinen. Kreditkarten sind wasserdicht und schwimmen einfach in einer verschließbaren Tasche in der Badehose mit.

**Im Hotelzimmer:** Wenn Sie dem Hüter des Hotelsafes an der Rezeption, ihrem Zimmersafe oder dem Zimmermädchen misstrauen, verpacken Sie Geldscheinröllchen in Folie und versenken Sie sie in der Shampooflasche im Bad, stecken Sie Ihr Geld in Lebensmittel im Kühlschrank oder machen Sie es mit Klebeband an den Ventilatorblättern fest. Oder kaufen Sie die Produkte von Spezialläden, die irgendwo zwischen James Bond und Scherzartikeln angesiedelt sind: ausgehöhlte Bücher, Kerzen und Schrauben, Wecker-Attrappen, leere Feuerzeuge, Softdrink- und Sprühdosen mit doppeltem Boden, Akkus zum Aufklappen, Brötchen aus Plastik. Alles nach dem Prinzip: Je billiger der Gegenstand aussieht, desto weniger reizt er zum Klauen. Deshalb ergibt es keinen Sinn, Geheimfächer zu kaufen, die in leere Kartensteckplätze Ihres Laptops passen. Besser eignet sich eine Unterhose, die mit eingenähter Geldtasche und braunen Gebrauchsspuren geliefert wird – der Hersteller verspricht, dass kein Dieb dieses Ding je anfasst. Jedenfalls gilt für alle diese Verstecke: viel Glück!

Falls Sie mitten in der Wüste feststecken oder ein Gebirge überqueren müssen, brauchen Sie Ausdauer. Wenn Sie richtig viel Ausdauer haben, können Sie sogar einen Ultralauf schaffen. Das ist jeder Lauf, der länger ist als die olympische Marathondistanz von 42,195 Kilometern. Hubert Beck, Lauftrainer und Buchautor, läuft seit Jahren Ultras in aller Welt. Von ihm stammen folgende Ratschläge und die Auswahl der schönsten, längsten Langstrecken.

**Voraussetzungen:** Gesundheit, Belastbarkeit, mehrjährige Marathonerfahrung, Marathonzeit von unter vier Stunden. Sehnen und Muskeln müssen lange Ausdauerläufe gewöhnt sein. Ganz wichtig: Erfahrung und Willenskraft. Von 100 Kilometern werden 50 mit den Beinen gelaufen, der Rest mit dem Geist. Ultralaufen ist eine spirituelle Erfahrung.

**Ausrüstung:** robuste Laufschuhe – zwei Nummern größer als Ihre Straßenschuhe, da die Füße beim Ultra stark anschwellen. Ein leichter Rucksack, in den mindestens 1,5 Liter Wasser in einer Trinkblase oder zwei 0,75-Milliliter-Flaschen passen. Eine GPS-Pulsuhr zum Ablesen der zurückgelegten Distanz – motiviert und orientiert. In den Rucksack muss außerdem Wechselkleidung für alle denkbaren Wetterumschwünge sowie bei manchen Ultraläufen die komplette Verpflegung für die kommenden Tage als Trockennahrung. Das Gesamtgewicht des Laufrucksacks sollte so leicht wie möglich sein und acht Kilogramm bei Mehretappen-Ultras mit Selbstversorgung nicht überschreiten.

**Speicher auffüllen:** Hauptprobleme des Ultras sind Dehydration und Energieunterversorgung. Trinken Sie alle zehn Minuten einen Becher Wasser, nehmen Sie alle 30 Minuten einen Energie-Riegel oder ein Kohlenhydratgel zu sich.

**Training:** Basis der Ultra-Vorbereitung sind lange Läufe über 30 bis 50 Kilometer. Auf dem Höhepunkt des Trainings laufen Sie eine Woche lang täglich zwei bis drei Stunden lang – meist abends zwischen 18 und 23 Uhr, so kriegen Sie die Läufe in Ihrem Arbeitsalltag unter. Im Schnitt kommen Sie auf mindestens 100 Trainingskilometer pro Woche. Zusätzlich bereiten Sie sich auf die besonderen Bedingungen Ihres Ultras vor. Je nachdem, wo sie starten wollen, heißt das: Training auf Wanderpfaden, in den Bergen, bei Hitze, auf Sand, in der Nacht oder mit Hindernissen.

Zum Beispiel Wüstentraining: In der Sahara hat es tagsüber Temperaturen von bis zu 50 Grad bei einer sehr trockenen Luftfeuchtigkeit von zehn Prozent. Nachts kühlt es auf drei bis fünf Grad ab. Sie laufen mit einem circa acht Kilo schweren Rucksack teilweise durch Sand, in den Sie manchmal bis zu den Knien einsinken. Die Belastung ist doppelt so hoch wie auf der Straße, zehn Kilometer Wüste entsprechen 20 Kilometern auf Asphalt. Darauf können Sie sich in Deutschland kaum richtig vorbereiten: Sie stellen ein Ergometer in Ihre Heimsauna und radeln darauf oder Sie laufen im Schnee oder auf weichem Waldboden. Besser ist: Sie fliegen fünf Wochen vor dem Ultra zum Beispiel in die Dominikanische Republik. Dort laufen Sie am Strand bei 30 Grad mit Rucksack. Das stärkt Kreislauf, Muskeln, Sehnen, Bänder. Das Fußgewölbe passt sich dem Untergrund an. Die Blasen, die Sie sich dabei holen, bilden eine schützende Hornhaut für den längsten Lauf Ihres Lebens. So sieht Ihr Programm aus, das Sie idealerweise fünf Wochen vor dem Wettkampf starten, bevor Sie dann wieder Ihr Pensum zurückfahren:

**Woche 1 Tag 1:** vormittags eine Stunde langsamer Dauerlauf ohne Rucksack **Tag 2:** vormittags eine Stunde langsamer Dauerlauf, abends eine Stunde lockerer Dauerlauf, jeweils ohne Rucksack **Tag 3:** Ruhetag **Tag 4:** vormittags 1,5 Stunden langsamer Dauerlauf, abends eine Stunde lockerer Dauerlauf, ohne Rucksack **Tag 5:** mittags zwei Stunden langsamer Dauerlauf ohne Rucksack **Tag 6:** Ruhetag **Tag 7:**

vormittags 1,5 Stunden langsamer Dauerlauf mit Rucksack, abends eine Stunde langsamer Dauerlauf mit Rucksack, sechs Kilogramm Gewicht **Woche 2** **Tag 8:** vormittags 1,5 Stunden langsamer Dauerlauf mit Rucksack, abends 1,5 Stunden lockerer Dauerlauf mit Rucksack, acht Kilogramm Gewicht **Tag 9:** mittags zwei Stunden langsamer Dauerlauf mit Rucksack, acht Kilogramm Gewicht **Tag 10:** Ruhetag **Tag 11:** mittags drei Stunden langsamer Dauerlauf mit Rucksack, acht Kilogramm Gewicht **Tag 12:** mittags zwei Stunden langsamer Dauerlauf mit Rucksack, acht Kilogramm Gewicht **Tag 13:** mittags drei Stunden langsamer Dauerlauf mit Rucksack, acht Kilogramm Gewicht **Tag 14:** Ruhetag

Zum Beispiel Training für einen 100-km-Lauf: Ein Marathontrainingsplan auf persönlicher Marathonzeit bildet die Grundlage. Pro Woche einen langen Lauf mit 40 bis 50 Kilometern einlegen. Vier Wochen vor dem Start des Wettkampfes laufen Sie eine Woche lang an einem Tag zwei Stunden, am nächsten Tag drei Stunden, dann wieder zwei – und so weiter im täglichen Wechsel.

**Die schönsten Ultraläufe:** Yukon Arctic Ultra: bis zu 700 Kilometer, Mehretappen-Ultra durch Kanada im Winter bei Temperaturen von bis zu minus 40 Grad Marathon des Sables: bis zu 250 Kilometer, Mehretappen-Ultra mit Selbstversorgung durch die marokkanische Sahara, Temperaturen bis zu 50 Grad Jungle Marathon: bis zu 220 Kilometer, Mehretappen-Ultra mit Selbstversorgung durch den Dschungel im Amazonas-Nationalpark in Brasilien bei einer Luftfeuchtigkeit von mehr als 95 Prozent und Temperaturen bis 45 Grad Transalpine Run: bis zu 300 Kilometer und 15.000 Höhenmeter, Mehretappen-Ultra über die Alpen von Deutschland nach Südtirol Ultra Trail Mont Blanc: bis zu 166 km mit 9.000 Höhen- und Tiefenmetern in einer Etappe am Stück durch Frankreich, Italien und die Schweiz Spartathlon: bis zu 240 Kilometer, Ein-Etappen-Ultra in Griechenland bei Temperaturen bis zu 40 Grad K 78: 78 Kilometer und 2.300 Höhenmeter, Ein-Etappen-Ultra in Davos 100 km: Klassiker unter den Ein-Etappen-Ultras in Biel.

In vielen Ländern wie Indien, Mexiko oder Thailand werden Sie um scharfes Essen nicht herumkommen. Dabei trifft der englische Ausdruck „hot“ eher zu, denn Schärfe ist keineswegs ein Geschmack, sondern ein Schmerzempfinden. Es wird durch eine Reizung der Wärmerezeptoren ausgelöst und gleicht physiologisch eher einer Verbrennung, hervorgerufen durch das Alkaloid Capsaicin. Sie können die Schärfe von Chilis deshalb nicht nur auf der Zunge spüren, sondern beispielsweise auch an den Augen oder den Genitalien. Weil Capsaicin schwer verdaulich ist, spüren Sie es möglicherweise auch beim Stuhlgang. Scharfes Essen hat aber auch gute Seiten. Durch die bessere Durchblutung steigt das Geschmacksempfinden, das Schwitzen bei scharfem Essen senkt die Körpertemperatur und dem Schmerz folgt die Ausschüttung von Endorphinen – Glückshormonen. Es gibt Studien, wonach Capsaicin nicht nur den Stoffwechsel erhöht, sondern in Fettzellen zudem ein Selbstmordprogramm abruft. Einfach gesagt: Es macht schlank. Der Mann, der Schärfe (oder Hitze) messbar machte, heißt Wilbur Scoville. Nach ihm ist die Scoville-Einheit benannt. Sie gibt die Menge an Flüssigkeit zur Verschleierung der Schärfe an. Werden also 10.000 Tropfen Wasser benötigt, um einen Tropfen Sauce so zu verdünnen, dass keine Schärfe mehr wahrzunehmen ist, entspricht das 10.000 Scoville-Einheiten. Das heißt jedoch nicht, dass diese Menge Flüssigkeit nach dem Genuss zur Schmerzlinderung reicht. Wie viel Capsaicin eine Chili wirklich enthält, hängt neben der Sorte von verschiedenen Faktoren wie Bodenbeschaffenheit und Klima ab. Daher sind exakte Angaben nur schwer möglich.

Man kann sich an die Schärfe allerdings gewöhnen. Sich in gewissen Ländern auf ein Chili-Wettessen einzulassen, ist daher ziemlich vermessen. Falls Sie es doch tun: Capsaicin ist nicht wasserlöslich. Daher hilft als Gegenmaßnahme nicht Wasser, sondern Fett. Verwenden

**Scoville-Einheiten**

**0** = Gemüsepaprika

**100 bis 500** = Peperoncini

**500 – 2.500** = Anaheim-Chili

**1.000 – 5.000** = Kirschpaprika

**1.000 – 10.000** = Sambal

**2.500 – 5.000** = klassische Tabasco Pepper Sauce

**2.500 – 8.000** = Jalapeños (Mexiko)

**8.000 – 23.000** = Serrano-Pfeffer

**30.000 – 50.000** = Cayenne-Chili, reiner Cayenne-Pfeffer (Mittelamerika)

**40.000 – 50.000** = Tabasco-Chili

**50.000 – 100.000** = Piri-Piri, Thai-Chili, Rocoto, der Gringokiller (Südamerika)

**100.000 – 350.000** = Habanero-Chili (Mittelamerika)

**575.000** = Red Savina Habanero

**855.000 - 1.075.000** = Bhut Jolokia, Naga-Jolokia-Chili (Nordindien)

**2.000.000** = handelsübliches Pefferspray

**5.000.000 bis 5.300.000** = Polizeipfefferspray

**7.100.000** = The Source, schärfste handelsübliche Sauce

**15.000.000 bis 16.000.000** = reines Capsaicin

Sie zur Schmerzlinderung Milchprodukte oder in Öl getunktes Weißbrot. Capsaicin löst sich zwar auch in Alkohol, aber dann würden Sie den Teufel mit dem Beelzebub austreiben.

## 130 ANSTÄNDIG BLEIBEN

Es braucht nicht viel, und sie übernachten in einem Zimmer ohne Aussicht, dafür mit Gitterstäben an den Fenstern. Das heißt nicht, dass Sie Geld sparen. Wenn Sie zum Beispiel betrunken in Zürich aufgegriffen werden – nicht nur als Autofahrer, als Fußgänger reicht schon –, landen Sie in der Zentralen Ausnüchterungsstelle ZAS. Hier kostet die Nacht umgerechnet 700 Euro – so viel wie eine Superior Junior Suite im Zürcher Fünf-Sterne-Hotel Dolder Grand. Die deutschen Botschaften und Konsulate betreuen zwischen 2.500 und 3.500 Deutsche, die im Ausland inhaftiert sind – meist wegen Drogen- und Gewaltdelikten. Auch weniger heftige Strafen können unangenehm werden.

**Küssen:** In Dubai wurde ein britisches Paar zu einem Monat Gefängnis verurteilt. Das Vergehen: ein Kuss in der Öffentlichkeit im Luxus-Viertel Jumeirah Beach Residence. Zusätzlich wurden 300 Dollar für unerlaubten Alkoholkonsum fällig. Die beiden beteuerten, sie hätten sich nur auf die Wange geküsst. Im Vergleich zu anderen Golfstaaten gilt Dubai als relativ liberal.

**Sterben:** Finales Abdanken ist im Westminster-Palast in London, dem Sitz des Parlaments, verboten – weil dem Verblichenen sonst ein Staatsbegräbnis zustünde. Auch in Longyearbyen auf der norwegischen Inselgruppe Spitzbergen darf man nicht sterben. Wer dort nicht mehr für sich selbst sorgen kann, muss aufs Festland übersiedeln.

**Majestäten beleidigen:** Thailand gilt als Land des Lächelns. Das vergeht den Einheimischen aber ganz schnell, wenn jemand ihren König Bhumibol schmäht. Es genügt schon, wenn Sie auf einem Geldschein und damit auf dem Antlitz des Monarchen herumtrampeln oder Ihr Bierglas darauf abstellen. Ein Schweizer wurde zu zehn Jahren Haft verurteilt, weil er Porträts des Königs mit Farbe beschmiert hatte. Der Herrscher begnadigte den Übeltäter und verwies ihn des Landes. Ungeklärt ist die Frage, was passiert, wenn man öffentlich Briefmarken ableckt, auf denen ebenfalls Bhumibol prangt. In Großbritannien kann es nach dem immer noch gültigen Treason Felony Act aus dem

Jahr 1848 als Hochverrat angesehen werden, wenn Sie eine Briefmarke mit dem Porträt der Queen auf dem Kopf stehend aufkleben. Im Höchstfall droht – zumindest theoretisch – lebenslange Haft. In Frankreich ist er verboten, ein Schwein Napoleon zu nennen.

**Holzschuhe tragen:** Seit 1960 gilt auf Capri ein Gesetz, das öffentliches Radio- und Schallplattenhören sowie das Tragen von Holzschuhen, Zoccoli, verbietet. Die Inselbewohner wollen ihre Ruhe haben. Wer trotzdem mit lautem Schuhwerk durch ihre Gassen klappert, bezahlt 50 Euro Strafe.

**Nackt wandern:** im Kanton Appenzell Innerrhoden explizit verboten. Wer es trotzdem tut, zahlt 130 Euro Geldbuße wegen Erregung öffentlichen Ärgernisses. Das Kantonsparlament führte diesen weltweit einmaligen Paragraphen ein, weil immer mehr Nackte neben ihrer Seele auch anderes auf Gebirgswegen baumeln ließen.

**Angezogen sein:** Auf vielen FKK-Campingplätzen in Frankreich oder an der deutschen Ostseeküste gilt strengstes Nacktsein. Selbst Brötchen holen im Bikini ist verpönt.

**Kleider wechseln:** Zwei deutsche Touristen wurden auf dem Flughafen von Salvador da Bahia verhaftet und wegen „Praktizierung obszöner Handlungen" angezeigt. Sie hatten sich im Terminal für den Flug umgezogen, den sie wegen der polizeilichen Vernehmung dann verpassten. Die Urlauber argumentierten, am Strand wechsle doch auch jeder seine Kleider.

**Sich als Jude ausgeben:** Ein Palästinenser, der sich gegenüber einer Israelin als alleinstehender Jude ausgab und mit ihr Sex hatte, wurde von einem israelischen Gericht wegen Vergewaltigung schuldig gesprochen. Der Mann wurde zu 18 Monaten Haft, weiteren 30 Monaten auf Bewährung und zu einer Zahlung von Schmerzensgeld verurteilt. Auch in anderen Ländern, etwa den USA, kann die Angabe einer falschen Identität vor sexuellen Beziehungen als Vergewaltigung gewertet werden.

**Alkohol trinken:** in vielen islamischen Ländern wie den Vereinigten Arabischen Emiraten oder den Malediven verboten. Nur Touristen dürfen in lizensierten Resorts Bier und Hochprozentiges trinken. Mitgebrachte Flaschen werden bei der Einreise konfisziert. Wer außerhalb der Hotelanlagen trinkt, riskiert Geld- und Haftstrafen. Das gibt es sonst nur in den USA. Dort ist bereits das sichtbare Herumtragen von Alkoholika verboten.

**Fahrrad fahren:** Gemäß einer in Paragraph 50 der deutschen Straßenverkehrsordnung festgehaltenen Sonderregelung gilt Radeln auf Helgoland als Ordnungswidrigkeit. Zwischen Hummerbuden und Langer Anna ist einfach zu wenig Platz, wenn die Schnäppchendampfer Hunderte Butterfahrer auf dem kleinen Eiland absetzen. Nur Kinder dürfen ab und zu Rad fahren, damit sie es lernen.

**Mohnbrötchen essen:** Ein Schweizer wurde bei der Einreise in die Vereinigten Arabischen Emirate wegen Verdachts auf Drogenschmuggel verhaftet – er hatte Krümel von einem Mohnbrötchen an der Kleidung. Mohn wird in den Emiraten wie etwa Cannabis betrachtet und ist verboten. Selbst für geringste Mengen Drogen oder lange zurückliegenden, nachgewiesenen Konsum drohen hohe Haftstrafen. Die Organisation Fair Trial International berichtet von einem Briten auf Zwischenstopp in Dubai, der einen Zigarettenstummel an der Schuhsohle kleben hatte. Darin fanden die Behörden 0,003 Gramm Cannabis. Der Mann wurde zu vier Jahren Haft verurteilt. Mit vier Wochen Haft kam eine Britin davon, die in Dubai mit einem Medikament gegen Rückenschmerzen erwischt wurde – das darin enthaltene Codein ist ebenfalls verboten. Auch in vielen Hustensäften ist Codein enthalten.

**Badetuch ausbreiten:** Die Gemeindeverordnung von Valencia verbietet es Touristen, mit dem Sonnenschirm einen Badeplatz zu markieren. Außerdem müssen Badetücher mindestens sechs Meter von der Meeresbrandung entfernt ausgebreitet sein, damit Spaziergänger flanieren können. Körperliche Ausscheidungen am Strand und „risikoreiches Baden" werden mit Bußgeldern bis zu 3.000 Euro geahndet.

**Grenzen übertreten:** Der 52-jährige Donald Klein aus der Pfalz geriet während seines Urlaubs in den Vereinigten Arabischen Emiraten beim Hochseeangeln versehentlich in iranische Gewässer. Er wurde verhaftet und zu 18 Monaten Gefängnis verurteilt, von denen er 16 unter übelsten Bedingungen absitzen musste.

**Steine sammeln:** eine Woche Badeurlaub, vier Wochen Untersuchungshaft. So erging es dem Vater einer Familie aus Münster, dessen neunjähriger Sohn einen Stein am Strand von Antalya aufgesammelt hatte. Bei der Ausreise aus der Türkei wurde der Brocken beim Durchleuchten des Gepäcks gefunden. Dem Vater drohten wegen Verstoßes gegen das Gesetz zum Schutz von Kultur- und Naturgütern bis zu zehn Jahre Haft. Das Mitnehmen von Korallen, Scherben und bestimmten Muscheln ist so gut wie überall auf der Welt verboten.

**Schwul sein:** In Mauretanien, Nigeria, Sudan, Iran, Saudi-Arabien, im Jemen und in den Vereinigten Arabischen Emiraten steht die Todesstrafe auf Homosexualität. Lebenslänglich gibt es als Höchststrafe in Sierra Leone, Bangladesch, Myanmar, Pakistan, Singapur, Barbados und Guyana. Zehn bis 25 Jahre Haft drohen: in Gambia, Kenia, Sambia,

Sansibar, Tansania, Uganda, Afghanistan, Bahrain, Brunei, Malaysia, auf den Malediven, in Sri Lanka, auf Antigua und Barbuda, Grenada, Jamaika, St. Kitts und Nevis, St. Lucia, St. Vincent und den Grenadinen, Trinidad und Tobago, den Cookinseln, in Kiribati, Palau, Papua-Neuguinea, auf den Salomonen, in Tonga und Tuvalu.

## 131 LINKS FAHREN

**Vorsicht, Geisterfahrer!**

## 132 ÜBER DEN JORDAN GEHEN

Das Wasser ist als Gefahr nicht zu unterschätzen. Allein in Spanien ertrinken pro Jahr etwa 2.000 Menschen. Bevor Sie überhaupt ins Wasser steigen, sollten Sie sich natürlich ein schönes Gewässer aussuchen. Sie haben schließlich Urlaub. Achten Sie aber auch darauf, dass Ihre Gesundheit weder kurz- noch langfristig in Gefahr ist.

**Die Gewässerqualität einschätzen:** In einem verschmutzen Gewässer zu baden, kann zu Magen-Darm-Infektionen, Hautausschlag und in besonders schlimmen Fällen sogar zu Hirnhautentzündung führen. Allerdings müssen Sie kein Mikrobiologe sein, um verschmutzte Gewässer zu erkennen. Die Umwelterziehungsstiftung Foundation of Environmental Education weist in 41 Ländern weltweit mit einer blauen Flagge auf saubere Badestrände hin. In Europa testet beispielsweise die EU-Kommission die Badewasserqualität, in Deutschland unter anderem der ADAC. Die EU registrierte dabei, dass sich die Qualität der Badegewässer in Europa seit 1990 stark verbessert habe. Etwa 95 Prozent der Küstenbadegewässer erfüllen die EU-Mindeststandards, bei Inlandgewässern sind es immerhin noch grob 90 Prozent. In Deutschland kann sogar an annähernd allen Nord- und Ostseestränden bedenkenlos gebadet werden. In einem miserablen Zustand befinden sich allerdings die Binnengewässer Italiens, wo Sie mehr als die Hälfte aller Flüsse und Seen meiden sollten. Generell sollten Sie beachten, dass die Keimkonzentration gerade in seichtem Gewässer, wo oftmals Kinder baden, am ehesten etwas höher ist. Das Baden an Fluss- und Bachmündungen ist zu vermeiden.

**Den Sündenpfuhl meiden:** Für die Hindus gilt der Ganges als heiliger Strom. Gläubige waschen sich darin von ihren Sünden rein. Dabei ist der Fluss, man muss es so sagen, ein Drecksloch. In ihm landet alles: die Überreste eingeäscherter Leichen, die Überreste nicht eingeäscherter Leichen, das Erbrochene von Touristen. Die Umweltorganisation WWF schreibt von täglich mehr als einer Milliarde Litern vergiftetem Abwasser mit Chemikalien von Arsen bis Quecksilber, das aus Fabriken eingeleitet wird. Die Angaben, um das Wievielfache die erlaubte Belastung an Kolibakterien überschritten wird, schwanken zwischen 40 und 4.000. Zeitungen veröffentlichten bereits Schätzungen, wonach jede Minute ein Mensch wegen der im Ganges aufgenommenen Bakterien stirbt. Das Reinwaschen wird jedoch nicht nur für Hindus immer schwieriger, auch Taufen im Jordan gefährdet Ihre Gesundheit. Wer heute wie jährlich Hunderttausende Pilger an der gleichen Stelle wie einst Jesu zur Vergebung der Sünden untertauchen möchte, sollte in der dreckigen Brühe ein gewisses Gottvertrauen mitbringen. Für Bäder, auch für rituelle, ist das mit Abwässern und Chemikalien aus der Landwirtschaft verunreinigte Wasser jedenfalls kaum geeignet.

**Einer Strömung entwischen:** Besonders schwer einzuschätzen sind beim Baden am Strand die so genannten Rip-Strömungen. Sie sind für die meisten Rettungseinsätze am Meer verantwortlich, denn sie sind nicht zu sehen und können – im Wortsinne – überall auftauchen. Wenn Wasser aus Strandnähe durch von Sandbänken und Felsen verengte Stellen zurück ins Meer fließt, entsteht eine Sogwirkung, die auch gute Schwimmer mit aufs offene Meer reißt. Dagegen anzukämpfen, um sofort zurück zum Ufer zu kommen, hat wenig Sinn. Lassen Sie sich entgegen Ihrem Impuls ein Stück weit hinaustreiben. Denn etwas weiter draußen verliert die Strömung an Kraft. Schwimmen Sie dann ein Stück parallel zur Küstenlinie aus der Strömung heraus und anschließend zurück zum Strand. Da dies möglicherweise Ihre Kräfte übersteigt, ist es von Vorteil, wenn der Strand bewacht ist. Auch in Strudeln, Wasserfällen und Wasserwalzen von Flüssen müssen Schwimmer entgegen aller scheinbaren Logik agieren. Wenn Sie auftauchen, werden Sie in einer Wasserwalze immer wieder von der Rückströmung erfasst und entkräften schon sehr bald. Besser: Sie lassen sich stattdessen erst vom Wasser herabziehen, um dann am Boden oder weiter unten seitlich herauszutauchen.

**Auf hoher See:** Es kann vorkommen, dass Sie weitab vom Ufer im Wasser treiben, weil Ihr Boot gekentert ist oder Sie von Piraten ausgesetzt wurden. Letzterer Fall ist eher unwahrscheinlich, aber möglich. Leider gilt auch hier eine Regel, die sich einfacher schreiben als befolgen lässt: Bleiben Sie ruhig, denn Panik kostet Kraft. Ihr Augenmerk gilt jetzt vor allem zwei Dingen: über Wasser bleiben – eine Schwimmweste wirkt hier Wunder – und Wärme im Körper speichern. Ziehen Sie Ihre Kleidung nicht aus, da sie beide Ansinnen unterstützt. Greifen Sie nach Gegenständen, die Ihnen Auftrieb verschaffen, notfalls einem Stück Holz oder Styropor, im besten Falle einem Surfbrett, Rettungs- oder Schlauchboot. Wenn Sie im Wasser bleiben müssen, gilt es, möglichst wenig Energie zu verbrauchen. Ausbilder von militärischen Eliteeinheiten raten, sich im Wasser möglichst reglos und in Hockstellung – Knie zur Brust ziehen, Füße kreuzen und Arme verschränken – treiben zu lassen. Da Sie etwa die Hälfte Ihrer Körperwärme über den Kopf verlieren, ist es außer bei hohem Seegang ratsam, ihn über Wasser zu halten. Sofern sich andere Menschen im Wasser befinden, sollten Sie auch als Misanthrop deren Nähe suchen. Der direkte Kontakt dient nicht nur der körperlichen, sondern auch der seelischen Wärme. Beim Schwimmen benötigen Sie in Seiten- oder Rückenlage am wenigsten Kraft. Halten Sie nach einem Schiff oder Land Ausschau.

Land in Sicht: Bei niedrigem Wellengang können Sie auf dem Rücken einer Welle auf das Land zuschwimmen. Bei hohem Wellengang sollten Sie in den Wellentälern schwimmen und unter den Wellen hindurch tauchen. Meiden Sie beim Anlanden an felsigen Ufern jene Stellen, wo Wellen mit Wucht aufschlagen. Wenn das Wasser seichter wird, gehen Sie in Sitzstellung, damit Sie notfalls mit den Beinen statt mit den Armen oder dem Kopf voraus an Felsen und Riffen aufschlagen.

Kein Land in Sicht: Denken Sie weniger an die nächsten Stunden, sondern beschäftigen Sie Ihren Geist mit etwas anderem: Wärmen Sie sich mit den Gedanken an einen netten Menschen.

Sie sind auf Reisen und möchten nichts so sehr wie zurück nach Hause. Kein Problem, es zwingt Sie ja niemand mit vorgehaltener Waffe, Urlaub zu machen. Selbst wenn alles ganz schrecklich ist, wissen Sie, dass die Reise bald zu Ende geht. Somit wäre das Thema eigentlich erledigt. Wenn es nicht doch etwas komplexer wäre.

**Die Schweizer verstehen:** Heimweh ist eine Schweizer Erfindung und fast 400 Jahre alt. Es war ein Arzt aus Basel, Johannes Hofer, der im 17. Jahrhundert in seiner Dissertation darauf kam. Er erforschte, warum aus der Schweiz stammende Söldner fern ihrer Heimat so niedergeschlagen waren. Heute würde man sagen: kein Wunder. Die Bauernburschen waren in der schönen Bergwelt aufgewachsen, nun mussten sie gezwungenermaßen in fremden Flachländern kämpfen. Wie sollten sie darüber auch nicht unglücklich sein? Man nannte ihre Form von Melancholie: die Schweizer Krankheit oder Heimweh. Das Wort ging in den Volksmund ein, dann verbreitete es sich im gesamten deutschen Sprachraum. Nostalgia oder Nostalgie ist ein weiterer Ausdruck, den Johannes Hofer dafür verwendete. Das Wort setzt sich zusammen aus den griechischen Begriffen für Heimkehr, Vergangenheit und Schmerz. Hier kommt die Eigenschaft des Menschen ins Spiel, vergangene Zeiten zu verklären, weil vor allem die positiven Erinnerungen im Gedächtnis haften bleiben. So gesehen, kann man sogar Heimweh bekommen, ohne seine Heimat je verlassen zu haben. Das passiert Menschen, wenn sich die Gegend, in der sie aufgewachsen sind, bis zur Unkenntlichkeit verändert.

**Nicht mit Fernweh verwechseln:** Auch heute noch gilt Heimweh als Krankheit. Fernweh dagegen ist ein Kunstwort der Werbung und Literatur. Wer Heimweh hat, leidet an Angst, Melancholie und Depression. Betroffen sind vor allem kleine Kinder, die zum ersten Mal länger von zu Hause weg sind. Außerdem Erwachsene, die beruflich ins Ausland müssen oder dort einem strengen Regelwerk unterworfen sind wie – siehe die Schweizer – Soldaten. Auch gestandene Sportler kann es erwischen. Zum Beispiel machte ein Spieler des FC Sevilla, Jesus Navas, Schlagzeilen, weil er vor lauter Heimweh nach seiner vertrauten Umgebung, seiner Familie und seinen Freunden nicht an Länderspielen Spaniens teilnehmen konnte, bis ihm ein Psychologe half.

**Freiheit verteidigen:** Die Gefahr bei beruflichen Auslandsaufenthalten – zum Beispiel von Ingenieuren, Monteuren oder Managern – liegt am Zwang. Manchmal tritt man Auslandseinsätze nicht freiwillig an, der Chef schickt einen. Wer dann auch noch auf einiges verzichten muss, das er gerne mag und von zu Hause gewöhnt ist, gerät schnell in einen Abwärtssog: Die Angst wächst, dass man seine Aufgaben nicht mehr bewältigen kann. Davon kann man verzweifeln und depressiv werden. Die Entfernung von zu Hause, ob sehr weit oder nah, ist dabei unerheblich – ausschlaggebend ist die Persönlichkeit des Reisenden. Menschen, die Probleme mit der Anpassung an veränderte Umstände haben und generell mit ihren Gefühlen nicht klarkommen, werden erst recht in Schwierigkeiten geraten, wenn sie in einer fremden Umgebung sind. Besonders problematisch wird es, wenn Urlauber unter dem gleichen Gefühl zu leiden haben wie diejenigen, die aus beruflichen Gründen im Ausland sein müssen: dem Gefühl, in ihrer Freiheit beschränkt zu werden. Das Freisein von den Zwängen des Alltags ist ja gerade das, was man sich vom Urlaub verspricht.

**Möglichst gelassen bleiben:** Den Freiheitsdrang erklären Psychologen mit der Reaktanztheorie. Demnach empfindet der Mensch, der in seiner Freiheit beschnitten wird, die nicht verfügbaren Handlungsalternativen attraktiver als die gegebenen. Darunter leidet er, das macht ihn aggressiv, aber auch depressiv. Zum Beispiel im All-inclusive-Hotel an der Costa Blanca. Der Urlauber will einen Liegestuhl am Pool besetzen – da hat aber schon ein anderer sein Handtuch platziert. Oder der Tennisplatz ist ausgebucht, alle Leihräder sind vergeben. Der Zusammenprall mit Hunderten anderen Menschen am selben Ort sowie die daraus sich ergebende Notwendigkeit, Rücksicht zu nehmen, passt nicht unbedingt zu den Freiheitsvorstellungen des Touristen. Die Gründe, sich eingeschränkt zu fühlen, könnten banaler nicht sein. Manchmal reicht es schon, wenn sich jemand am Büfett vordrängelt. Das dulden die anderen nicht, obwohl die angebotene Menge an Essen sowieso für jeden fünfmal reicht. Gelassenheit ist das Zauberwort gegen Heimweh. Dazu gehört aber auch, dass Sie sich klarmachen, was Sie von einem Urlaub erwarten, was eine Reise ist – und was sie definitiv nicht sein kann.

## 134 EINE ENTFÜHRUNG ÜBERLEBEN

Gehört dieses Thema in ein Reisebuch? Wir finden, ja. Auch wenn es ein sehr ernstes ist. Eine Entführung ist eine lebensbedrohliche Situation mit weit reichenden physischen und psychischen Folgen, die sich hier nur oberflächlich skizzieren lassen. Unternehmen, die ihre Mitarbeiter in gefährliche Regionen schicken, lassen diese eigens für den Ernstfall schulen. Zum Beispiel bei Ursula Gasch, der Leiterin des Instituts für Kriminalpsychologie in Tübingen, die viele Jahre Erfahrungen als psychologische Beraterin der Verhandlungsgruppe der Polizei, in Sonderkommissionen und der Betreuung von traumatisierten Folter- und Entführungsopfern gesammelt hat. Sie rät Reisenden Folgendes:

**Reisewarnungen ernst nehmen:** Das Auswärtige Amt rät auf seiner Website vor dem Besuch bestimmter Länder und Teilgebiete ab.

Halten Sie sich daran. Im Falle einer Verschleppung schaltet sich die diplomatische Vertretung Deutschlands ein. Die Kosten übernehmen jedoch Sie, wenn Sie zum Beispiel trotz Reisewarnung eine Motorradtour durch den Jemen unternehmen und dabei gekidnappt werden. Wenn Sie beruflich dort sind, zum Beispiel als Ingenieur oder Journalist, springt Ihr Unternehmen mit ein. Reisewarnungen gelten auch für Meeresregionen, durch die Kreuzfahrten führen.

**Hintergründe verstehen:** Die meisten Entführungen haben zunächst keinen politischen oder terroristischen Antrieb. Die Kidnapper sind häufig Kleinkriminelle, die Sie abgreifen, weil sie schnelles Geld machen wollen. Sie sind in Familienclans organisiert und verschachern Sie von Stamm zu Stamm weiter wie eine Ware – bis Sie am Ende womöglich doch bei Terroristen landen, die über das nötige Know-how verfügen, aus Ihnen auch einen politischen Verhandlungsgegenstand zu machen. Wie sehr Sie sich dafür eignen und wie viel Kapital man aus Ihnen schlagen kann, finden die Entführer übers Internet heraus. Auch in Nomadenzelten gibt es Internet-Zugänge.

**Seien Sie wach und sensibel:** Setzen Sie sich vor Ihrer Reise mit dem Land und seinen Gepflogenheiten auseinander. Ziehen Sie sich angemessen an, tragen Sie keinen Reichtum zur Schau. Fallen Sie nicht tölpelhaft auf, präsentieren Sie sich nicht auf dem Silbertablett.

**Seien Sie auf den Moment der Entführung gefasst:** Jetzt ist Ihr Leben in Gefahr. Sie werden plötzlich überrumpelt, reagieren emotional und impulsiv. Normalerweise greifen Sie dabei auf bestimmte Verhaltensmuster zurück. Aber eine Entführung haben Sie noch nie zuvor erlebt. Sie wissen nicht, was Sie tun sollen, es sei denn, Sie wurden in einer psychologischen Schulung drauf vorbereitet. Drei Reaktionen sind möglich: Kampf, Flucht und Erstarren. Überlegen Sie gut, bewahren Sie Ruhe, analysieren Sie die Lage und entscheiden Sie sich bewusst für eine Option. Impulsive Kampf- oder Fluchtreaktionen können tödlich enden.

**Halten Sie sich körperlich fit:** Eine durchschnittliche körperliche Fitness reicht nicht für einen Aufenthalt in einer Krisenregion. Wenn Sie entführt werden, stehen Ihnen schlimme Bedingungen bevor. Schon nach drei bis sechs Tagen bauen sie physisch stark ab. Sie werden gefesselt, bei großer Hitze möglicherweise sogar im Kofferraum transportiert, bekommen nicht viel zu essen und trinken, können sich nicht waschen. Für Frauen während der Menstruation ist dies besonders problematisch. Denken Sie schon vor der Reise an die wichtigen Impfungen für einen längeren Zeitraum. Aus geplanten vier Wochen in Pakistan können im Ernstfall viele Monate werden. Von den Kidnappern als Ballast oder sehr unbequem empfundene Geiseln laufen Gefahr, getötet zu werden: Wer krank und schwach wird, hält die Kriminellen bei ihren häufigen Ortswechseln auf. Trainieren Sie Ihren Körper schon vor der Reise. Versuchen Sie in Geiselhaft, jeden Tag mindestens eine halbe Stunde lang etwas für Ihre Kraft, Geschmeidigkeit und Ausdauer zu tun: etwa Yoga, Klimmzüge, Liegestütze.

**Bleiben Sie innerlich stark:** Sie sind von der Außenwelt abgeschnitten und Ihrer Handlungsfreiheit beraubt. Verzweifeln Sie jetzt nicht. Kämpfen Sie gegen Depression, Apathie, innere Emigration und innere Auflösung an, bei der Sie unter Umständen Realität und Traum nicht mehr auseinander halten können. Denken Sie nicht: Keiner hilft mir. Oder: Das war's. Erinnern Sie sich stattdessen an schöne, wertvolle Dinge aus Ihrem Leben. Gehen Sie im Kopf das Einmaleins durch wie in der Grundschule. Machen Sie autogenes Training, wenden Sie Selbsthypnose oder andere spezielle Techniken an, die sie bei der psychologischen Schulung zu Hause erlernt haben.

**Beeinflussen Sie Ihre Lage:** Die Kidnapper sind gestresst und eventuell frustriert, weil es doch nicht so schnell mit dem Lösegeld klappt. In dieser Überforderungssituation ist Ihr Risiko besonders hoch, dass Sie misshandelt oder getötet werden. Bewahren Sie Ruhe. Kooperieren Sie. Aber seien Sie nicht unterwürfig, das provoziert die Entführer und kann genauso tödlich enden wie ein Angriff. Zeigen Sie Respekt. Je mehr Achtung Sie Ihren Kidnappern zollen, desto höher sind Ihre Überlebenschancen – es sei denn, Sie sind an Sadisten geraten.

**Seien Sie auf Ihre Befreiung gefasst:** Wochen- und monatelang gibt es nur Sie, die Entführer und die Isolation. Und plötzlich schlägt ein Befreiungskommando zu. Das ist wie ein Schock, das Chaos tobt, Schüsse fallen. Wie im ersten Moment des Entführt-Werdens wissen Sie nicht, wie Sie sich verhalten sollen. Wieder ist die Gefahr, getötet zu werden, extrem hoch. Bleiben Sie ruhig, analysieren Sie die Lage, vermeiden Sie hektische, impulsive Aktionen – die können von den Einsatzkräften wie von den Entführern als Bedrohung aufgefasst werden. Durch die starke Fokussierung auf die Entführer während der Geiselhaft kann es zu einer Solidarisierung mit ihnen kommen. Lassen Sie sich nicht täuschen. Diese Menschen sind und werden nicht Ihre Freunde.

**Lassen Sie sich helfen:** Sprechen Sie nach der Befreiung mit einem notfallpsychologisch und psychotraumatologisch ausgewiesenen Psychologen. Auch wenn Sie denken, es sei alles noch einmal glimpflich abgelaufen, wird nichts mehr so sein wie vorher. Tun Sie etwas gegen die Belastungsreaktionen, welche in eine schwere Krankheit namens „posttraumatische Belastungsstörung" münden können. Die Folgen des Entführungs-Stresses können sich auf den ganzen Körper auswirken: Gehirnorgane können schrumpfen, Herz und Kreislauf, Magen und Verdauungstrakt können schwer beschädigt werden. Ein Psychologe kann feststellen, ob Sie eine Therapie brauchen. Sie müssen nicht alles alleine bewältigen.

## 135 ANGST HABEN

Es gibt viele Dinge, vor denen Sie sich auf Reisen fürchten können. Wenn es ganz schlimm wird, gibt es bestimmte Namen dafür:

**Alleinsein:** Monophobie **Auto fahren:** Amaxophobie **Baden:** Ablutophobie **Bakterien:** Bacteriophobie **Berührungen:** Agaraphobie / Chiraptophobie **Blumen:** Anthophobie **Diebstahl:** Harpaxophobie **Flugreise:** Aviophobie **Fremdes:** Xenophobie **Freude:** Hedonophobie **Höhe:** Akrophobie **Impfungen:** Vaccinophobie **Insektenstiche und -bisse:** Acarophobie **Menschen:** Anthropophobie **Plätze:** Agoraphobie **Reisen:** Hodophobie **Schnee:** Chionophobie **Sonne:** Heliophobie **Staub:** Amathophobie / Koniophobie **verkehrsreiche Straßen:** Agyrophobie / Dromophobie **wilde Tiere:** Agrizoophobie **Züge, Schienen, Zugpersonal:** Amakaphobie / Dromosiderophobie **Wasser:** Aquaphobie **Wein:** Enophobie **Wellen:** Cymophobie

## 136 DURCH DEN SAND FAHREN

Auf Reisen werden Sie mit dem Auto möglicherweise abseits asphaltierter Straßen unterwegs sein, vor allem der Sand ist dabei ein tückisches Terrain. Besonders gut beherrscht die professionelle Rallye-Fahrerin Jutta Kleinschmidt das Fahren auf den feinen Körnern. Sie gewann als erste Frau die Rallye Paris-Dakar, das härteste Wüstenrennen der Welt. Mit Ihrer Hilfe sollten Sie eine Wüste zumindest theoretisch durchqueren können. Praktisch hilft nur eines: üben.

**Das Auto:** Die erste Frage, die Sie sich stellen müssen, lautet: Welches Fahrzeug fahre ich? Mit einem Straßenauto können Sie zwischen Tunis und Lagos vielleicht gerade noch auf den Hauptpisten bestehen, sobald es ins Hinterland des Kaokoveld in Nordnamibia oder die omanische Wüste geht, ist ein Geländewagen mit Vierradantrieb ratsam. Natürlich gibt es auch bei Geländewagen Unterschiede. Es ist bei weitem nicht jeder ausgestattet wie ein Rennfahrzeug von Kleinschmidt. Die modernen, Sport Utility Vehicle genannten Stadt- und Geländefahrzeuge sind eher für die Fahrt zum Golfplatz optimiert als für Dünen der Sahara. Verzichten Sie bei einem Leihauto auf Schnickschnack wie CD-Player und Lederarmaturen und schauen Sie lieber, dass die Kiste ordentlich Freiraum unter dem Bodenblech und mächtig Dampf unter der Haube hat.

**Die Ausrüstung:** Die Ausrüstung ist Ihre wichtigste Versicherung, auch wenn Sie das möglicherweise erst feststellen werden, wenn Sie einmal im Sand festsitzen. Dann ist es schon zu spät. Nehmen Sie auf jeden Fall Sandbleche, einen Wagenheber und ein kleines Brett mit, auf dem der Wagenheber platziert werden kann. Dazu eine – oder besser gleich zwei – Schaufeln. Ein Ersatzrad ist nie verkehrt. Bei längeren Strecken schaden auch Ersatzkanister mit Kraftstoff nicht. Noch wichtiger als der Durst des Autos ist Ihr eigener. In Wüsten ist es trocken und heiß, zu viel Wasser können Sie beinahe nicht trinken. Auch ein Mobil- oder Satellitentelefon sowie ein GPS leisten spätestens im Notfall Hilfe. Zudem sind Luftpumpe und Luftdruckprüfer nützlich.

**Der Reifendruck:** Im Sand empfiehlt es sich, den Reifendruck zu senken. Wie sehr, hängt vor allem vom Gewicht Ihres Autos und der Sandbeschaffenheit ab. Rumpeln Sie voll beladen hauptsächlich über härteren Sand oder gar wellige Pisten, sind 1,5 Bar in Ordnung. Bei wirklich weichem Sand fahren Sie mit nur einem Bar gut. Schalten Sie rechtzeitig auf den Geländegang um und beschleunigen Sie mit den weichen Reifen nicht zu schnell, da es Ihnen sonst möglicherweise die Reifen von den Felgen zieht. Besser als die Mittagszeit, wenn der Sand sehr weich wird, sind die kühleren Stunden des Tages.

**Die Füße schulen:** Bleiben Sie auf Sand immer leicht auf dem Gas stehen und werden Sie nie zu langsam. Fahren Sie eher mit einer höheren Drehzahl, um notfalls auch dann noch genug Kraft zu übertragen, wenn Sie etwas langsamer werden. Denn in dem Moment, in dem Sie vom Gas gehen, um zu schalten, verlieren Sie schlagartig an Geschwindigkeit und bringen nach dem Schaltvorgang dann möglicherweise nicht mehr genug Umdrehungen mit. Viele Sandfahrer bleiben genau bei solchen Schaltvorgängen stecken. Andererseits überhitzt das Auto, wenn Sie zu lange mit zu hoher Drehzahl unterwegs sind. Bremsen Sie nicht zu abrupt. Auch die Kupplung sollten Sie nicht schleifen lassen. Und wenn Sie einmal merken, dass Sie unweigerlich im Sand stecken bleiben, dann besteht die Kunst darin, den Fuß rechtzeitig vom Gas zu nehmen. Sonst graben Sie sich ein. Wie Sie sehen, ist also in erster Linie viel Gefühl in den Füßen erforderlich.

**Sich befreien I:** Wenn Sie einmal feststecken, schlagen Sie einmal kurz aufs Lenkrad, stoßen einen üblen Fluch aus und steigen danach in aller Ruhe aus. Oft liegt es nur an Kleinigkeiten. Bei einer leichten Steigung reicht es häufig, wieder rückwärts zu fahren, während Sie Ihre Reisebegleiter fleißig von vorne schieben lassen. Manchmal lässt sich das Auto aus dem Sand wippen, indem Sie ruckartig abwechselnd vorwärts und rückwärts fahren. Sehen Sie sich vorher nach einem geeigneten Ort um, wo Sie festen Sand unter den Reifen haben. Sonst haben Sie 20 Meter weiter gleich das nächste Problem. Sie sollten aber auch nicht erst zwei Kilometer weit entfernt anhalten, weil Sie sonst Ärger mit den fleißigen Reisebegleitern bekommen könnten.

**Sich befreien II:** Wenn Sie richtig feststecken, ist die Zeit der Sandbleche gekommen. Inspizieren Sie die Lage und stellen Sie fest, welche beiden Reifen noch am stärksten belastet sind. Möglicherweise reicht es, die Bleche einfach unter die Reifen zu treten und anschließend die Reisebegleiter zum Schieben zu schicken. Andernfalls heben Sie den ersten Reifen mit dem Wagenheber ordentlich an, schaufeln das Loch unter dem Reifen zu und schieben das Bodenblech unter, bis der Reifen mit der gesamten Fläche darauf steht. Das Gleiche machen Sie nun mit dem zweiten Reifen. Es wird übrigens nicht so einfach sein, wie es sich hier liest, da Sand keine starre Masse ist. Richtig mühsam wird es, wenn Sie mit der Bodenplatte aufsitzen. Dann müssen Sie erst einmal unter dem Wagen wegschaufeln, was geht. Wenn das Auto auf den Sandblechen steht, dürfen Sie einmal jubelnd die Faust ballen. Dann ist wieder Fußspitzengefühl gefragt, Sie dürfen nicht zu schnell Gas geben, müssen jedoch gleichzeitig Schwung auf den Sandblechen aufbauen.

**Die Düne:** Es ist immer gut zu wissen, was sich auf der anderen Seite einer Düne befindet. Erkunden Sie das Gelände dahinter, bevor Sie eine böse Überraschung erleben und zum Beispiel auf einem Kamelgrasbuckel aufsitzen oder ein anderes, feststeckendes Fahrzeug rammen. Falls Sie schräg zum Hang fahren, hat das zwar den Vorteil, dass Sie schneller wieder abdrehen können, aber Sie kippen auch viel einfacher um. Lassen Sie das. Viel einfacher ist es, die Düne frontal anzufahren. Wichtig ist, genügend Schwung aufzunehmen, um nicht auf halber Strecke zum Stehen zu kommen. Wenn das passiert ist, schlagen Sie das Lenkrad nicht ein, sondern rollen gerade rückwärts wieder bergab. Falls die Geschwindigkeit am Dünenkamm noch zu hoch ist, droht ein Dünensprung mit anschließendem Purzelbaum. Sie sollten den höchsten Punkt gewissermaßen also mit letzter Kraft erreichen, um auf der anderen Seite langsam und ohne hektische Lenkbewegungen hinabrollen zu können.

**Im Schott:** Durch Wasser zu fahren, ist wegen des häufig steinigen Untergrunds gar nicht so schwierig, richtig gemein ist allerdings die

Mischung aus Sand und Wasser. Besonders tückisch sind die Schotts (franz. Chott). Das sind ausgetrocknete Seen, wobei unter einer Kruste aus Sand oftmals eine feuchte, schlammige Schicht liegt, die sich als Autofalle entpuppt. Bricht man mit dem Wagen auf der Oberfläche ein, hilft meistens nur noch eines: ein zweites Fahrzeug mit viel Kraft.

## 137 DINGE BEIM NAMEN NENNEN

In einer alten Kabarettnummer preist Gerhard Polt als Bürgermeister von Bad Hausen die Touristenattraktionen Fresh Air Snapping und Mushroom Searching an. Würde heute tatsächlich ein Ferienort auf die Idee kommen, solche Aktivitäten anzubieten – keinem würde es mehr groß auffallen. Schon jetzt geht ohne Übersetzungshilfe nichts mehr im Urlaub:

**Abseiling:** Abseilen **Airboarding:** Schlitten fahren auf einem Luftkissen **Ballooning:** Ballon fahren **Birding:** Vögel beobachten **Bungee Jumping:** am Gummiseil springen **Camping:** Zelten **Canyoning:** Schluchtenwandern **Caving:** Höhlenwandern **Clubbing:** Ausgehen **Coastering:** Küstenwandern **Deep Water Soloing:** Klettern ohne Sicherung an Küstenfelsen **Dining:** Abendessen **Downhilling:** bergab Fahrrad fahren **Dune Bashing:** Auto fahren im Sand **E-Biking / Velo Flying:** Fahrrad fahren mit elektrischem Hilfsmotor **Flying Fox:** Seilrutsche **Freeriden:** abseits der Pisten fahren **Husky Trekking:** Hundeschlitten fahren **Inline Skating:** Rollschuh fahren **Kayaking:** Kajak fahren **Lap Dancing:** aufreizend tanzen lernen **Mountainbiken:** Fahrrad fahren am Berg **Nordic Cruising:** Langlaufen ohne Loipe **Paragliding:** Gleitschirm fliegen **Parahawking:** Gleitschirm fliegen und Raubvögel anfüttern **Plane Spotting:** Flugzeuge gucken **Psicobloc:** Synonym für Deep Water Soloing **Rafting:** Schlauchboot fahren **Shark Feeding:** Haie füttern **Shopping:** Einkaufen **Sightseeing:** Besichtigen **Skydiving:** Fallschirm springen **Slacklining:** Hochseilbalancieren **Snowboarden:** auf einem Brett einen Schneehang befahren **Snowkiten:** Snowboarden mit Zugdrachen **Stand Up Paddle Boarding (SUP):** im Stehen paddeln auf einem Surfbrett **Trailrunning:**

Querfeldeinrennen **Tubing:** mit einem Autoreifen rutschen oder schwimmen **Wakeboarding:** auf einem Brett stehen und sich übers Wasser ziehen lassen **Wellness:** Wohlfühlen durch Massagen und Bäder; Patchness: Wellness für Patchwork-Familien **Whale Watching:** Wale gucken **Whisky Tasting:** Hochprozentiges trinken **Zorbing:** in einer Gummikugel einen Hang hinunter kullern

## 138 FELSEN PUTZEN

An einem 1. April leistete sich die Marketingorganisation Schweiz Tourismus einen großartigen Scherz. Sie veröffentlichte ein dreiminütiges Video, auf dem an Seilen hangelnde Säuberungstrupps ihre Berge um Engelberg mit Bürsten und Schrubbern und der üblichen Schweizer Präzision vom Vogeldreck befreien. Der greife die Felsen nämlich an wie Karies die Zähne. Geworben wurde nicht nur für die schönen Schweizer Berge, sondern auch für ein Felsenputzer-Nachwuchscamp. Der größte Spaß an dem Witz: Binnen kurzer Zeit machten 30.000 Felsenputz-Aspiranten den Eignungstest zur alpinen Putze im Internet.

Und weil das einfach zu gut war, um die Idee sterben zu lassen, wurde aus dem Aprilscherz tatsächlich ein touristisches Angebot. Sogar aus England reisten bereits Gäste für den kostenpflichtigen Wochenend-Kurs im Felsenputzen an. Natürlich wird dabei nicht nur geschrubbt und gescheuert, sondern auch ein wenig Heimat- und Naturkunde gelehrt. Für einen Aprilscherz ist das ziemlich ungewöhnlich. Und am Ende gibt es sogar ein Diplom.

## 139 KUNSTWELTEN ERKENNEN

Kunstwelten sind der beste Beweis, wie gut sich mit den Sehnsüchten der Urlauber spielen lässt. Das klassische Merkmal von Kunstwelten ist, dass der Besucher auf einem relativ kleinen Raum ein Überangebot antrifft – egal, ob nun von Tropen, Sport, Bier oder vermeintlichem Glück –, das dort oft nicht hingehört. Eine Übersetzungshilfe für manche der folgenden Begriffe finden Sie im Kapitel 137.

Area 47: Anlage mit vielen Sportmöglichkeiten im Inntal, darunter Flying Fox, Deep Water Soloing, Canyoning, Cannonball, Caving, Rafting, Bouldern, Hochseilgarten, Megaswing, Beach Volleyball, Beach Soccer, Wasserrutschen, Snowboard und Ski-Ramp, Cliff Diving, Slacklining, Freeclimbing, Bungee Jumping. Alpincenter Bottrop: Skihalle im flachen Ruhrgebiet mit Großglockner Alm, Biergarten, Sommerrodelbahn, Oktoberfest, Surfen, Après-Ski-Party, Paintball, überdachter Skipiste mit Funpark, Indoor Skydiving, Hochseilklettergarten, Mountainbiking und Kids Club. Dubai: Emirat der Vereinigten Arabischen Emirate, irgendwo zwischen Gigantismus und Größenwahn gelegen. Lockt Besucher mit Kulissen wie den künstlich angelegten Inselgruppen Palm Jebel Ali, The World, Palm Jumeirah, Palm Deira, über 300 Meter hohen Wolkenkratzern wie Rose Tower, Burj al Arab, Burj Khalifa und einer Skihalle mit Halfpipe. Hollywood: Stadtteil von Los Angeles mit vielen schönen Menschen. Las Vegas: Als lustige Spaßstadt getarnte Abzocke mitten in der Wüste Nevadas mit vielen pompösen Themenhotels, die als verkleinerte Plagiate von Urlaubszielen wiederum selbst kleine Kunstwelten sind. Zu ihnen zählen Caesars Palace, Excalibur, The Luxor Hotel, The Mirage, Monte Carlo Resort, New York-New York Hotel, Paris Hotel Las Vegas, Riviera, Stratosphere Las Vegas, Treasure Island, Venetian Resort Hotel. Oktoberfest: zweiwöchiges Massenbesäufnis unter dem Deckmantel der Tradition auf einer Wiese mit riesigen Bierhallen namens Armbrustschützenzelt, Augustiner-Bräu, Bräurosl, Fischer-Vroni, Hacker-Zelt, Hippodrom, Hofbräu-Festzelt, Käfers Wiesn-Schänke, Löwenbräu-Festzelt, Ochsenbraterei, Schottenhamel, Schützenfestzelt, Weinzelt, Winzerer Fähndl. Seaworld: Meeresvergnügungsparks in Orlando, San Diego und San Antonio, wo zu Zwecken der Volksbelustigung die fünf Tonnen schweren Hauptattraktionen mit putzigen Namen wie Keiko, Katina, Kalina, Tilikum, Kayla, Taima, Trua, Sakari oder Corky versehen werden. Manchmal beißen die putzigen Tiere zu. Schildkröten, Pinguine und Achterbahnen gibt es auch. Tropical Island: Südsee-Badelandschaft mitten in Brandenburg mit Steinsauna, Baumsauna, Kräutersauna, Heilerdebad, Edelstein-Dampfbad, Blütendampfbad, Schwitzbad, Kräuterstempel-Massagen, Paarmassagen, Polynesischem Blütentraum, Balinesischer Wohlfühlzeremonie, Hot-Stone-Massage, Honig-Salz-Peeling, Schlammpackung Badia aus dem Toten Meer, Rügener Heilkreide, Joghurtcreme-Aloe-Vera-Packung, Diamant-Peeling Afrika, Regenwald, Tropendorf, Bali-Lagune, Island Ballooning (siehe Kapitel 137, Dinge beim Namen nennen).

## 140 AM ENDE DER WELT

Der Ausdruck wird oft verwendet, obwohl es den Ort eigentlich nicht gibt: das Ende der Welt. Die Welt ist eine Kugel, darauf gibt es keine Enden, es sei denn, man könnte einen Mittelpunkt definieren, um den sich alles dreht. Das ist nur im übertragenen Sinn mit dem übersteigerten Selbstbewusstsein der Nationen erklärbar. Zwischen dem 15. und 18. Jahrhundert waren die Europäer Weltmeister darin, sich als Zentrum des Planeten zu sehen. Sie schwärmten mit ihren Segelschiffen zu Entdeckungsreisen aus – das heißt, sie erkundeten für sie unbekanntes Terrain, das andere Völker teils schon Hunderte Jahre vor ihnen angelaufen hatten, und machten es sich Untertan. Wie abhängig das Ende der Welt vom Standpunkt des Betrachters ist, zeigt sich besonders schön auf der Osterinsel. Für Europäer ist dieser Flecken Erde entlegen. Die Einwohner der Osterinsel nennen ihre Heimat Te Pito O Te Henua, Nabel der Welt. Weitere Annäherungsversuche:

**Abgelegene Inseln:** „Das Paradies ist eine Insel. Die Hölle auch", schreibt Judith Schalansky, die einen „Atlas der abgelegenen Inseln" wie Floreana, Franz-Josef-Land, Semisopochnoi, Possession, Pukapuka oder Revillagigedo herausgebracht hat. Durch ihre schwere Erreichbarkeit sind Inseln wie geschaffen als Projektionsflächen für Phantastereien. Die auf ihnen herrschende Realität lässt sich nicht so einfach überprüfen. Schon Kinder werden von Jim Knopf und Lukas dem Lokomotivführer übers Meer entführt. Erwachsene halten selbst dann noch an ihren Wunschvorstellungen fest, wenn es etwa Morde oder Naturkatastrophen auf Inseln gibt. „Tod im Paradies", lauten die Schlagzeilen, wenn über Samoa ein Tsunami hereinbricht – als gäbe es auf den Inseln des Archipels keine sozialen Probleme, keine Armut und – zumindest im amerikanischen Teil – keine Industrie, die aus dem vermeintlichen Garten Eden eine gigantische Thunfischfabrik gemacht hat. „Die Sehnsucht wird immer groß sein, größer als die Befriedigung durch das Erreichen des Ersehnten", schreibt Schalansky. Inseln haben also vor allem eines mit dem Ende der Welt gemein: Sie sind Utopien.

**Definierte Orte:** Wer heute sagt, er sei am Ende der Welt, drückt damit aus, er sei abseits der Zivilisation. Etwa ein Münchner, der sich in Berg am Laim aufhält, oder ein Kölner in Düsseldorf. Bei den Römern und im Mittelalter, als man die Welt noch für eine Scheibe hielt, hat man es wörtlich gemeint und konkrete Orte bezeichnet, an denen die Welt zu Ende war. Dazu kamen später nicht mehr ganz so ernst gemeinte Welt-Enden:

Cabo de São Vicente, Portugal > El Hierro, Kanarische Inseln > Finisterre Range, Gebirgszug im Nordosten von Papua-Neuguinea > Kap Finistère in der Bretagne > Cabo de Finisterre, Westküste von Galicien > Land's End, Westspitze von Cornwall > Tianya Haijiao, Südende der Insel Hainan in China > Verdens Ende, Südende der Insel Tjøme im Skagerrak > Fin del mundo, südlicher Endpunkt der Panamericana bei Ushuaia in Feuerland > Ende der Welt, am Bielersee in der Schweiz > Ende der Welt, ein Talschluss bei Engelberg in der Schweiz > Worlds End State Park, Pennsylvania, USA

**Phantasiestaaten:** Wo die Welt zu Ende ist, beginnt das Gebiet der Staatssimulationen, auch Phantasiestaaten, Mikronationen, virtuelle Nationen, Webstaaten oder Cybernationen genannt. Das sind real existierende Orte oder virtuell im Internet eingerichtete Gebilde, die jemand für unabhängig erklärt und als Staat ausgerufen hat – aus Jux, als Spiel, für krumme Geschäfte, zur Simulation von gesellschaftlichen Zusammenhängen oder aus handfesten politischen Gründen. Es gibt alle möglichen virtuellen Staatsformen: etwa Demokratien, absolute und konstitutionelle Monarchien, islamische Republiken, Diktaturen, Räterepubliken und Theokratien. Die meisten deutschsprachigen Internet-Nationen sind auf einer Karte der Organisation für Internationale Kartographie (OIK) verzeichnet. Beispiele für territoriale Scheinstaaten und Cybernationen:

Conch Republic: Aus Protest gegen die US-Einwanderungspolitik und eine Kontrollstelle auf der einzigen Straße, die die Florida Keys mit dem Festland verbindet, rief der Bürgermeister von Key West, Dennis Wardlow, am 23. April 1982 die Unabhängigkeit der Keys von den USA aus, erklärte den Vereinigten Staaten den Kampf, kapitulierte eine Minute später, indem er sich an einen anwesenden Admiral der US-Streitkräfte wandte, und verlangte eine Milliarde Dollar Aufbauhilfe. Offiziell existierte die Conch Republic also nicht einmal einen Tag, aber bis heute identifizieren sich viele Anhänger mit der im Rahmen der Staatsgründung verfolgten Strategie, mit humorvollen Aktionen ernsthafte Politik zu betreiben. Jedes Jahr wird die Unabhängigkeitserklärung mit einem einwöchigen Fest gefeiert. Freistadt Christiana: selbstverwaltete, seit 1971 bestehende alternative Wohnsiedlung von Hippies und Anarchisten in Kopenhagen. Fürstentum Sealand: Meeresplattform knapp zehn Kilometer vor der Küste von Suffolk, England, die der Ex-Major der Britischen Armee Paddy Roy Bates im Jahr 1967 besetzte, zur eigenständigen Nation ernannte, für dubiose Geschäfte nutzte und teils mit Waffengewalt verteidigte. Ein ehemaliger deutscher

Geschäftspartner von Bates startete einen Putsch, wurde in Sealand zu lebenslänglich verurteilt und von deutschen Diplomaten befreit. Er gründete eine Exilregierung in Deutschland. Gay & Lesbian Kingdom of the Coral Sea Islands: aus Protest gegen die Haltung des australischen Parlaments gegen Schwule im Jahr 2004 gegründetes Königreich auf der unbewohnten Korallenmeer-Inselgruppe vor dem australischen Bundesstaat Queensland. Nach einigen Querelen innerhalb der Nation spalteten sich weitere Stämme und Königreiche mit ähnlicher Zielsetzung ab. Großherzogtum Arcor: nur im Internet existierende, parlamentarische Monarchie an der Westküste des Kontinentes Terek'Nor. The Kingdom of Lovely: Staatsgründung des britischen Komikers Danny Wallace, zunächst in dessen Wohnzimmer, als mehrteilige Fernsehserie für die BBC inszeniert, die vor allem durch das Gedankenexperiment der eigenen Währung Interdependent Occupational Unit Beachtung fand. Tauschgrundlage ist hier die Arbeitszeit, mit der sich die Einwohner des Königreichs gegenseitig aushelfen, etwa eine Fahrradreparatur im Gegenzug für Malerarbeiten. Königreich Talossa: virtuelle Monarchie, von dem damals 13-jährigen Robert Ben Madison aus Milwaukee gegründet und von dessen Kinderzimmer ins Internet ausgeweitet. Republik Kugelmugel: kugelförmiges Häuschen im Wiener Prater, mit dem der Künstler und selbst ernannte „Generalvolksanwalt" Edwin Lipburger seit 30 Jahren die Bürokraten Österreichs auf Trab hält, die ihn mit skurrilen Rechtsstreits überziehen. Republik Užupis: alternatives Künstlerviertel am Rande der Altstadt von Vilnius, Litauen. Artikel eins der Verfassung lautet: „Jeder Mensch hat das Recht, beim Fluss Vilnia zu leben, und der Fluss Vilnia hat das Recht, an jedem vorbeizufließen." Das Sultanat von Occusi-Ambeno: fiktiver Staat, den sein Gründer und Alleinherrscher, der neuseeländische Anarchist Bruce Grenville, in den siebziger Jahren in Ocussi angesiedelt hat, der Exklave Osttimors im indonesischen Westtimor.

# WIEDER DAHEIM

## 141 JETLAG BEKÄMPFEN

Sie sind gerade von einer Fernreise zurückgekehrt. Tagsüber fühlen Sie sich schlaff, Sie sind reizbar und unkonzentriert. Nachts wälzen Sie sich dafür hellwach im Bett. Sie haben einen Jetlag, leiden also unter den Folgen einer durch das Fliegen hervorgerufenen Zeitverschiebung. Beim Rückflug haben Sie innerhalb weniger Stunden verschiedene Zeitzonen überquert, jetzt stimmt Ihre innere Uhr nicht mehr mit der Ortszeit überein. Ihr Schlaf- und Wachrhythmus sowie verschiedene, dem 24-Stunden-Takt unterliegende Körperfunktionen wie Stoffwechsel oder Hormonproduktion sind durcheinander. Es dauert bis zu ein paar Tagen, bis Sie sich wieder angepasst haben.

**Himmelsrichtung beachten:** In der Regel fällt es Ihnen schwerer, von Westen nach Osten zu fliegen als von Osten nach Westen. Das liegt daran, dass Ihr Tag kürzer wird, wenn Sie nach Osten fliegen. Ihr Körper kommt besser damit klar, wenn der Tag länger wird, was bei einem Flug in Richtung Westen der Fall ist.

| **New York** → Ortszeit = empfundene Zeit in Frankfurt | **Frankfurt a. M.** Ankunftszeit | ← **Bangkok** Ortszeit = empfundene Zeit in Frankfurt |
|---|---|---|
| | Beispiel 1 | |
| 13 Uhr (20. November) | 19 Uhr (20. November) | 1 Uhr (21. November) |
| | Beispiel 2 | |
| 0 Uhr (21. November) | 6 Uhr (21. November) | 12 Uhr (21. November) |
| | **Schlafenszeit** | |
| 16 Uhr (hellwach) | 22 Uhr | 4 Uhr (hundemüde) |

Beispiel 1: Wenn Sie nach Osten fliegen, also zum Beispiel von New York nach Frankfurt am Main, und um 19 Uhr deutscher Ortszeit ankommen, ist es in New York erst 13 Uhr. Gehen Sie dann um 22 Uhr ins Bett, ist es in den USA erst 16 Uhr – da können Sie noch nicht schlafen. Fliegen Sie von Westen, zum Beispiel Bangkok, nach Frankfurt, ist es bei der Landung um 19 Uhr nach thailändischer Zeit ein Uhr morgens. Drei Stunden später können Sie normalerweise gut einschlafen – dafür nicht so gut durch- und ausschlafen.

Beispiel 2: Bei einer Landung am Morgen ist der Ost-West-Unterschied noch eindrucksvoller. Wenn Sie um sechs Uhr deutscher Zeit in Frankfurt ankommen, ist es in New York Mitternacht – und Sie würden gerne sofort schlafen. Da Sie jedoch 16 weitere Stunden durchhalten müssen und erst um 22 Uhr ins Bett gehen, sind Sie den Tag über ganz schön erledigt. Kommen Sie aus Bangkok, ist es bei der Landung in Frankfurt um 6 Uhr nach thailändischer Zeit 12 Uhr. Wenn Sie um 22 Uhr ins Bett gehen, ist es in Bangkok vier Uhr morgens – wenn 22 Uhr Ihre gewohnte Schlafenszeit ist, sind Sie als Thailand-Rückkehrer nur sechs Stunden drüber, als USA-Rückkehrer jedoch 18 Stunden.

**Strategisch vorgehen:** Falls Sie auf einer ein- bis zweitägigen Geschäftsreise sind, lassen Sie Ihre Uhr gleich auf Zu-Hause-Zeit gestellt und bleiben Sie im entsprechenden Rhythmus. Nach einem längeren Auslandsaufenthalt über verschiedene Zeitzonen hinweg bedenken Sie Folgendes: Bei einem Heimflug nach Osten wird Ihnen das Einschlafen zu Hause schwer fallen, bei einem Flug nach Westen werden Sie nicht so gut durchschlafen können. Auf beide Effekte können Sie sich jeweils schon wenige Tage vor der Rückkehr am Reiseort und auch im Flugzeug einstellen. Tageslicht spielt dabei eine wichtige Rolle – es macht wach. Es funktioniert auch sonst alles auf natürlichem Wege. Nehmen Sie weder Schlaftabletten noch das oft angepriesene Hormon Melatonin – Medikamente bringen Sie nur noch mehr durcheinander.

| Was tun? | Flug nach Osten | Flug nach Westen |
|---|---|---|
| **Vor der Heimreise** | **Vor der Heimreise** | **Vor der Heimreise** |
| An den zu Hause herrschenden Tagesrhythmus anpassen | Ein paar Tage vor dem Flug ein bis zwei Stunden früher ins Bett gehen. Morgens viel Tageslicht tanken | Ein paar Tage vor dem Flug ein bis zwei Stunden später ins Bett gehen. Abends viel an die frische Luft gehen |
| Ausreichend schlafen | Hektik vermeiden, den Flug so buchen, dass er den Schlaf nicht verkürzt | |
| **Auf dem Flug** | **Auf dem Flug** | **Auf dem Flug** |
| Uhr auf Ortszeit zu Hause umstellen | Kommen Sie morgens an, versuchen Sie im Flugzeug zu schlafen. Landen Sie abends, bleiben Sie wach | |
| Viel trinken | Wasser, keinen Alkohol, keinen Kaffee | |
| **Zu Hause** | **Zu Hause** | **Zu Hause** |
| Dem gewohnten Tagesrhythmus folgen | Essen und schlafen Sie zu Ihren zu Hause gewohnten Zeiten | |
| Nickerchen gönnen | 20 bis 30 Minuten lang hinlegen ist direkt nach der Ankunft kein Problem, falls Sie im Flugzeug nicht ausruhen konnten | |
| Tageslicht tanken | Halten Sie sich insbesondere morgens lange an der frischen Luft auf | Gehen Sie insbesondere abends vor die Tür |

Der Koffer steht noch unausgepackt im Flur, die meisten Pflanzen haben es überlebt, auf dem Küchentisch liegt die Post. Und jetzt müssen Sie umschalten: von Zeit haben, sich frei fühlen, erholen – auf effektiv sein, funktionieren, Regeln einhalten. Das muss so sein, anders wären wir nicht in der Lage, unseren Alltag zu meistern und unseren Lebensunterhalt zu verdienen. Aber leicht fällt der Neustart nicht. Viele Menschen haben generell ein Problem damit, Umstellungen zu verkraften. Es gibt verschiedene Strategien, damit klarzukommen:

**Die nächste Reise planen:** Für den Freizeitforscher H. Jürgen Kagelmann gibt es dafür vor allem zwei Gründe. Entweder es war nicht so toll im Urlaub – deshalb wollen Sie einen zweiten Versuch starten, aber dieses Mal unter optimierten Bedingungen, also hoffentlich ohne überfülltes Flugzeug, unangenehme Tischnachbarn und Taxifahrer, die Sie übers Ohr hauen. Oder es war toll im Urlaub – also wollen Sie so bald wie möglich wieder irgendwo auf dieser Welt diesen schönen Effekt erleben.

**Übergangszeit einrichten:** Falls es Ihnen im Urlaub gefallen hat, weil Sie genau die Freiheit gefunden haben, die Sie suchten, fällt es Ihnen besonders schwer, sich wieder den Regeln des Alltags anzupassen. Wer nicht psychisch angeknackst ist, schafft das schon nach einer gewissen Übergangszeit. Nehmen Sie sich diese Zeit bewusst, retten Sie etwas von der Urlaubsatmosphäre in den Alltag herüber. Montieren Sie Ihre digitalen Urlaubsbilder am Computer zu einer Slide-show, gönnen Sie sich einen Willkommensbesuch in Ihrem Lieblingsrestaurant, erzählen Sie von Ihren Eindrücken, laden Sie Freunde zum Bildergucken ein. Nicht ratsam ist es, um zwei Uhr morgens zu Hause anzukommen und um sieben Uhr schon wieder ins Büro zu hetzen. Alle schroffen

Übergänge sind mit Stress verbunden. Der Wechsel zwischen Urlaub und Arbeit ist besonders schroff.

**Sphären vermischen:** Wie strikt Sie Ihren Urlaub von der Arbeit trennen sollten, darüber gehen die Meinungen der Freizeitforscher auseinander. Die einen denken, man solle beides ganz klar auseinander halten, man könne ja schließlich auch nicht in Badehose und mit dem aufblasbaren Gummitier unterm Arm im Büro erscheinen oder im Business-Anzug am Pool. Die anderen sind der Meinung, das sei zu radikal. Viele Urlauber steigen sowieso nie ohne Arbeitsgerät in den Flieger: Sie schleppen Laptop und Smartphone um die halbe Welt. Die Meinungsforscher von Emnid fanden heraus, dass mehr als die Hälfte der Deutschen im Urlaub auf geschäftliche E-Mails antwortet. Andererseits schauen auch viele ihre Urlaubsfotos auf dem Computer im Büro an. Gegen die Vermischung der Sphären ist nichts einzuwenden, so lange sie sich im zeitlichen Rahmen hält – und schließlich ganz aufhört.

**Ehrlich sein:** Wenn Sie Ihren Urlaub realistisch sehen und das Erlebte kritisch einordnen, kommen Sie auch besser damit klar, wieder zu Hause zu sein. So toll war es auch nicht, oder? Seit 40 Jahren wird die Urlaubszufriedenheit der Deutschen mit Umfragen erforscht – und seit 40 Jahren sagen fast alle Befragten, es habe ihnen durchweg gefallen. Nur wenn die Wissenschaftler nachhaken, erhalten sie negative Auskünfte, etwa dass das Zimmer, der Service oder das Essen nicht in Ordnung waren. Freizeitforscher Kagelmann hält es für geradezu „gesellschaftlich verordnet", dass die Deutschen ihren Urlaub positiv bewerten, ihn als eine Art persönlich zu erbringende Leistung betrachten. Niemand will seinen Freunden und Kollegen eingestehen, er habe es nicht geschafft, sich eine schöne Auszeit zu machen. Nehmen Sie diesen Druck von sich. Sagen Sie es laut: Diese Reise war teilweise nicht so schön, eigentlich bin ich froh, wieder zu Hause zu sein.

## 143 SOUNDTRACKS DER SEHNSUCHT

Wenn alles nichts hilft, hilft Musik. Mit dem richtigen Song lässt sich selbst das Fernweh wieder genießen.

**„Azzurro“** von Adriano Celentano: die Sehnsucht nach einem Mädchen an einem langweiligen, viel zu blauen Nachmittag > **„Never let me down again“** von Depeche Mode: zwei Freunde auf einem Trip ins Ungewisse > **„Am Strand“** von Farin Urlaub: eiskaltes Getränk in der Hand, Sonne auf dem Bauch – so geht's doch auch > **„Road to nowhere“** von den Talking Heads: Mir nach, ich weiß auch nicht, wo es langgeht! > **„Sehnsucht“** von Rammstein: Sehnsucht ist grausam, Fernweh macht nicht froh, glücklich sind wir nirgendwo > **„La Paloma“** von Hans Albers: Da muss einer dringend fortsegeln. Sein Mädchen soll sich gefälligst nicht so anstellen und ihn ziehen lassen > **„Sex in der Wüste“** von Ideal: alle denken das eine, doch dafür ist's zu heiß > **„Rückenwind“** von Thomas D.: Campingurlaub für Freigeister > **„Road to Mandalay“** von Robbie Williams: die Sehnsucht eines melancholischen Asien-Urlaubers > **„Vamos a la playa“** von Righeira: Man wird ja wohl noch Spaß haben dürfen – auch wenn der Strand von einer Atombombe verseucht ist > **„The Sea“** von Morcheeba: Marihuana für die Ohren > **„Ich war noch niemals in New York“** von Udo Jürgens: der Traum, aus allen Zwängen zu fliehen > **„Sitting on the dock of the bay“** von Otis Redding: zielloser Träumer sitzt im Hafen und schaut den Schiffen zu > **„Holiday in Waikiki“** von The Kinks: Der Gewinner eines Preisausschreibens darf nach Hawaii, wo er nur Kommerz erlebt und herausfindet, dass selbst die Baströcke der Hula-Tänzerinnen aus Plastik sind > **„Sailing“** von Rod Stewart: Segeltörn durch alle Stürme des Lebens zur Liebsten > **„Beyond the Sea“** von Bobby Darin: am Strand wartet die Geliebte

## 144 REISELEITER WERDEN

Falls es unterwegs tatsächlich so schön war, dass Sie mit Reisen künftig Geld verdienen wollen, können Sie beispielsweise Reisejournalist, Tauchlehrer, Sherpa oder sogar Reiseleiter werden. Zum Traumjob

Reiseleiter führen viele Wege. In einigen EU-Ländern, darunter auch Deutschland, gibt es zwar allerlei Zertifikate und Lehrgänge, jedoch keine staatlich anerkannte Ausbildung. Manche Reiseleiter sind Historiker mit Doktortitel oder bayerische Abiturienten mit Auslandserfahrung, andere wiederum Schulabbrecher mit Surfbrett. Schon bei der exakten Berufsbezeichnung fängt das Dilemma an. Ob Reisebetreuer, Fremdenführer, Animateur, Reisebegleiter, Studien-, Rund- oder Standortreiseleiter – in dem Wust an unterschiedlichen Jobs und Aufgabengebieten wissen die wenigsten, was nun wer genau macht. Der Reiseveranstalter Studiosus hat jedoch ziemlich genaue Vorstellungen, wie der Weg zu diesem interessanten Beruf aussehen soll: Er führte 1998 als erster Veranstalter Europas ein Qualitätszertifikat für die Auswahl, Aus- und Weiterbildung von Reiseleitern ein.

**Ihr Profil:** Sie sind zwischen 24 und 55 Jahre alt? Sie haben mindestens ein abgeschlossenes Grundstudium, noch besser ein abgeschlossenes Hochschulstudium oder eine länderspezifische Reiseleiterausbildung, die damit vergleichbar ist? Gut, dann dürfen Sie sich Hoffnungen auf einen Reiseleiterjob bei Studiosus machen. Als Reiseleiter, und das ist die Schwierigkeit, sind Sie Geograph, Sprach- und Kulturwissenschaftler, Hobbypädagoge, Führungs-, Vertrauensperson und Organisationstalent in einem. Sie müssen alles ein bisschen können. Dazu sind Sie stressresistent, rhetorisch begabt, interkulturell erfahren, zeitlich flexibel, körperlich und auch sonst gut drauf. Ihre Nationalität spielt keine Rolle, doch müssen Sie perfekt deutsch sprechen und die Amtssprache der Destination sehr gut beherrschen. Das heißt nicht, dass Sie in Südafrika mit den Einheimischen fließend Zulu und Setswana parlieren, aber Englisch und ein paar Brocken Afrikaans wären schon wichtig. Außerdem müssen Sie Ihre Destination kennen. Ein längerer Aufenthalt in dem Land Ihrer Wahl ist dabei klar von Vorteil. Wenn Sie nur einmal in Brasilien Standurlaub gemacht haben und nun dort Reisegruppen leiten wollen, werden Sie schon am ersten Telefongespräch scheitern. Falls das erste Telefonat ermutigend war, schicken Sie Ihre schriftliche Bewerbung ab. Gefällt diese dem Unternehmen, werden Sie zu einem persönlichen Gespräch eingeladen.

**Das Auswahlverfahren:** Nun wird es ernst. Als erstes erwartet Sie ein zweistündiges Gespräch mit zwei Ausbildern, bei dem Sie Ihr Fachwissen mündlich wie schriftlich unter Beweis stellen. Das hat schon ein wenig Prüfungscharakter, mit dem jeder Bewerber anders umgeht. Falls Ihre potentiellen künftigen Auftraggeber das Gefühl haben, Sie könnten der Aufgabe gewachsen sein, werden Sie nach ein bis zwei Werktagen zu einem Auswahlseminar – das ist ein deutsches und sehr schönes Wort für den heute gebräuchlichen Anglizismus Assessment Center – eingeladen. Sie werden dort zwei Tage lang auf andere Reiseleiter-Aspiranten treffen und mit diesen auch einen Raum teilen müssen. Dadurch sollen Ihre Führungsqualitäten, Ihre soziale Kompetenz und Ihre Fähigkeiten als Redner geprüft werden. Als Misanthrop werden Sie Schwierigkeiten haben, sich so lange zu verstellen. Schaffen Sie aber auch diese Hürde, dürfen Sie sich erst einmal auf die Schulter klopfen und einen Wein oder Yogi-Tee auf ihre Leistung trinken.

**Die Ausbildung:** Wenn Sie noch immer Reiseleiter werden wollen, dürfen Sie nun an einem mehrtägigen Einführungsseminar teilnehmen. Dort werden Sie mit dem nötigen Rüstzeug für einen Reiseleiter ausgestattet. Ihre Destination kennen Sie erwiesenermaßen schon ganz gut, aber wie steht es mit Problemlösungen innerhalb einer Reisegruppe? Mit Kommunikationstechniken, der Präsentation von Inhalten und Reiserecht? Mit Sicherheitsmanagement und den Anforderungen während einer Busfahrt? Weil Sie auch danach möglicherweise noch ein Grünschnabel auf dem Gebiet der Reiseleitung sind, gehen Sie vorerst mit einem erfahrenen Kollegen oder einer Kollegin auf Tour.

Hier werden Sie in der Praxis erleben, was es heißt, eine Gruppe zu führen. Anschließend verfassen Sie einen umfangreichen Bericht und werden Ihre Erfahrungen auf weiteren Seminaren austauschen.

**Die erste geführte Reise:** Wahrscheinlich sind zwischen Ihrem ersten Telefonat und Ihrer ersten eigenverantwortlich geführten Reise etwa sechs Monate vergangen. Sie werden – je nach Beschäftigungsverhältnis und Destination – als Einsteiger ab 125 Euro täglich verdienen. Gemäß der EU-Dienstleistungsrichtlinie dürfen Sie als Studienreiseleiter Ihren Beruf seit Herbst 2007 eigentlich in allen EU-Mitgliedsländern temporär ausüben. Dennoch werden Sie selbst in Europa, insbesondere in Ländern mit nationalen Reiseleiter-Lizenzen oder dort, wo ein Hausrecht zu beachten ist, häufiger mit lokalen Guides zusammenarbeiten müssen. Aber als Reiseprofi werden Sie das sicherlich eher als Bereicherung denn als Einschränkung verstehen.

## 145 NACHSCHLAG

Viel zu schnell verblasst die Erinnerung an eine Reise. Kosten Sie den Urlaub mit einem Nachschlag doch etwas länger aus. Mit vier wunderbaren Nachspeisen aus Spanien, dem ausländischen Ferienziel Nummer eins der Deutschen, der Türkei, dem Land der heimlichen Dessert-Weltmeister, dem Schwarzwald, einem Klassiker unter den deutschen Reisezielen, und aus den Tropen.

**Spanisch für Anfänger:** Jordi Llobet war Küchenchef im Sternerestaurant El Cingle und ist Koch im Món St. Benet, einer wunderbaren Klosteranlage mit drei Restaurants inmitten Kataloniens. Seine Crema Catalana für sechs Personen ist relativ einfach.

**Zutaten:** 1 l Milch > 150 gr. Zucker > 25 gr. Stärkemehl > 7 Eigelb > die abgeriebene Schale einer Zitrone > 1 Zimtstange **Zubereitung:** 750 ml Milch, den Zimt und die Zitronenschale in einen Topf geben und bei schwacher Hitze zum Kochen bringen. Die Eigelbe, den Zucker, das Stärkemehl und den Rest der kalten Milch mischen und zu einer Masse mit feiner, cremiger Konsistenz verrühren. Sobald die Zimt-Zitronen-Milch kocht, geben Sie diese appetitliche Mischung unter Rühren dazu und köcheln das Ganze, bis die Masse erste Blasen wirft. Stellen Sie den Topf anschließend beiseite und rühren Sie eine Weile weiter. Bevor die Creme kalt ist, in flache Schalen geben. Kühl stellen. Vor dem Servieren mit Zucker bestreuen und diesen mit einem Brenner karamellisieren.

Türkisch für Fortgeschrittene: Der vielfach ausgezeichnete Koch Ali Güngörmüs wurde 1976 in der Türkei geboren, ist Inhaber des Hamburger Sternerestaurants Le Canard Nouveau und bereitete den Schauspieler Birol Ünel auf dessen Rolle eines durchgeknallten Koches in Fatih Akıns Komödie „Soul Kitchen" vor. Sein Sütlac reicht für sechs Personen.

**Zutaten:** 160 gr. Rundkornreis > 350 ml Wasser > 1,2 l frische Vollmilch > 150 gr. Zucker > 5 Eigelb > 1 Vanilleschote > 2 Messerspitzen Zimt > 1/2 Johannisbrotkern > 1 Kapsel Kardamom > Zucker zum Karamellisieren **Zubereitung:** den Reis mit dem Wasser in einem großen Topf zum Kochen bringen und circa zehn Minuten garen, bis das Wasser völlig verdampft ist. Zimt, Kardamom und Johannisbrotkern mit der Milch mischen, dem Reis zugießen. Das Ganze auf kleiner Flamme etwa 30 Minuten köcheln lassen, bis der Reis weich ist und sich noch relativ viel Flüssigkeit im Topf befindet. Immer wieder mit einem Kochlöffel gut umrühren, damit der Reis nicht ansetzt. Picken Sie anschließend den Johannisbrotkern und den Kardamom aus der Masse heraus, dann den Zucker und die aufgekratzte Vanilleschote hinzugeben und leicht rühren, bis sich der Zucker aufgelöst hat – vom Herd nehmen! Die Eigelbe vorsichtig unter die Masse heben, am besten jedes Eigelb einzeln einrühren, bis eine homogene Masse entsteht. Den Sütlac in Förmchen füllen und im Kühlschrank kalt stellen. Die Sütlac-Förmchen vor dem Servieren mit Zucker bestreuen und mit einem Bunsenbrenner oder im Ofen mit Grillfunktion leicht abflämmen bis der Zucker goldbraun ist.

**Deutsch für Profis:** Jörg Sackmann ist einer von drei Sterneköchen in der Schwarzwälder Gemeinde Baiersbronn. Er verrät das Geheimnis seiner besonders raffinierten gratinierten Schwarzwälder Kirsch für vier Personen, die schon eher etwas für ambitionierte Köche ist.

**Gratiniermasse:** 4 Eigelb > 80 gr. Zucker > 4 Eiweiß > 1 EL Quark > 1 TL Speisestärke **Zubereitung:** Eigelb mit der Hälfte des Zuckers aufschlagen. Eiweiß und die andere Hälfte des Zuckers steif schlagen. Eigelbmasse mit Quark, Stärke und ungefähr ein Drittel des Eischnees vorsichtig verrühren. Den restlichen Eischnee unter die Massen heben. **Schokoladen-Biskuit:** 4 Eiweiß > 80 gr. Zucker > 6 Eigelb > 80 gr. Mehl > 10 gr. Kakaopulver > 50 gr. Weizenpuder **Zubereitung:** Eigelb mit etwa 60 Gramm des Zuckers auf dem Wasserbad warm schlagen und dann auf kaltem Wasser kalt schlagen. Eiweiß mit restlichem Zucker aufschlagen. Eischnee auf die Eigelbmasse geben, die restlichen Massen darauf sieben, unterheben, in eine Form geben und bei 175 Grad Celsius etwa 15 bis 20 Minuten goldbraun abbacken. **Eingelegte Kirschen:** 80 ml roter Portwein > 80 ml Banyuls > 150 ml Kirschsaft > 1 TL geschroteter weißer Pfeffer > 1 kleine Zimtstange > 2 Nelken > 1 Sternanis > etwas Speisestärke > 200 gr. Kirschen entkernt **Zubereitung:** Portwein und Banyuls auf die Hälfte einkochen lassen. Kirschsaft und Gewürze dazugeben und nochmals 15 Minuten köcheln lassen. Mit etwas Speisestärke abbinden, abpassieren und die halbierten Kirschen dazugeben. Kalt stellen. **Kirschfüllung**: 10 gr. Butter > 10 gr. Rohrzucker > 40 ml. Kirschlikör > 200 gr. der zuvor eingelegten Kirschen > 1 Blatt Gelatine **Zubereitung:** Karamell aus Rohrzucker und Butter herstellen, mit Kirschlikör ablöschen und mit den Kirschen fünf Minuten ziehen lassen. Zum Schluss eingeweichte Gelatine zugeben. **Weichselkirschsorbet:** 650 gr. Weichseln > 50 ml. Wasser > 170 gr. Puderzucker **Zubereitung:** Entsteinte Weichselkirschen mit Wasser zum Kochen bringen. Drei Minuten bei geringer Hitze kochen lassen, bis die Kirschen zusammenfallen. Kirschen mit dem Mixstab pürieren. 500 Gramm Weichselkirschmark abwiegen. Das lauwarme Kirschmark mit Zucker verrühren und abkühlen lassen. In der Eismaschine zum Sorbet rühren. Sorbet in das Tiefkühlfach stellen. **Marinade:** 50 gr. Zucker > 100 ml Wasser > 40 ml Kirschlikör > 40 ml Kirschwasser **Zubereitung:** Alles miteinander vermischen

**Zubereiten und anrichten:** Das Biskuit in zwei Zentimeter dicke Scheiben schneiden. Einen Ring von zehn Zentimetern Durchmesser ausstechen und in einen tiefen Pastateller legen. Mit der Marinade den Biskuitboden tränken und mit der Kirschfüllung bestreichen. Die Gratiniermasse über die kompletten Kirschen geben und im Backofen bei 200 Grad Celsius abflämmen, bis das Gratin goldbraun ist. Eine Nocke Weichselkirschsorbet in die Mitte des Tellers geben, eingelegte Weichselkirschen zugeben, mit Schokoladenspänen ausgarnieren und direkt servieren.

**Tropisch für alle:** Danny Lee betreibt ein kleines Restaurant an der malaysischen Ostküste, so unscheinbar, dass Sie wahrscheinlich daran vorbeifahren würden. Zwar gibt es keinen Ort, wo die Früchte besser schmecken, aber natürlich können Sie es auch zu Hause probieren.

**Zutaten:** 1/2 Ananas (oder Melone) > 1 Banane (oder Orange) > 1 Papaya (oder Mango) > 1 Mango (oder Papaya) > evtl. Kokosraspeln **Zubereitung:** Schälen und halbieren Sie die Früchte. Gegebenenfalls Kerne entfernen und die Früchte in etwa einen Zentimeter breite, mundgroße Stücke schneiden. Auf einem Teller servieren und eventuell mit Kokosraspeln überstreuseln.

## 146 VON DER REISE BERICHTEN

**Auf die harte Tour:** Hunderte Fotos, die alle das Gleiche zeigen: das Meer am Morgen, Mittag und bei Sonnenuntergang, den Lebenspartner im Pool, am Hotelbuffet und am Meer. Und am Bildrand hinten links ist die Flosse eines Delphins zu erkennen, wenn man ganz genau hinschaut – so fällt das Publikum Ihres Diavortrags garantiert nach zehn Minuten ins Wachkoma.

**Ohne andere zu langweilen:** Der Fotograf Michael Martin bereist seit 30 Jahren die Wüsten der Welt. Er hat über ein Dutzend Bildbände veröffentlicht und mehr als 1.000 multimedial aufbereitete Diavorträge in vollbesetzten Sälen gehalten. Sein Erfolgsgeheimnis:

Überlegen Sie sich ein Konzept: Über Ihren roten Faden müssen Sie sich vor dem Vortrag im Klaren sein. Sie können chronologisch, also nacheinander, von Abfahrt, Reise und Heimkehr erzählen. Oder Ihren Vortrag nach den bereisten Regionen gliedern. Oder thematisch vorgehen, also alle Restaurants, Campingplätze und Kirchen zu Themenblöcken bündeln. Letzteres ist am langweiligsten.

Reduzieren Sie gnadenlos: Sie haben 1.000 Fotos auf dem Speicherchip Ihrer Kamera von der Reise mitgebracht. Wählen Sie 200 davon aus. Die zeigen Sie innerhalb einer knackigen Stunde. Nicht mehr, sonst wird es langweilig. Aber auch nicht weniger. Zum Erfassen eines Fotos brauchen Ihre Zuhörer zehn bis 20 Sekunden, danach wollen Sie ein neues Bild sehen. Michael Martin zeigt 1.400 Bilder in zweieinhalb Stunden – aber er ist ja auch ein Profi. Seien Sie kritisch bei der Auswahl Ihres Materials. Zeigt ein Foto das gleiche Motiv wie ein anderes? Dann raus damit. Zeigen Sie kein Foto doppelt.

Wählen Sie passende Begleitmusik: Nur eins ist peinlicher als langweilige Bilder: langweilige Bilder, zu denen Sie bombastische Musik laufen lassen. Wählen Sie Musik, die zum Urlaubsgebiet passt und die Bildfolge verbindet – nicht zerhackt. Finger weg zum Beispiel von afrikanischen Trommeln! Die machen Ihre Zuhörer wahnsinnig. Denken Sie eher an elegische Filmmusik. Wenn Sie sehr gut mit dem Bildbearbeitungsprogramm Ihres Computers umgehen können, synchronisieren Sie verschiedene Sounds, die zu verschiedenen Phasen Ihrer Reise passen, es geht aber auch ohne diesen Aufwand.

Werden Sie persönlich: Das ist die wichtigste Regel für einen gelungenen Vortrag. Einwohnerzahlen, Berghöhen, Baujahre von Kirchen und alles andere, das in jedem Reiseführer steht, interessiert niemanden. Was Ihre Zuhörer fesselt, ist Ihr verpasster Flug, die Reifenpanne, die Baustelle vor Ihrem verschimmelten Hotelzimmer und der Seeigel, in den Sie getreten sind. Erzählen Sie von Höhen und Tiefen. Seien Sie emotional und selbstironisch, das ist witzig und unterhaltsam.

So machen Sie aus dem fadesten Urlaub eine Knaller-Story, und Ihre Zuhörer bleiben dran.

Erzählen Sie nur, was Sie bebildern können: Halten Sie auf Reisen stets eine Kamera schussbereit. Wenn Sie Ihre große Spiegelreflex nicht immer mitschleppen wollen, stecken Sie ein Foto-Handy oder eine kleine Digitalkamera ein. Fotografieren Sie das „cancelled"-Schild am Flughafen, die Schafshoden auf Ihrem Teller im Restaurant, die Schürfwunde am Knie Ihres Kindes – solche Details sind unbezahlbar für Ihren Vortrag. Nur Geschichten, zu denen es ein Foto gibt, sind gute Geschichten. Die Bildqualität ist dagegen unwichtig. Lieber ein verwackelter, lustiger Schnappschuss als ein perfektes, langweiliges Landschaftsbild. Auf dem Computer können Sie Ihre Bilderreihe aus verschiedenen Quellen wie Handyfotos, eingescannten Papierbildern und Digitalaufnahmen zusammenstellen.

Erklären Sie die Bilder nicht: Rechts die Kirche, links der Strand – das sehen die Zuschauer selbst. Liefern Sie Informationen, die einen zusätzlichen Nutzen bringen. Foto, Kommentar und Musik bilden eine Einheit.

Schaffen Sie perfekte Rahmenbedingungen: Egal ob Saal oder Wohnzimmer – dunkeln Sie Ihren Vorführraum ab wie ein Kino. Das schafft Konzentration. Ein Diaprojektor kommt sowieso nicht gegen Tageslicht an. Projizieren Sie die Bilder so groß wie möglich, achten Sie auf genug Abstand zwischen dem Projektor oder Beamer und der Wand beziehungsweise der Leinwand oder dem aufgespannten Bettlaken. Servieren Sie Ihren Zuhörern Speisen und Getränke, die zum bereisten Land passen. Machen Sie keine Pause.

Sorgen Sie für Orientierung: Zeigen Sie ab und zu das Foto einer Landkarte, damit Ihnen die Zuhörer folgen können. Auch Fotos von Ortsschildern sind hilfreich. Denken Sie schon unterwegs daran, welche zu fotografieren. Aber erschlagen Sie Ihre Zuhörer nicht mit Ortsnamen, die sich sowieso niemand merkt.

Antworten Sie: Wenn Sie vor einer Handvoll Zuhörern sprechen, lassen Sie Zwischenfragen zu. Bei einem größeren Publikum bieten Sie eine Gesprächsrunde am Ende Ihres Vortrags an.

Machen Sie anständig Schluss: Wenn Ihr Bericht gerade noch am schönsten und spannendsten ist, zeigen Sie ein starkes, überraschendes Foto, das eindeutig das Ende markiert und Applaus provoziert. Das ist wichtiger als ein guter Einstieg, denn der Schluss bleibt den Zuhörern besonders intensiv im Gedächtnis. Lassen Sie Ihren Vortrag auf keinen Fall lange auslaufen. Zeigen Sie zum Schluss keinen Sonnenuntergang, das ist zu abgedroschen.

## 147 SOUVENIRS VERSCHENKEN

Bestimmte Dinge bringen Sie besser nicht mit nach Hause. Viele Tier- und Pflanzenarten, aus denen Souvenirs hergestellt werden, sind vom Aussterben bedroht. Deshalb gibt es Verbote und strenge Auflagen für solche Mitbringsel, zum Beispiel für Dinge aus Elfenbein, Häuten, Muscheln, Korallen oder Schnecken. Bei lebenden Pflanzen und unverarbeiteten organischen Souvenirs, zum Beispiel Jagdtrophäen, gibt es weitere Verbote, etwa zum Schutz vor Tierseuchen. Außerdem sollten Sie die Finger von gefälschten Waren lassen. Produktpiraterie ist eine Form von Wirtschaftskriminalität. Dennoch schreitet der Zoll nicht gegen Sie ein, wenn Sie etwa ein kopiertes Markenhemd oder eine gefälschte Luxusuhr am Straßenrand erstanden haben. Voraussetzungen sind allerdings: Sie führen die Nachahmungen in Ihrem persönlichen Gepäck mit sich, Sie haben nicht vor, Handel mit den Plagiaten zu treiben, und ihr Einkaufspreis im Herkunftsland hat insgesamt nicht mehr als 430 Euro (bei See- und Flugreisen) oder 300 Euro (bei Bahn- und Autoreisen) betragen. Bei Postsendungen gibt es keine Ausnahmen. Falls Sie sich selbst ein Paket aus dem Ausland nach Hause schicken, in dem nur ein gefälschter Artikel ist, kann der Zoll die Sendung be-

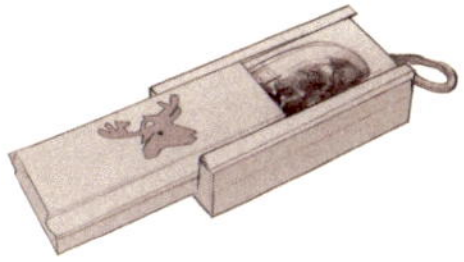

**Norwegen**

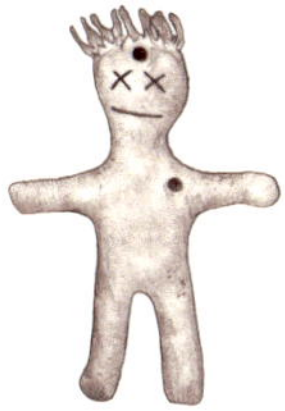

**Island**

**Neuseeland**

schlagnahmen. Stilvoller als Billigschrott, der auf Edelmarke macht, sind sowieso andere Mitbringsel. Hier zehn Souvenirs, die keine zehn Euro kosten, aber garantiert für große Freude sorgen:

**Elchkot aus Norwegen:** moosig duftende, getrocknete, ballaststoffreiche, daher besonders feste Winterlosung des skandinavischen Nationalhirschen – in der schlichten Kiefernholzbox oder, mit Klarlack veredelt, als Ohrringe oder Halsschmuck. Für alle, die vor der Abreise sagen: „Bring mir bloß nicht wieder so einen Scheiß mit!“

**Zigarren aus der Pfalz:** nikotinarm, aromatisch und made in Germany. Gewickelt aus original Geudertheimer, einer dunklen, heimischen Tabaksorte, in Herxheim-Hayna. Für alle, die wieder das Rauchen anfangen müssen, weil sie nicht glauben können, dass es in Deutschland ein Tabakanbaugebiet gibt.

**Erde vom Nikolausgrab in der Türkei:** Sand in kleinen Samtsäckchen mit kyrillischer Aufschrift. Wird vor allem von orthodoxen Russen gekauft, die in Demre, vormals Myra, den leeren Sarkophag ihres Nationalheiligen Nikolaus besuchen. Für alle, die noch an den Mann mit dem Rauschebart glauben – und daran, dass echte Graberde, nicht nur x-beliebiger Dreck in den Säckchen ist.

**Nippelwärmer aus Neuseeland:** seidenweiche, nerzähnliche Stückchen von Opossumfell, die als Einlage im Büstenhalter für mehr Behaglichkeit sorgen. Um das Opossum ist es sowieso nicht schade, sagen die Einheimischen. 70 Millionen dieser gefräßigen Beuteltiere vernichten jede Nacht 20.000 Tonnen Vegetation und damit den Lebensraum von seltenen Vögeln. Für alle, die sich gerne mal einen Übeltäter zur Brust nehmen.

**Voodoo-Puppen aus Island:** handgenähte Stoffpüppchen, die eine als Hexe getarnte Kapitalismuskritikerin in Reykjavik in Umlauf bringt. Aus Afrika oder Haiti kann ja jeder welche mitbringen. Die nordischen Varianten der Folterpuppen stehen für den ehemaligen Finanzminister Árni Mathiesen und den isländischen Geschäftsmann an sich, somit symbolisieren sie jene, die an der Wirtschaftskrise des Landes schuld sind. Für alle, die daran glauben, dass ein kleiner Nadelstich einen großen Hintern bewegen kann.

**Grabbeigaben aus China:** rote Geschenkkartons mit Attrappen von allem, was der geschäftstüchtige Verstorbene im Jenseits brauchen könnte, zum Beispiel Papiergeld, Goldschmuck und Jaderinge aus Karton sowie Uhr, Handy, Taschenrechner und Kugelschreiber aus Plastik. In China werden solche Pakete mit in die letzte Ruhestätte gelegt. Für alle, die meinen, man könne aus kleinen Dingen Rückschlüsse auf die Kultur eines riesigen Landes ziehen.

**Tenaz aus Madeira:** eine spezielle Zange zum Öffnen von sehr alten Madeira-Weinflaschen. Die Zange wird im Feuer glühend erhitzt und unterhalb des Korkens an den Flaschenhals gehalten, der dadurch abschmilzt. So verhindert man, dass der Korken mit dem kostbaren Wein in Berührung kommt und diesen verdirbt. Für alle, die mal so richtig mit ihren Weinkenntnissen angeben wollen.

**Shaka-Hand aus Hawaii:** gefederter Handnachbau mit abgespreiztem Daumen und kleinem Finger. Mit dieser Geste – man bewegt die Hand hin und her und sagt „Shaka-Shaka" – begrüßen sich die Surfer und andere stets gut gelaunte Menschen auf dem sonnenverwöhnten Archipel. Die Hand befestigt man zum Beispiel an der Autoscheibe. Für alle, die Sonne im Herzen haben, auch wenn es schneit.

**Künstliche Fingernägel aus Thailand:** mit den Hüften schlängeln, mit den Augen rollen, mit den Fingernägeln flattern – so tanzen die Tempelschönheiten in Thailand. Für dramatischere Effekte verlängern sie ihre Fingernägel mit künstlichen Aufsätzen aus goldfarbener Pappe. Die gibt es für wenige Cent auf jedem Markt. Für alle, denen Bauchtanz zu albern ist.

**Bermuda-Shorts von den Bermuda-Inseln:** bunte kurze Hosen, die von den Einheimischen zu Kniestrümpfen, Hemd, Krawatte und Blazer getragen werden – gerne auch in Pink oder Rosa, Hauptsache mit Bügel- und Bundfalten. Für alle, die gerne in Unterhosen herumlaufen und dabei so tun, als seien sie proper angezogen.

## 148 GELD LOSWERDEN

Nach dem Urlaub stellen sich häufig zwei Probleme pekuniärer Art: die wohl bekannte Leere auf dem Konto, gegen die nur eine gewisse Zwanglosigkeit hilft, und die vielen fremden Münzen im Geldbeutel. Wohin als mit Peso und Penny, Yen und Sen?

**Tauschen:** Es gibt keine Regeln für Banken, welche Währungen diese bereithalten oder annehmen müssen. Daher werden Sie auch bei der Bank Ihres Vertrauens nur die gängigsten Währungen – und dann fast immer nur Scheine – nach der Reise wieder umtauschen können.

Der Spezialist für Fremdwährungen ist die Reisebank. Sie hat etwa 130 von etwas mehr als insgesamt 160 Währungen in ihrem Portfolio. Prinzipiell tauscht die Reisebank Scheine wie Münzen, wobei Sie bei Münzen mit einem Abschlag von 35 Prozent rechnen müssen. Deshalb entscheiden Sie sich besser für eine der folgenden Möglichkeiten.

**Spenden:** Münzen können Sie fast überall für einen guten Zweck loswerden: am Flughafen, bei McDonald's, und manchmal auch während Aktionen des Roten Kreuzes oder anderer karitativer Einrichtungen. Spenden Sie das Geld dennoch am besten noch in Ihrem Reiseland, vor allem dann, wenn Sie die Währung gar nicht ausführen dürfen. Werfen Sie die Münzen beispielsweise einfach in den richtigen Brunnen (siehe Kapitel 094, Ins Glück reisen). Oder spendieren Sie am Flughafen einem sympathisch wirkenden Menschen noch ein Abschiedsbier, eine Wartecola – oder einen Kennenlernkaffee.

**Sammeln:** Sie können exotische und weniger exotische Währungen als Andenken oder für die nächste Reise aufbewahren. Manche Münzen entpuppen sich sogar als echte Geldanlage. So wie die folgenden Beispiele:

**Die Ein-Cent-Münze der Jahrgänge 1975, 1976, 1979 und 1981 aus Belize bringt etwa zwei Euro > Eine Ein-Pula-Münze der Jahre 1976 bis 1997 aus Botsuana könnte Sie fünf bis zehn Euro reicher machen. > Eine Ein-Franc-Aluminiummünze aus Burundi von 1970 hat heute einen Sammlerwert von etwa 20 Euro > In der Schweiz zirkulieren noch sehr alte Zehn- und 20-Rappen-Münzen. Ein 20-Rappen-Stück von 1957 wird unter Sammlern für 150 Euro gehandelt, das von 1851 sogar für das Zehnfache, und der Liebhaberpreis eines Zehn-Rappen-Stücks von 1896 liegt wegen einer Auflage von gerade einmal 16 Stück sogar im fünfstelligen Bereich. Aber bevor Sie so eines finden, werden Sie eher im Meer von einem Hai gebissen.**

All diese Münzen sollten außerdem prägefrisch oder zumindest perfekt erhalten sein. Da auch hier Angebot und Nachfrage den Preis bestimmen, haben Münzen mit geringeren Auflagen ein höheres Wertsteigerungspotential. Bei Eurokursmünzen sind Kleinstaaten wie Monaco, der Vatikan und San Marino sehr beliebt. Auch Fehlprägungen stehen bei Sammlern hoch im Kurs. Über den genauen Preis können Sie sich in Münzkatalogen oder online auf den Webseiten der jeweiligen Münzprägeanstalten informieren.

**Spielen:** Nutzen Sie Ihre Münzen für das Nachspiel im übernächsten Kapitel.

## 149 GELD ZURÜCKHOLEN

Sie müssen nicht wegen jedem Laubblatt, das im Hotelpool getrieben ist, Klage einreichen. Entspannen Sie sich, Sie kommen doch gerade erst aus dem Urlaub. Aber veräppeln lassen müssen Sie sich auch nicht. Baustellenlärm, dreckige Zimmer, ein Ölfilm im Meer oder abgesagte Ausflüge – falls Ihre Pauschalreise nicht so verlief wie geplant, können Sie sehr wohl einen Teil Ihrer Kosten vom Veranstalter zurückverlangen.

**Reisemangel feststellen:** Die Voraussetzung für Forderungen an den Veranstalter ist der Reisemangel. Das kann zwei Dinge bedeuten. Erstens: Bestimmte Leistungen, die im Reisevertrag vereinbart wurden, haben Sie am Urlaubsort nicht bekommen. Zu den Vereinbarungen zählen zum Beispiel auch Beschreibungen im Prospekt, verbindliche Zusatzvereinbarungen und Auskünfte des Veranstalters. Zweitens: Die Reise ist mit Fehlern behaftet, die ihren vertraglich festgelegten, vorgesehenen Nutzen deutlich mindern – zum Beispiel, wenn Sie eine Sportreise buchen und weder einen Sportplatz noch Fahrräder oder sonst ein Angebot zur Bewegung vorfinden. Bloße Unannehmlichkeiten, landestypische Gegebenheiten und allgemeine Lebensrisiken stellen keine

Reisemängel dar. Wenn Sie am Zielflughafen eine Stunde lang auf den Bustransfer ins Hotel warten müssen, ist das eine Unannehmlichkeit. Rutschen Sie im Hotel unter der Dusche aus, ist das Ihr allgemeines Lebensrisiko. In den Tropen sind Kakerlaken landestypisch.

**Abhilfe verlangen:** Gehen Sie noch am Urlaubsort zu Ihrer Reiseleitung und verlangen Sie, dass der Mangel behoben wird. Lässt sich das Problem nicht beheben oder ist die Reiseleitung nicht zu sprechen, können Sie zu Hause aktiv werden.

**Beim Reiseveranstalter beschweren:** Schreiben Sie nicht ans Reisebüro, sondern direkt an den Veranstalter. Dazu haben Sie bis zu einem Monat nach Ihrer Rückkehr Zeit. Beschreiben Sie den Reisemangel, fügen Sie Fotos, Namen von Zeugen oder schriftliche Bestätigungen als Beweise bei. Fordern Sie eine konkrete Minderung und Teilrückzahlung des Reisepreises und schicken Sie den Brief per Einschreiben. Falls keine Reaktion kommt, haken Sie nach und erheben Sie Klage. Nach zwei Jahren verjähren Ihre Ansprüche.

**Vor Vergleichen hüten:** Schickt Ihnen der Reiseveranstalter Reisegutscheine, müssen Sie diese nicht annehmen. Akzeptieren Sie auch keine zugesandten Schecks, wenn Ihnen die Höhe der Summe nicht passt. Falls Sie den Scheck einlösen, stimmen Sie damit automatisch dem Angebot eines außergerichtlichen Vergleichs zu. Weitere Forderungen können Sie dann nicht mehr stellen.

**Die Höhe der Preisminderung feststellen:** Es gibt keine allgemeinverbindlichen Sätze für Preisminderungen, nur einzelne Gerichtsurteile, an denen Sie sich orientieren können. Diese Urteile sind auf verschiedenen Listen zusammengefasst, die keine Rechtsquelle darstellen, aber bei der Urteilsfindung von Gerichten genutzt werden. Am bekanntesten ist die Frankfurter Tabelle – benannt nach dem Frankfurter Landgericht, das als Berufungsgericht für das Amtsgericht von Bad Homburg zuständig ist, wo das Reiseunternehmen Thomas Cook sitzt. Weitere wichtige Listen sind die Kemptener Reisemängeltabelle und die ADAC-Tabelle zur Preisminderung bei Reisemängeln. Diese Übersichten sind äußerst detailliert. In der Frankfurter Tabelle stehen zum Beispiel genaue Prozentangaben für Preisminderungen, wenn bestimmte Merkmale der Unterkunft – etwa die Entfernung zum Strand, der Balkon, die ruhige Lage – nicht mit den Versprechungen im Prospekt übereinstimmen.

**Urteile nachlesen:** Wenn Sie wissen wollen, ob eine eventuelle Klage auf Preisminderung Aussicht auf Erfolg hat, informieren Sie sich über bereits gefällte Urteile. Hier eine kleine Auswahl:

Wenn ein Hund regelmäßig sein Geschäft an Deck eines Kreuzfahrtschiffes verrichtet, gibt es kein Geld zurück > Zu einem Spezialfrühstück gehören Eier, Käse, Wurst, Schinken, Marmeladen, Butter und Brötchen – Säfte, Joghurt und Cornflakes kann man nicht erwarten > Wer in einem Hotel in der Karibik an Fischvergiftung erkrankt, kann nicht unbedingt mit Preisminderung rechnen – bestimmte Vergiftungsarten, bei denen der Koch dem Fisch nicht ansehen kann, dass er verdorben ist, gehören zum allgemeinen Lebensrisiko > Russen im Hotel sind kein Grund zur Reisepreisminderung, selbst wenn sie 80 Prozent der Gäste ausmachen und sich laut Kläger „rüpelhaft und unmöglich" benehmen – nach Meinung des Gerichts sind das subjektive Werturteile ohne Tatsachenkern, mit Gästen anderer Nationalitäten muss ein Reisender in einem Hotel grundsätzlich rechnen > Die überwiegende Belegung eines Kreuzfahrtschiffes mit Jodlern ist ein Grund zur Preisminderung um 40 Prozent > Rülpsende oder starke Körpergerüche absondernde Hotelgäste begründen keinen Reisemangel > Zwei Einzelbetten statt eines Doppelbettes haben in einem Fall schon zu einer Preisminderung von 48 Prozent geführt, da der Richter das Sexualleben der Kläger eingeschränkt sah – ein anderes Gericht erkannte in einem ähnlichen Fall wiederum keinen Grund

**Reisemängel**

zur Preisminderung, da man Einzelbetten ja auch zusammenschieben könne > Pauschalurlauber in südlichen Ländern müssen mit Ungeziefer rechnen. Das zu erduldende Maß ist auch dann nicht überschritten, wenn zehn bis 20 Ameisen über das Bett krabbeln, was eine Klägerin zum Beweis gefilmt hatte > Mückenstiche gehören zum allgemeinen Lebensrisiko, Moskitos am Hotelstrand in der Dominikanischen Republik auch > Wanzenbisse im Hotelzimmer begründen einen Reisemangel > Das vereinzelte Auftreten von Giftschlangen in einer afrikanischen Unterkunft stellt keinen Reisemangel dar, sondern gehört zum allgemeinen Lebensrisiko > Ein Reisender kann nicht erwarten, dass sich Kinder in einem Hotel immer ruhig und gesittet verhalten. Sowohl der kindliche Bewegungsdrang als auch kindgemäßes Essverhalten, das nicht den üblichen Tischmanieren entspricht, sind hinzunehmen > Das Tragen von All-inclusive-Armbändern ist keine hinzunehmende Unannehmlichkeit, sondern ein Reisemangel – sofern nicht im Katalog ausdrücklich darauf hingewiesen wurde. Das Persönlichkeitsrecht des Gastes ist höher einzustufen als das Interesse des Hoteliers am reibungslosen Ablauf des Betriebs.

## 150 NACHSPIELEN

Falls Sie die Frage plagt, ob Sie ein guter Tourist waren, können Sie das spielend leicht herausfinden. Das Spielfeld zum Kopieren finden Sie auf den Seiten 406 / 407.

**Vorbereitung:** Sie benötigen für dieses Spiel nichts weiter als mindestens einen Mitspieler (besser mehrere) und drei Münzen jeglicher Währung pro Spieler. Eine Münze dient als Spielfigur, die anderen beiden dienen als Würfel. Denn richtige Würfel kommen auf Reisen noch schneller abhanden als Kleingeld.

**Das Prinzip:** Um nachhaltig und mit Verstand zu reisen, sollte man sich Zeit nehmen. Deshalb gewinnt nicht der, der zuerst wieder zu Hause ist, sondern der, der am längsten unterwegs ist.

**Die Regeln:** 1. Stellen Sie sich mit Ihrer Münze auf „Daheim". Achten Sie darauf, dass sich die Münzen Ihrer Mitspieler unterscheiden. Das Zuhause ist zugleich Start und Ziel. Natürlich stellt sich die Frage, warum man überhaupt loslaufen sollte. Aber erstens sind so eben die Regeln, und zweitens wollen Sie ja was erleben.

2. Nun ist der erste Mitspieler – am besten der Jüngste, weil es der üblicherweise am eiligsten hat – mit dem Würfeln an der Reihe, wobei dieses Würfeln eher ein Schütteln ist. Formen Sie mit beiden Händen einen Hohlraum und schütteln Sie darin zwei Münzen. Beenden Sie das Schütteln, indem Sie beide Hände flach aufeinander pressen und betrachten Sie die Münzen. Sie zeigen Ihnen an, wie viele Schritte Sie gehen müssen: Kopf / Kopf = 1 Schritt | Kopf / Zahl = 2 Schritte | Zahl / Zahl = 3 Schritte

3. Die nummerierten Felder sind Ereignisfelder. Befolgen Sie einfach die entsprechenden Anweisungen, die Sie auf den nächsten Seiten finden. Dann ist der Nächste an der Reihe.

**Die Ereignisfelder:** 1 / Sie wollen Ihre Reise nicht nur nach dem Preis wählen. Deshalb informieren Sie sich ausgiebig über die Philosophie der verschieden Anbieter und interessieren sich unter anderem für Dinge wie Ökolabels. Setzen Sie eine Runde aus.

2 / Klar, erstmal ein schöner Direktflug. Folgen Sie der gestrichelten Linie in den Orient.

3 / Sie schlagen sich berserkergleich am See entlang durch das Schilf des Naturschutzgebiets statt den Normalweg um das Gewässer herum zu nehmen. Folgen Sie der gestrichelten Linie.

4 / Sie sind eher von der gemütlichen Sorte und legen in den Bergen gerne mal ein paar Meter zu Fuß zurück anstatt ständig motorisiert unterwegs zu sein. Folgen Sie jetzt gleich dem Pfad auf das weiße Feld. Falls Sie hier noch einmal landen, tun Sie das nicht mehr.

5 / He, Finger weg vom Edelweiß! Der einheimische Jäger hat Sie beim Pflücken erwischt und jagt Sie zum Teufel. Zwei Schritte vor.

6 / Toll. Meer, Sonne, Strand. Rein ins Motorboot und mit Vollgas an der Küste entlang, wo viele nette Vögel auffliegen, die Sie noch nie zuvor gesehen haben. Wie toll diese Viecher flüchten! Gleich noch mal Münzen schütteln.

7 / Sie haben bei der Buchung mal wieder an der falschen Ecke gespart. Im Hotel leckt die Wasserleitung, das Haus hat Wände aus Pappe, ist zugleich das einzige weit und breit ohne Solaranlage, und der Chef behandelt die unterbezahlten und mies ausgebildeten Kellner wie Sklaven. Das macht so wenig Spaß, dass Sie den Urlaub gleich verkürzen. Vier Schritte vor.

8 / Sie vertiefen sich gerade in eine Abhandlung über alte Tempel. Lesen Sie noch eine Runde in Ihrem Reiseführer.

9 / Im Basar kommen Sie mit vielen Menschen aus der Stadt ins Gespräch. Sie nehmen sich Zeit zum Handeln, trinken einen Kaffee, schauen sich ein bisschen um – und erforschen die kleinen Gassen, biegen Sie ab.

10 / Sie wollen in Shorts und Strandsandalen die Moschee besuchen, weil Sie als Gast schließlich Ihre eigene Vorstellung von Zivilisation haben. Die Aufseher sehen das anders und schicken Sie weiter. Eine Runde Münzenschütteln.

11 / Klasse, so ein toller Golfplatz mitten in der Wüste. Wo wohl das Wasser herkommt? Egal, eine 18-Loch-Runde macht den Kopf frei und bringt Sie zwei weitere Schritte nach vorne.

12 / Statt in der Serengeti wie ein Irrer mit dem Jeep durch die Savanne zu preschen, setzen Sie sich gemütlich mit der Kamera an ein Wasserloch und warten dort auf die Tiere. Einmal aussetzen.

13 / Diese Einheimischen! Unglaublich! Hatten die doch tatsächlich weder Erdbeeren noch Budweiser am Dorfmarkt. Und der Rest war nicht einmal gekühlt. Schnell ungefragt zwei Fotos von diesen lustigen Menschen mit den langen Ohrringen, dann weg hier und zwei Schritte vor.

14 / Toll, wie diese scheuen und seltenen Affen durch den Urwald hüpfen können, wenn man mit lautem Geschrei hinter ihnen her rennt. Springen Sie während der Verfolgungsjagd sofort um drei weitere Schritte nach vorne.

15 / Sie haben sich für die etwas teurere, dafür längere und qualitativ bessere Urwaldtour entschieden. Überzeugen Sie Ihre Mitspieler, dass Sie aufgepasst haben, indem Sie den Ruf des Hoatzin imitieren. Dann dürfen Sie noch einmal drei Schritte durch den Urwald zurück.

16 / Statt mit dem Reisebus geht es sofort mit dem Helikopter weiter zum Tauchen. Folgen Sie der gestrichelten Linie.

17 / Nach all der Hektik mal ein Ruhetag, um die Eindrücke sacken zu lassen. Aussetzen.

18 / Jetzt erst mal die Schildkrötensuppe, danach Thunfischsteak, hinterher ne Haifischflosse, so lange es diese Tiere noch gibt. Das gibt Kraft für einen ordentlichen Sprung – noch einmal Münzen schütteln.

19 / Sie haben sich entscheiden, zumindest für den Rückflug eine so genannte CO2-Kompensationsgebühr zu zahlen, um damit in Klimaschutzprojekte zu investieren. Dafür müssen Sie kurz ins Internetcafé. Gehen Sie ein Feld zurück.

20 / Am Flughafen wird gestreikt. Sie entschließen sich gegen den Stress und verlängern den Urlaub um ein paar Tage. Setzen Sie aus.

DAHEIM

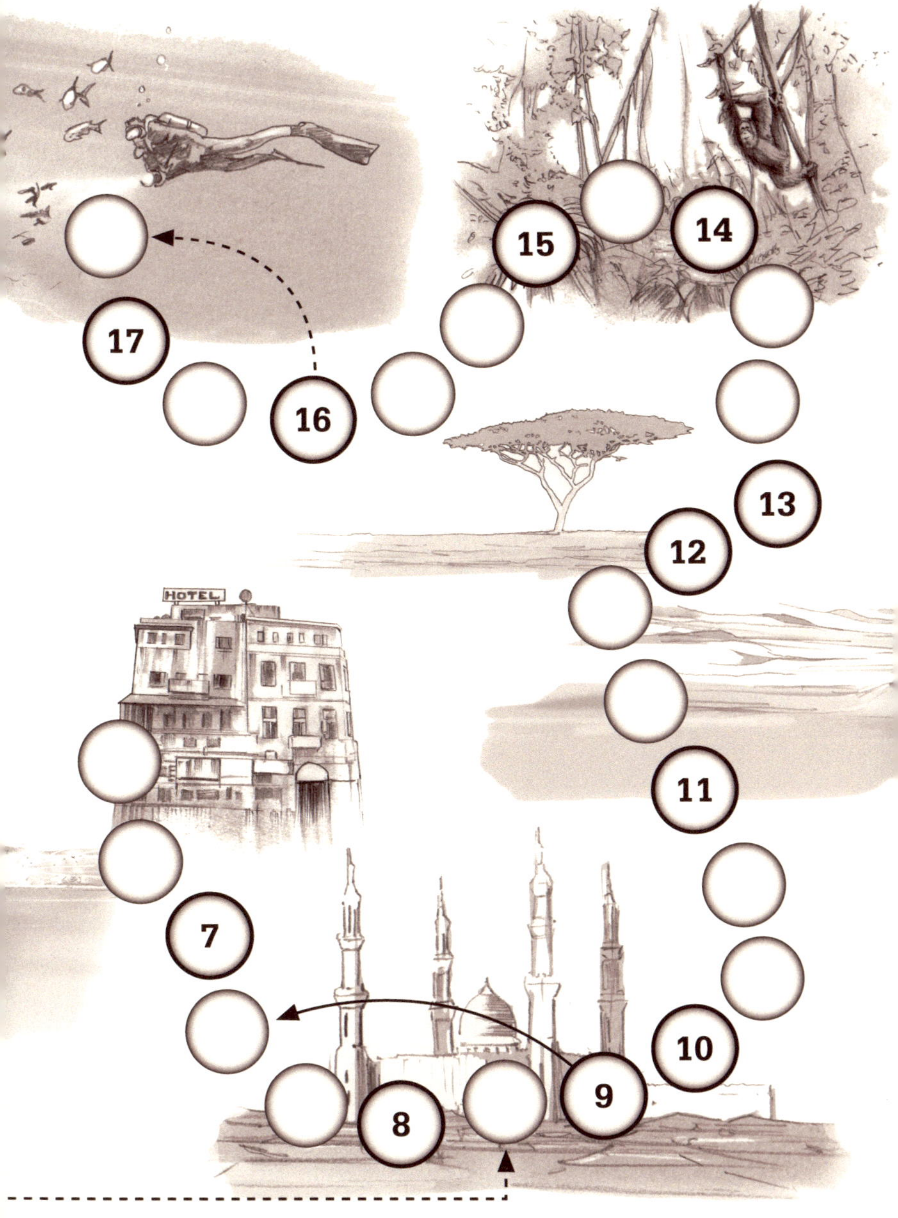

17
16
15
14
13
12
HOTEL
11
7
10
9
8

# ANHANG

die **Sprecher des ADAC** für alles übers Autofahren > **Achim Aehle** von der Firma Elaflex, dessen Wissen über Tankstellen wir anzapfen durften > **Johannes Aumüller,** slawophiler Sportjournalist, für alles über Russland. Und Persien. > **Jan Bärwalde,** Lufthansa, für einen Blick in die Zukunft des digitalen Check-ins > das **Bayerische Bundesamt für Umweltschutz** mit seinen herausragenden CO2-Rechnern > **Hubert Beck,** Lauftrainer und Autor von „Das große Buch vom Marathon", für schweißtreibende Runden in Theorie und Praxis > **Tanja Beller** vom Bundesverband deutscher Banken für den Umgang mit Geld im Ausland > Unternehmensberater **Roland Berger,** Alpinist **Stefan Glowacz,** Abenteurer **Rüdiger Nehberg,** Biathletin **Magdalena Neuner** und Dirigent **Christian Thielemann,** die für uns ihre wichtigsten Dinge eingepackt haben > **Natalie Buchholz,** die uns bei Übersetzungen geholfen und die Augen für die Schönheit der Kühe geöffnet hat > **Andrea Burdack-Freitag,** Aromachemikerin, **Ingo Bülow,** Lufthansa, und vor allem **Markus Del Monego,** Sommelier, für eine verblüffende Weinverkostung in einer Niederdruckkammer des Fraunhofer-Instituts > die **Fachleute der Deutschen Bahn** für Informationen über das Reisen auf der Schiene > **Ralf Dujmovits,** Höhenbergsteiger und Leiter von Amical Alpin, der sogar im Basislager des K2 unsere E-Mails gelesen hat > **Stefan Eisenhofer,** Ethnologe und Experte für afrikanische Kunst, für seinen Blick hinter afrikanische Masken > **Manfred Esterbauer** für die Baupläne seines Riesenwohnmobils > **Negar Etminan** und **Romy Kujawski,** Hapag-Lloyd, die das blaue Band für die schnellsten Kreuzfahrt-Antworten verdient hätten > **Stefan Fischer,** Journalist, für sein lexikalisches Wissen über alle Bücher, die das Wort Reise auch nur enthalten > **Karl Forster,** Herr der sieben Weltmeere, Pianist und Fetzenflieger, für Ankerplatz, Wellenbrecher und Pilotenslang > **Jürgen Wasim Frembgen,** Ethnologe und Orientexperte, für die Annäherung an den Islam > **Karl Gabl,** Leiter der Zentralanstalt für Meteorologie und Geodynamik in Innsbruck, für seine Wetterberichte aus den Bergen > **Marcel Gäding,** Geschäftsführer des Tierschutzvereins Berlin, der weiß, wann Tiere zu Hause bleiben sollten > **Ursula Gasch,** Institut für Kriminalpsychologie in Tübingen, die uns das härteste

Kapitel von allen ermöglicht hat > **Wolfram Goslich** und **Hans-Peter Christoph,** Busconcept und Avanti-Reisen, die einen Bus voller Touristen von Hamburg nach Shanghai fuhren und trotzdem von unterwegs auf unsere Anfragen geantwortet haben > **Christian Götz,** Jurist der Gewerkschaft Verdi, der das Recht auf Urlaub verteidigt > **Ali Güngörmüs, Jordi Llobeet, Amrei Korte** und **Jörg Sackmann** für die süßesten Rezepte gegen die Sehnsucht > **Gunnar Grün,** Fraunhofer-Institut, für das Thema Raumklima im Flugzeug > **Denise Hallmeyer** vom Caravaning Industrie-Verband, für die überraschende Erkenntnis, dass die Schweden noch mobiler sind als die Niederländer > **Stefanie Heckel,** Deutscher Hotel- und Gaststättenverband, für Sterndeutung und Einblicke in Minibars > **Winfried Hübner,** Gärtnermeister, der weiß, was Pflanzen wollen > **Hubert Job,** Professor für Geographie und Regionalforschung, der weiß, was ein gutes Reiseziel ausmacht > **H. Jürgen Kagelmann,** Tourismus- und Freizeitforscher, für seine tröstenden Erkenntnisse über Fern- und Heimweh > **Sandra Kraft,** Lufthansa, für Auftrieb beim Thema Luftfahrt > **Jutta Kleinschmidt,** die als erste Frau die Rallye Paris-Dakar gewann und für uns gedanklich über Dünen schanzte > **Thomas Kroker** von der Taxizentrale München, der uns sofort ein Taxi nach Teheran organisiert hätte > **Birgit Lutz-Temsch,** Journalistin und Polarexpertin, fürs Filmegucken über den Wolken > **Michael Martin,** Abenteurer, der sich auf Diashows und spannende Interviews versteht > **Stefan Marx,** Flughafen München, für die Verfolgung eines Koffers > **Peter Mayrhofer** vom Institut für Technische Mathematik, Geometrie und Bauinformatik der Universität Innsbruck, der extra ein Computerprogramm für uns schrieb, um das Problem des Kübeltrinkens zu lösen > **Angelika Müller,** Ausbilderin bei Studiosus, die Reiseleiter in Form bringt > **Gerhard Müller** und **Robert Möginger** von Mondial Assistance für ihre Diagnose von Reisekrankheiten und organisierter Abzocke > **Siegfried Neumann** von der DB Vertriebs GmbH, bei dem man einen ganzen Zug mieten kann > **Familie Orterer** aus Jachenau für Ruhe, Kuhglockengebimmel und zwei Internetanschlüsse in ihrer Ferienwohnung > **Michael Poliza,** Fotograf, der nach einem Leben als Unternehmer nun die ganze

Welt im Fokus hat > **Evelyn PSCHAK,** die als Kunstkritikerin wenigstens in Kapitälchen dafür geschrieben werden wollte, dass sie die schier unmenschliche Aufgabe löste, sich aus Millionen toller Kunstwerke für nur zehn zu entscheiden > **Nicole Ramrath,** Bundespolizeidirektion Flughafen Frankfurt / Main, die uns durch die Sicherheitskontrollen geholfen hat > die **Firma Rimowa** für die Hilfe bei der Kofferauswahl > **Alex Römer,** Leiter der Bergsportschule von Hauser Exkursionen, mit dem wir sicher durch die Watzmann-Ostwand fanden > **Ulrich Ropertz** vom Deutschen Mieterbund für Tipps zu Immobilien > **Martina Schäfer** von der Universität Uppsala, die fast jede Mücke in Schweden kennt > **Thomas Schmidtkonz,** Münzexperte und Chefredakteur von sammler.com, der den wahren Wert von Münzen kennt > **Ursula Sellerberg** von der Bundesvereinigung Deutscher Apothekerverbände für die Apotheke zum Mitnehmen > **Stefan Tewinkel,** begeisterter Vogelbeobachter, der uns eine neue Sicht auf den Goldhähnchenlaubsänger lehrte > **Marc-Roman Trautmann** vom Deutschen Flugangst-Zentrum für Tipps gegen Aviophobie > **Dirk Wagner,** Journalist und wandelndes Musiklexikon, der die Soundtracks der Sehnsucht abgehört hat > **Lars Wagner** vom Verband Deutscher Verkehrsunternehmen, für die Starthilfe bei der Gründung eines eigenen Eisenbahnverkehrsunternehmens > Die Kapitäne **Prof. Christof Wand,** Oldenburg, und Kapitän **Hans-Joachim Speer,** Bremen, für Hintergründe zur Seefahrt > **Josef Wegmaier,** Flughafen München, der uns teilhaben ließ an der exklusiven Welt der Selbstflieger

## REGISTER

# IMPRESSUM



**Ein Buch von**

Dominik Prantl und Jochen Temsch

**Gestaltung**

Philipp von Keisenberg

**Illustrationen**

Alex Zoebisch

**Cover**

Stefan Dimitrov und Philipp von Keisenberg

**Projektleitung**

Marion Meyer und Sabine Sternagel

**Herstellung**

Hermann Weixler, Herbert Schiffers

**Druck und Bindearbeiten**

CPI – Ebner & Spiegel, Ulm

**3. überarbeitete Auflage**

Printed in Germany

ISBN: 978-3-86615-804-7

Bibliografische Information der Deutschen Nationalbibliothek:
Die Deutsche Nationalbibliothek verzeichnet diese Publikation in der Deutschen Nationalbibliografie. Detaillierte bibliografische Daten sind im Internet über http://dnb.d-nb.de abrufbar.

BORA BORA * MOOREA * HUAHINE * TAHAA * RAIATEA * VOYAGER EN CARGO * 05.2003 *

TAHITI ET SES ILES

DARJEELING LADAKH ZANSKAR DELHI AGRA BAGDOGRA MUMBAI SANDAKPHU

ALOHA STATE